Richard Schwemer

Geschichte der freien Stadt Frankfurt am Main

Die Jahre 1836 bis 1850

Verlag
der
Wissenschaften

Richard Schwemer

Geschichte der freien Stadt Frankfurt am Main

Die Jahre 1836 bis 1850

ISBN/EAN: 9783957008510

Auflage: 1

Erscheinungsjahr: 2016

Erscheinungsort: Norderstedt, Deutschland

Hergestellt in Europa, USA, Kanada, Australien, Japan
Verlag der Wissenschaften in Hansebooks GmbH, Norderstedt

GESCHICHTE DER FREIEN STADT FRANKFURT A. M.

(1814—1866)

VON

RICHARD SCHWEMER

IM AUFTRAGE DER
STÄDTISCHEN HISTORISCHEN KOMMISSION

DRITTER BAND
I. TEIL

FRANKFURT A. M.
JOSEPH BAER & Co
1915

VERÖFFENTLICHUNGEN
DER HISTORISCHEN KOMMISSION
DER STADT FRANKFURT AM MAIN

V.

I. TEIL

Vorwort.

Da der III. Band zu umfangreich wurde, mußte er geteilt werden, und es erscheint hiermit zunächst die erste Hälfte. Der Stoff ermöglichte dieses äußere Auseinandernehmen, die beiden Teile wollen aber trotzdem ein Ganzes sein.

Von neuem archivalischem Material kamen in dem Folgenden zur Verwendung einige Stücke aus dem Nachlaß des Generals von Peucker, der mir durch die Güte der Schwiegertochter des Generals, der Frau von Schenck-Flechtingen, geb. von Treskow, zur Verfügung gestellt worden war; außerdem noch Aufzeichnungen von Dr. Siegmund Friedrich Müller, die seine Tochter, Fräulein Lina Müller, so freundlich war, mir zu überlassen. Herr Präsident Reuleaux war so liebenswürdig, mir die in dem Besitze der hiesigen Eisenbahn-Direktion befindlichen, ehemals freistädtischen Eisenbahn-Akten zugänglich zu machen. Herr Dr. Lennhoff stellte mir bereitwilligst einige Berichte von Schulthess aus dem Bluntschli-Archiv zur Verfügung. Ein erneuter Besuch des Geheimarchivs des Kriegsministeriums in Berlin und des Geh. Staatsarchivs in München lieferte für die Geschichte des Jahres 1849 wertvolle Beiträge.

Die auf Seite 15 mitgeteilte Skizze ist eine vereinfachte Wiedergabe des Kärtchens, das der kleinen Schrift von M. W. Stein, Ansichten über Eisenbahnanlagen in Deutschland (Mainz 1837), beigegeben ist.

Frankfurt a. M., den 4. August 1914.

Der Verfasser.

Übersicht.

I. Zeitenwende 1—35.

Eintritt in den Zollverein — Die Nachsteuer — Die Ostermesse — Fortdauer der Opposition von seiten der Zünftigen — Die Stellung von Thomas 1—6. Die Münchener Zollkonferenz von 1836 — Erörterungen über die Münzverhältnisse — Zusammenschluß der Süddeutschen — Münchener Münzkonvention 1837 — Dresdener Konferenz 1838 6—10. Die Eisenbahnen — Plan einer rechtsmainischen Eisenbahnverbindung Frankfurts mit dem Rhein — Das erste Mainzer Projekt einer linksmainischen Eisenbahn — Vorgehen des Frankfurter Komitees — Erwägungen im Senate — Das zweite Mainzer Projekt — Konzessionierung des rechtsmainischen Projekts durch den Senat — Fusion der Frankfurter Gesellschaft mit der Mainzer — Eisenbahnverträge zwischen Frankfurt, Baden, Hessen-Darmstadt und Nassau 11—19. Ausscheiden von Thomas aus der Behandlung der wirtschaftspolitischen Fragen — Sein Hinwirken auf die Entfernung der Bundesbesatzung — Schwierigkeiten im Senate — Die Entweichung der Gefangenen — Rückwirkung dieses Ereignisses — Intervention von Österreich und Preußen — Die Überführung der Gefangenen nach Mainz — Erregte Debatte in der Gesetzgebenden Versammlung — Schwere Erkrankung von Thomas — Thomas legt seine Stellung als Bundestagsgesandter nieder 19—25. Fortdauer der renitenten Haltung des Senates — Scharfe Beschlüsse des Bundestages vom 7. September 1837 — Erneute Kämpfe im Senate — Ausscheiden von Thomas aus der großen Politik — Seine Wahl zum älteren Bürgermeister — Erneute Regsamkeit der Liberalen im Jahre 1838 — Das Sängerfest Juli 1838 — Thomas' Tod 25—35.

II. Stillstand und Fortschritt 36—64.

Der Senat nach dem Tode von Thomas — Die ältere und die jüngere Gruppe — Müller — Harnier — Souchay — Souchays Ansichten über die Senatsherrschaft — Das Fehlen eines Lenkers Initiative des Bürgertums — Rückständigkeit der städtischen Verwaltung — Finanzfragen 36—46. Frankfurt im Zollverein — Petition

VI. Im Reiche der Paulskirche 174—243.

Beilagen.

Erstes Kapitel.

Zeitenwende.

Mit beklommener Spannung sah Frankfurt am Anfang des Jahres 1836 der Ausführung des Vertrages vom 2. Januar entgegen.

Was dieser Vertrag im einzelnen enthielt, war dem großen Publikum noch unbekannt, man wußte nur, daß Frankfurt auf dem Gebiete des Handels werde aufhören müssen, Herr im eigenen Hause zu sein. Bald langten nun auch diejenigen in der Stadt an, die berufen waren, diese Herrschaft in ihre Hände zu nehmen — die Beamten der verschiedenen Vereinsstaaten, welche die Vollziehungskommission zu bilden hatten — und in unheimlich rascher Reihenfolge erschienen dann die verschiedenen Verfügungen und Maßregeln, welche ältere Leute an die Schrecknisse der Kontinentalsperre und die Verbrennung der englischen Waren erinnern mochten: Verkündigung der Geltung des neuen Tarifs, Aufforderung zur Deklaration aller vorhandenen Bestände fremder, der Nachsteuer unterliegenden Waren, Verbot endlich allen und jeden Verkehrs während mehrerer Tage, bis durch die Beamten die Deklarationen nachgeprüft, die Lager durchsucht waren.

Diese Tage, in denen der freie Bürger einer Diktatur Fremder unterlag, in denen zum ersten Male, seit es eine Freie Stadt gab, ihr Innerstes sich den profanen Blicken von Nicht-Frankfurtern enthüllen mußte, waren Tage des Grauens. Allein sie gingen vorüber, und zwar viel glimpflicher, als die exaltierte Ängstlichkeit und gesteigerte Empfindlichkeit des

Freistädters es sich vorgestellt hatte, dank insbesondere dem rücksichtsvollen Auftreten der mit der Ausführung betrauten Persönlichkeiten, die einmütig bestrebt waren, unnötige Härten zu vermeiden. Auch die von Frankfurter Seite bestimmten Kommissare, insbesondere der Senator Souchay, hatten an der glatten Abwickelung des ärgerlichen Geschäftes ein erhebliches Verdienst, indem sie mit Eifer und Erfolg bei ihren Mitbürgern darauf hinwirkten, das Mißtrauen, das auf der Seite der Vollzugsbeamten Pflicht war, durch möglichste Offenheit zu entwaffnen.

Freilich fehlte es nicht an peinlichen Momenten. Die zeitweise völlige Still-Legung des Verkehrs brachte so manchen der Verzweiflung nahe. Abordnungen bestürmten den Senat mit der Bitte, hier schleunigst Wandel zu schaffen, da die Verluste völlig unerträglich seien, von der anderen Seite wurde aber auf unerklärliche Widersprüche hingewiesen zwischen dem, was nach den offiziellen Notierungen in Frankfurt an fremden Waren vorhanden sein mußte, und dem Ergebnis der Deklaration: so fehlten an Zucker, wenn auch 10000 Ztr. von den gemeldeten Einfuhren für den eigenen Bedarf und für den Schmuggel abgerechnet wurden, noch ca. 20000 Ztr.! Diese nicht angemeldeten 20000 Ztr. stellten einen Steuerertrag von 22000 Talern dar: wo waren sie? Vermutlich waren sie versteckt, und die Steuerbehörde hätte die Pflicht gehabt, sie aufzusuchen, allein das war doch nur in besonderen Fällen durchzuführen. Die Rücksicht auf die Bedürfnisse des Handels erzwang ein rasches Ende dieser Durchsuchungen, und so blieb so manches vielleicht unentdeckt. Wirklich erreichte der Ertrag der Nachsteuer bei weitem nicht die erwartete Höhe. Der Provinzial-Steuerdirektor v. Schütz, der Vorsitzende der Vollzugskommission, hatte am 6. Februar dem Finanzminister geschrieben,[1]) seine Schätzungen schlössen mit 3 Millionen fl. ab, und dabei wurden tatsächlich nur 1219095 fl. erlöst, also noch nicht die Hälfte; es war dies aber doch immerhin noch eine ganz erkleckliche Summe, und

[1]) Pr. Fin.-Minist. Nr. 762 der Geh. Registr.

man wird die Möglichkeit nicht außer Betracht lassen dürfen, daß die Schätzungen nicht ganz fehlerfrei waren.

Diese Tage der Deklarationen und Kontrolluntersuchungen, sie waren, wie gesagt, recht peinlich, und es gab genug der erregten Erörterungen. Nachdem aber einmal dieses dornige Geschäft erledigt war und der wieder freigegebene Verkehr sich nun wirklich frei fühlen durfte, indem die bisherigen Schranken, die im Inneren wie an den Grenzen bestanden hatten,[1]) jetzt verschwunden waren, und als mit dem Herannahen der Ostermesse die Probe auf das große Exempel gemacht wurde, da entwölkten sich gar bald die Stirnen.

Der Segen der Freiheit des Verkehrs gab sich beinahe unmittelbar zu erkennen: schon am 10. März finden wir die Nachricht, daß viele große Rheinschiffe am Hafen erschienen seien und an dem Ausladeplatz eine ungewöhnliche Tätigkeit herrsche; frühzeitig begann eine starke Nachfrage nach Ausstellungslokalen; Gewölbe wurden vermietet, die jahrelang leer gestanden hatten, die Häuserpreise stiegen schon in den nächsten Wochen beträchtlich, und als die Messe begonnen hatte, da bot die Stadt wieder das so lange entbehrte Bild eines fröhlichen Gewimmels, bei dem jedem Frankfurter, dem seine Stadt und ihr Gedeihen lieb war, das Herz aufgehen mußte: Menschen und Waren strömten wieder in vollem Zuge in die Tore der Stadt ein, und eine Zeitung verstieg sich zu dem triumphierenden Ausruf, alle Anzeichen seien vorhanden, daß es eine Messe geben werde, wie Frankfurt sie seit 30 Jahren nicht gesehen habe.

---

[1]) Die inneren, jetzt beseitigten (Ges. u. Stat. 5, 223) Schranken waren Stadtwaggebühr, Niederlagegebühr, Rentengeld, Land- und Wasserzölle von ein- und ausfahrenden Waren und die Akzise, soweit sie alkoholische Getränke und Tabak betraf.

Über die Neuordnung der Akzise vgl. Handelskammer-Werk S. 407.

Das Sperrgeld kam mit dem 1. Januar 1837 in Wegfall. Wegen der Akziskontrolle blieb aber eine Torsperre insofern noch in Übung, als Güterfuhrwerke und Fremde mit Traglasten oder Schiebkarrenladungen sowie alle Chausseegeldpflichtigen nur durch die vier Haupttore (Affen-, Allerheiligen-, Friedberger, Bockenheimer Tor) einpassieren durften und zwar nur am Tage (Winter 6—6, Sommer 4—8).

Das war nun freilich eine Übertreibung. Sicherlich übertraf die Zufuhr an Waren die Erwartung und machte die Messe von 1836 Epoche in der Frankfurter Handelsgeschichte, insofern sich mit einem Male die schweren Stockungen der vorhergehenden Jahre, namentlich die Arbeitslosigkeit in den niederen Klassen, als überwunden zeigten und die Messe sich wiederum als ein kräftiges Beförderungsmittel von Frankfurts Wohlstand im allgemeinen erwies, sicherlich wurden Ostern 1836 auch gute Geschäfte in Menge gemacht, allein der Umsatz war nicht auf allen Gebieten gleichmäßig gut, und natürlich machte sich stark geltend der durch den Zollabschluß unvermeidlich gewordene Rückgang in dem Handel mit ausländischen Manufakturwaren.

Indessen die Klagen hierüber konnten das befriedigende Gesamtergebnis im wesentlichen nicht beeinträchtigen, mußte doch allein schon das für den Frankfurter ein Gegenstand stolzer Freude sein, daß die Offenbacher Messe sozusagen automatisch mit dem Augenblicke verfiel, in dem die Schlagbäume verschwanden, die bisher die Straßen nach Frankfurt versperrt hatten, und daß sich die alte Anziehungskraft der alten Handelsmetropole wieder ganz und voll bewährte.[1])

Dies alles hatte zur Folge, daß die Frankfurter Bevölkerung im großen und ganzen sich rasch in die vollendete Tatsache fand, aber freilich, — eine Opposition blieb vorhanden.

Sie hatte ihre Hauptstärke in den Kreisen der zünftigen Handwerker. Diese waren, wie wir wissen, ihrer Mehrzahl nach Gegner des Anschlusses gewesen, und sie blieben es auch, obwohl der Vertrag vom 2. Januar das Vorrecht der verbürgerten Handwerker auf Herstellung von Handwerksartikeln ausdrücklich anerkannt hatte. Allerdings enthielt der Vertrag auch die Bestimmung, daß die Einwohner Frankfurts das Recht haben sollten, auf Bestellung Handwerks-

[1]) Man brachte damals Dosen zum Verkauf, auf denen dargestellt war, wie die Frankfurter die Messe von Offenbach nach Frankfurt karren.

artikel von auswärts einzuführen, diese Bestimmung war aber eigentlich nichts Neues, sie war im Grunde altes Recht der Frankfurter Bürger, das freilich auf Betreiben der Handwerker teils verkümmert, teils völlig beseitigt worden war. Daß der Vertrag dieses Recht nun wieder zum Aufleben brachte und seine Durchführung sicherte, das erschien den Handwerkern als eine schwere Bedrohung ihres Daseins, und sie wandten sich denn auch sofort nach der Veröffentlichung der betreffenden Bestimmungen an den Senat mit einer geharnischten Beschwerde.

Es ist bezeichnend, daß der Senat allen Ernstes daran dachte, den Wünschen der Handwerker nachzugeben, und daß er bei der Vollziehungskommission anfragte, ob nicht vielleicht die Bestimmung möglich sei, daß bestellte Handwerksartikel nur gegen S c h e i n e eingeführt werden dürften. Die Antwort lautete, daß das den klaren Bestimmungen des Vertrages zuwider und daher völlig unmöglich sei, und so mußte denn der Senat die Beschwerdeführer abschlägig bescheiden. Er versuchte, sie zu beruhigen, indem er sie darauf aufmerksam machte, daß sie ja von nun an auch ihrerseits in der Lage seien, ihre Artikel in die anderen Vereinsländer zu vertreiben, daß also jetzt zu ihren Gunsten ein Gegenseitigkeitsverhältnis hergestellt sei, das früher nicht bestanden habe, — er überzeugte die Unzufriedenen aber nicht, denn die Lage des Handwerks überhaupt und namentlich einzelner Gewerke wurde wirklich zusehends schlechter, und wenn auch hieran sicherlich die allgemeinen Veränderungen in den Produktions- und Verkehrsverhältnissen weit mehr die Schuld trugen als die Öffnung der Grenzen, so hielten sich die Zünftler doch eigensinnig an das Nächstliegende, beharrten in der Meinung, daß der Zollverein die Quelle des Übels sei, und ergingen sich in Klagen über das Hinschwinden der guten alten Zeit.

Sie bildeten mit ihrer breiten Masse von Groll und Ärger den Resonanzboden für die einzelnen Unversöhnlichen, die sich aus anderen Ursachen mit der vollendeten Tatsache innerlich durchaus nicht abfinden konnten.

Zu dieser nicht großen, aber einflußreichen Gruppe gehörte

— wir wissen es — vor allem Thomas. Als dieser dem Freunde in Bremen meldete, daß der Vertrag fertig sei, bemerkte er dazu: „Meiner Ansicht nach wird man von ihm sagen können, was man von den Wöchnerinnen zu sagen pflegt und ihren neugeborenen Kindern, daß wir uns so wohl dabei befinden werden, als es die Umstände erlauben. Die materiellen Punkte sind so gut, als es irgend zu erwarten stand, und auch hinsichtlich der Stimmen usw. werden wir allen Einfluß haben, dessen wir bedürfen. Was das Ganze betrifft, so kennen wir unsere gegenseitigen Ansichten. Ich habe die meinigen nicht um ein Jota modifiziert. Die Sache ist für Frankfurt, so wie die Sachen einmal stehen, eine absolute Notwendigkeit, in die man sich männlich fügen, wobei man aber, auch wenn man zu versinken droht, auf dem untersten Grunde des Meeres die Augen noch offen halten muß."

Thomas meinte damit, daß man bleiben müsse, was man gewesen war, und auch in der aufgezwungenen Vereinigung seine Sonderinteressen, seine Eigenart so weit behaupten müsse, als das zugestandene Maß von Einfluß nur irgend gestatte.

Es war das ein Standpunkt, der gewiß allem anderen eher förderlich war als einem weiteren Ausbau des nun glücklich Erreichten, allein er war durchaus nicht Frankfurt allein eigen, sondern wir finden ihn ziemlich allgemein herrschend. Der Grund war der, daß eigentlich die meisten Glieder des neugeschaffenen Bundes den Bund eingegangen waren unter dem Druck der Verhältnisse und unter Zurückstellung nicht unerheblicher Bedenken. Selbst in Preußen bestanden diese Bedenken, und selbst diese Regierung war daher jetzt ganz und gar nicht bereit, das Gewonnene als Basis zum Weiterschreiten zu benutzen, sondern sie zeigte sich zunächst nur darauf bedacht, den Zustand, wie er jetzt war, zu erhalten und nicht etwa um des Ganzen willen weitere Zugeständnisse zu machen.

Es trat dies schon auf der ersten, in München noch im Jahre 1836 abgehaltenen Zollkonferenz zutage. Dem

Wunsche der anderen, daß es von seiner Rhein-Oktroi-Politik, die eine einseitige Beförderung der Interessen Kölns und der Rheinprovinz zum Nachteil des ganzen Hinterlandes darstellte, abstehen möge, setzte es, zu allgemeiner schmerzlicher Enttäuschung, namentlich auch der Frankfurter, eine entschiedene Weigerung entgegen. Es war daher wirklich zu verstehen, daß auch die anderen ihrem partikularistischen, gegen eine mögliche preußische Führung gerichteten Hange nachgaben.

Es zeigte sich dies vor allem auf dem Gebiete des Münzwesens. Die Zollverträge enthielten in dieser Beziehung die Bestimmung, daß „gleiches Münz- wie Maß- und Gewichtssystem im Vereinsgebiete in Anwendung kommen solle". Für die Durchführung dieser Bestimmung war aber auf künftige Unterhandlungen verwiesen, und es hatten daher diejenigen, die diese Gleichheit im Grunde nicht wollten, freies Spiel. Es kam dazu, daß Preußen keine besondere Eile zeigte, mit Vorschlägen hervorzutreten, indem es sich, wie es scheint, auf den selbsttätigen Zwang der Verhältnisse verließ, der die preußische Talerwährung in Hannover, Kurhessen, Nassau und Oberhessen beinahe schon zum herrschenden System gemacht hatte und der ihren Sieg auch südlich des Mains herbeiführen zu müssen schien. Wirklich befanden sich die Münzverhältnisse hier in einem Zustande größter Verwirrung; war doch in diesen Ländern, in denen offiziell nach Gulden und Kreuzern gerechnet wurde, die einzige gangbare Münze, außer schlechter Scheidemünze, der ursprünglich österreichische, von Österreich selbst aber verrufene Brabanter oder Kronen-Taler (im Werte von 2 fl. 42 kr.) mit seinen Teilstücken. Diese Münze war von Bayern, Württemberg, Baden, Hessen, Nassau seit den Rheinbundzeiten ohne alle Vereinbarungen darüber, ohne gegenseitige Kontrolle weiter geschlagen worden, so daß die schlimmste Unsicherheit und gelegentlich arge Verluste entstanden.

Daß eine Abhilfe hier dringend nötig sei, das war den Einsichtigen schon seit Jahren klar, und da der Bund diese

Abhilfe nicht bringen konnte, weil Preußen und Österreich jedes seine besonderen Systeme hatten, von denen sie nicht abgehen wollten, so hatte Klüber schon 1829[1]) vorgeschlagen, daß wenigstens alle anderen Staaten des Bundes zu einem Münzverein zusammentreten, also eine Art Münz-Rheinbund gründen sollten.

Der Vorschlag Klübers war nicht zur Ausführung gekommen. Nun war unterdessen der Zollverein entstanden, und das für unsere heutigen Begriffe Natürlichste wäre gewesen, daß die Vereinsgenossen die Münze des Staates, an den man sich in so vielen anderen Beziehungen angeschlossen hatte, als Vereinsmünze erklärt hätten, allein das geschah eben nun gerade nicht, und dieser Umstand beweist aufs neue, daß jene Bereitschaft zur Einigkeit, die man so gerne bei der Gründung des Zollvereins voraussetzt, nicht bestand. Der Gedanke, den preußischen Taler annehmen zu sollen, erweckte bei den süddeutschen Partikularisten das größte Unbehagen; er erschien als die Zumutung einer Hegemonie Preußens, die man doch durchaus nicht wollte. Es kam dazu, daß das Vorurteil bestand, mit der Einführung des preußischen Talers werde eine erhebliche Verteuerung des Lebens verbunden sein, denn es war die allgemeine Rede, man erhalte in den Guldenländern für einen Gulden, was man in den Talerländern mit einem Taler bezahlen müsse; das Ergebnis also war, daß es in München in dieser Frage zwar noch zu keinem bestimmten Entschlusse kam, daß aber die Gleichgesinnten sich hier bereits und zwar, wie es scheint, auf der Grundlage jenes Klüberschen Gedankens zusammenfanden. Frankfurt hielt sich natürlich zu den Süddeutschen, da diese, wie Thomas schrieb, doch wenigstens etwas von der alten Individualität zu erhalten bestrebt seien, und es hat dann, so weit wir sehen können, durch rasches Vorschreiten dazu beigetragen, eine Neuordnung in diesem Sinne herbeizuführen. Als nämlich die badische Regierung — vielleicht, um die Dinge ins Rollen zu bringen — am 6. April 1837 ganz

[1]) Das Münzwesen in Deutschland. Stuttgart. 1829.

plötzlich eine Wertherabsetzung der Quartbrabanter von $40^1/_2$ auf 39 kr. verfügte, da begriff das Frankfurter Rechneiamt sofort, daß Frankfurt nun von der Gefahr bedroht sei, von dieser „übel beleumdeten Münze", von der man schon mehr als genug hatte, völlig überschwemmt zu werden, es schlug daher in „eilfertigem Berichte" vor (17. April 1837), Frankfurt solle dasselbe wie Baden tun und solle gleichzeitig, um die Umlaufmittel zu vermehren, Rechneischeine für eine halbe Million auf 6 Monate ausgeben. Dieser Vorschlag wurde dann nicht nur angenommen, sondern unter dem Einfluß der Handelskammer und der Gesetzgebenden Versammlung dahin verschärft, daß die halben und viertel Kronentaler überhaupt für verrufen erklärt und Rechneischeine im Werte von einer ganzen Million auf 9 Monate ausgegeben werden sollten.

Frankfurt ging hier vielleicht auf Grund bereits bestehender Verabredungen vor, denn fast gleichzeitig mit Frankfurt tat auch die bayerische Regierung einen Schritt und berief mit großer Eile für den 1. Juni nach München eine Versammlung von technischen Vertretern der südlichen Vereinsstaaten zur Beratung über vorläufige Maßnahmen, die bis zum Zustandekommen der allgemeinen Regelung Geltung haben sollten. Der preußischen Regierung wurde von der geplanten Konferenz „Kenntnis" gegeben und somit äußerlich die vereinsfreundliche Haltung bewahrt, allein das, was man vorhatte, war nicht so ganz freundlich. Allerdings sollte, das wurde ausdrücklich betont, nichts beschlossen werden, was einer späteren Vereinbarung mit den Ländern des Talersystems im Wege stehen konnte, aber man wollte eben nur eine solche Vereinbarung, bei der man wie von Macht zu Macht zu verhandeln in der Lage war, und keine münzpolitische Verpreußung. So mußten denn also die Techniker finden, daß auch das preußische System technisch durchaus nicht über jeden Zweifel erhaben, vielmehr der Feingehalt des preußischen Talers recht schwankend sei, und auf dieser Grundlage erfolgte dann weiter der Beschluß, daß Süddeutschland an der Gulden- und Kreuzerrechnung festhalten wolle, daß aber, um dies faktisch durchführen zu können, sämtliche Staaten, die die Konvention abschlossen, sofort zu Neuprägungen von ganzen und halben Gulden im Gesamtwerte von 6 Millionen schreiten sollten, und zwar im $24\frac{1}{2}$-Gulden-Fuße, der zu dem Talerfuße in einem bequemen Verhältnis stehe.[1])

Nicht aber diese positiven Bestimmungen waren der eigentliche Kern der Abmachungen, dieser war vielmehr, wie wenigstens Handel dem Fürsten Metternich (20. April 1838) berichtete, in der geheimen negativen gegenseitigen Verpflichtung enthalten, sich jeder Zumutung wegen des preußischen Münzsystems zu widersetzen, und wir hören aus der gleichen Quelle, daß sehr ernsthafte Versuche gemacht wurden, diese Bestimmung auf der Konferenz, die 1838 zu Dresden stattfand, zur Geltung zu bringen. Dies gelang allerdings in vollem Umfange nicht. Es kam in Dresden zu dem Beschluß, daß als Vereinsmünze ein Doppeltaler im doppelten Werte des preußischen (also zu 3 fl. 30 kr.) geprägt werden sollte, allein da nicht zugleich auch die Ausprägung von Vereinsteilstücken verabredet wurde, da die Teilstücke vielmehr dieselben blieben wie vorher, so war von einer Einheit der Münze im Vereinsgebiete auch in der Folgezeit nicht die Rede; das, was die Münchener Bundesgenossen eigentlich gewollt hatten, war also erreicht, — eine Tatsache, die durch nichts besser beleuchtet wird als dadurch, daß in Frankfurt der preußische Taler nicht als Wechselzahlung zugelassen, daß die Hauptmünze des führendes Staates im Zollverein vielmehr hier nur als Ware galt.

Da war es denn ein rechtes Glück für Deutschland, daß von ganz anderer Seite, von der Seite nämlich der Wissenschaft und Technik her, eine Veränderung in die Welt gekommen war, welche mit ganz anderem Zwange als die an den grünen Tischen abgeschlossenen Verträge die verschiedenen deutschen Sondertümer zu einem einheitlichen Volks- und Staatstum zusammenschweißen sollte — die Eisenbahn.

[1]) Der Talerfuß ist 14 auf 1 feine Mark; das Verhältnis beider war wie $1\frac{3}{4}$ zu 1.

Die Bedeutung dieses neuen Transportmittels wurde in Frankfurt verhältnismäßig früh gewürdigt, und zwar ist es interessant zu sehen, daß der erste Gedanke, der sich einstellte, der war, daß man durch das Mittel der Eisenbahn dem Rheine näher kommen und damit den so oft schmerzlich empfundenen Mangel der Lage Frankfurts beseitigen, den Vorteil, den Mainz vor Frankfurt voraus hatte, diesem entreißen könne.

Schon aus dem Jahre 1833 liegt ein Gesuch des Frankfurter Bankiers Jäger an die nassauische Regierung vor, einer Aktiengesellschaft, welche auf dem rechten Mainufer zwischen Mainz und Frankfurt „für den Transport von Menschen und Waren" eine Eisenbahn errichten wolle, eine Konzession zu gewähren.

Wenn gleichzeitig in Wiesbaden eine ähnliche Erkenntnis wie in Frankfurt aufblitzte und den Plan einer Eisenbahn von Wiesbaden nach Kastel hervorrief, so wurde hier zugleich auch die Tatsache der natürlichen Interessengemeinschaft zwischen Nassau und Frankfurt wieder deutlicher, und die alten, wie wir wissen, schon von Thomas gerne ventilierten Pläne tauchten wieder auf, einen Nassauer Rheinplatz, etwa Biebrich, zu dem Überschlagshafen des Frankfurter Rheinhandels auf das Land zu machen und den ganzen Rheinverkehr, Personen und Waren, auf eine von Wiesbaden—Biebrich über Kastel nach Frankfurt führende Eisenbahnstraße zu lenken.

Diese frühzeitigen Pläne hatten nun freilich zunächst noch keinen Fortgang. Die Nassauer Regierung hielt sehr zurück, und auch im Publikum war noch keine rechte Stimmung.

Das wurde anders, nachdem am 7. Dezember 1835 die Nürnberg-Fürther Bahn eröffnet worden war und ihre Aktien im Januar 1836 bereits zu 124 notiert wurden: es begann nun eine Art von Gründungsfieber, und so wie jetzt die in Frankfurt und Wiesbaden früher erwogenen Pläne sehr ernst in Angriff genommen wurden und schnell zur Bildung von Aktiengesellschaften führten, so entstanden auch in Mainz und Darmstadt Eisenbahn-Gesellschaften, und zwar waren hierbei ganz ähnliche, aus alten Wünschen und Wettbestrebungen erwachsene Erwägungen maßgebend wie in Frankfurt und Wiesbaden, natürlich aber in entgegengesetztem Sinne: hatten die Wiesbaden-Frankfurter Pläne ihre Spitze gegen Mainz gekehrt, so kehrten die Mainz-Darmstädter ihre Spitze gegen Frankfurt.

In Mainz sagte man sich, daß in der Eisenbahn die Möglichkeit gegeben sei, die Dampfschiffahrt, die hier zum Teil ihren Endpunkt hatte, fortzusetzen und den Verkehr von hier nach Süddeutschland auf hessische Straßen zu zwingen. Es sollte also eine Eisenbahn von Darmstadt gebaut werden, die Mainz gegenüber auf dem linken Ufer des Mains unmittelbar an seiner Mündung in den Rhein enden sollte. Von Darmstadt dachte man sich die Fortsetzung nach Mannheim und Heidelberg. Für das Großherzogtum und seine Hauptstadt konnte auf diese Weise der Besitz von Mainz erst wirklich fruchtbar werden, den wenig geliebten Frankfurtern konnte aber ihre Mittelsstellung entzogen werden, indem die wichtigste Verkehrsstraße von Nordwesten nach dem Süden und Südosten an ihnen vorbeigeleitet wurde. Ihnen, die gerade eben durch ihren Hinzutritt zum Zollverein die auf Offenbach gesetzten Hoffnungen zerstört hatten, wollte man höchstens eine Zweigbahn gönnen, die über Sachsenhausen nach Offenbach gedacht war und Offenbach von der Frankfurter Spedition dauernd unabhängig halten sollte.

Es fanden sich hier also die größten Gegensätze einander gegenüber: ein Projekt schloß das andere so ziemlich aus, und es war nun die Frage, welches obsiegen werde.

Das Frankfurter Komitee, das aus den bedeutendsten Geldhäusern des Platzes bestand,[1]) hatte sich schon in den ersten Tagen des Jahres 1836 an den Senat gewandt und vor allem um den Erlaß eines „milden und zweckmäßigen Expropriationsgesetzes" gebeten. „Unsere Vaterstadt," hieß es in dem Anschreiben, „in dem Mittelpunkte Deutschlands gelegen, wo sich die Straßen von Nord zu Süd, von Ost zu West begegnen, darf nicht versäumen, sich der Verbindungsmittel

[1]) Gebr. Bethmann, Grunelius u. Cie., M. A. von Rothschild u. Söhne, Joh. Nic. Du Fay u. Cie., Mathias Borgnis und J. John.

zu versichern ... Die Eisenbahnen von Hamburg, Leipzig, Augsburg, Nürnberg, Basel, Mainz müssen in Frankfurt zusammentreffen. Ist dies erreicht, so ist auch der Wohlstand unserer Stadt aufs neue gesichert."

Es war in diesen Worten ein ganz gewaltiges Programm ausgesprochen, das sich sehr vorteilhaft von solchen Erwägungen abhebt, wie sie die Hessen-Darmstädter anstellten, die nur vom beschränkt-partikularistischen Standpunkte ausgingen. Allein wenn auch die Frankfurter Großkaufleute sich hier auf der Höhe zeigten, indem sie mit ihrem geschulten Blick die Bedeutung der Eisenbahn für den Weltverkehr erkannten, so war im übrigen das Verständnis und die Teilnahme in Frankfurt nicht gerade erheblich.

Die zahlreichen Altgesinnten im Senat, die an sich jeder Neuerung mißtrauisch gegenüberstanden, waren voller Bedenken, und das gewünschte Expropriationsgesetz machte den römisch geschulten Juristen große Sorge. Starck meinte, er hätte gewünscht, daß man dieses Beförderungsmittel den Engländern überlassen hätte, auch Thomas bekannte (20. April 1836), daß er in der Eisenbahn nur „Luxussache und Spielwerk" sehen könne. Was die Enteignung betreffe, so erklärte er, ein so Unerhörtes könne nicht anders als mit der absolutesten Not entschuldigt werden; er fragte dann: „Ist die Errichtung von Eisenbahnen eine Not? An sich, ruhig und ohne den Schwindel der Agiotage, der sich dieser Sache bemeistert hat, betrachtet, wird Niemand Eisenbahnen in Deutschland für eine Notwendigkeit halten, auch glaube ich noch nicht an deren durchgreifende, am wenigsten lukrative Durchführung." Aber er erkannte doch, daß Frankfurt sich unmöglich ausschließen dürfe, wenn alle anderen vorangingen, daß Frankfurt vor einem möglichen Nachteil durchaus bewahrt bleiben müsse, und so sprach er sich denn für das Gesetz aus, und da das in ähnlichen Gedankengängen die meisten anderen auch taten, so wurde das Expropriationsgesetz in einer für Frankfurter Verhältnisse schnellen Weise zur Erledigung gebracht. Im ganzen war freilich die vorherrschende Stimmung mehr die eines Geschehenlassens als einer positiven Bereitschaft zum Zugreifen, und auch im Frankfurter Publikum, das allerdings damals gerade durch den Zollanschluß ganz in Anspruch genommen war, zeigte sich zunächst noch kein rechtes Interesse.

Ganz anders stand es in Darmstadt.

Hier versetzte man sich für den gegen Frankfurt gerichteten Plan geradezu in Begeisterung. Es kam zu einem förmlichen Aufwallen des hessen-darmstädtischen Nationalgefühls. An den vorläufigen, freilich ganz unverbindlichen Zeichnungen, zu denen das Komitee aufforderte, beteiligten sich Leute aus allen Schichten der Bevölkerung, allein es dauerte nicht lange, so zeigte sich, daß die Sache so, wie sie zunächst geplant war, keinen Fortgang haben werde. Es erhob nämlich die Bundes-Militärkommission Einspruch. Sie erklärte, daß eine Bahn, die bei dem strategisch so wichtigen Mainz ende, durchaus nicht so völlig jedem Angriffe bloßgestellt sein dürfe, wie es bei der Ausmündung der Bahn auf der Mainau der Fall sein würde, und da die Bundesversammlung diese Ansichten der Militärkommission zu den ihrigen machte, so mußte man sich in Darmstadt damit abfinden.

Nun aber kam die Mainzer Gesellschaft mit einem andern Plane.

Man fühlte sich in Mainz durch das rechtsmainische Bahnprojekt geradezu im Dasein bedroht, und wenn nun schon Mainz, wie sich herausstellte, anders als durch Kastel in Bahnverbindung nicht kommen sollte, so wollte man es wenigstens nicht dulden, daß ein Frankfurt-Wiesbadener Komitee es war, das diese Bahnverbindung schuf; man wollte, daß die Mainz gegenüber in Kastel ausmündende Bahn ein ausschließlich hessisches Unternehmen sei und bleibe. Dies war, rein geographisch betrachtet, nicht unmöglich, denn das launische Schicksal, das einstens bei der Festsetzung der Territorialgrenze gewaltet hatte, hatte Darmstadt auch rechts des Mains einen kleinen Zipfel um Kastel herum zugesprochen: da eine Frankfurt-Wiesbaden-Biebricher Bahn hier hindurch mußte, so meinte man, mit Hilfe dieses Zipfels die Dinge zum gewünschten Ziele lenken zu können.

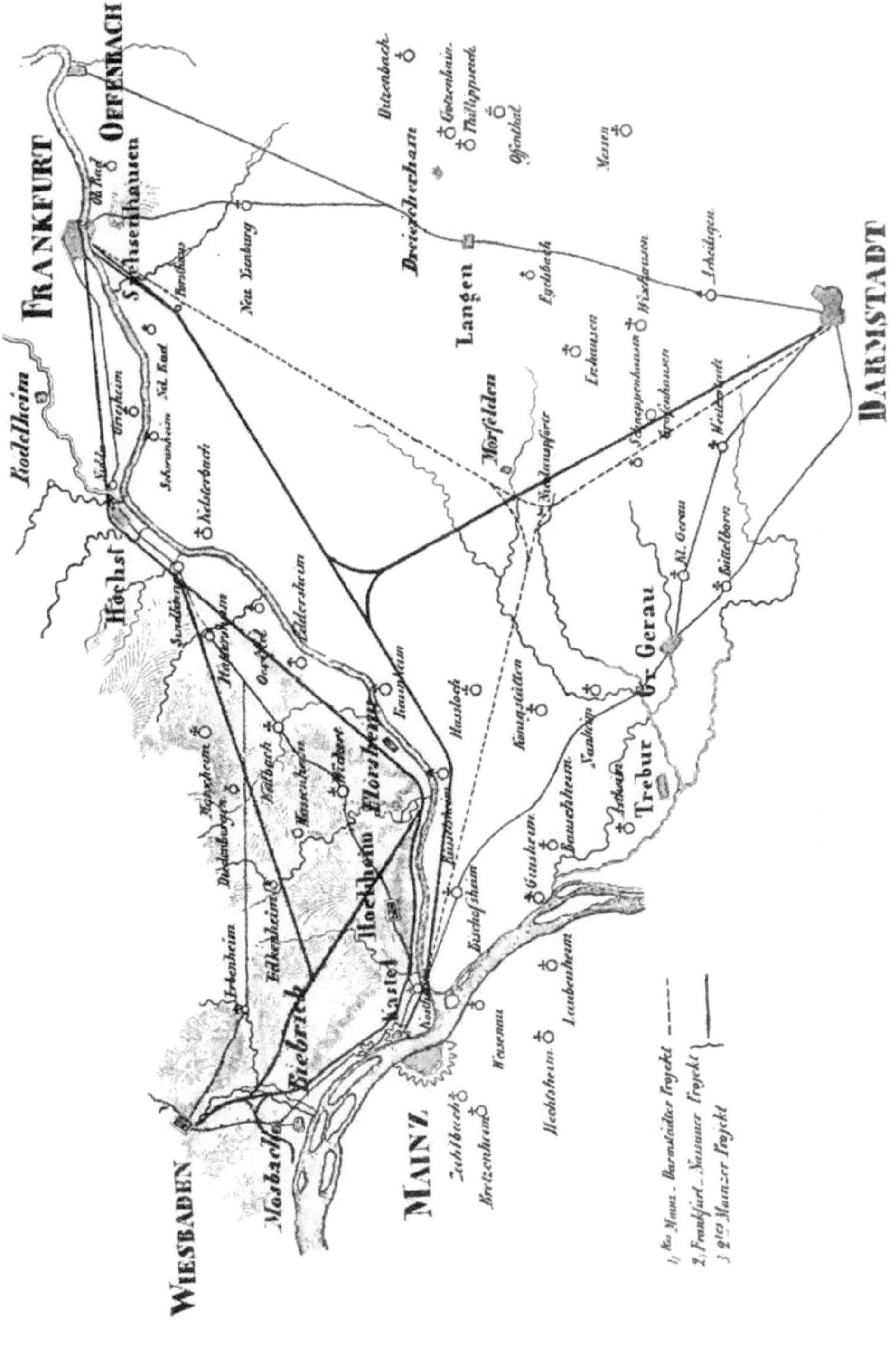
FRANKFURT
OFFENBACH
Sachsenhausen
Rodelheim
Hoechst
Langen
Dreieichenhain
Mörfelden
DARMSTADT
Gr. Gerau
Trebur
Flörsheim
Hochheim
Biebrich
Kastel
Mosbach
WIESBADEN
MAINZ
1) tes Mainz-Darmstädter Projekt
2) Frankfurt-Nassauer Projekt
3) 2tes Mainzer Projekt

Man dachte also folgendes aus. Es sollte zunächst von Sachsenhausen am linken Ufer gebaut werden bis Kostheim. In der Mitte ungefähr sollte von Darmstadt her eine Linie einlaufen. Bei Kostheim sollte die Bahn dann den Main überschreiten und nach Kastel gehen: auf diese Weise verließ die Bahn in ihrem ganzen Verlauf nicht das hessische Gebiet und brachte die Verbindung der 3 hessischen Städte Mainz, Offenbach und Darmstadt in eine und dieselbe Hand; allerdings mußte sie bei Sachsenhausen über Frankfurtisches Gebiet, allein die Mainzer Gesellschaft hatte sich sehr stark gemacht, indem sie sich mit einigen Frankfurter Firmen verbunden hatte[1]), und da sie auch in den Kreisen der darmstädtischen Regierung gute Beziehungen hatte, so ging alles nach Wunsch: am 25. Februar 1837 erteilte die hessische Regierung die erbetene Konzession; sie sprach zugleich aus — was das Wichtigste war —, daß sie eine Bahn auf dem rechten Mainufer nicht konzessionieren werde.

Damit war für Frankfurt ein kritischer Moment gekommen. Bei der im Publikum jetzt gerade vorhandenen Unternehmungslust in Eisenbahnaktien war es sehr wohl möglich, daß, wenn die Mainzer rasch vorgingen, alle verfügbaren Kapitalien dem linksmainischen Unternehmen zuströmten und daß dann das Taunusbahnprojekt scheiterte.

Hier mußte also ein Entschluß gefaßt werden, und daß dies geschah, ist unzweifelhaft das Verdienst des Senators Eduard Souchay: er setzte im Senat am 9. März die Gefahren der Lage auseinander, und es gelang ihm, den Senat zu dem Entschluß fortzureißen, daß er die Taunusbahn, die von Nassau schon im Februar konzessioniert war, seinerseits gleichfalls konzessionierte, daß zugleich dem Mainzer Komitee die Konzession, die zur Anlage des Kopfbahnhofs in Sachsenhausen nötig war, zunächst verweigert, der hessischen Regierung aber erklärt wurde, man hoffe, daß sie die Einmündung der Taunuseisenbahn in Kastel gestatten würde;

[1]) Johann Goll & Söhne, Jak. Friedrich Gontard & Söhne, D. u. J. de Neufville und Weinhändler Beil (Sydow an d. Min. d. a. A. 10. März 1837).

sollte es nicht der Fall sein, so würde man überhaupt niemals eine Konzession zur Einmündung einer Bahn von Darmstadt oder Offenbach auf Frankfurter Gebiet erteilen.

Diese energische Haltung des Senates hatte sofort die günstigste Wirkung. Das Taunusbahnprojekt erschien nun gesichert, und als jetzt schleunigst die Zeichnungen — zunächst nur in einer Höhe von 500000 fl. — eröffnet wurden, so stürzte sich das Publikum förmlich auf die Aktien. Bis zum 10. waren bereits 20 Millionen gezeichnet. Thomas schrieb an diesem Tage an Smidt: „Die Leute schlagen sich heute um die Aktien, so daß für eine Unterschrift von fl. 10000 höchstens fl. 250 wirkliche Aktien werden ausgegeben werden können. Um die Börsenzeit wurden fl. 40 Prämie für eine Unterschrift von 10000 bezahlt. Das alles ist purer Schwindel, doch kann man es nicht hindern."

Wieviel Jobberei aber auch wirklich mit im Spiele sein mochte, die Sache des Taunusbahnprojektes ging von nun an weiter, weil das Projekt an sich ein gutes und gesundes war, auch erklärte das Komitee, die Bahn werde auf jeden Fall gebaut werden, und erlaube die großherzogliche Regierung die Führung über Kastel nicht, so werde die Bahn bei Hochheim den Main verlassen und die Richtung direkt auf Wiesbaden und Biebrich erhalten. Mochte dies letztere auch, wie wahrscheinlich, nur ein taktischer Kniff sein: die Wirkung des entschiedenen Vorgehens blieb nicht aus. Die Aktienpromessen der linksmainischen Bahn fielen in wenigen Tagen von 145 auf 100 und waren auch zu diesem Kurse nicht mehr an den Mann zu bringen.[1]) Das Mainzer Komitee hielt es daher für das klügste, rasch beizudrehen, um nicht alles zu verlieren. Es erklärte sich dazu bereit, mit dem Taunusbahn-Komitee in Verhandlung zu treten, und da dieses gar nichts Besseres wünschen konnte, so ging es gerne auf das Anerbieten ein. Am 23. Juli war man schon zu einer Vereinigung gekommen. Dem Mainzer Komitee wurde eine Beteiligung für 1/3 des Aktienkapitals zugesprochen. Die

[1]) Frankfurter Journal vom 13. März 1837.

Einmündung der früher geplanten Bahn von Darmstadt nach Mainz-Kastel in die Taunusbahnlinie wurde gestattet, — sie sollte aber nicht eher erfolgen, als bis die Darmstadt-Frankfurter Linie befahren würde, es wurde weiter der Mainzer Eifersucht zugestanden, daß für Biebrich nur eine Seitenbahn mit Pferdebetrieb geschaffen werden sollte, — dafür übernahm es das Mainzer Komitee, dem Taunusbahn-Komitee die Zustimmung der großherzoglichen Regierung zur Durchführung der Taunusbahn durch das Rechtsmainische zu beschaffen. Dies war nicht so ganz einfach, da die öffentliche Meinung in Hessen sich dem Vertrage heftig entgegensetzte. In Darmstadt sprach man geradezu von Verrat, aber auch in Mainz und Offenbach kam es zu heftigen Äußerungen des Unmutes. Es hieß, Mainz werde „dem Ausland" überliefert, man dürfe die Hand nicht dazu bieten, daß Biebrich ein konkurrierender Stapelplatz werde; schon hätten die beiden Dampfschiffgesellschaften zugestanden, daß ihre Schiffe in Zukunft auch in Biebrich halten sollten usw. Trotz dieser Treibereien erlangte das Mainzer Komitee aber doch, was es wollte (11. Mai 1838), nachdem es an entscheidender Stelle in dem Ministerium 18000 fl. gespendet hatte: die Konzession wurde erteilt, und damit war dann die Taunusbahn gesichert.

Die Geldzahlungs-Geschichte wurde später ruchbar, und der Empfänger mußte aus seinem Amte scheiden; er scheint sich durch die Erwägung gedeckt gefühlt zu haben, daß die hessische Regierung doch nicht hätte anders handeln können. Denn eine hessische Landesbahn war natürlich nur rentabel, wenn sie an die in Baden geplante Bahn den Anschluß erhielt, Baden wollte aber vor allem mit Frankfurt in nächste Verbindung kommen und verlangte deshalb, daß die Verbindung von Darmstadt nach Frankfurt nicht Seitenbahn, sondern Hauptbahn werde. Damit war das linksmainische Projekt erledigt, und die darmstädtische Regierung erkannte dies auch weiter dadurch an, daß sie im Zusammenhang mit dem Einvernehmen über die Taunusbahn mit Frankfurt, das hierbei auch wieder von Souchay beraten und vertreten wurde, und Baden jene Verträge abschloß (10. Januar und 10. Februar 1838), aus denen dann später die Main-Neckar-Bahn wurde. —

Thomas hatte an der Angelegenheit der Eisenbahn lebhaften Anteil genommen, insoweit es sich darum handelte, Frankfurt vor Benachteiligung zu schützen. Von der Sache selbst hielt er, wie wir gesehen haben, nicht allzuviel. „Alles wendet sich", schrieb er am 10. Januar 1836 nach Bremen, „der Industrie, der Eisenbahn und dergleichen zu und zwar mit einem Schwindel, welcher dem durch die Juli-Revolution bewirkten nicht unähnlich ist. Ich habe bei dieser den Kopf nicht verloren und gedenke, es jetzt ebenso zu halten, ruhig mir das Ding zu betrachten. Ohnehin habe ich eine persönliche Aversion gegen alle Industrie, materielle Interessen, Maschinen, Fabriken und wie das Zeugs alle heißt, ich bin daher nicht leicht dadurch aus dem Gleichgewicht zu bringen und gedenke, mich zunächst wieder in die Wissenschaft zu flüchten, die jetzt manche erfreuliche Erscheinung darbietet und am Ende doch das Salz der Erde ist, das vor Fäulnis schützt."

So nahm er wohl Kenntnis von den Verhandlungen, die über die verschiedenen Möglichkeiten der Linienführung sich entspannen, allein die eigentlich verantwortliche Arbeit überließ er gerne andern.

Auch von den Zollvereinsangelegenheiten wünschte er, nachdem einmal die Entscheidung gefallen war, so wenig wie möglich zu hören. Aus der eigentlichen „Zoll-Operation", d. h. dem Markten und Feilschen um die Nachsteuer, wehte es ihm entgegen „wie Verwesungsgeruch". „Die Welt rennt", schrieb er am 14. Februar mit ehrlichem Abscheu, „den materiellen Interessen mit schwindsüchtiger Hast nach. Ich will meinen Atem sparen und, sobald die neue Zolleinrichtung hier vollendet ist, mich von diesen Dingen zurückziehen, die ich bis jetzt allein von dem höheren politischen Standpunkte aus kultiviert habe."

Dieser Zeitpunkt kam rasch. Am 26. März konnte er schon schreiben: „Die Zollwehen lassen nach, und allmählich kommt man wieder, wie von einer weiten Reise, nach Hause und bei seinen Freunden an."

Je schmerzlicher ihm die Eindrücke waren, die er von dieser Reise mitbrachte, je größer die Einbuße war, die seiner Meinung nach Frankfurt hierbei an ideellen Gütern erlitten hatte, mit um so größerem Eifer arbeitete er jetzt daran, die Selbständigkeit der Stadt wenigstens in jeder anderen Beziehung dem künftigen Geschlecht in der Unversehrtheit zu überliefern, wie er sie überkommen und so lange mit Erfolg verteidigt hatte, und wenn nun schon die fremden Zollbeamten in der Stadt geduldet werden mußten, so strebte er jetzt mit heißem Eifer darnach, wenigstens die fremden Soldaten wieder aus der Stadt herauszubekommen, — aber er sollte bei diesem Versuche nur neue Enttäuschungen und Kränkungen erleben.

Die Entfernung der Besatzung aus Frankfurt wäre, soweit es auf die beteiligten Bundesregierungen ankam, an sich wohl zu erreichen gewesen; denn die Erhaltung der Garnison in Frankfurt war für Preußen und Österreich schließlich doch immerhin eine Last, die man, wenn es irgend anging, wohl bereit war abzuwerfen. Es war dies, namentlich im Jahre 1836 gleich nach dem Zollanschluß, bei Preußen noch mehr als bei Österreich der Fall. In Wien empfand man gerade in diesem Zeitpunkte das Bedürfnis, die Beziehungen zu Frankfurt wieder etwas zu verstärken, und so wie man gerade jetzt, mit Rücksicht auf den neu geschaffenen handelspolitischen Einfluß Preußens in Frankfurt, einen österreichischen Generalkonsul in der Person Anselm Salomon v. Rothschilds in Frankfurt einsetzte, um zu erreichen, daß die österreichischen kommerziellen Interessen in Frankfurt nicht Not litten, so wollte man auch die österreichischen Soldaten ganz gerne in der Stadt belassen.

Indessen, wenn Preußen die Zurückziehung der Garnison ernstlich vorschlug, dann konnte Österreich nicht wohl zurückbleiben; es war hierzu nur nötig, daß Frankfurt in wirklich überzeugender Weise den Beweis erbrachte, daß es fähig und gewillt sei, den Schutz, der für die Bundesversammlung, die Bundes-

Zentralbehörden und die Bewachung der Gefangenen nötig war, selbst auszuüben, — allein hier zeigten sich die alten Schwierigkeiten. Teils aus Überzeugung, teils aus Schwäche scheute die Mehrheit des Senats vor derartigen Maßregeln zurück, die in den Augen der meisten Frankfurter als eine Preisgabe der heiligsten Güter erschienen, und so blieb denn der Erfolg der Bemühungen von Thomas durchaus zweifelhaft. „An der Truppenremovirung", schrieb er am 14. Juni, „arbeite ich unausgesetzt. Die Sache ist mir eine wahre Herzensangelegenheit. Wie es mir glücken wird, steht dahin, so viel ich auch gute Künste und Gedanken daran setze. Darüber läßt sich nur mündlich reden. Mein alter Herzensjammer hat leider immer noch Stoff."

Der Stoff für diesen „Herzensjammer" ging auch in der Folgezeit nicht aus.

Wenn er glauben durfte, wie Sisyphus den Stein den Berg etwas hinaufgebracht zu haben, so entrollte er regelmäßig wieder seinen Händen: gerade hatte er, um den Hauptvorwand für die Beibehaltung der Garnison zu beseitigen, den Beschluß durchgesetzt, daß wenigstens die sieben bereits abgeurteilten politischen Gefangenen nach Mainz kommen sollten, so verschwanden sechs von diesen sieben auf Nimmerwiedersehen aus ihren Kerkern (10. Januar 1837), zur ungeheuchelten Freude der ganzen Stadt, unter Hohnlachen oder Entrüstung von ganz Deutschland, zum Triumph der Pariser Emigration, die auch hier die Hände im Spiel gehabt hatte.[1])

Es war, im Thomas'schen Sinne gesprochen, rein zum Ver-

[1]) Glossy, Literar. Geheimberichte S. 103: Frankfurt, 14. Febr. 1837: „Für die Flucht der Frankfurter Gefangenen hat man in Paris Sammlungen unter den Ouvriers des Faubourg S. Antoine angestellt; sie ist von der Propaganda im ganzen und großen geleitet. Rauschenplatt, heißt es, sei zu dieser Zeit diesseits des Rheins gewesen. Auch Börne hat zu dem Ende seinen Franzosenfresser geschrieben, der in Paris unter den Deutschen vielen Anklang findet; der Erlös ist dem unter der Leitung Schusters bestehenden engeren Ausschuß der Deutschen übergeben."

zweifeln. „Aller seit dem 3. April 1833 erlebte Jammer", schrieb er (21. Januar 1837) ganz entmutigt, „scheint wiederzukehren, ohne daß ich die Kräfte von damals noch habe". Stellte es sich doch heraus, daß der Chef der Polizei selbst, der Senator Dr. Müller, eigentlich der Hauptschuldige war, indem er durch besondere Anordnung alles so eingerichtet hatte, daß ein Mißlingen des Ausbruchs eigentlich kaum möglich war, — wenn überhaupt von einem Ausbruch die Rede sein kann bei einem Vorgange, wo Gefangene mit ihrem Wärter, im Besitz aller nötigen Schlüssel, einfach hinwegspazieren!

Natürlich zogen alle bestellten Wächter der Ordnung, voran die hohe Bundes-Zentralbehörde, die Stirne gewaltig kraus: der preußische Bundestags-Gesandte, der General v. Schöler, sprach ganz offen von einer an Verrat grenzenden Nachlässigkeit und befürwortete strengste Rechenschaftsforderung, von Metternich ging ein ungewöhnlich ungnädiges Schreiben ein, und Thomas sah sich als Vertreter Frankfurts den Regierungen gegenüber wieder dazu verurteilt, Dinge entschuldigen und verteidigen zu müssen, die von seinem eigenen Standpunkte aus gar nicht zu entschuldigen oder zu verteidigen waren. Wenn er aber dann im Senat die relative Berechtigung der Auffassung der Bundesversammlung vertreten mußte, um eine Brücke der Verständigung zu schlagen, so fand er auch hier kein Entgegenkommen und mußte von neuem die schmerzliche Erfahrung machen, daß der Senat sich seiner Führung nicht mehr fügte. Er brachte den Senat nur eben gerade zu der Erklärung, daß eine strenge Untersuchung angeordnet werden werde, allein was war damit gewonnen? Wer gab noch etwas auf diese Frankfurter „Untersuchungen"? Schöler sagte voraus, daß dabei gar nichts herauskommen werde. Er bemerkte, es sei, wenn man die hiesige Polizeigewalt und Strafrechtspflege nicht ganz in die Hand nehme, nicht möglich, hier den Spuren mit Erfolg nachzugehen. „Stünde der Schöff Thomas", so fügte er hinzu, „nicht zu isoliert mit seinem guten Willen, ernstlich gegen die hiesigen Revolutionäre aufzutreten, und auch die Angesehenen unter ihnen nicht zu schonen, so ließe sich eher etwas hoffen; er findet aber wenig Unterstützung, und selbst der jetzige Bürgermeister von Guaita läßt sich von dem ängstlichen Streben nach übertriebener Bewachung der Frankfurter Souveränitätsrechte zu sehr beherrschen."

Nur etwas, allerdings beinahe Selbstverständliches, kam jetzt zustande: die Entfernung der noch vorhandenen Gefangenen nach Mainz, die ja übrigens schon beschlossene Sache war. Da mit Sicherheit vorauszusehen war, daß die Gesetzgebende Versammlung, wenn sie von dieser Absicht erfuhr, Widerstand leisten würde, so wurde mit größter Heimlichkeit und großer Schnelle verfahren, so daß die Stadt erst etwas davon erfuhr, als die Gefangenen schon weg waren.

An sich bedeutete die Überführung in das Fort Hartenberg in Mainz für die Gefangenen eine Art Erlösung, denn sie fanden hier sehr viel bessere äußere Lebensbedingungen als in den Frankfurter Gefängnissen; aber wir wissen, daß die Liberalen Frankfurts die politischen Gefangenen gewissermaßen als ein ihnen anvertrautes Pfand betrachteten, und sie empfanden es als eine Art Staatsstreich, daß man sie ihnen nun entrückt hatte. Um zu zeigen, daß der Senat sich in direkten Widerspruch mit der Volksvertretung gesetzt habe, wurde also beschlossen, daß die früheren Abstimmungen der Gesetzgebenden Versammlung in dieser Sache veröffentlicht werden sollten, allein Thomas wollte sich in dieser Weise nicht bloßstellen lassen: er ließ die Mitteilung dieses Beschlusses in den Jahrbüchern durch den Zensor streichen, und als die Mitteilung doch erschien, wurden der Redakteur Dr. Rapp und der Herausgeber Brönner wegen Preßvergehens zu 14 Tagen Gefängnis verurteilt. Das war eine für Frankfurter Verhältnisse ungewöhnliche Strenge. Schärfer konnte das Autoritätsprinzip auch in einem absoluten Staate nicht gehandhabt werden. Thomas wurde hier um dessen willen, was er für die gute Sache ansah, beinahe zum Autokraten und in den Augen der Liberalen zum Schergen der Reaktion.

Die Liberalen blieben denn auch die Antwort nicht schuldig: Dr. Reinganum erhob gegen den Senat die Anklage, er habe die Verfassung verletzt, indem er dem Verlangen der Bundesversammlung nachgegeben habe, ohne erst noch einmal die Bürgerschaft zu berufen. Als ihm die spöttische Antwort zuteil wurde, er könne sich ja bei der Bundesversammlung beschweren, fuhr er in heftigem Zorne auf, er und die Gesetzgebende Versammlung ließen ihrer nicht spotten. Es habe den Anschein, als ob der Senat die Gesetzgebende Versammlung betrachte, wie der Monarch seine „gehorsamen und getreuen Stände". Allein nach der Frankfurter republikanischen Verfassung beruhe die höchste Gewalt in der Volkssouveränität und diese Volkssouveränität repräsentiere die Gesetzgebende Versammlung, mithin sei sie der Herr. Der Senat sei nichts anderes als der Diener des Volkes. Wenn trotzdem der Senat sich jetzt Gewaltstreiche erlaube, so möge er nur bedenken, daß die Zeiten veränderlich seien und es wohl dahin kommen könne, daß das Volk die Macht wieder in die Hände bekomme.[1]) Der Präsident forderte Reinganum auf, sich zu mäßigen — Reinganum antwortete aber, er habe sich schon längst vorgenommen, seinem Herzen Luft zu machen, und jetzt tue er es. Er könne seine Gefühle nicht drucken lassen, wegen der Zensur. Hier in der Gesetzgebenden Versammlung sei seine Preßfreiheit und er lasse sich die Rede nicht verbieten. Es herrsche kein Rechtszustand mehr in Frankfurt. Niemand sei mehr sicher, morgen schon im Eilwagen auf den Hartenberg gebracht zu werden.

Diese ungewöhnlich kühnen Worte machten einen tiefen Eindruck. Allerdings erhoben sich für Reinganums eigentliche Anträge schließlich doch nur wenige, und der Senat konnte sich rein äußerlich den Sieg zuschreiben, allein Thomas trug, wie es scheint, doch kein freudiges Gefühl aus dieser Debatte davon. Er merkte wohl, daß die Angriffe hauptsächlich ihm galten. „Man ist", schrieb er dem Bremer Freunde, „ziemlich allgemein gegen meine Persönlichkeit präveniert".

[1]) Berlin Geh. Staats-A. Min. d. Inn. R. 77. D. IX.

Da war es nun von entscheidender Bedeutung, daß sich unmittelbar nach dieser Szene in der Gesetzgebenden Versammlung ein erneuter Anfall eines älteren Leidens einstellte, der ihn erneut auf das Krankenbett warf. Das war eine ernste Mahnung. Was er schon am Anfang des Jahres gefühlt hatte: daß sein Körper schweren Kämpfen nicht mehr gewachsen sei, das wurde ihm nun zur Gewißheit, und so kam er denn jetzt zu dem Entschluß, von den großen politischen Geschäften zurückzutreten und seine Stellung als Bundestags-Gesandter aufzugeben. Er erleichterte sich diesen schweren Schritt durch die Erwägung, daß es um der Sache willen besser sei. Er machte sich klar, daß seine eigene Reizbarkeit dem Kampfe eine Schärfe gab, die besser vermieden würde, zu der er aber trotz aller guten Vorsätze immer wieder hingerissen wurde, da er eben seiner Nerven nicht mehr Herr war. Es war wirklich so: die Ereignisse der letzten Jahre, der 3. April, der 2. Mai, hatten seine Körperkraft gebrochen, hatten ihn zu einem vor der Zeit erschöpften, kranken Mann gemacht. Es war Zeit, daß er gewaltsam ein Ende machte, wenn er nicht erliegen sollte. „Meine von Haus aus krampfhafte Natur", bekannte er in einem Briefe an Smidt, „ist so verwachsen mit diesen Dingen, sie hat sich durch die notwendige Anstrengung so fest daran geklammert, daß sie nur durch einen Kaiserschnitt gelöst werden kann."

Der Senat erkannte es als seine Anstandspflicht, den Versuch zu machen, ihn der Stadt in seiner Stellung zu erhalten, und Thomas verschob daher die Ausführung seines Entschlusses. v. Meyer vertrat ihn im Bundestag, er selber unternahm eine längere Badekur, allein, obwohl er im Herbst scheinbar wiederhergestellt zurückgekehrt war, sah er sich sehr bald veranlaßt, sein Gesuch zu wiederholen und nunmehr auf seiner Genehmigung zu bestehen.

Das Verhältnis der Stadt zum Bunde war in der Zwischenzeit noch unerfreulicher geworden. Der Senat hatte den Erwartungen der beiden Bundesgroßmächte gegenüber, die immer noch irgend eine Art der Genugtuung für den Affront vom 10. Januar erwarteten, nichts, aber auch gar nichts getan.

Da der mächtige Einfluß von Thomas nicht mehr wirkte, so ließ er sich jetzt nur von den Erwägungen der „Souveränität“ bestimmen und beharrte einfach bei der so oft aufgestellten, durch die Tatsachen freilich ebensooft widerlegten Behauptung, es sei mit Polizei und Militär in Frankfurt ganz vortrefflich bestellt. Darüber verloren nun Österreich wie Preußen gleichzeitig die Geduld; namentlich das letztere. Der Minister v. Rochow, der im Juli in Frankfurt war, erklärte, man könne sich mit einer bloßen Personalveränderung nicht begnügen, man müsse auf veränderte Polizeiorganisation dringen, selbst wenn es sich dabei um Modifikation der Verfassung handeln sollte — es sei dies nicht bloß um der Sicherheit der Bundesversammlung willen nötig, sondern auch zur Beruhigung des westlichen Deutschland; Frankfurt bilde den Mittelpunkt für alle revolutionären Bestrebungen in diesem Teile Deutschlands, von hier aus verbreite sich das Netz der Umwälzungspartei nach allen Seiten. Da Münch ganz ähnlich dachte, da der Senat umgekehrt in seiner passiven Haltung verharrte, nur gelegentlich ganz naiv an die Wegnahme der Bundesgarnison erinnerte, so kam es am 7. September 1837 zu Beschlüssen, die nun allerdings für die Stadt recht peinlich waren. Die Bundesversammlung setzte fest I., daß sie das von der Bundes-Zentralbehörde über die Wirksamkeit des dermaligen Vorstandes des Polizeiamts ausgesprochene Mißtrauen gerechtfertigt finde; sie beschloß II., daß der Senat auf die Anstellung eines permanenten Direktors der administrativen Sicherheitspolizei bedacht nehmen möge, und sie verfügte III., daß eine Zurückziehung der Bundestruppen dermalen nicht möglich sei.

Was war nun zu tun? In seinem ersten Teile schloß das Votum die Forderung in sich, Müller von seiner Stellung zu entfernen, in seinem zweiten Teile das Verlangen einer Verfassungsänderung (insofern die Polizei dem jüngeren Bürgermeister unterstellt war, der jährlich wechselte) — beides eigentlich Unmöglichkeiten für den Standpunkt des Frankfurter Senates — aber es war ganz klar, daß eine Ablehnung auch fast unmöglich war, denn so wie die Stimmung jetzt war, mußte man damit rechnen, daß die Bundesversammlung in diesem Falle zur Anwendung von Zwangsmaßregeln schreiten würde.

Ein großer Streit der Meinungen entbrannte. Die Liberalen oder Unabhängigen riefen, man solle es darauf ankommen lassen; sie meinten wohl, die Bundesversammlung werde nicht Ernst machen, und sie wurden auch jetzt wieder, gerade wie früher schon, von dem französischen Geschäftsträger in ihrer Auffassung bestärkt, indem dieser sie versicherte, daß Frankreich eine Verletzung der Unabhängigkeit der Stadt nicht dulden werde: sie setzten also die Abfassung einer Erklärung durch, die im wesentlichen nur eine Rechtsverwahrung war und von Entgegenkommen nicht die Spur zeigte.

Als Meyer mit der Erklärung zu Münch kam, verweigerte dieser die Annahme. Er sagte ihm, er wisse sehr wohl, welche Einflüsse mitgewirkt hätten, und daß der Senat sich schämen solle, in einer solchen lediglich deutschen Angelegenheit fremden Einflüsterungen Gehör zu geben.[1]) Meyer war im Grunde völlig einverstanden mit Münch. Er schämte sich wirklich und hielt auch mit seiner Auffassung nicht zurück. Er machte also gar keine Schwierigkeit, die Note, die Münch nicht annehmen wollte, wieder einzustecken: damit begann aber natürlich im Senate der Streit von neuem, und hierbei mußte sich nun die bisherige Mehrheit in den Syndikatsgutachten, die jetzt eingeholt wurden, allerlei unangenehme Wahrheiten sagen lassen.

Am mildesten äußerte sich Thomas. Die groß angelegte Denkschrift, die er abfaßte, ist gewissermaßen sein politisches Testament; er griff darin weit aus, bis zu den Anfängen der freien Stadt, und erinnerte seine jüngeren Kollegen daran, daß Frankfurt seine Freiheit eigentlich nur der Tatsache der Gründung des Bundes verdanke; es sei durch die Gnade der verbündeten Mächte für frei erklärt worden und sei in dieser Freiheit bestätigt worden, weil man für den neugeschaffenen Bundestag eine Residenz brauchte; es sei also für Frankfurt unmöglich, gegen den Bund zu gehen, es verneine damit die Grundlagen seiner Existenz.

[1]) Schöler an Werther 17. November 1837.

Noch deutlicher und schärfer äußerten sich v. Meyer und Scharff. Der erstere sprach von unverständigem Trotz. Er bekannte, daß seiner Auffassung nach die verschlimmerte Gesinnung eines großen Teils der Einwohner und die mangelhafte Verfassung dem Bundestag das gute Recht gäben, für bessere Garantien seiner Sicherheit zu sorgen; Starck meinte, das Linienmilitär verdiene wirklich kein Vertrauen, — und die Stadt selber, wenn man ehrlich sein wolle, verdiene ein solches eigentlich auch nicht: in den letzten Jahren sei die öffentliche Ruhe fünfmal auf eine sehr erhebliche Art gestört worden; die meisten revolutionären Schriften würden hier verfaßt und verbreitet, das Attentat sei von hier aus geleitet worden und es sei dem Bundestag von seinem Standpunkt aus wirklich nicht zu verdenken, wenn er auf bessere Garantien zu seiner Sicherheit dringe.

Das Ende der Debatte war, daß man sich auf einen Mittelsvorschlag einigte, den Souchay machte: man erklärte dem Bundestag zu Punkt I, daß man allen Grund habe, mit Müllers Polizeiverwaltung zufrieden zu sein, daß man ihn aber doch, wiewohl ungern, bei der nächsten Ämterverteilung auf ein anderes Amt versetzen wolle, zu II behalf man sich mit unverbindlichen Redensarten: man werde auf länger dauernde Besetzung der Stellung des Polizeichefs achten und auf Kommunikation desselben mit dem Bundespräsidenten Bedacht nehmen; zu III endlich kam man wieder auf seinen alten Spruch und sprach die Hoffnung aus, daß man nunmehr wohl auf die Entfernung der Garnison werde rechnen dürfen.

Es war durch diese künstlich gestellten Sätze die Form so ziemlich gewahrt, aber die Tatsache blieb doch bestehen, daß die Stadt hatte nachgeben müssen, und der Bundestag versagte es sich auch nicht, dies in seiner Antwort vom 9. November ausdrücklich festzustellen.

Dies empfand niemand schmerzlicher als Thomas; nicht das Nachgeben als solches schmerzte ihn — er hatte es ja gerade geraten —, sondern daß man es dahin durch das bisherige Verhalten gebracht hatte. Es war damit eine Situation geschaffen, an der er offiziell wenigstens keinen Teil mehr nehmen konnte. „Ich darf," schrieb er an Smidt, der beständig in ihn drang, sich den gemeinsamen Arbeiten und Bestrebungen zu erhalten, „soll ich nicht untergehen, an eine Wiederaufnahme der verlassenen Bundestagsgeschäfte nicht denken".

Es folgte eine Zeit schwerer gemütlicher Verstimmung, in der er alles in dunkelster Färbung sah. Das ganz allgemeine Vorwiegen der materiellen Interessen, das Überhandnehmen der Massenproduktion in den Fabriken, Eisenbahn- und Aktienschwindel, dazu auf geistigem Gebiete die vorwiegende Neigung zur Kritik, zum literarischen Feinschmeckertum oder gar zur Emanzipation der Sinne wie in Gutzkows Wally, — das alles erschien ihm als Symptom eines heillosen Niedergangs[1]), und in diesen Niedergang war nun auch das Frankfurt hineingerissen, dem sein Herz gehörte; es siechte in seinen Augen unrettbar dahin; er stand, selbst ein kranker Mann, am Krankenbette der Stadt wie an dem einer Geliebten.

Auch die Entwicklung, die das Leben am Bunde und im Bunde genommen hatte, befriedigte ihn nicht.

Gewiß hatte die Bundesversammlung sich nie mit größerer Entschiedenheit zur Geltung gebracht — und Frankfurt hatte das ja eben selbst erfahren —, aber Thomas wünschte doch eine mehr positive Betätigung. Es schmerzte ihn tief, daß sich die deutschen Großstaaten des Bundes nur entsannen, wenn es eine polizeiliche, also eine negative Gewaltmaßregel zu verfügen galt, die natürlich Haß und Entrüstung hervorrief. Diese gönnten die beiden Großstaaten dem Bunde gern, ja Preußen ging so weit, die Maßregeln erst am Bunde mitzubeschließen und dann hinterher — wie z. B. bei der Verfügung gegen das „junge Deutschland" — für Preußen zu mildern, so daß der Bund als solcher in den Augen der Betroffenen erst recht herabgewürdigt wurde, und es schien Thomas, als ob wenigstens Preußen den Bund absichtlich in Mißkredit bringen wollte, um damit den Beweis zu führen, daß

[1]) Diese Stimmung finden wir übrigens bei der älteren Generation jener Tage auch sonst. Vgl. Perthes Leben 3, 436 und öfters.

er sich überlebt habe und ein neuer Bund nach Art des Rheinbundes, aber unter preußischer Hegemonie, gegründet werden müsse.

Die Aussicht auf solche Möglichkeiten verleidete ihm die Freude am Bunde gründlich. Wenn eine Politik in seinem Sinne, d. h. in dem Sinne einer konservativen, aber aufbauenden Bundespolitik, dauernd nicht möglich war, dann sparte er seine Kräfte lieber für den engeren Kreis der Stadt, und im Zusammenhange solcher Gedankengänge war es ihm dann doch wohl ganz erfreulich, daß ihn seine Freunde für 1838 auf die Liste für den älteren Bürgermeisterposten setzten. Thomas hatte, ehe er seine Zustimmung gegeben, den Arzt zu Rate gezogen; dieser hatte nicht widersprochen, und bei der Kugelung wurde die goldene Kugel für ihn gezogen. Thomas nahm diese Entscheidung als eine gute Vorbedeutung für seine Gesundheit und in der Hoffnung eines ruhigen Jahres.

Für die Stadt selbst traf, soweit die äußere Ruhe in Betracht kam, diese Hoffnung zu. Anders freilich stand es mit der inneren Ruhe. Zur Überraschung von Thomas brachte die Zeit Bewegungen geistiger Art, die er dieser im Materialismus scheinbar versunkenen Welt gar nicht mehr zugetraut hatte. Insbesondere interessierte ihn aufs höchste der Kölner Mischehenstreit. Wie gerne hätte auch er sein Wort in den Kampf hineingeworfen, allein er unterließ es; er hatte gelernt, mit seinen Kräften hauszuhalten. „Wir sollten jetzt 20 Jahre jünger sein", rief er in schmerzlicher Bewegung aus.

Die Erregung, die durch diesen Streit in das Volk geworfen wurde, machte sich auch in Frankfurt geltend. In der Gesetzgebenden Versammlung kam es zum ersten Male zu kirchenpolitischen Erörterungen. Viel tiefer gehend aber war die Teilnahme, mit der man in den politisch interessierten Kreisen die Wirkungen des hannöverschen Verfassungsbruches verfolgte. Für die ausgewiesenen Göttinger Professoren wurden Sammlungen veranstaltet, und auch sonst entwickelten die Liberalen eine auffällige Rührigkeit zugunsten aller derer, die um ihres Freisinns willen leiden mußten.

Als Dr. Bunsen, der ebenso wie Jucho im November 1834 verhaftet worden war, endlich im Juni 1838 wegen Mangels an hinreichenden Beweisen freigesprochen wurde und in die Stadt zurückkehrte, ließen seine Gesinnungsgenossen es sich nicht nehmen, seine Rückkehr wie ein Fest zu feiern. Jucho war freilich noch immer in Untersuchungshaft, aber den kräftigen Bemühungen Reinganums war es wenigstens gelungen, das Referat über seinen Prozeß in die Hand des liberal gesinnten Senators Schmid zu bringen und damit die Sicherheit zu gewinnen, daß die Sache endlich vorwärtsging.

Ein besonders bedeutsames Zeichen der Zeit war, daß schon seit Anfang des Jahres in den Kreisen der Liberalen der Plan bestand, in den Tagen vom 28. 30. Juli in Frankfurt ein großes Sängerfest abzuhalten.

Vielleicht hing mit diesem Plane zusammen, daß 14 Tage nach Pfingsten eine Versammlung der Gesinnungsgenossen der ganzen Gegend in Hofheim stattfand. Es war den Vertretern der Idee eines einigen und freien Vaterlandes eine neue Erkenntnis gekommen, wie für diese Idee am besten zu wirken sei: daß es nicht gehe mit Attentaten und Verschwörungen Einzelner oder kleiner Gruppen, das war durch die Tatsachen erwiesen; die Macht der Regierungen war zu groß. Man mußte die Massen mit dieser Idee erfüllen, und dies war in völlig unangreifbarer Weise zu erreichen, indem man das Volksfest in ihren Dienst stellte, das Volksfest, bei dem sich große Menschenmengen vereinigten, um sich irgendeines nationalen geistigen Besitztums gemeinsam zu freuen, mochte es nun die Erinnerung an große Persönlichkeiten oder das Wirken des Volksgeistes in Kunst und Wissenschaft sein. Es war so vielleicht möglich, dadurch das Bewußtsein des Gemeinsamen derartig zu steigern, daß eine starke Strömung nach dem ersehnten Ziele entstand, die schließlich unwiderstehlich alles mit fortriß.

In Frankfurt bot die Musik den Anlaß, und die erste Anregung war auch von musikalischer Seite gekommen, allein schon früh zeigte sich, daß die Politik sich mit der Ästhetik verbünden wollte. Natürlich spitzten die polizeilichen Aufpasser sofort die Ohren, allein die ganze Veranstaltung war so offenbar nicht Sache einer bestimmten Partei, die künstlerischen Interessen standen so sehr im Vordergrunde, und die Leiter operierten so klug, daß der hohen Obrigkeit selbst beim besten Willen ein störendes Eingreifen kaum möglich war.

Unter diesen Umständen wurde das Sängerfest das, was man nur irgend hatte wünschen können. Die Hauptschauplätze waren die Katharinenkirche, wo das Festkonzert stattfand, die Ufer des Mains, wo es besonders lebhaft herging, weil die meisten Gäste zu Wasser ankamen, und am zweiten Tage das Forsthaus, wohin man sich ebenfalls zu Wasser begab. „Frankfurt", so heißt es in einem Lokalberichte, „schien an diesem Tage mit dem Main ein Vermählungsfest zu feiern, und beide, Stadt und Fluß, wetteiferten aus allen Kräften, um groß, rein und edel vor dem allgemeinen Altare der Liebe und Freundschaft zu erscheinen. Der ganze Main war mit Kähnen, Boten, Nachen besät. Er war sichtbar in großer Bewegung." Große Begeisterung herrschte auf dem Forsthause, wo 800 Sänger, die auf einer Tribüne im Freien aufgestellt waren, ein reiches Programm ernster und heiterer Lieder vortrugen. Arndts Vaterlandslied erweckte besonders stürmischen Beifall und mußte wiederholt werden.

Der Höhepunkt der Freude und Lust wurde aber auf dem Bankett erreicht, das am Abend dieses Tages nach glänzendem Feuerwerk das Ganze schloß; Toast reihte sich an Toast, und jetzt drängte sich vernehmlich auch das Politische durch. Ein Redner aus Stuttgart sprach von den Unterdrückungen der Völker, daß aber alles, was darauf ziele, so wirkungsvoll es auch zu sein scheine, nur eines Stoßes bedürfe, um über den Haufen geworfen zu werden, und er erinnerte dabei an die Pariser Julitage. Der Dichter Auerbach, der bei dem Feste anwesend war, brachte ein Hoch auf Börne aus, und auch der Vorsitzende, Dr. Cretzschmar, hatte bei seiner Eröffnungsrede stark das Politische gestreift, obwohl die beiden regierenden Bürgermeister Thomas und Souchay und der Polizeichef am Komiteetische saßen; alles Politische war aber so sehr eingetaucht in national-patriotische Lyrik, die allgemeine Stimmung darüber so weich geworden, daß ein Widerspruch gar nicht möglich war.

Auch Thomas hatte sich ganz dem Zauber dieser Sangestage hingegeben und sich in diesen Tagen seines Frankfurt noch einmal von Herzen freuen, seine Sorgen, seine Schmerzen vergessen können. Zu voller Heiterkeit freilich brachte er es nicht mehr, denn beständig schmerzte die alte Wunde. Am 1. November durchfuhr dann plötzlich Frankfurt die Kunde, daß er in seinem Amtszimmer einem Gehirnschlage jäh erlegen sei.

Groß und allgemein war die Trauer; vor seiner Bahre schwiegen die Parteigegensätze. „Selbst diejenigen," berichtete am 1. November der preußische Resident dem Könige, „welche bisher in ihm den unerschütterlichen Verteidiger der guten Sache des Rechts und der Ordnung fürchteten, trauern jetzt, denn er war das kenntnisreichste, treueste und zugleich wohlwollendste Mitglied des Senates, und ein überaus hoher Grad von Selbstlosigkeit ließ ihn jedes Interesse, auch des geringsten, des letzten seiner Mitbürger, sobald er es als begründet erkannt hatte, zu dem seinigen machen und mit rastlosem Eifer vertreten."

Die ganze Stadt nahm teil an seinem Begängnisse, allein es mochte unter den Zahllosen, die dem Sarge folgten, doch nur wenige geben, die die ganze Größe des Verlustes, der Frankfurt betroffen hatte, begriffen. Unter diesen Wenigen steht wohl an erster Stelle der langjährige Freund und Mitstreiter Johannes Smidt. „Frankfurt", schrieb er am 7. November in tiefer Bewegung, „hat seinen besten Bürger an ihm verloren, und ich einen Freund, mit dem ich alles teilen konnte, was mir das Herz und den Geist bewegte."

Thomas starb viel zu früh für sein Alter — er wurde nur 53 Jahre alt — und doch: er starb zur rechten Zeit.

Nicht nur, daß ihn der Tod des Schmerzes überhob, seinen geliebten Sohn, dessen Gesundheit von jeher schwankend gewesen war, vor sich sterben zu sehen: auch im übrigen hätte ihm das Leben nichts mehr bieten können. Die Zeit hatte sich endgültig gewendet. Die Welt, die seine Welt war, das Zeitalter der Romantik, sie war unwiederbringlich dahin, und in dem, was sich in unklarem Gärungsprozeß an die Stelle setzte und verheißungsvolle Keime einer großen Zukunft enthielt, konnte er sich nicht mehr zurechtfinden, wollte es auch eigentlich nicht. Geflissentlich kehrte er in seinen wissenschaftlichen Arbeiten zu den ältesten Zeiten zurück. Neben unablässiger Förderung seines „Oberhofes", der freilich unvollendet blieb und später erst (1841) von Dr. Euler mit einem Vorwort des befreundeten Jakob Grimm veröffentlicht wurde, verfaßte er gerade in diesen Jahren der Bedrückung und Verstimmung eine Sammlung der Frankfurter Annalen von 793 bis 1300. Er unterzeichnete das Vorwort wenige Wochen vor seinem Tode (26. Juli 1838). Zu dem Wenigen, was ihm außer seinen Studien in der letzten Zeit noch Freude gemacht hatte, gehörte die Fertigstellung des Kartons von Philipp Veit: Die Einführung der Künste und Wissenschaften in Deutschland durch das Christentum — ein Werk, das seiner eigenen Auffassung so recht entsprach, und dann, daß ein Gedanke, den er schon 1815 gehegt hatte, jetzt endlich am 18. Oktober 1838 bei Gelegenheit der 25-Jahr-Feier der Befreiung Deutschlands, durch Bildung eines Komitees, an dessen Spitze er berufen wurde, Leben und Sicherung der Ausführung gewann, der Gedanke nämlich, den Kaisersaal im Römer durch originale Gemälde von Meisterhand auszieren und damit die große Vergangenheit Deutschlands und der Stadt in würdiger Erscheinung wieder aufleben zu lassen. Auch des rüstigen Fortschreitens der großen Sammlung der Monumenta Germaniae historica erwähnte er in einem seiner letzten Briefe an Smidt mit Genugtuung, knüpfte aber an seine Mitteilung darüber gleich wieder die melancholische Betrachtung: „Das Bewahren und Aufheben vom Alten ist die einzige Beschäftigung, welche einige Befriedigung gewährt, obgleich die Geschichte immer das Letzte ist, was sich bei einem Volke entwickelt. Sie ist das Testament, das Vermächtnis für eine Zeit des frischen Lebens."

„Das Bewahren und Aufheben des Alten" — in weitestem und edelstem Sinne, das war so recht eigentlich der Inhalt seines Lebens: er starb daran, daß die Zeit das für ihn Wertvollste dieses „Alten", das alte Frankfurt in seinen wesentlichsten Teilen, zerstört hatte und daß all sein Ankämpfen gegen diese Zerstörerarbeit vergeblich gewesen war: er starb am Neuen.

Zweites Kapitel.

Stillstand und Fortschritt.

Thomas fand keinen Nachfolger im eigentlichen Sinne, d. h. keinen, der seine Politik fortgesetzt hätte. Aber auch nur annähernd gleiche Arbeitslasten auf sich zu nehmen, wie sie Thomas getragen hatte, auch dazu fanden sich unter den vorhandenen Senatoren nicht viele. Die meisten begnügten sich mit der vornehm stillen Tätigkeit am Gericht oder beschränkten sich darauf, von dem Amtssessel aus mit souveräner Hoheit den Lauf der Welt zu betrachten.

Zu dieser Gruppe gehörten jetzt auch die beiden, die am meisten berufen gewesen wären, das Erbe von Thomas zu übernehmen, v. Meyer und v. Guaita.

Meyer nahm persönlich eine bedeutende Stellung ein, war er doch der einzige unter den Senatoren, dessen Name über die Mauern Frankfurts mit Ehren genannt wurde. Der Erhaltung dieses Rufes aber und der Weiterpflege seiner Bibelwissenschaft galt auch sein eigentliches Interesse: er hatte für politische Geschäfte weder Neigung noch Fähigkeit, war „ohne allen Direktionsgeist"[1]), legte nichtsdestoweniger auf seine amtliche Stellung doch großen Wert und hatte es daher auch gern gesehen, daß die Vertretung Frankfurts am Bundestage an Stelle von Thomas ihm übertragen worden war.

Guaita trat seit dem Abschlusse der Berliner Verhandlungen in den großen Geschäften nicht mehr hervor. Er mochte es — und das gewiß mit Grund — als sehr ungerecht empfinden, daß die in Republiken so geschäftige Gehässig-

[1]) Handel an Metternich 14. Dez. 1838.

keit und Verkleinerungssucht das, was er in dem Anschlußvertrage für Frankfurt erreicht hatte, heruntersetzte und daß man ihn dafür verantwortlich machte, daß Frankfurt nicht als völlig gleichberechtigt in den Kreis der übrigen Genossen hatte eintreten dürfen; er zog sich daher verstimmt zurück und gefiel sich in der Rolle des weitblickenden Politikers, dessen System im Augenblicke bei Seite geschoben ist, der aber weiß, daß seine Zeit wieder kommen wird.

Auch Ihm blieb seit seiner mißglückten Berliner Reise dauernd im Hintergrund. Er hatte mehr als irgend jemand Veranlassung, sich gekränkt zu fühlen, er machte daher sein Altersrecht geltend und überließ die Dinge ihrem Lauf.

Der alte Danz, der Nestor des Senats, der einzige, der noch dem reichsstädtischen Senate — wenigstens als Syndikus — angehört hatte, hielt sich schon lange den eigentlichen Geschäften fern. Er war seit 1834 Präsident des Appellationsgerichtes und gab in Politicis nur gelegentlich noch einmal in seiner etwas knurrigen Art sein Votum ab, mit einer Hand, die immer zitteriger wurde, bis er dann Anfang 1838 starb, nachdem er wenige Tage vorher freiwillig sein Amt niedergelegt hatte. Er war ein Junggeselle geblieben und war ein Sonderling geworden.

Ein anderer von den ganz alten des freistädtischen Senats, Nikolaus Vogt, auch ein einsiedlerischer Greis, war ihm nicht lange im Tode vorausgegangen. An der Arbeit des Regierens hatte er sich niemals beteiligt. In den Sitzungen, die er selten besuchte, schlief er gewöhnlich. Seine Erwählung zum Senator war auch wohl in erster Linie eine Aufmerksamkeit gewesen, die man ihm als dem ehemaligen Lehrer des Fürsten Metternich erweisen wollte und vielleicht auch seiner schriftstellerischen Tätigkeit, die ausschließlich der Verherrlichung des Vergangenen, dem alten deutschen Leben, wie es sich am Rhein abgespielt, gegolten hatte. Diesem Strome und dem Fürsten Metternich galt denn auch seine letze Huldigung: er bestimmte in seinem Testamente, daß sein Hirn auf dem Johannisberge, sein Herz aber im Rhein beigesetzt werden solle.

Von den älteren Senatoren kamen als wirklich tätig nur noch Dr. Starck und vor allem Gottfried Scharff in Betracht, letzterer namentlich in Handelssachen von Bedeutung — im übrigen aber wurden die eigentlichen Arbeiter von der jüngeren Gruppe gestellt, und hier treten uns — außer Carl Emil Cöster, der 1837 in den Senat kam und wie Scharff mit großer Sachkenntnis das kaufmännische Interesse vertrat — insbesondere drei Männer entgegen, die freilich in sehr verschiedenem, ja entgegengesetztem Sinne, aber doch stets tätig und tatbereit, teilweise bis zum Ende der Stadt, einen bestimmenden Einfluß ausübten: Eduard Ludwig Harnier, Eduard Franz Souchay und Samuel Gottlieb Müller.

Es ist von ihnen allen dreien in früheren Kapiteln schon die Rede gewesen. Was den als Senator jüngsten von ihnen, Müller, anlangt, so kam seine eigentliche Zeit erst später. Er trat, nachdem er infolge des von der Bundesversammlung ausgeübten Druckes in der Polizeiverwaltung durch Dr. Reuß ersetzt worden war, wieder zum Stadtgericht zurück. So wie er sich von Anfang an, unter der Führung Starcks, um populär zu werden, als Fürsprecher der Zünftigen hervorgetan hatte, so war auch seine Haltung in der Sache der Gefangenen durch ehrsüchtige Erwägungen, durch sein Streben nach Volksgunst, bestimmt. Das, was man Gesinnung nennt, besaß er nicht; er war nur darauf bedacht, sich vorwärts zu bringen und die führende Stellung im Senate zu erlangen. Er war ein Streber im weniger guten Sinne des Wortes; von der Natur gut ausgestattet zu diesem Berufe durch ein vorteilhaftes, Beachtung erzwingendes Äußere, von ganz ungewöhnlicher Geschäftsgewandtheit, aber innerlich leer, den Mantel stets nach dem Winde hängend, ein Meister in der Kunst, weder ja noch nein zu sagen und die eigene Meinung hinter tönenden, aber zweideutigen Phrasen zu verstecken.

Schwerer erfaßbar in seinem Wesen ist Dr. Harnier. Wir kennen ihn als den Unterhändler des englischen Vertrages. Er stand in seiner ganzen Richtung Thomas wohl am nächsten. Er war politisch ein Altgläubiger, ein überzeugter Frankfurter Sondertümler, und hielt es mit allem, was Frankfurt im Besitze dessen erhalten konnte, was es war; daher war er entschieden österreichisch gesinnt. Er galt als ein vortrefflicher Jurist. Auch er hatte den Ehrgeiz, wie Müller, eine führende Stellung im Senat zu gewinnen, allein er war als Charakter untadelhaft, wenn er auch nicht frei von Eifersucht war. Dies letztere zeigte sich namentlich in seinem eigentümlichen Verhältnisse zu seinem etwas jüngeren Amtsgenossen, Eduard Souchay.

Die beiden Männer waren verwandt, gehörten beide der französischen Gemeinde an, aber wir beobachten eine fast beständige Reibung zwischen beiden, beruhend auf tiefer Verschiedenheit in Wesen und Richtung, dann auch auf grundsätzlicher politischer Gegnerschaft: wenn Harnier zäh am Alten hing, so war Souchay, obwohl im Grunde auch konservativ, doch viel eher fähig, das Neue, wenn er es als gut erkannt hatte, zu wollen und zu vollbringen; denn er hatte einen offenen und freien Sinn für die Zeichen der Zeit und huldigte nicht der Ansicht, daß Fortschritt und Entwicklung vor den Mauern Frankfurts stillzustehen hätten.

Im ganzen war Souchay unzweifelhaft die menschlich anziehendste und seinem Können wie seinen politischen Einsichten nach die bedeutendste Persönlichkeit im Frankfurter Senate.

Er besaß ein ungemein feines Empfinden für das Gute und das Rechte. Er war schlicht und bescheiden; leicht unzufrieden mit sich selber, mit einem Anfluge von Hypochondrie, daher etwas zurückhaltend im Auftreten, aber überall die Unvoreingenommenen gewinnend durch die Lauterkeit seines Wesens. Er war von Herzen gläubig, aber frei von orthodoxer Selbstgerechtigkeit. Ein starkes Gefühl beherrschte ihn gegen das Unrecht, das sich aber im Ausdruck lieber in Ironie als in Pathos kleidete. Seine Natur bedurfte der Ruhe und der Sammlung, um alles herzugeben, was in ihr war. Das äußere Drängen und Treiben verstimmte ihn; er war nur heiter, wenn er ruhig sein konnte. Er wußte in der Welt und mit der Welt zu leben, aber so recht wohl fühlte er sich doch nur im Hause, in Gemeinschaft mit seiner Frau Helene, mit der er in unendlich glücklicher Ehe lebte, und im Kreise seiner Kinder.

Er war in den Geschäften tüchtig, dabei doch eigentlich nicht zum Geschäftsmann gemacht. Nach der Anlage seines Wesens neigte er mehr zum Studium oder wenigstens zur Betrachtung; er blieb daher auch in der praktischen Tätigkeit den Büchern treu; er trieb immer bedeutende Lektüre, Shakespeare und Tacitus begleiteten ihn auf seinen Reisen. Öfters bedauerte er, daß er sich nicht doch lieber der Geschichtswissenschaft gewidmet hatte, und als er später die Last des Amtes und der politischen Tätigkeit von sich geworfen, gab er seiner Lieblingsneigung nach und schrieb noch im Alter eine Geschichte der deutschen Monarchie.

Nachdem er als junger Mann einmal das Studium der Jurisprudenz ergriffen hatte, war das Nächstliegende für ihn die Advokatenlaufbahn gewesen, die er auch zunächst ergriff. Allein er war, wie er selbst gesteht, nicht skrupellos genug, um hier wirklich mit ganzer Seele dabei zu sein, und er hatte es daher aufrichtig begrüßt, als er 1831 zum Senator gewählt worden war; wenn er aber vorher nur mit Rücksicht auf seine Eltern der Sehnsucht widerstanden hatte, die ihn nach England zog, so hatte er dann auch als Senator nicht die Fähigkeit, über Frankfurt die übrige Welt zu vergessen, so fest er auch, wenn es darauf ankam, die Interessen Frankfurts zu vertreten wußte. Und er war gerade durch die Richtung seines Geistes hervorragend befähigt, die Überführung Frankfurts in die neuen Verhältnisse des Zollvereins, dessen Fürsprecher er von Anfang seiner amtlichen Tätigkeit an gewesen war, in die Wege zu leiten. In der Tat wurde er, seitdem er Anfang 1836 neben Seb. de Neufville in das Rechnei-Amt deputiert war, gar bald in allen finanziellen und handelspolitischen Angelegenheiten die führende Persönlichkeit. Von den Verdiensten, die er sich um die eigentlichen Anschlußarbeiten erwarb, war schon die Rede. Er wurde dann Mitglied der ständigen Senatsdeputation in Zollsachen und im Jahre 1837 Kommissar der Stadt auf der Münzkonferenz in München.

Obwohl nicht eigentlich Techniker, nahm er mit voller Beherrschung des Stoffes und großem Geschick an den Verhandlungen teil. Sein Wort als das des Vertreters der großen Handels- und Geldstadt fand ganz naturgemäß besondere Beachtung. Eben deshalb ließ er sich aber auch nicht willkürlich dreinreden, wie dies noch infolge einer von Harnier gelegten Gegenmine in letzter Stunde versucht wurde, indem ihm plötzlich, in einem Augenblick, als alles schon ziemlich feststand, eine ganz neue, mit den bisherigen Weisungen im Widerspruch stehende Instruktion übersandt wurde. Souchay nahm, als er diese Instruktion erhalten, Extrapost, erschien in Frankfurt, veranlaßte eine außerordentliche Senatssitzung und legte die Sache hier in einem so gründlichen und überzeugenden Vortrage dar, daß sich kein Widerspruch mehr hervorwagte und ihm Vollmacht zum Abschlusse erteilt wurde. Er schloß ab in der Überzeugung, etwas Gutes und Heilsames vollbracht zu haben. Er war dabei ganz Frankfurter Patriot. Er zweifelte nicht an der Richtigkeit der von den Technikern vorgebrachten Bedenken gegen die preußischen Münzverhältnisse und war froh, seine Vaterstadt vor der preußischen Talerwährung bewahrt zu haben. Auch war es ihm eine Genugtuung, daß nun Frankfurt wieder seine Münzprägung beginnen konnte, war doch gerade das Münzeschlagen dasjenige Kennzeichen der Souveränität, das äußerlich am sichtbarsten hervortrat. Wir haben Grund anzunehmen, daß er später sein Urteil über den Abschluß dieser Münchener Münzkonvention, der ihm einen bayrischen Orden einbrachte, wesentlich korrigierte.

Wenn er nun auch hier und in seinen sonstigen Unternehmungen im wesentlichen durchsetzte, was er für richtig erkannt hatte, so wollte sich doch keine rechte Befriedigung und Freude bei ihm einstellen, da er zuviel Einblick gewann in das eigentliche Wesen des Regierungsmechanismus, dessen Mitglied er war und der ihm im ganzen nicht imponierte.

Während er selbst vor allem sachliche Interessen hatte, mußte er bemerken, daß viele seiner Kollegen die Geschäfte nur als Mittel benutzten, um für sich selbst entweder eine vorherrschende Stellung im Senat zu begründen oder für die Vetternschaft zu sorgen; er mußte bemerken, daß in diesem kleinlichen Getriebe des Eigennutzes und der Eitelkeit eine große Masse an sich ganz tüchtiger Kraft zerrieben wurde, daß die wirkliche Arbeitsleistung zu dem Zeitaufwand, den die Geschäfte verursachten, in einem kläglichen Mißverhältnis stand. Da ihm selbst die Zeit etwas sehr Kostbares war, so wurde ihm sehr bald der langsame, schleppende Gang des ganzen Regierungswerkes, so wurden ihm insbesondere die unendlichen Sitzungen, in denen oft genug doch nur leeres Stroh gedroschen wurde, unerträglich. — Es ist recht bezeichnend für das Senatsregiment, daß Dr. v. Schwartzkopf, der 1836 in den Senat eingetreten war, schon im nächsten Jahre wieder resignierte, einfach, weil er den „Wirrwarr einer Republik, den scheinbaren und wirklichen", wie Thomas an Smidt schrieb, nicht ertragen konnte.

Auch Souchay war schon 1837 so weit, daß er eine Gelegenheit, die sich zu bieten schien, benutzen wollte, um wieder an das Gericht zu kommen. „Der Teufel hole", schrieb er an seine Frau, „die Frankfurter Wirtschaft. Der Frechste treibt da, was er will", und ein anderes Mal: „Ich bin nicht ferner gesonnen, meine Gesundheit und meine Kräfte in dem erfolglosen Streben abzunutzen, der Frankfurter Verwaltung eine Richtung zu geben. Der Strom der Notwendigkeit und der Zeit treibt dieses Rad, und so wird es fortgehen aber auch ohne mich." Er fand, daß die Senatsverfassung vortrefflich nur dazu sei, aufzuhalten und zu verwirren, und es war ein geringer Trost, daß der Senat, wenn er nicht fähig sei, etwas Gutes zu schaffen, auch nichts Schlechtes zustande zu bringen vermöge.

Er fand schon früh, „daß die Frankfurter Staatswirtschaft krank sei". Der Senat vereinige gewiß, was Geschäftstüchtigkeit, Fleiß und Ehrenhaftigkeit angehe, viele treffliche Leute, es fehle aber an dem Lenker, der jeden an seinen Platz stelle und dem Ganzen Einheit und einen steten Gang gebe.

Für einen solchen „Lenker" war freilich in dem Frankfurter Staatswesen für gewöhnlich kein Platz. Dafür war es eben eine Republik, dafür hatten gar zu viele das Recht mitzureden, und zwar jeder mit dem Anspruche des Besserwissens, und dafür war gerade in den Jahren nach dem Eintritt in den Zollverein und nach den Aufregungen, die damit verbunden gewesen waren, das Ruhebedürfnis bei der Mehrzahl der regierenden Herren zu groß.

So kam denn auch in dieser Zeit das Beste durch die Initiative des Bürgertums zustande: ein geographischer Verein wurde gegründet, der Gewerbeverein veranstaltete Ausstellungen, die Senckenbergische Gesellschaft tat weiter still und beharrlich ihre Arbeit im Dienste der Wissenschaft, die Polytechnische Gesellschaft fuhr fort, in ihrem Kreise Segen zu stiften, die großen Gesangvereine, wie der Cäcilienverein und der Liederkranz, ferner das Museum, auch das Städelsche Institut förderten Sinn und Verständnis für bildende Kunst, der Kunstverein trug zur Verbreitung dieses Verständnisses auch in weiterem Umfange bei. In diesem letzteren Verein war es denn auch, daß der Entschluß reifte, den alten Plan eines Goethedenkmals endlich zu verwirklichen. Zwar war unterdessen durch die großartige Opferfreudigkeit des Afrikaforschers Dr. Rüppell und der Großkaufleute Heinrich Mylius in Mailand und Marquard Seufferheld von der Künstlerhand Marchesis jenes herrliche Goethebildnis entstanden, das in der Vorhalle der Bibliothek Aufnahme finden sollte, aber man meinte, das Bürgertum in seiner Gesamtheit dürfe es sich nicht nehmen lassen, Goethe in seiner Vaterstadt durch ein öffentliches Monument zu ehren, und so bildete sich denn ein Komitee, das die Ausführung dieser Idee endgültig in die Hand nahm, wenn auch Dingelstedt, als das Marchesi'sche Werk (1840) seine Aufstellung gefunden hatte, in seinen Liedern eines kosmopolitischen Nachtwächters riet:

„Hier laßt ihn bleiben in der kühlen Halle,
Im Vorhof freier Kunst und Wissenschaft;
Stellt ihn nicht hin, ein Schaugericht für alle,
Ihn, der dem Pöbel stets sich stolz entrafft!" —

Bei den einzelnen also und in der Vereinigung einzelner zu Gruppen herrschte immer Frische, Leben und Unternehmungslust, um so auffälliger wirkt daher der Zug langsamer Schläfrigkeit bei allem, wo die öffentlichen Gewalten zusammen zu wirken hatten.

Selbst das, was in unmittelbarer Folge des Zollanschlusses an Neuerungen nötig geworden war, vollzog sich mit einer Zögersucht, die die Geduld der Beamten der Zolldirektion auf eine harte Probe stellte.

Auch mit einer Reform der Finanzen ging es nur sehr mühselig voran, obwohl eine solche schon seit Jahren als nötig empfunden wurde. An Vorschlägen fehlte es nicht. Schon 1834 hatte man den sehr vernünftigen Ausweg gefunden, die Zinsen der Stadtschuld, die nach dem allgemeinen Geldstand mit 4% entschieden zu hoch waren, zu reduzieren. Es lag ein Plan von Souchay und Genossen vor, diese Reduktion von 4 auf 3% vorzunehmen, und zwar das Geschäft durch die Stadt selbst mittelst der Ausgabe von unverzinslichem Papiergeld in Höhe von 1 Million zu machen. Dieser sehr gute Plan wurde aber heftig angefeindet, weil man von der abergläubischen Scheu vor Papiergeld nicht loskommen konnte.

Harnier hatte auch bei diesem Widerspruch die Führung und die Sache wurde noch mehrere Jahre hin- und hergeworfen zwischen den verschiedenen Instanzen, bis dieses an sich so einfache Geschäft endlich im Jahre 1839 seine Erledigung fand, freilich nur mit einer Reduktion von ½%, was den Finanzen also auch nur die Hälfte der gehofften Ausgabeverminderung brachte.[1])

Ganz ohne Ergebnis verblieben die gleichzeitigen langwierigen Erwägungen darüber, wie man die Einnahmen steigern könne, damit der Haushalt der Stadt endlich aus seiner chronischen „unerfreulichen Lage" herauskomme; man ersann allerlei kleine „Modifikationen", die die Einkommensteuer ergiebiger machen sollten, und stritt sich darüber herum, obwohl doch ganz klar war, daß sie wenig oder nichts helfen würden. Wie recht hatte Dr. Rapp, wenn er in seiner ungeduldigen Art bemerkte, um den Notstand des Ärars zu heben,

[1]) Vgl. Jahrb. Bd. 9, 91. Vorher Bd. 8, S. 146.

bedürfe es ganz anderer, nachhaltigerer, durchgreifender Maßregeln: „Man muß“, rief er aus, „endlich die Halbheit, die Selbstsucht und die Aufschieberei bei Seite setzen, die leider seit 20 Jahren allein an der Tagesordnung sind.“ Aber vor der Mehrheit der Gesetzgebenden Versammlung fanden nicht einmal die vorgeschlagenen, so zahmen Verbesserungen des Einkommensteuergesetzes Gnade, und die Sache blieb also völlig beim alten. Nach unendlich langer Überlegung gelangte man dann 1840 dahin, eine Wohn- und Mietsteuer einzuführen; da aber gleichzeitig die Einkommensteuer auf die Hälfte heruntergesetzt wurde, so mußte man bei der Schlußrechnung erkennen, daß man sich auf der Stelle bewegt hatte.

Noch übler stand es auf dem Gebiete der eigentlichen kommunalen Angelegenheiten.

Es gab des Wünschenswerten hier gar vieles, aber es geschah nichts, so daß selbst die zahmen „Jahrbücher“ im Jahre 1838 anfingen, ungeduldig zu werden. Wir hören da Klagen ohne Ende: daß die Gebäulichkeit des Stadttheaters erbärmlich sei, ebenso wie die des Gefängnisses, daß immer noch keine neue Börse gebaut sei, so daß die Kaufleute nach wie vor im Braunfels Regen und Wind preisgegeben seien, daß das Pfarreisen nicht freigelegt, der Mainkai nicht vollendet werde, daß kein neues Gymnasium komme, daß die Stadtbibliothek ganz ungenügend ausgestattet sei, daß die Volksschulen überfüllt, die Volksschullehrer allzu kärglich besoldet seien, daß es immer noch keine neue Medizinalordnung gebe, daß die Luft in Frankfurt durch die Ausdünstungen der Kanäle geradezu verpestet sei, daß zuzeiten ein unerträglicher Staub herrsche, daß es endlich in den öffentlichen Arbeiten an allem Plan und aller Ordnung fehle. „Muß denn bei uns“, so ruft das Blatt verzweifelt aus,[1]) „alles stets nur halb getan und doppelt bezahlt werden?“

Daß bei diesem Stande der Dinge etwas in den eigentlichen konstitutiven Grundlagen des freistädtischen Wesens geändert werden könnte, daran war schon gar nicht zu denken.

[1]) a. a. O. Bd. 11, 189.

Am 16. November 1836 brachte der freigesinnte Dr. Stiebel, ein ehemaliger Lützower, in Anregung, daß doch wenigstens in Ausnahmefällen Auswärtige zu Staatsstellen sollten berufen werden dürfen. Er erinnerte daran, daß in reichsstädtischer Zeit für die Stellen der Syndiker und des Senior ministerii die Berufung Auswärtiger die Regel war. Seine Anregung blieb aber ohne alle Wirkung.

Wenn denn also hier wie auf den meisten andern Gebieten in dieser müden Zeit der ausgehenden dreißiger Jahre Stillstand das Kennzeichen der Lage war, so gab es doch zum Glück einige Gebiete, auf denen es vorwärtsging, freilich im wesentlichen nur deshalb, weil ein allgemeiner Fortschritt stattfand, und Frankfurt es über sich gewonnen hatte oder weiter über sich gewann, hier auf einen Teil seines Sondertums zu verzichten und in den vollen Strom der Entwicklung einzulenken.

Es betrifft diese Bemerkung zunächst Frankfurts Stellung zum Zollverein.

Es gab ja freilich in Frankfurt immer noch, jetzt und später, Leute genug, die der Behauptung, Frankfurt habe mit dem Hinzutritt zum Zollverein einen Schritt vorwärts getan, hartnäckig widersprachen. In überraschender Heftigkeit trat diese Auffassung wieder hervor, als es sich 1840/41 um Erneuerung des Vertrages für einen weiteren Zeitraum handelte. Ungefähr 1300 Gewerbetreibende richteten da eine Petition an den Senat, in der sie auf den Notstand des Handwerks hinwiesen und den Senat beschworen, den Vertrag nur aufs neue abzuschließen, wenn zur Linderung des Notstandes ein städtischer Einfuhrzoll auf fremde Handwerksartikel gelegt werden dürfe.

Natürlich konnte der Senat diesen Wünschen nicht nachgeben und mußte die Petenten abschlägig bescheiden, allein man wird doch sagen müssen, daß der Senat immerhin etwas mehr hätte tun können, als bedauernd die Achseln zu zucken; er hätte wenigstens versuchen sollen, das Handwerk positiv zu heben, wie es anderswo der Fall war, um es den verderblichen Wirkungen des modernen Fabrikbetriebs gegenüber etwas widerstandsfähiger zu machen. Allein er tat nichts der Art. Er begnügte sich, das Bestehende zu erhalten, obwohl dieses Bestehende, das heißt hier die Zunftverfassung, wirklich kaum mehr haltbar war. Aber freilich hätte der Senat, von dessen Mitgliedern der dritte Teil selbst dem Handwerksstande und zwar den Meistern angehörte, die Fähigkeit Münchhausens besitzen müssen, sich am eigenen Schopfe emporzuziehen, wenn er aus dem Privilegiensumpfe herausgewollt hätte. So erwies sich denn hier wie überall die Verfassung als die eigentliche Ursache aller Hemmnisse; es blieb auch hier alles privater Inangriffnahme überlassen, und diese trat denn wohl auch gelegentlich ein: es kam z. B. zu der Gründung einer Hilfskasse für notleidende Handwerker, aber die Mittel der Kasse waren schwach, und an die Wurzel des Übels reichte sie natürlich nicht.

Wenn diese Wurzel ganz gewiß nicht in der Zugehörigkeit Frankfurts zum Zollverein lag, so war dies schon eher der Fall in den Beunruhigungen, die einzelne Teile des Handels durch die Bestrebungen erfuhren, welche im Zollverein mit immer größerer Heftigkeit auf Steigerung der Vereinszölle und auf ein ausgesprochenes Schutzzollsystem hinarbeiteten. Durch diese Bestrebungen wurden die betreffenden Handelskreise und die Handelskammer beständig in Alarm gehalten, denn sie standen in dem allerentschiedensten Gegensatze zu derjenigen Weiterentwicklung des Zollvereins, wie man sie sich im Frankfurter Interesse dachte, und die Instruktionen, welche der Bevollmächtigte Frankfurts zu den Generalzollkonferenzen erhielt, wiederholten denn auch in immer gesteigerter Tonart die Weisung, sich diesen Bestrebungen zu widersetzen; allein da Frankfurt doch nun einmal nicht das Recht hatte, in Tariffragen mitzustimmen, so waren der Wirksamkeit seines Vertreters die engsten Grenzen gesteckt; es war daher ein wahres Glück für die Interessen der Stadt, daß die schutzzöllnerischen Bestrebungen an dem Preußen von damals einen Widerstand fanden, der nur schwer zu erschüttern war.

Es wurden allerdings von den Süddeutschen einige Zollerhöhungen schließlich durchgedrückt, allein bei weitem nicht in dem Umfange, in dem sie ursprünglich gewünscht wurden, und so war das Endergebnis für Frankfurt immerhin noch ein leidliches, denn die nachteiligen Wirkungen des „Zollrausches“, wie Souchay sich einmal ausdrückte, trafen nur einzelne, die Vorteile der Verkehrsfreiheit aber kamen doch allen zugute.

In der Tat mußte jedes Jahr des Zollvereins mehr die Überzeugung befestigen, daß der Zollverein ein Segen für die Stadt sei und daß er überhaupt für die weitere Zukunft gar nicht mehr weggedacht werden könne. Die Einfuhr- wie die Ausfuhrziffern des Handels stiegen beständig, und auch für die Finanzen der Stadt erwies sich die sichere, langsam sogar anwachsende Rente, die Frankfurt aus der allgemeinen Zollkasse als seinen Anteil an dem Zollertrag bezog, als recht wohltätig.

Souchay nahm während mehrerer Jahre an den Zollverhandlungen teil: 1839, 1840, 1842 und 1843. Er lehnte die weitere Beteiligung ab, als das Gezänke um die Interessengegensätze allzu heftig wurde und als der Umstand, daß nahe Verwandte von ihm bedeutende englische Industrielle waren, den Vorwand zu Verdächtigungen gab, die natürlich, was ihn persönlich betraf, rein aus der Luft gegriffen waren.

Es war ihm die Beteiligung an diesen Dingen angenehm gewesen, weil er von Anfang an den Zollvereinsgedanken begrüßt hatte, und nicht zum wenigsten auch aus nationalen Gründen. In dem Rückblick, den er später auf sein Leben warf, heißt es darüber: „Eine Wirksamkeit in der Staatsverwaltung hatte ich nicht gesucht. Ich weiß nicht, ob ich dafür die nötigen Gaben hatte, allein etwas half mir dazu: ein ruhiger, unbefangener Blick in die Welt. Nicht allein aus Patriotismus hatte ich die Fortschritte des Zollvereins gewünscht; ich sah, daß sie unvermeidlich waren, weil die preußische Regierung damals gut geleitet wurde und in dem übrigen Deutschland ein gebieterisches Drängen nach Einheit herrschte. Mit Hindern war es nicht getan. Positiv etwas dafür tun konnte oder wollte Österreich nicht; Metternich war doch nur ein Konservator, ein geschickter Politiker von einem Tag auf den andern. Also trieb alles zur Vereinigung Preußens mit dem übrigen Deutschland. Die Voraussicht und das Voraussagen dieser Dinge brachte mich in die Zollangelegenheiten und in die Finanzsachen der Stadt; sodann in die Münz-, bald in die Eisenbahnsachen."

Daß diese seine Ansicht über die nationale Bedeutung des Zollvereins nicht nachträglich erst in die Dinge hineingelegt ist, geht aus einer Äußerung hervor, die er am 1. Juni 1841 in seinem Hauptbericht über die Ergebnisse der letzten Konferenz tat. Er sagte da: „Die politischen Folgen, welche der Zollverein herbeizuführen versprach, indem er die verschiedenen deutschen Regierungen, welche ihn gebildet hatten, in fortwährende sehr nahe Berührung bringt und schon durch die damit verbundenen finanziellen Interessen fest aneinander kettet; indem er ferner die Bewohner der verschiedenen Vereinsstaaten in den lebhaftesten gegenseitigen Verkehr bringt, seit Jahrhunderten zum ersten Male wieder das Bewußtsein eines mächtigen Gemeinwesens erweckt; diese politischen Folgen des Vereins sind schon jetzt nicht mehr ein Gegenstand künftiger Erwartung. Sie sind als eine vollendete Tatsache zu betrachten."

Indem die Eisenbahnen in derselben Richtung wirkten und Souchay auch hier mehr und mehr die Führung bekam, wurde er auch in dieser Beziehung ein Vorkämpfer vaterländischen Zusammenschlusses.

Daß Souchay ein wesentliches Verdienst schon an dem Zustandekommen der Taunusbahn hatte, wissen wir bereits. Der Bau dieser Bahn war dann rasch gefördert worden: im September 1839 wurde die Strecke bis Höchst fertiggestellt, im November bis Hattersheim; am 13. April 1840 wurde die Bahn in ihrer ganzen Ausdehnung eröffnet.

Frankfurt hatte damit einen gewaltigen Schritt vorwärts getan. Die umwälzende Wirkung des neuen Verkehrsmittels offenbarte sich beinahe unmittelbar. Eine ungeahnte Bewegung und Beweglichkeit kam in den Verkehr, brachte frische Jugendkraft in den bedächtigen Bürgersinn der alten Stadt. Die vom „Blitz", so hieß die erste Lokomotive, gezogenen Wagenzüge durchflogen in einer für die Zeit des Marktschiffes und der Postkutsche märchenhaften Schnelle ihre Bahn; die Menschheit schien wirklich Flügel bekommen zu haben: Frankfurt, Höchst, Kastel, Wiesbaden und der Rheinstrom, früher durch halbe Tagereisen getrennt, schmolzen nun beinahe in eins zusammen, die trennende Kraft des Raumes war für diese Gegend beinahe verschwunden.

Mit Neid schaute man in Darmstadt auf dieses nun vollendete Wunderwerk, von dessen Segnungen man schon seit Jahren träumte, ohne die Wirklichkeit zu schauen. Hatte doch das Großherzogtum in dem Augenblick, in dem in Frankfurt die Taunusbahn eröffnet wurde, noch nicht eine Schiene Eisenbahn!

Die Projekte, die hier bestanden, die Verträge von 1838, sind uns bekannt. Diese so mühsam erdachten Abmachungen waren aber zunächst auf dem Papier geblieben. Der Ausbau der Linie, über die man sich geeinigt, hatte nämlich durch eine von der Darmstädter Eisenbahn-Gesellschaft zu gründende Aktien-Gesellschaft ausgeführt werden sollen, diese Aktien-Gesellschaft war aber nicht zustande gekommen!

Der erste Taumel war eben rasch verflogen, und an seine Stelle war Ernüchterung getreten. Die Eisenbahnunternehmungen waren durch die gewissenlosen Treibereien der Börse im Ansehen etwas gesunken. Es zeigte sich doch auch, daß so rasch, wie man gemeint hatte, die goldenen Früchte nicht reifen würden; das Publikum hielt sich daher zurück. Die Darmstädter Gesellschaft brachte nicht mehr als 1½ Millionen fl. auf, während 6 Millionen nötig waren, sie mußte sich daher schließlich auflösen, und diese Erfahrung trug mit dazu bei, die darmstädtische Regierung zu der Überzeugung zu bringen, die in Baden von vornherein festgestanden hatte: daß der Staat selber bauen müsse.

Die Eisenbahnsache wurde damit erst wirklich eine öffentliche Angelegenheit im weitesten Sinne, schon allein deshalb, weil für die Anlage der Bahnen und für die Führung der Linien im einzelnen nunmehr die Genehmigung des Landtages erforderlich war, und dieser Umstand war insofern gerade für Frankfurt nicht ohne Bedeutung, als die in dem Frankfurter Umlande bestehende starke Mißgunst, ja Feindseligkeit gegen die vom Glück so verwöhnte Rentnerstadt nunmehr die legitime Möglichkeit erhielt, die Entschlüsse der Regierung zu beeinflussen, und diese Möglichkeit wurde reichlich benutzt; denn so wie man in Mainz noch wegen der Taunusbahn in dem Grade zürnte, daß man 1841, in beinahe groteskem Rückfalle in vergangene Zeiten, ganz ernstlich den Versuch machte, den Biebricher Hafen gewaltsam zu verschütten, so stand man in Offenbach Frankfurt mit bitterem Groll gegenüber, seitdem man die Messe wieder verloren hatte; man hatte jetzt die größte Sorge, daß es Frankfurt mit seinem Gelde gelingen könnte, das neue Verkehrsmittel ausschließlich seinen eigenen Interessen dienstbar zu machen, das Verhältnis wirtschaftlicher Abhängigkeit, das zwischen Frankfurt und seinen näheren und entfernteren Nachbarn bestand, zu verschärfen und damit sein Übergewicht zu erhöhen.

Diese Besorgnis war keineswegs unbegründet; sie entsprach der Natur der Dinge und der Denkweise der Zeit. Wir wissen, wie lange Mainz und Köln die Gunst der Lage zum Schaden der andern ausgenutzt, wie schwer Frankfurt von dem Mainzer und Kölner „Stapel“ zu leiden gehabt hatte; es war da schon begreiflich, wenn der Frankfurter auf den Gedanken kam, die Eisenbahn könnte vielleicht das Mittel werden, nun auch in Frankfurt eine Art Stapel, d. h. Umschlagszwang zu schaffen und damit den ganzen Verkehr zwischen Ost und West, Nord und Süd durch die Hände des Frankfurter Spediteurs zu leiten, die Stadt Frankfurt selber zu einer Art Hauptbahnhof für die ganze Welt zu machen.

Daß solche Berechnungen bestanden, ist Tatsache; sie waren auch der Grund, daß man in Frankfurt, wenn man die Möglichkeiten weiterer Eisenbahnbauten erörterte, mit Vorliebe an eine Bahn nach Hanau und von da auf der alten seit Jahrhunderten befahrenen Straße über Fulda nach Leipzig dachte; denn eine solche Bahn, deren Anfangspunkt natürlich im Osten der Stadt liegen mußte, hätte die Stadt gerade zwischen die beiden Linien gebracht; Menschen und Güter hätten, so dachte man sich das damals, ihren Weg durch die Stadt nehmen müssen, und das hätte der „Spedition" und damit der Stadt Verdienst gebracht.

Das Üble bei diesen Berechnungen und Wünschen war nur, daß die durch sie Bedrohten sie nur allzu genau kannten, ja sie in größerem Umfange voraussetzten, als sie in Wirklichkeit bestanden, und weiter, daß Frankfurt selbst nur sehr wenig tun konnte, um die Eisenbahnbauten entscheidend zu beeinflussen, denn sein Gebiet war so klein, daß es nur als Anfangs- oder Endpunkt in Betracht kam, daß es zur Not aber auch umgangen werden konnte. Jedenfalls war Frankfurt in seinen Eisenbahnschicksalen abhängig von der Entwicklung, die die Eisenbahnsache bei den Nachbarstaaten nahm, und diese war zunächst für Frankfurt nicht günstig, denn wenn die auf eine Verbindung mit dem Rhein und Wiesbaden gerichteten Frankfurter Wünsche in dem hierfür in Betracht kommenden Nassau Entgegenkommen und damit verhältnismäßig rasche Erfüllung gefunden hatten, so stand es mit der erträumten Verbindung nach Osten und Nordosten ganz anders: diese Verbindung ging durch Kurhessen, in Kurhessen aber hing alles ab von der Entscheidung des launischen und gewinnsüchtigen Kurprinzen, und das war ein ganz gewaltiges Hemmnis, denn der Kurprinz hatte sofort durchschaut, daß sein Land, gerade wie ehedem in den Anfängen der Zollvereinspolitik, bei allen Eisenbahnkombinationen größeren Stils mit in Frage kommen müsse, und er war entschlossen, diese Gunst der Lage nach jeder Richtung hin auszubeuten. So stand denn also zunächst für ihn fest, daß die Eisenbahn dazu dienen müsse, den Glanz seiner Hauptstadt zu erhöhen, Kassel zu einer Art Zentralsonne zu machen, von der alle Linien, deren Bau von seiner Zustimmung abhing, ausstrahlen müßten; was demnach die Verbindung mit Frankfurt anging, für die sich eine in Kassel gebildete Eisenbahngesellschaft schon lebhaft interessierte, so kam für ihn nur eine Bahn in Betracht, die über Marburg ging; das Gesuch einer Konzession für die Strecke Frankfurt Hanau hatte er abgelehnt.

War dieser Standpunkt nun auch für gewisse Lieblingswünsche Frankfurts ungünstig, so war er um so günstiger für die Bedürfnisse, die man in Hessen-Darmstadt empfand, denn er kam dem natürlichen Wunsche, der hier bestand, eine Verbindung nach Gießen hin zu bekommen, direkt entgegen, und so ergab sich denn ganz von selbst zwischen den beiden hessischen Regierungen eine Interessengemeinschaft, bei der die darmstädtische Regierung der kurfürstlichen gerne die Führung überließ.

Als das Projekt genügend weit fortgeschritten war, ging man daran, auch Frankfurt dazuzuziehen, und lud es zu einer Konferenz ein, die im Juli 1841 in Kassel stattfinden sollte. In Frankfurt wußte man, daß der Plan einer Kassel-Frankfurter Bahn unter Ausschluß einer Verbindung Frankfurt-Fulda—Eisenach, dem natürlichen Interesse Frankfurts also entgegen, vorzugsweise begünstigt wurde, trotzdem riet die Eisenbahnkommission, in der neben Souchay noch der praktische Scharff und der gänzlich unpraktische und wunderliche Böhmer saßen, in der Souchay aber doch das entscheidende Wort hatte, dringend, die Konferenz zu beschicken. Sie stellte den Gesichtspunkt in den Vordergrund, daß Frankfurt unter allen Umständen dabei sein müsse, daß es sich nicht selbst ausschließen dürfe. Durch die Vorliebe für die Fuldaer Straße als der allerdings nächsten und vorteilhaftesten Verbindung mit Leipzig dürfe man sich gegen die Straße nach Kassel nicht einnehmen lassen; da von Kassel aus zugleich eine östliche Linie nach Eisenach hin, ferner eine nördliche geplant werde, so könne die Frankfurt-Kasseler Bahn nicht nur doch die gewünschte Verbindung mit Leipzig — wenn auch auf einem Umwege — schaffen, sondern sei eventuell geeignet, die Nachteile, die die Dampfschiffahrt auf dem Rhein für Frankfurt im Gefolge gehabt habe, aufzuheben. Während nämlich, so hieß es in der Denkschrift der Eisenbahnkommission, früher Frankfurt der Mittelpunkt des europäischen Straßenzuges gewesen sei, der den Rhein hinaufging, so sei eben durch die Dampfschiffe diese Stellung erschüttert worden. Durch sie sei jetzt Mannheim Endpunkt des Rheintransportes und drohe damit, das zu werden, was Frankfurt gewesen sei; dieser Gefahr könne man aber recht wohl begegnen, wenn die Landstraßen durch das Mittel der Eisenbahn die Wasserstraßen wieder überflügelten, und insofern könne eine Eisenbahn, die die Möglichkeit der schnellsten Verbindung mit den Nordhäfen in sich schließe, für Frankfurt recht wohl von großem Nutzen sein.

Das Gutachten fand nicht den vollen Beifall des Senates. Es scheint, daß man im Senat, wenigstens in seiner Mehrheit, von der Angst geplagt wurde, daß durch solche Eisenbahnen wie die in Kassel und Darmstadt geplanten, die im Westen der Stadt sich aneinander anschließen mußten, alle Güter an Frankfurt vorbeigeführt werden könnten und Frankfurt nur das Zusehen bleibe, und daß man deshalb entweder nur solche Eisenbahnen haben wollte, bei denen ein Umschlag der Güter nötig wurde, oder gar keine. Für Souchay hatten solche Befürchtungen keine Kraft: gegenüber der verkehrschaffenden Bedeutung der Eisenbahn, die doch gar nicht bezweifelt werden konnte, mochten sie ihn ziemlich krähwinkelhaft anmuten; allein er drang nicht durch. Allerdings war auch der Senat der Ansicht, daß Frankfurt in Kassel vertreten sein müsse, und bat Souchay, dorthin zu gehen, allein er gab ihm den Auftrag, in erster Linie für die Linie Frankfurt—Fulda—Eisenach zu wirken.

Souchay tat, wie ihm geheißen. Er mußte aber sehr bald sehen, daß er vor ziemlich unabänderlichen Entschlüssen stehe; man sagte ihm, daß eine Bahn über Fulda unausführbar sei, legte ihm technische Gutachten vor, die das beweisen sollten, und wollte über diese Linie gar nicht ernstlich in Beratung treten. Es blieb Souchay bei dieser Sachlage nichts übrig, als seinem Auftraggeber, dem Senat, die letzte Entscheidung über diesen Punkt vorzubehalten, im übrigen aber beteiligte er sich an den weiteren Beratungen, und diese führten dann am 14. Juli zu einem Protokoll, in dem festgestellt wurde, daß eine Bahn von Kassel nach Frankfurt über Gießen, die mit einer andern Bahn von Eisenach nach Kassel in Verbindung stehen werde, gebaut werden solle, daß jeder

der drei Staaten für die Ausführung in seinem Gebiete sorgen und daß der Reingewinn nach dem Verhältnis der aufgewendeten Kosten geteilt werden solle. Als Hauptstationen waren Kassel, Gießen und Frankfurt vorgesehen.

Souchay war der entschiedenen Meinung, daß Frankfurt die alte Leipziger Straße aufgeben und die Kasseler Grundlagen gutheißen solle. Er persönlich legte auf die Möglichkeit einer durch die Frankfurt-Kasseler Bahn zu schaffenden besseren Verbindung nach den Nordhäfen den größten Wert; er war außerdem von der Sorge getrieben, daß die beiden Hessen sich entschließen könnten, die Bahn doch zu bauen, auch wenn Frankfurt sich nicht beteiligte, und das Frankfurter Gebiet zu umgehen. Der Senat blieb aber bei seinen Bedenken und lehnte ab. Wie recht indessen Souchay mit der Meinung gehabt hatte, daß Frankfurt zugreifen müsse, zeigte der Vertragsentwurf, den Kurhessen im nächsten Jahre, 1842, vorlegte. Hier war für die Verbindung von Kassel nach Frankfurt eine Linie vorgesehen, die den Frankfurter Interessen geradezu ins Gesicht schlug — die Bahn sollte nämlich von Friedberg auf dem Umwege über Hanau nach Frankfurt führen! — es fand sich außerdem in dem Vertrage die Bestimmung, daß die drei bauenden Regierungen die Kosten zu drei gleichen Teilen übernehmen sollten.

Daß auf diesen Grundlagen ein Vertrag nicht möglich sei, das war ohne weiteres klar, und das wurde denn auch kurzer Hand nach Kassel geschrieben. Was aber nun? Zum Glück kam gerade jetzt von Karlsruhe die Anfrage, ob Frankfurt bereit sei, an Beratungen über den Bau der ja schon 1838 geplanten Main-Neckar-Bahn auf Staatskosten teilzunehmen. Dank Souchays Drängen war Frankfurt bereit; es zeigte sich freilich, daß, wenn Frankfurt eine seinen Interessen entsprechende direkte Linienführung erreichen wolle, es jedenfalls auch hier mehr werde aufbringen müssen als nur die Kosten für den Bau auf dem eigenen Gebiete, — allein der Zwang der Dinge war so, daß der Senat sich jetzt, wenigstens grundsätzlich, zu einem solchen Wagnis bereit erklärte. Die Karlsruher Verhandlungen wurden also im Herbst 1842 so weit gefördert, daß der Abschluß — bei beiderseitigem einigermaßen guten Willen — möglich war.

Souchay hatte jetzt zwei Eisen im Feuer: wenn es auf den erneuten Konferenzen in Kassel, die für den Oktober angesagt waren, nicht zu einem Abschluß für die Nordbahn kam, dann hatte Frankfurt wenigstens die Möglichkeit, sich die Südbahn zu sichern.

Er ging ohne rechte Zuversicht nach Kassel, und die ersten Eindrücke, die er hier bekam, stimmten seine Hoffnungen noch weiter herab: „Ich habe die Sachen", schrieb er am 11. November seiner Frau, „ärger gefunden, als es glaublich scheint". Die Angelegenheit kam nicht in Gang trotz redlichsten Eifers der Vertreter der kurfürstlichen Regierung: wenn eine Entscheidung von seiten des Kurprinzen nötig war, so kam alles in rätselhaftes Stocken; es erfolgte wohl eine Einladung zur kurfürstlichen Tafel, dann aber wieder langes Schweigen, so daß die Geduld der Unterhändler aufs stärkste angespannt wurde. In der Sache war man so weit gekommen, daß Kurhessen jetzt die Summe, mit der sich Frankfurt an dem Bau beteiligen sollte, auf 3 Millionen Taler normiert hatte. Souchay hatte diese Forderung abgelehnt, hatte aber schließlich, nach langen Erörterungen, sich mit seinen Gegenunterhändlern auf 2 Millionen geeinigt und hatte nun, allerdings erst nach den heftigsten Kämpfen, bei denen Harnier der Hauptangreifer war, es durchgesetzt, daß der Senat eine Beteiligung mit 2 Millionen Talern guthieß. Das war also das Angebot Frankfurts: wenn das der Kurprinz genehmigte, dann wurde die Linie Frankfurt-Kassel gebaut. Es kam aber wieder keine Antwort, und Souchay sollte jetzt erfahren, woran die beständige Verzögerung eigentlich hing: als er wieder nach Frankfurt zurückgekehrt war, ohne daß in Kassel eine Entscheidung erfolgt war, teilte ihm Herr Amschel v. Rothschild mit, daß er ihn zu sprechen wünsche, und der vertraute Agent des Kurprinzen rückte nun ganz offen mit einer Forderung hervor, die der Kurprinz für seine Privatkasse erhob; in seiner burlesken Art sagte er: „Der Kurprinz muß Geld hawwe.

Das Land gebt ihm nix. Der Mann hat Kinner.“ Souchay war empört. Also nicht die Beamten, wie das sonst wohl bei diesen Verhandlungen vorkam: hier sollte der Fürst selber bestochen werden! Er bemerkte, der Senat besitze zu solchen Zwecken nichts; seine Kasse für Geschenke, Tabatieren und dergleichen in allen Ehren betrage höchstens fl. 10000. Die Antwort war ein Achselzucken und die Bemerkung: „C'est trop peu!“

Damit war die Unterhandlung mit Kurhessen vorläufig zu Ende. Souchay hatte dies aber kommen sehen und hatte auf eigene Verantwortung hin mit dem hessischen Unterhändler, Ministerialrat Eckhardt, einen Vertrag abgeschlossen, der geeignet war, die Verhandlungen über die Main-Neckar-Bahn entscheidend zu fördern und diese letzteren Verhandlungen von denen über die Main-Weser-Bahn loszutrennen. Der Vertrag betraf die Offenbacher Bahn. Offenbach verlangte eine Verbindung, die es mit seiner Spedition unabhängig von Frankfurt stellte; es hatte daher immerfort auf seine Einbeziehung in die Nordsüdbahn (Darmstadt–Kassel) hingearbeitet. Diese Gefahr endgültig zu beseitigen, war schon ein Opfer wert, und so schloß denn Souchay einen Vertrag (12. Dezember 1842), in dem Frankfurt sich verpflichtete, zusammen mit der hessischen Regierung eine Lokalbahn von Offenbach bis an das Affentor in Sachsenhausen mit weiterem, unmittelbarem Geleisanschluß an die Main-Neckar-Bahn so zu bauen, daß jeder Staat auf seinem Gebiete die Kosten trage. Da die Bahn zum größten Teile auf Frankfurter Gebiet laufen mußte, so bedeutete diese Bestimmung, daß die Bahn im wesentlichen auf Frankfurts Kosten erbaut werden solle, und Souchay bemerkt in seinen Aufzeichnungen, daß er den Vertrag geschlossen habe in Voraussicht großer Schwierigkeiten, die er damit im Senat finden werde – die auch nicht ausblieben –, er tat es aber in der festen Überzeugung, daß er dem wahren Nutzen der Stadt damit am besten diene. Dies war auch wirklich so, denn nun kamen die Verhandlungen über die Main-Neckar-Bahn, die jetzt sofort in Karlsruhe wieder eröffnet wurden, rasch (am 25. Februar 1843) zum Abschluß.

Die Hauptschwierigkeit machten die konkurrierenden Ansprüche der Städte Mannheim und Heidelberg, Endpunkt der Bahn zu sein; sie wurden durch die bekannte Gabelung bei Friedrichsfeld ausgeglichen. Was die Kosten anlangte, so sollte jeder Staat die Kosten auf dem eigenen Gebiete tragen, Frankfurt aber Baden so viel zuschießen, als sein Aufwand den sechsten Teil des Gesamtaufwandes übersteige. Das war ja nun eine recht erhebliche Zumutung, und es kam dazu noch eine weitere Forderung, um die durchaus nicht herumzukommen war: daß nämlich die Bahn nicht auf dem linken Ufer bei Sachsenhausen, sondern auf dem rechten Ufer enden solle. Diese Forderung erscheint uns heute selbstverständlich, sie war es aber bei der damaligen Denkweise, wie wir wissen, nicht, und deshalb hatten gerade sie die hessischen Stände zur Bedingung gemacht und hatte die hessische Regierung ausdrücklich auf ihr bestanden. Die Bewilligung schloß für Frankfurt die Verpflichtung in sich, außer dem Hauptstationsgebäude auch noch eine Eisenbahnbrücke über den Main zu bauen, und das verteuerte seinen Anteil ganz ungemein. Der Vertrag als Ganzes bedeutete für Frankfurt aber doch einen gewaltigen Erfolg, dem gegenüber diese besonderen finanziellen Leistungen[1]) nicht ins Gewicht fallen durften, denn durch ihn war die Stellung Frankfurts als Eisenbahnmittelpunkt endgültig gesichert.

Souchay hatte den Vertrag über die Main-Neckar-Bahn gewollt und durchgesetzt in der Überzeugung, daß damit das sicherste Mittel angewandt werde, um die in Kassel liegenden Schwierigkeiten aus dem Wege zu schaffen, – er erlebte aber eine große Enttäuschung; es gab auch jetzt noch unendliche Anstände in Kassel, die größeren Schwierigkeiten kamen dieses Mal indessen nicht von dort, sondern von Frankfurt selber her, und zwar war gerade die Main-Neckar-Bahn schuld daran.

[1]) Es ist hierbei nicht zu vergessen, daß Frankfurt an dem Gewinn natürlich in dem Verhältnis seiner Geldaufwendungen beteiligt war, daß es sich bei diesen letzteren also nur um eine Kapitalanlage handelte.

Allerdings wurde der Vertrag über die Main-Neckar-Bahn selber in Frankfurt im Gegensatz zu der öffentlichen Meinung in Hessen-Darmstadt und Baden im allgemeinen günstig beurteilt und fand auch rasch die Genehmigung aller in Betracht kommenden Faktoren, allein es fehlte doch auch nicht an kritischen Ausstellungen. Insbesondere fand man, daß eine Bahn nach Offenbach, wohin eine so gute Verbindung durch Post- und Privatkutschen bestand, überflüssig sei; man sah voraus, daß die Bahn unrentabel bleiben würde, wenn sie keine Fortsetzung fände, und man folgerte, daß das viele Geld, das diese Bahn kosten werde, eigentlich weggeworfen sei.

Diese Kritik schoß natürlich weit über das Ziel hinaus, sie machte aber doch Eindruck, und Souchay bekam die Wirkung zu spüren, als das eintrat, was er vorhergesehen und beabsichtigt hatte, als nämlich Kurhessen nun wieder anknüpfte und jetzt seine Forderungen auf 2 Millionen ermäßigte. Mit diesem Entgegenkommen hatte man den Abschluß auch über die Nordbahn wie eben über die Südbahn zum Greifen nahe, denn Frankfurt hatte sich ja früher zu einer Leistung von 2 Millionen bereit erklärt, die Sache scheiterte aber, weil im Senate jetzt mit einem Male Bedenken kamen, daß Frankfurt sich zuviel auflade. Man mäkelte daher an seinem früheren Anerbieten herum und deutete es so, daß Frankfurt *nur* bereit sei, 2 Millionen beizutragen *einschließlich* der Baukosten des eigenen Anteils, Kurhessen wollte aber die Beteiligung Frankfurts mit 2 Millionen *ausschließlich* der Aufbringung der Baukosten für die eigene Strecke. Hierüber blieben die Verhandlungen zunächst stehen und wurden schließlich abgebrochen, und es schien für den Augenblick die Aussicht, daß sie wieder aufgenommen werden könnten, äußerst gering.

Im Januar 1844 meldete der preußische Resident, Souchay verzage fast völlig, denn die Stimmung im Senat war jetzt unter dem Einflusse der nachträglichen Einwendungen Harniers und durch eine sehr absprechende öffentliche Kritik der Verträge, die in einer anonymen Flugschrift erschien, derartig, daß man von Sonderzugeständnissen an Kurhessen überhaupt gar nichts mehr wissen wollte.

Die Flugschrift stammte, wie sich bald herausstellte, von dem ehedem mit Thomas, jetzt mit Harnier in Freundschaft eng verbundenen Stadtbibliothekar Dr. Böhmer, den wir zu unserm Erstaunen hier einmal von seiner sonst nur dem Mittelalter gewidmeten Arbeit aufblicken sehen, um in dieser allermodernsten Frage der Eisenbahnen ein Wort mitzureden. Es geschah dies natürlich, seiner ganzen Richtung nach, in sehr unmodernem Sinne, indem Böhmer sich auch als ein Freund der Stapel-Idee bekannte, aber es blieb nicht ohne Wirkung.

Daß trotz dieser starken Einflüsse dennoch in nicht gar zu langer Zeit ein Abschluß erfolgte, das kam daher, daß die Eisenbahnsache überhaupt jetzt in mächtigem Vorschreiten war und daß sich jetzt auch bei den Privaten wieder Neigung zur Beteiligung einstellte. Das Geld wurde flüssig, und unter dem Eindruck dieser Tatsache, die seiner geliebten Privatkasse sehr zustatten kam, erteilte der Kurprinz jetzt zunächst die schon so lange nachgesuchte Konzession für die Hanauer Bahn. Ferner kam ein Lotterieanlehen im Betrage von 8 Millionen Talern für die Strecke Kassel–Frankfurt zustande,[1]) das den Ausbau dieser Strecke jedenfalls sicherte, und außerdem fanden sich Unternehmer, die für die Strecke Kassel–Eisenach, die sogenannte Friedrich-Wilhelms-Nordbahn, eine Aktiengesellschaft gründeten. Geld war also jetzt in Kassel reichlich vorhanden, andererseits brauchte aber die kurfürstliche Regierung jetzt durchaus die Sicherheit für den weiteren Anschluß nach Süden, denn sonst stand es mit der voraussichtlichen Erträglichkeit der Friedrich-Wilhelms-Nordbahn und mit dem Aktienkurse sehr übel.

Das wußte man in Frankfurt natürlich sehr genau. Als daher jetzt die kurfürstliche Regierung wieder anknüpfte und gleich wieder nach alter Gewöhnung mit allerlei lästigen Be-

[1]) Treitschke spricht in seiner Deutschen Geschichte V, 499 bei Gelegenheit dieser von Rothschild gemachten Anleihe von einem „Gaunerstreich".

dingungen kam, ließ man sie in Frankfurt ohne weiteres ablaufen, was sofort ein Fallen der Aktien der Nordbahn und eine große Beunruhigung in den Kreisen der Kasseler Geldgeber — allerdings auch an der Frankfurter Börse — zur Folge hatte; die kurhessische Regierung gab daher schleunigst nach und ließ die Hauptforderungen fallen, und nunmehr erhielt Souchay (19. November 1844) den Auftrag, in Kassel abzuschließen.

Souchay konnte den Auftrag nicht ablehnen, obwohl er „der Geschichte herzlich müde war“. Er wünschte sehnlichst „das Finale“ und schrieb seiner Frau, er werde, wenn er diese Angelegenheit erledigt habe, den gestickten Rock aus- und nicht wieder anziehen. Schon am 29. November schrieb er aus Kassel, es sei jetzt Aussicht, daß das „Ende vom Ende“ herankomme. Es hing eben jetzt das Vermögen von sehr vielen Leuten daran, und so mußte die kurfürstliche Regierung es denn hinnehmen, daß Frankfurt diesmal sehr steif war und durchaus nicht mehr übernehmen wollte als den Ausbau der Bahn auf seinem Gebiete.

Kurhessen machte jetzt nur noch Schwierigkeiten wegen der Revenüen-Berechnung. Als aber Souchay kurz entschlossen abreiste und Frankfurt auf seinen Rat ein Ultimatum stellte, so gab Kurhessen auch hier nach, und somit hätte Souchay jetzt nur nach Kassel zurückzugehen brauchen, um den Vertrag zu unterzeichnen, wenn er nicht am Tage vor dem Eintreffen der letzten Entschließung Kurhessens die Nachricht von dem Tode seines Stiefsohnes erhalten und sich gezwungen gesehen hätte, sofort nach England abzureisen. Er hatte diese Möglichkeit schon seit einiger Zeit vorausgesehen und auch deshalb so gedrängt, da er es im Interesse der Sache für sehr wesentlich hielt, daß er persönlich bei dem Schlußprotokoll anwesend sei. Er hatte für den Fall, daß seine Abreise nach England erfolgen müsse, den Wunsch ausgesprochen, den hessischen Kommissar Eckhardt mit Vollmacht versehen zu dürfen. Das war aber im Senat nicht beliebt worden. Es wurde Scharff an Souchays Stelle mit Vollmacht nach Kassel gesandt, und nun kam es richtig in letzter Stunde noch zu einer Differenz, die alles wieder in Frage stellte.

Es handelte sich um die Anlage des Bahnhofes in Frankfurt. Erst die großherzogliche Regierung, dann auch die kurfürstliche erhoben die Forderung, daß der Bahnhof unmittelbar neben dem Main-Neckar-Bahnhof und in gleichem Niveau erbaut werden solle, während man in Frankfurt wollte, daß allein der Main-Neckar-Bahnhof (wegen der Brücke) ein höheres Niveau erhalte, daß der neue Main-Weser-Bahnhof aber etwas weiter westlich als der Taunus-Bahnhof ins freie Feld gerückt werde. Die entgegengesetzten Standpunkte wurden von beiden Seiten mit großer Hartnäckigkeit verfochten. Entscheidend war wieder bei Hessen-Darmstadt, das diesmal die Führung hatte, die Angst vor einem Frankfurter „Stapel", d. h. die Angst, daß Frankfurt, wenn nicht die unmittelbare Schienenverbindung gesichert sei, die Gelegenheit der gezwungenen Umladung zu allerhand Schikanen benutzen könnte. Wäre Souchay anwesend gewesen, so hätte er sicherlich einen Ausgleich herbeigeführt, Scharff aber war der Sache nicht gewachsen, und so kam es über diese Frage wirklich zum Bruch: die beiden Hessen führten aus, was sie zunächst nur angedroht hatten; sie unterzeichneten den Vertrag am 6. Februar 1845 für sich und überließen es der Stadt Frankfurt, sich zu besinnen, ob sie zu dem Vertrage hinzutreten wolle oder nicht.

Als Souchay zurückkehrte, fand er eine total verschobene Lage vor. Er riet dem Senat dringend, in irgendeiner Weise einzulenken, um die großen Vorteile, die die neue Bahn bringen mußte, nicht zu verscherzen, und als dann von Kurhessen ein Vermittlungsvorschlag kam, dahingehend, daß die drei Bahnhöfe wenigstens in einer Front an der Promenade gebaut werden und daß sie durch eine Schienenanlage untereinander verbunden werden sollten, und als Hessen-Darmstadt sich hiermit einverstanden erklärt hatte, erreichte es Souchay, daß der Senat diesen Ausweg, obwohl derselbe nicht unerhebliche Mehrkosten verursachte, annahm und am 1. April Scharff die Weisung schickte, zu unterzeichnen, denn da

Scharff einmal die Vollmacht erhalten hatte, so hatte man sie ihm, auch nach der Rückkehr Souchays, nicht wieder nehmen wollen. So steht denn der Name Souchays nicht unter dem Vertrage über die Main-Weser-Bahn, wie unter dem über die Main-Neckar-Bahn, obwohl, wie wir wissen, auch diese Bahn im wesentlichen sein Werk war.

Die Main-Weser-Bahn wurde erst im Jahre 1851 eröffnet, die Main-Neckar-Bahn aber schon am 1. August 1846, und so fand denn das Jahr 1848 Frankfurt im Mittelpunkte von Maschinenstraßen von ganz beträchtlicher Ausdehnung: das ganze Rheingebiet von der belgisch-holländischen bis zur Schweizer Grenze war jetzt durch Dampfschiffe und Eisenbahnen verkehrstechnisch gewissermaßen eine Einheit; die Bewohner dieser Gebiete durch diese Tatsache einander näher gerückt, dadurch auch allerdings — da es im Jahre 1848 eine große südwestlich-nordöstliche Linie noch nicht gab — von dem Nordosten Deutschlands noch etwas mehr als bisher schon geschieden. Nirgends im südwestlichen Deutschland war in diesem Jahre ein rasches Zusammenströmen von Menschen so leicht möglich als in Frankfurt; Frankfurt war daher auch von dieser Seite her zu der großen Rolle aufs beste ausgestattet, die es zu spielen berufen war.

Aber auch in anderer Beziehung wirkten die Eisenbahnen nach der Richtung hin, die im Jahre 1848 plötzlich die herrschende wurde, indem sie nämlich die Menschen, die sie örtlich einander näher brachte, auch innerlich besser zur Einheit disponierte. Und die Eisenbahn war zugleich ein viel wirksameres Gegengewicht gegen die Kleinstaaterei als etwa der Zollverein. Der Zollverein stärkte die Einzelregierungen, indem er ihre Finanzen besserte, die Eisenbahn aber, indem sie die Räume auf den fünften oder noch einen geringeren Teil zurückführte, führte zugleich die Kleinstaaten selber auf Maße zurück, die die Lächerlichkeit ihres Anspruches, als Staaten zu gelten, besonders deutlich ans Licht stellten. Schon aus Anlaß der Einführung der Eilwagen lesen wir spöttische Betrachtungen, die sich in dieser Richtung ergehen. „Mit der früheren Reichspostschnecke mußte man“, schreibt z. B. Beurmann im Jahre 1835, „doch wenigstens einen Tag gebrauchen, um den kleinsten Bundesstaat zu durchfahren — sogar das Reich von Heinrich Reuß LX. gewann dabei an Ausdehnung. Jetzt aber kann man, wenn man am Sonnabend Morgen Hannover verlassen hat und am Montag Morgen in Frankfurt eingetroffen ist, behaupten: man habe ein Königreich, ein Kurfürstentum und eine Freie Stadt gesehen. Welch ein winziger Zeitraum, und ein Königreich, ein Kurfürstentum und eine Freie Stadt! Es ist entsetzlich!"

Solche Erwägungen erweckten schon die Eilwagen. Wie schrumpften die Räume der Kleinstaaten aber erst durch die Eisenbahn zusammen! Und was die Kleinstaaterei überhaupt für ein Hemmnis bedeutete, das hatte sich gerade bei den Verhandlungen über die Eisenbahnen, die hier dargestellt sind, aufs allerdeutlichste erwiesen, und Souchay nennt daher auch mit Recht in seinen Aufzeichnungen dieses Kapitel einen Beitrag zur Geschichte dieser Kleinstaaterei; indem er selbst aber in dieser Geschichte mitwirkte, kam ihm die deutliche Erkenntnis, namentlich unter dem Eindruck seiner Erfahrungen in Kurhessen, daß diese Welt der Kleinstaaterei zum Sturze reif sei, und er empfand es wohl als eine eigentümliche Ironie der Tatsachen, daß durch die Arbeit an den Eisenbahnen er und alle andern kleinstaatlichen Vertreter, die an diesem Eisenbahndrama mitwirkten, eines der mächtigsten Mittel schufen, um diesen Sturz vorzubereiten.

Drittes Kapitel.

Vormärz.

Während auf dem Gebiete des materiellen Daseins sich so verheißungsvolle Dinge zutrugen, war auch in der geistigen Disposition des deutschen Volkes eine tiefgehende Wandlung erfolgt: die bisher so ruhig, fast träge dahinfließenden Wasser hatten sich ganz plötzlich in raschere Bewegung gesetzt; aufgeregt jagten sie zwischen steinigen Klippen dahin, Schnellen und Strudel bildend; es war offenbar, daß sie einem jähen Sturze zueilten. –

Die raschere Bewegung begann mit dem Jahre 1840, in dem ziemlich überraschend die Gefahr eines Krieges mit Frankreich hervortrat. Herausfordernd tönte es von Westen herüber, gellend erklang der Schrei nach „Revanche“, und im Nu bildete sich in der Feuerprobe der Gefahr bei uns die Stimmung wieder, wie sie vor 25 Jahren die Nation durchströmt hatte; alles Trennende verschwand in dem einen Gefühl, und begeistert stimmte All-Deutschland den Sang an, mit dem Nikolaus Becker in seinem Rheinlied den wälschen Drohungen gegenüber den Rhein als deutschen Besitz behauptete, und wenn der Kriegslärm auch bald wieder verstummte: es blieb doch – und das ist das eigentlich Bedeutsame dieser Episode – die gesteigerte nationale Stimmung.

Die 25 Jahre, die seit dem letzten Kriege mit Frankreich verflossen waren, wurden in der Empfindung der Nation übersprungen, man knüpfte unmittelbar wieder da an, wo der Wiener Kongreß künstlich einen Einschnitt gemacht hatte; das, was damals das Problem des deutschen Volkes gewesen war: wie schaffen wir uns innerlich würdige Zustände, und wie sichern wir uns dauernd unsere Geltung unter den Nationen Europas? — das wurde jetzt wieder die Frage des Tages, und dieses mächtig ansteigende nationale Wollen trat in ein leidenschaftliches Ringen mit dem, was die Frucht der letzten 25 Jahre war: dem verstärkten partikularistischen Behagen und dem kosmopolitischen Radikalismus, der in seinem einseitigen Freiheitsdrange die Schranken des Nationalen zu überfliegen und eine einheitliche europäische Schwurgenossenschaft zu bilden strebte.

Es beginnt damit eine Zeit, in der es immer schwerer wird, die Einzelgeschichte von der Geschichte der Gesamtheit des Volkes zu trennen. Die Anregungen gehen von dem Ganzen aus. Die Geschichte des politischen Einzelkörpers stellt sich im wesentlichen in der Art dar, wie er diesen Anregungen gegenüber sich verhält.

Was Frankfurt anlangt, so hatte sich ihm ja das Jahr 1840 als Epochenjahr schon durch die Eröffnung der Taunusbahn angekündigt. Dasselbe Jahr brachte ihm weiter noch eine Erregung im Stile des Sängerfestes von 1838, nur in verkleinertem Maßstabe: die Säkularfeier der Erfindung der Buchdruckerkunst.

Natürlich war der Gedanke auch dieser Feier liberaler Abstammung. Man sagte sich in diesen Kreisen, die Erinnerung an die Anfänge der schwarzen Kunst Gutenbergs werde notwendig die Erinnerung an alles neu beleben, was zu der Erlösung der Völker aus den Banden des Aberglaubens und der Tradition beigetragen hatte, und so schien sich denn eine willkommene Gelegenheit zu bieten, der Geistesfreiheit und der Freiheit überhaupt eine Huldigung darzubringen und gegen den herrschenden Druck eine Kundgebung zu veranstalten, gegen die voraussichtlich die Regierungen machtlos sein mußten. Man wollte damit der jetzt 25jährigen Bundesschmach eine Jubiläumsfeier ausrichten, die weithin über Deutschland belebend und anfeuernd wirken sollte.

Leider war man aber bei den Vorbereitungen nicht leise genug und rief dadurch frühzeitig die Gegner auf den Plan.

Metternich wurde aufmerksam und ließ der Regierung der Stadt schon im Februar so dringende Warnungen zugehen, daß ein Widerstreben unmöglich war. Das Komitee wurde in allen seinen Schritten aufs schärfste überwacht und mußte sich fügen, wenn es nicht das Fest überhaupt preisgeben wollte. Das Programm wurde behördlich geprüft und wieder geprüft. Die Reden und Toaste mußten zur Zensur eingereicht, die beanstandeten Stellen entfernt werden, und am Tage des Festes selber wurden sämtliche städtische Wachtposten verdoppelt, das Linienbataillon, die Bundestruppen in Bereitschaft gehalten und die Palais- und Brückenwachen erheblich verstärkt. So wurde das Fest am 24. und 25. Juni zwar gefeiert, allein der rechte Schwung war nicht da und dementsprechend auch nicht die erhoffte Teilnahme und Wirkung. Es fand ein Festzug statt von der Bibliothek nach dem Roßmarkt hin; hier war ein Festraum geschaffen, in dem eine Feier abgehalten wurde, welche in der Enthüllung des provisorischen Gutenbergdenkmals, das von der Launitz entworfen, ihren wirkungsvollen Schluß fand. Am nächsten Tage wieder Waldfest und Bankett, wie bei dem Sängerfest, aber doch anders. Die enthusiastische Stimmung, wie sie vor 2 Jahren geherrscht, war nicht vorhanden, das erregende ideale Moment wollte sich, vielleicht auch wegen der gespannten politischen Lage, nicht einstellen, das Hauptinteresse war auf das Gepränge gerichtet, das die Innungen und Zünfte entfalteten, und so konnte der österreichische Resident sehr befriedigt seinem Herrn und Meister verkünden: was als Humanitätsfest gedacht gewesen sei, sei zum Gewerksfest geworden.

Es war wieder einmal ein Triumph des Metternichschen Systems, aber es war der letzte. Es war noch einmal Bundes-Ancien-Régime: seit dem Jahre 1840 tritt dieses System aber für Deutschland in auffälliger Weise zurück.

Wie schon vorher der Zollverein, so brachte es jetzt im Zusammenhange mit der plötzlich aufgelohten Kriegsgefahr das Auftreten der Frage der Bundesreform mit sich, daß die Augen der Deutschen sich mehr nach Preußen wandten, wo gerade jetzt ein neuer Herr zur Regierung gelangte, von dem man wußte, daß er ein warmes deutsches Herz habe, und von dem die Meinung sich gebildet hatte, daß er den Forderungen des Tages Verständnis und Bereitschaft entgegenbringen werde. So wie man im Jahre 1814 und auch noch 1815, in dem jenes preußische Verfassungsversprechen ergangen war, im nichtpreußischen Deutschland zu der Meinung gelangt war, daß von hier den nationalen Wünschen Erfüllung kommen werde, so geschah dies auch jetzt wieder: man hatte die Zuversicht, daß man jedenfalls einer Zeit entgegengehe, in der so manche Hoffnungen, die man bisher sorgfältig im Busen verschlossen hatte, der Verwirklichung entgegenreifen könnten.

Den Patrioten Frankfurts durfte als ein Unterpfand für solche Zuversicht gelten, daß schon die nächste Zeit ihnen, ohne ihr Zutun und gerade auf preußische Anregung hin, die endliche, fast nicht mehr gehoffte Befreiung von einer Beschränkung der städtischen Selbständigkeit brachte, die man von Anbeginn an nur mit stiller Wut und Empörung getragen hatte, die Entfernung der Bundesgarnison.

Wir erinnern uns der schweren Kämpfe, die um dieser Garnison willen Thomas geführt hatte, des Gegensatzes, in den er zu den meisten seiner Mit-Senatoren geraten war. Mit seinem Rücktritt von der Stellung eines Bundestagsgesandten und mit seinem Tode war dieser Gegensatz innerhalb des Senates verschwunden. Diejenige Spielart eines Bundes-Konservativismus, wie sie sich in Thomas darstellte, hatte keinen lauten Vertreter mehr. Der Senat war von nun an in dieser Frage durchaus einheitlich gesinnt, teils aus Angst vor den Liberalen in der Gesetzgebenden Versammlung, teils aus wirklichem oder wenigstens zur Schau getragenem Liberalismus, teils aus freistädtischem Trotz, — zum Ärger Smidts, der in dieser Sache bewußt das Erbe seines Freundes angetreten hatte und nicht müde wurde, zur Nachgiebigkeit zu reden. Selbst die Drohung, den Bundestag von Frankfurt wegzuverlegen, verfing nicht mehr. Die Mehrzahl der Frankfurter, auch solcher, die im übrigen gar nicht liberal waren, war darin ganz einig, daß die Polizeiohnmacht, die in Frankfurt bestand, gewissermaßen ein Reservatrecht Frankfurts sei, auf das man nun und nimmermehr verzichten dürfe.

Nicht einmal das war geschehen, wozu die Stadt sich 1837 verpflichtet hatte, daß nämlich der Polizeidirektor fortwährende, wie es hieß, „vertrauliche Kommunikation" mit dem Präsidium der Bundesversammlung unterhalten hätte: ein einziges Mal während der folgenden 5 Jahre stattete der Polizeichef dem Grafen Münch einen Besuch ab, dann aber nicht wieder; als deswegen angefragt wurde, hieß es: es sei unterblieben, weil Münch *keinen Gegenbesuch* gemacht habe!

Smidt schalt weidlich über diesen „unangebrachten Krämerstolz", aber er konnte nichts daran ändern, und so trat denn ein Beharrungszustand ein, der noch Jahre lang hätte dauern können, wenn nicht Preußen selber der Sache ernstlich müde geworden wäre. Schon im Februar 1840 regte Eichhorn die Entfernung der Besatzung an. Er sprach recht bezeichnend für die vorsichtige Art der damaligen preußischen Politik — die Sorge aus, daß das zu lange Verweilen derselben leicht einen erneuten Einspruch des Auslandes verursachen könne; die Ministerialkommission riet aber dringend ab: „die Revolutionäre", so verkündete sie, „richteten zu allen Zeiten ihren Blick auf Frankfurt", und mit diesem Verdikt wäre die Frage wohl abgetan gewesen, wenn nicht Friedrich Wilhelm IV. selber ihr sein Interesse zugewandt hätte.

Es hing das mit seinem Bestreben zusammen, außerhalb Preußens Zutrauen zu erwecken und der deutschen Bundespolitik wieder einen mehr positiven, den nationalen Bedürfnissen entgegenkommenden Inhalt zu geben; mit dieser Richtung des Vertrauens war die Anwesenheit des Sicherheitskorps am Sitze des Bundestages als Ausdruck des Mißtrauens nicht mehr recht im Einklang, aber es wurde Friedrich Wilhelm IV. doch schwer, dieser Auffassung in Wien Eingang zu verschaffen. Graf Münch, der Präsidialgesandte, leistete den heftigsten Widerstand; er behauptete immer wieder, Frankfurt dürfe nicht sich selbst überlassen werden; die vorhandenen Mittel böten keine Sicherheit. Das Linienbataillon sei der geworbene Auswurf der umliegenden und anderer Länder; es sollte 800 Mann stark sein, habe aber selten mehr als 600 oder 700, und davon liefen im Laufe des Jahres regelmäßig noch gegen 100 weg; Hauptursache der Schwäche sei, daß nicht bloß die Bürgermeister, sondern fast alle bedeutenderen Stellen jährlich gewechselt und wie in einer Lotterie verspielt würden; Frankfurt sei bei jeder Bewegung der politischen Atmosphäre die unruhigste Stadt der Welt; im Grunde wünsche übrigens der Senat selbst, daß das Korps dableibe, er gebe sich nur um der Gesetzgebenden Versammlung willen das Ansehen, als betreibe er seine Entfernung. Metternich war wahrscheinlich derselben Ansicht wie Münch, allein er hatte doch wohl Bedenken, sich in einer verhältnismäßig so untergeordneten Frage dem Drängen der Berliner Regierung zu versagen, und da der König gerade jetzt seine Reise an den Rhein vorhatte und es ihm daran lag, daß, wenn er dahin komme, die Sache erledigt sei, so geschah, was er wünschte, und es erfolgte am 1. September 1842 der Beschluß, daß das Korps sofort zurückgezogen werden solle, wobei freilich — nicht sehr schmeichelhaft für die Stadt — bemerkt wurde, die Mitteilungen über die von der Stadt zu gewährende Sicherheit könnten nicht als ausreichend betrachtet werden, die Bundesversammlung müsse sich daher vorbehalten, unter Umständen aufs neue Bundestruppen zu ihrer Sicherheit herbeizurufen, was dann aber auf Kosten Frankfurts zu geschehen habe.

Wenn es jetzt nur auf den Senat angekommen wäre, so wäre die Sache damit wohl erledigt gewesen, die Gesetzgebende Versammlung aber, die von Anfang an in dieser Bundesgarnisonfrage die Führung gehabt hatte, verhalf ihr noch zu einem Nachspiel. Sie beschloß entrüstet, daß der Senat gegen die Erklärungen der Bundesversammlung protestieren solle, und der Senat gehorchte. Er wußte natürlich, daß dieser Schritt keinen Erfolg haben könne, aber man wahrte doch immerhin das Gesicht damit. „Man sitzt ganz still“, so kennzeichnete Smidt etwas grimmig diese Politik, „kommt auf keine Weise entgegen, möchte lieber vorgehen lassen, hinterher protestieren und über ungerechte Behandlung klagen." Zu diesem letzteren bot sich denn auch wirklich Gelegenheit, denn als der Vertreter Frankfurts die befohlene Erklärung abgab, entschied das Präsidium, daß die Bundesversammlung diese nachträgliche Einwendung zurückweisen müsse.

Die Truppen verließen die Stadt am 1. Oktober, zufällig gerade an dem Tage, an dem der König von Preußen, von Köln kommend, in der Stadt anwesend war. Wenige Tage vorher hatte auch der österreichische Erzherzog Johann die Stadt passiert. Da die preußische Kavallerie, die bisher in der Stadt gewesen war, schon vor einigen Wochen zu den Manövern abgerückt war, so waren von preußischem Militär im Augenblick nur noch sechs Artilleristen in Frankfurt, die zur Bewachung der zwei preußischen Kanonen dienten. Dagegen war von österreichischen Truppen noch ein ganzes Bataillon da (ein Landwehrbataillon vom Regiment Khevenhüller), und Smidt sprach in seiner schalkhaften Weise, als er von dem gefaßten Beschluße Meldung machte, die Befürchtung aus, daß es beim Abschied an Tränenströmen aus schönen Augen nicht fehlen werde, denn das Bataillon bestehe aus hübschen und stämmigen Leuten, und eine Zeitfrist der Besatzung, die der des Trojanischen Krieges gleiche, sei wohl geeignet gewesen, mancherlei Verbindungen anzuknüpfen und Hoffnungen auf bleibende Dauer derselben zu nähren. Wirklich hatten die Sachsenhäuser um das Verbleiben der Garnison petitioniert, und als dann doch der Tag kam, da sie „zum Städtli hinaus" mußte, da war die halbe Bevölkerung aufgebrochen, um den Scheidenden die letzten Grüße zuzurufen.

Abgesehen indessen von diesen Gefühlswallungen mehr partikularer Natur konnten alle diejenigen Frankfurter, die politisch in Betracht kamen, die Entfernung der Bundesgarnison nur mit Empfindungen der Genugtuung begleiten. Diese Entfernung war nicht mit Zugeständnissen erkauft; man hatte sich der Bundesversammlung gegenüber behauptet, und die Freigesinnten durften daraus die Zuversicht entnehmen, daß sie von nun an die Schwingen des Wortes wieder etwas freier würden entfalten können; es war denn auch schwerlich Zufall, daß gerade jetzt in der Gesetzgebenden Versammlung Dr. Binding, ein feuriger Liberaler und Deutschgesinnter, den alten Antrag auf volle Öffentlichkeit der Verhandlungen dieser Versammlung wieder einbrachte, indem er darauf hinwies, daß sich allenthalben bei Deutschlands Regierungen das Vertrauen zum Volke gestärkt habe, daß der Gedanke der deutschen Einheit des Landes Gaue mächtiger als jemals durchziehe, daß ein großherziger Monarch eines der ersten Bundesstaaten den Ideen des Nationalfortschrittes entschieden huldige und daß es die Ehre Frankfurts fordere, hinter der Zeit nicht zurückzubleiben.

Der Antrag hatte freilich keine unmittelbaren Folgen, weil die Vorsichtsräte noch in der Mehrzahl waren, die Gesinnung, die ihm zugrunde lag, warb aber in der Stille weiter, gar bald freilich verschärft durch die schmerzliche Erfahrung, daß der „großherzige Monarch" in der Sache des Nationalfortschrittes und der Sache der politischen Freiheit seine ganz eigenen Wege gehe, die ihn mit jedem Jahre weiter von dem abführten, was die steigende politische Erregung von ihm erwartete.

Es ist bekannt, daß diese Erregung sich zunächst in poetischen Funkenstrahlen äußerte, in einer politischen Lyrik von noch nicht dagewesener Kraft und Pracht.

Die Opposition nahm damit zunächst einen literarischen Charakter an, und literarische und liberale Interessen flossen damit mehr und mehr zusammen. In Frankfurt hatte Boerne in dieser Beziehung den Boden gut vorbereitet, und so fand denn hier jedes neue Bändchen der Kampfdichter jener Tage begeisterte Leser. Eine besondere Heimstätte dieser Kunst- und Freiheitsbegeisterung war die Gesellschaft Iris, deren Gründung wohl schon in die dreißiger Jahre zurückgeht. Diese Gesellschaft, in der der poetisch begabte Dr. Creizenach, der Herausgeber des Rheinischen Taschenbuchs, und Dr. Heß, der Direktor der jüdischen Realschule, besonders tätig waren, in der auch der junge Friedrich Stoltze verkehrte, war denn auch der Platz, wo die fahrenden Ritter, die in diesen poetischen Fehden das Schwert führten, auf ihren zahlreichen Kreuz- und Querzügen durch Deutschland Rast und Willkomm fanden, und rasch war dann auch der Liederkranz zur Stelle, wenn es galt, einem Hoffmann von Fallersleben oder einem Herwegh eine besondere Ehrung darzubringen. Daß mit dieser liberal-oppositionellen Richtung auch eine entschiedene Deutschheitsgesinnung Hand in Hand ging, das zeigte sich, als im April 1844 Ernst Moritz Arndt in der Stadt zum Besuche weilte. Ihm zu Ehren wurde bei Frau von Günderrode in dem von Holzhausenschen Hause auf der Großen Gallusgasse eine Gesellschaft veranstaltet, die glänzend besucht war. Der Liederkranz sang ihm zu Ehren als Abendständchen sein „Was ist des Deutschen Vaterland“ nach der Komposition des beliebten Frankfurter Tondichters Wilhelm Speyer, zur offenbaren großen Freude Arndts, der während des Gesanges zu den Sängern herunterkam. Dr. Ponfick hielt dann eine warme Ansprache, und Arndt antwortete in jugendlicher Frische ganz im Geiste von 1815: er wünsche, daß alle Flämmchen bald zu einer großen Flamme zusammenschlagen, daß alle Melodien sich zu einer verschmelzen möchten.[1])

Einen Höhepunkt in dem geistigen Leben der Stadt, soweit es von literarischen Dingen seinen Antrieb erhielt, brachte dann dasselbe Jahr mit der Enthüllungsfeier des Goethe-Monumentes. Zu dem Festkomitee gehörte auch Gutzkow, der nun schon seit mehreren Jahren in Frankfurt seinen Wohnsitz hatte; er war eigentlich nicht gerne in dieser Stadt: das Leben sagte ihm nicht zu, und er hielt sich daher gewöhnlich für sich. Jetzt aber, bei dieser Gelegenheit, da es Goethe galt, trat er gerne mit hervor — um so lieber, als die große Masse der Frankfurter Goethe immer noch kalt gegenüberstand — und er hielt dann bei dem Bankett im Börsensaale eine Rede auf Weimar, in der sein sprühender Geist und seine mächtige Redegabe glänzend hervortraten und nach der sich der Kanzler v. Müller nur mühsam behaupten konnte.

[1]) Glossy, Literar. Geheimberichte II, 163.

Bezeichnend für die Verhältnisse ist, daß bei diesem offiziellen Festmahl die Liberalen und die Juden fast ganz ausgeschlossen waren. Diese hielten in der Mainlust eine besondere Feier ab, welche von der „Iris“ veranstaltet war und die einen mehr oppositionellen Charakter hatte; die Iris spielte einige Tage später aber noch einen besonderen Trumpf aus, indem sie am 13. November bei ihrem Stiftungsfeste zugleich die Geburtstage von Schiller und Luther feierlich beging, wobei Heribert Rau, der unter den einheimischen Dichtern damals bedeutendste, die Festrede hielt, in der er, selber Katholik, das Lob des großen Reformators verkündete und zugleich Johannes Ronge wegen seines kühnen Auftretens gegen den Bischof Arnoldi von Trier als neuen Luther verherrlichte. –

Diese Feier ist ein Signal, daß auch Frankfurt bereits in das Zeichen jener unruhigen Gärung getreten war, die damals auf kirchlichem und religiösem Gebiete sich zeigte, indem hier auf der einen Seite der herrschende kritisch-rationalistische Geist zu den äußersten Folgerungen des Zweifelns und Leugnens fortschritt, andererseits die bestehenden Gewalten in Rom und in Berlin diesen Geist in einer ungemein herausfordernden Weise zu bekämpfen unternahmen.

Diese Gegensätze, die das ganze deutsche Leben ergriffen, waren für Frankfurt etwas Neues.

Hier hatten sich die kirchlich-religiösen Dinge lange Jahre hindurch im Geleise des Herkommens still und geräuschlos hinbewegt; von einer besonderen Innigkeit war in keiner der verschiedenen Gemeinden etwas zu bemerken gewesen; im allgemeinen ging mit dem herrschenden Geschäftsgeist ein starker Indifferentismus Hand in Hand, der sich an der äußerlichen Zugehörigkeit zu dieser oder jener Gemeinschaft genügen ließ, nur daß in den kleineren doch immer ein wärmerer Ton herrschte als in der großen, die Mehrzahl der Bevölkerung umfassenden evangelischen Gemeinde. Hier bestanden nach dem Urteile aller ernster Gerichteten im ganzen unerfreuliche Zustände; ein Gefühl des Zusammenhaltes fehlte, da die Kirche von oben herab von dem Konsistorium mit souveräner Allgewalt „regiert“, den Gemeindemitgliedern selbst aber nirgends und nie die Möglichkeit gewährt wurde, ihre Ansichten geltend zu machen; mißlich war auch, daß der Ersatz der Geistlichkeit auf geborene Frankfurter beschränkt, daher der wohltätige Einfluß fremden Wesens und andersartiger Auffassung ganz ausgeschlossen war. Stärkerer Pulsschlag ward einzig verursacht durch den Gegensatz gegen den Katholizismus, in dem so vielen Protestanten ja ohnehin der wesentliche Inhalt ihres Bekenntnisses zu liegen scheint, der bisher indessen eines schärferen Akzentes nicht bedurft hatte. Wohl gab es in der Stadt einen kleinen Kreis von Katholiken, der nur gar zu gerne der römischen Kirche in der alten Reichsstadt wieder zur Macht verholfen hätte. Da er an der österreichischen Bundestags-Gesandtschaft stets einen starken Rückhalt hatte, auch freiwillige Unterstützung fand bei den romantisch gerichteten Andersgläubigen, so war er nicht ganz ohne Bedeutung, übte durch Philipp Veit sogar, wenigstens auf dem Gebiete der bildenden Kunst, einen nicht unerheblichen Einfluß aus, — allein im allgemeinen bestand doch ein Zustand friedlichen und freundlichen Nebeneinandergehens. Nun kam aber der Mischehenstreit; unter seinem Einfluß erfolgte ein Anschwellen der eigentlich ultramontanen Richtung, und jetzt fuhr gelegentlich auch in die bisher unbewegte Atmosphäre der Freien Stadt ein Windstoß und brachte den Staub zum Aufwirbeln.

Ein solcher Windstoß war 1839 die plötzlich auftretende Nachricht, daß die Jesuiten in die Stadt kommen sollten. Die Nachricht entsprach den Tatsachen. Der Pfarrer an der Deutschordenskirche, ein klerikaler Streber, hatte unter Benutzung des Umstandes, daß die Deutschordenskommende österreichischer Besitz war, wirklich den Plan ausgedacht, in dem Deutschordenshause eine Schule einzurichten und den Unterricht in die Hände von Jesuiten zu geben, allein die Sache war kaum ruchbar geworden, so war sie auch schon inhibiert. Der Senat, sonst so wenig aktionsbereit, hatte sich hier sofort in Bewegung gesetzt; er fühlte sich im wesentlichen noch als Hüter der Augsburger Konfession, und er war zugleich äußerst empfindlich in der Wahrung seiner Hoheitsrechte: er hatte daher gegen die beabsichtigte Bedrohung des konfessionellen Friedens bei der Wiener Regierung Verwahrung eingelegt und zugleich den preußischen Schutz angerufen. Das wirkte augenblicklich. Metternich wollte Ruhe. Er ließ also die Sache offiziell ableugnen, bewirkte aber, daß der Störenfried entfernt wurde, und damit war der Zwischenfall zunächst erledigt. Der Senat war aber einmal aufgeschreckt. Der Vorgang bewies aufs neue, zu welchen Unzuträglichkeiten es führen konnte, daß die Besitzungen des Johanniter- und des Deutschherrenordens 1815 dem österreichischen Kaiser vorbehalten worden waren und daß die Souveränitätsrechte des Senates auf diesem Teile des Gebietes der Freien Stadt nicht galten. Der Senat ließ daher, um diesen in jeder Beziehung lästigen Zustand zu beseitigen, durch Harnier Verhandlungen zum Zweck der Änderung dieses Zustandes eröffnen, und diese führten denn auch, wenigstens im wesentlichen, ans Ziel. Die Stadt erwarb die in Betracht kommenden Besitzungen durch Kauf, mit Ausnahme allerdings gerade des Deutschordenshauses und der dazu gehörigen Kirche, allein die österreichische Regierung begab sich für diese Besitzungen der souveränen Rechte und beschränkte sich darauf, daß sie hinfort nur als ein „Annex" der Residentur angesehen werden sollten; zugleich aber wurden, und das war die Hauptsache, dem an der Kirche angestellten Pfarramtsverweser gegenüber alle Hoheitsrechte des Senates gesichert.

Wenn nun auch auf diese Weise eine Quelle von Mißverständnissen glücklich beseitigt war, so war doch die konfessionelle Empfindlichkeit auf beiden Seiten einmal geweckt, und die Ruhe wollte sich nicht wieder einstellen.

Es zeigte sich das namentlich bei Gelegenheit der Erwerbung des Lessingschen Bildes: „Huß vor dem Konzil" für die Städelsche Kunstsammlung. Veit wollte die Einverleibung dieses Bildes in die Sammlung, die seiner Direktion anvertraut war, nicht dulden. Er verabscheute es vom Standpunkte seiner Kunstrichtung aus, vor allem aber auch wegen seiner Tendenz, wegen seines antihierarchischen Charakters. Da er seinen Widerspruch nicht zur Geltung bringen konnte, so nahm er seine Entlassung, und man ließ ihn gehen. Das machte natürlich großes Aufsehen, und es erhob sich ein heftiger Streit der Meinungen. Wie man in der Administration dachte, erfahren wir aus einem Briefe Souchays, der ihr angehörte: „Das Bild von Lessing", schrieb er seiner Frau (6. Februar 1843), „ist eigentlich nicht gekauft worden, sondern war für den Fall, daß ein gewisser Graf Raczynski es nicht behalten würde, längst bestellt, und es war daher keine amtliche Veranlassung da, Veit über den Ankauf zu fragen oder darüber mit ihm zu beraten. Wäre er der Administration nicht gar so fremd geworden und hätte man seinen Katholizismus nicht gefürchtet, so hätte er indessen wohl früher davon erfahren. Ich habe Veit als Menschen recht lieb, und er tut mir leid. Demungeachtet muß ich seinen Entschluß abzudanken als einen glücklichen betrachten, denn so konnte es die Administration nicht mehr lange ohne Pflichtverletzung fortgehen lassen."

Wir sehen aus dieser Auslassung, daß das Lessingsche Bild nur der Anlaß war, der eine verborgene innere Krisis zu einer offenen machte, aber das mindert nicht den symptomatischen Charakter des Falles. Die Katholiken Frankfurts, unter besonderer Teilnahme des Rates Schlosser, der hier einmal wieder hervortrat, beschlossen, Veit eine großartige Genugtuung zu bereiten: sie bestellten bei ihm für den Hochaltar des Frankfurter Domes eine „Himmelfahrt Mariä" für 12000 fl., und so schlug denn sein Streit mit der Administration für ihn schließlich nur zum Vorteil aus; der Stachel blieb freilich in den Gemütern: die Katholiken waren in Kampfstellung gerückt.

Daß auch für die Evangelischen die Zeiten des ruheseligen Gehenlassens vorüber waren, das zeigte sich noch gleich in demselben Jahre bei der Versammlung, welche der Verwirklichung des Gedankens galt, im Namen Gustav Adolfs den Besitzstand zu wahren und alle Glieder der protestantischen Kirche zu vereinigen, um die Not der Glaubensbrüder in und außer Deutschland zu lindern.

Diese Frankfurter Versammlung bedeutete die eigentliche Begründung des Gustav-Adolf-Vereins, und eine solche Vereinigung war gewiß nötig in einer Zeit, in der der Katholizismus so offenbar sich wieder mit dem kriegerischen Geiste erfüllte, den man schon erloschen gewähnt hatte, — allein stärker als von den von außen her drohenden Gefahren wurde die evangelische Welt damals doch von den Spaltungen betroffen, die sich in ihrem Innern erhoben.

Der Versuch der preußischen Regierung, die Herrschaft des Buchstabens durchzusetzen und damit das System des Zwanges, das in politischen Dingen trotz aller schönen Verheißungen Friedrich Wilhelms IV. bestehen blieb, auch auf das kirchliche Gebiet zu übertragen, hatte bei den Freigesinnten eine gewaltige Widerstandsbewegung ausgelöst, und je mehr dem damaligen Geschlechte der Mund auf politischem Gebiete noch verschlossen war, um so leidenschaftlicher ergriff es auf kirchlichem Gebiete Partei: es sollte durch die Freiheit der religiösen Überzeugung der Freiheit überhaupt eine Gasse gebahnt werden. Zuerst um die von der Regierung gemaßregelten Geistlichen, dann aber auch an vielen andern Orten schlossen sich diejenigen, die in Gewissenssachen keine Befehlsgewalt der Oberen anerkennen wollten, als „Lichtfreunde" oder als „protestantische Freunde" zusammen und bildeten freie Gemeinden.

Auch in Frankfurt bildete sich eine solche Gesellschaft von Freidenkern, ohne daß allerdings hier das Moment der Verfolgung und ein wahrhaft protestantisches Bekennertum mitgewirkt hätte. Den Mittelpunkt bildete hier Nikolaus Hadermann, ein Volks- und Freiheitsmann von echtester Frankfurter Prägung, ursprünglich Theologe, wegen Teilnahme an der Burschenschaft 1826 von der Universität Tübingen relegiert, seit der Zeit als Biograph Theodor Körners, Lehrer und Schriftsteller tätig, ein radikaler Drauflosgänger, aber ein Mann von unzweifelhafter bedeutender Begabung, für deren Entfaltung die Zeit bald kommen sollte. Damals wandte er sein Interesse fast ausschließlich noch den kirchlich-religiösen Fragen zu, indem er sich mit Geschick und Wärme in Wort und Schrift für eine allgemeine Offenbarung in Vernunft und Natur einsetzte und „alle wahren Reformfreunde aus allen Konfessionen und Religionsparteien", „zur Förderung des geistigen Fortschritts überhaupt" um sich scharte. Man versammelte sich alle Montag Abend, die Gesellschaft erhielt daher den Namen „Montagskränzchen". Der Kreis erweiterte sich bald beträchtlich; denn der Sturm der Zeit rüttelte immer stärker an allem Bestehenden und lockerte immer mehr die alten Zusammenhänge.

Es ist ein eigentümliches Zeichen der religiösen Erregung jener Tage, daß genau so und zu gleicher Zeit wie auf dem Boden des evangelischen Bekenntnisses, sich auch auf dem des katholischen und jüdischen heftige Geisteskämpfe entwickelten, daß es auch hier sich handelte um den Gegensatz zwischen Satzung und individueller Überzeugung, zwischen Tradition und Kritik, im ganzen um den Gegensatz zwischen Bindung und Freiheit.

Während die Kämpfe, die im Judentum sich zwischen starren Talmudisten und Reformfreunden entwickelten und in denen der edle Gabriel Rießer ein Führender war, nur wenig an die Oberfläche traten, wuchs das, was sich in der katholischen Welt zutrug, zeitweise zu einer Bedeutung an, die das ganze deutsche Volk zur Teilnahme aufrief.

Die Bewegung nahm äußerlich ihren Anfang von der Trierer Rockfahrt und dem Protest Ronges: durch den Freimut seiner Sprache und die Wucht seiner Gründe brachte sein offener Brief, dem die Protestanten natürlich zujubelten, auch in der katholischen Welt einen tiefen Eindruck hervor, denn die Katholiken von damals waren noch keineswegs so völlig durchtränkt mit ultramontanem Geiste, daß ihnen alles geboten werden durfte: viele unter ihnen besaßen noch genug freie Urteilskraft, um den Trierer Vorgang als eine Schmach zu empfinden, viele fühlten sich überhaupt durch den neuen römischen Geist abgestoßen, wollten durch ihre Zugehörigkeit zum katholischen Bekenntnisse nicht aufhören, sich des nationalen Zusammenhangs und der geistigen Verbindung mit der Aufklärung der Zeit zu freuen. Alle diese Elemente schlossen sich auf Ronges Ruf in den verschiedensten Städten Deutschlands zu Gemeinden zusammen, in denen ein freies, deutsches, katholisches Christentum gepflegt werden sollte.

Auch in Frankfurt kam es zur Bildung einer solchen Gemeinde. Unter ihren Gründern ist außer dem Stadtfiskal Dr. jur. Burkhard besonders Heribert Rau zu nennen, dessen ganze bisherige Schriftstellerei, z. B. in seinem Roman: Die Pietisten (1841), ganz und gar im Dienste der Ideen der Geistesfreiheit gestanden hatte, und der später der eigentliche Klassiker der Freireligiösen wurde.

Er war denn auch der Hauptsprecher in der konstituierenden Versammlung, die am 1. Juni 1845 im Saale des Mülhens'schen Hauses 300 Personen aller Stände und Konfessionen vereinigte und in der sich bereits 99 der neuen Gemeinde durch Unterschrift verpflichteten. Die Leitworte seiner ersten Ansprache waren: „Der Geist ists, der da lebendig machet, das Fleisch ist kein Nütze" (Ev. Joh. 6, 63), und zwar ist es der einem jeden innewohnende eigene Geist, das in ihm vorausgesetzte Göttliche, worauf Rau seine Zuhörer verwies. „Wir sollen", sagte er in der zweiten Versammlung, „endlich einmal das Streiten über Dogmen aufgeben und statt dessen durch einen, von der Vernunft durchdrungenen lebendigen Glauben unser Inneres zur Quelle einer nie versiegenden Seligkeit umgestalten." Die Religion ist ihm daher „der innere Geist, der all unser Denken und Handeln, unser Wollen und Wünschen, unser Hoffen und Streben durchdringt, belebt und verklärt." Nachdem dann das äußere Dasein der Gemeinde vor allem dadurch gesichert war, daß ihr die Deutschreformiérte Gemeinde ihr Gotteshaus zur Abhaltung öffentlicher Gottesdienste überlassen hatte, konnte am 15. der erste Gottesdienst abgehalten werden, in Gegenwart von etwa 3000 Personen, während allerdings gleichzeitg in der dichtgefüllten Domkirche der Stadtpfarrer Bohn gegen die neue Irrlehre predigte.

Es hat etwas Rührendes, den Bericht über diese Versammlung und überhaupt über die Anfänge der neuen Gemeinde zu lesen. Es waren alle Beteiligte getragen von der frohen

Zuversicht und von dem Hochgefühl, an einem Werke tätig zu sein, das für die ganze Welt Bedeutung zu gewinnen berufen sei, am Anfange einer ganz neuen Epoche der Menschheitsgeschichte zu stehen. Man fühlte sich wieder in die Zeiten des Urchristentums versetzt, der heilige Geist schien von neuem ausgegossen zu sein. „Christus ist wieder auferstanden unter uns", rief Pfarrer Kerbler in seiner Weihepredigt voller Begeisterung, „er lebt und wandelt umher im deutschen Vaterlande und sucht seine treuen Jünger und sammelt sie um sich im Glauben, in der Liebe und in der Hoffnung."

Den Höhepunkt erklomm die allgemeine Beseligung, als Ronge selber auf der Apostelreise, die er durch Deutschland angetreten hatte, auch nach Frankfurt kam.

Die Ankündigung von seinem Erscheinen rief hier eine Art Taumel hervor. Von dem festen Kerne derer, die der neuen Gemeinde bereits angehörten, strahlte eine Wärme und eine Begeisterung aus, die die halbe Stadt in elektrische Spannung versetzte. Es wurden die außerordentlichsten Vorbereitungen für seinen Empfang getroffen. Der Senat hatte, obwohl der österreichische Geschäftsträger dringende Vorstellungen machte, keine Schwierigkeiten erhoben. Er befand sich gerade in einem Streite mit dem Bischof von Limburg wegen der Übergriffe eines allzueifrigen ultramontanen Kaplans und sah die Bewegung daher aus diesem Grunde ganz gerne.

In den Quartieren Sachsenhausens und Frankfurts, durch die Ronge auf seiner Einfahrt von Offenbach her, wo ihm enthusiastisch gehuldigt worden war, kommen mußte, wurden die Häuser mit Kränzen geschmückt, Blumenbögen überspannten die Straßen, und eine freudig verklärte Menge stand Kopf an Kopf, den Erwarteten, feierlich von den Seinen zu Roß und Wagen Eingeholten mit herzlichem Zuruf zu begrüßen, wie einen Sieger und Held. In der Fahrgasse überreichten ihm weißgekleidete Mädchen eine heilige Schrift in kostbarem Einband; in der Reformierten Kirche fand eine Art Festgottesdienst statt, bei der Ronge die Predigt hielt, den Höhepunkt bildete aber ein Festmahl auf dem Oberforsthause, bei dem der Senior der neuen Gemeinde,

Dr. Burkhard, präsidierte und bei dem der Strom der Rede breit und mächtig dahinfloß. Allerdings gab es hier, wie schon vorher bei dem Gottesdienste, für viele eine kleine Enttäuschung, denn Ronge erwies sich in seinen Reden und Äußerungen durchaus nicht als der Feuergeist, den man in ihm erwartet hatte, aber das hinderte nicht, daß man mit Dank und Bewunderung zu ihm emporblickte, hatte er doch den Anstoß zu einer Bewegung der Geister ohnegleichen gegeben, zu einer Bewegung, von der man die Begründung einer deutschen Nationalkirche, ja eine neue allgemeine Reformation an Haupt und Gliedern erhoffte: trotz Rom, Zensur und Bundestag, — denn die Ronge-Bewegung hielt sich von vornherein durchaus nicht auf dem Boden, auf dem sie entstanden war; sie griff sofort auf das politische Gebiet hinüber, sie war der Rauch, der der radikalen Flamme vorherging, die sich in der Stickluft jener Tage gebildet hatte.

In Frankfurt zeigte sich diese politische Seite der Bewegung besonders deutlich. Man war gerade in der Zeit der Vorbereitung für die Wahlen zur Gesetzgebenden Versammlung, und die Folge war, daß die Wahlen sich unter dem Einfluß der neuen Scheidung der Geister vollzogen. Angesichts der Bestrebungen der Katholiken, einige ihrer angesehensten Gemeindemitglieder durchzubringen, entstand eine heftige Gegenbewegung, die zur Folge hatte, daß gerade die Häupter der Dissidenten, Heribert Rau und Dr. Burkhard und eine ganze Reihe protestantischer Förderer der neuen Richtung, z. B. die Pfarrer Schrader und Friederich, gewählt wurden, wie denn überhaupt ein Drittel der Mitglieder neu eintraten; als dann aber die Katholiken Sturm läuteten und in der Aschaffenburger Zeitung ein Artikel erschien, welcher den Senat angriff, weil er der Ronge-Bewegung allzusehr freien Lauf gelassen habe, der auch drohend daran erinnerte, daß die Unabhängigkeit der Stadt ihre Grenzen habe, faßten die freigesinnten Bestandteile der Bürgerschaft den Beschluß, sich in demonstrativer Weise um die Stadthäupter zu scharen und sie damit zugleich um so fester an ihre Sache zu binden: am Abend vor der Feier des 18. Oktober, des Frankfurter Konstitutionsfestes, wurde den beiden Bürgermeistern v. Heyden und v. Schweitzer von mehreren Hunderten von Bürgern ein Fackelzug dargebracht: der Führer des Zuges hielt eine Ansprache, in der den Bürgermeistern das volle Einverständnis der Bürgerschaft mit dem Senat und unbeschränktes Vertrauen ausgedrückt wurde. Der Zug ging dann nach dem Samstagsberg, wo unter dem Absingen studentischer Lieder die Fackeln zusammengeworfen und stürmische Kundgebungen erfolgten für den Senat, ein einiges freies Deutschland, Glaubensfreiheit, für Ronge und für die bei Leipzig gefallenen Deutschen. Am andern Morgen endlich, bei der Parade auf dem Roßmarkt, als die Bürgermeister sich den Abteilungen der Stadtwehr näherten, wurden sie mit mehrmaligen Hurrahs begrüßt, ebenso bei dem Vorbeimarsch auf dem Römerberg, auch wurden von der nach Tausenden zählenden Menge auf den Senat und auf die Freiheit der Stadt begeisterte Lebehochs ausgebracht. Es war ganz im Geiste dieser Huldigung, wenn Friedrich Stoltze zum Jahrestage der Völkerschlacht dichtete:

„Habt ihr eine Schlacht geschlagen,
Laßt uns eine zweite wagen,
Einen zweiten heil'gen Krieg!
Was wir wollen, was wir müssen,
Für die Freiheit im Gewissen
Einen großen Geistersieg."

Daß es an Führern in einem solchen Kampfe, wenn er gewagt wurde, nicht fehlen würde, das war jetzt schon klar. Unzweifelhaft war das Montagskränzchen bereits die Stelle, von wo gelegentlich die Ausgabe einer Parole erfolgte, und es verfügte bereits über eine hinreichende Menge von Gefolgsleuten, um eine solche Parole zur Durchführung zu bringen. Das bisher formlos tagende „Kränzchen" verwandelte sich gerade damals in einen geschlossenen Verein mit Statuten, Mitgliederbeiträgen und dem bestimmten Zwecke, für seine Überzeugung zu werben und die Durchführung vorzubereiten; es trat mit einem ähnlichen Verein in Offenbach in Verbindung, man besuchte sich gegenseitig, hielt gemeinschaftliche Versammlungen in Oberrad ab, zu denen jedermann der Zutritt freistand, und gewann hier Fühlung mit den niederen Schichten wie Handwerksgesellen und Tagelöhnern. Im August 1846 fand eine Versammlung protestantischer Lichtfreunde in Oppenheim statt, wo unter 77 Teilnehmern allein 21 von Frankfurt waren. Die Beschlüsse, die hier gefaßt wurden, zeigen mit besonderer Deutlichkeit, daß die Beteiligung an den lichtfreundlichen Bestrebungen für viele nur der Ausdruck einer ganz allgemeinen Oppositionsstimmung war.

Diese Stimmung ging mehr oder weniger durch das gesamte deutsche Bürgertum, das doch nun allmählich zu dem Gefühl seiner Kraft und Bedeutung gekommen war, das aber an allen Ecken und Enden diese Kraft gehemmt sah durch das Mißtrauen und die Ängstlichkeit der Regierungen. Das Bürgertum empfand diesen Zustand je länger, desto peinlicher, es verlangte, ganz wie ehedem der große Vorkämpfer des deutschen Bürgertums, der Freiherr vom Stein, Befreiung von dem Schreiberregiment, es verlangte für seine Vertreter das Recht wirklicher Teilnahme an den öffentlichen Angelegenheiten, es verlangte, daß diese öffentlichen Angelegenheiten auch öffentlich betrieben wurden, und es erkannte als die einzige Sicherung für die Durchführung dieser Forderung eine Reform des Bundes im Sinne einer Umwandlung in einen Bundesstaat; es sollte dabei im wesentlichen bestehen bleiben, was bestand, es gingen namentlich die Wünsche der Mehrzahl aller derer, die überhaupt Wünsche formulierten, gar nicht etwa gegen die monarchische Staatsform, aber es war freilich in der Schwüle der Reaktionszeit unter dem Zwang der autoritären These auch eine Neigung zu leidenschaftlicher Antithese entstanden, eine Anarchie der Geister, die mehr den destruktiven Tendenzen als den konstruktiven zugute kam und die eine ungemein verschärfte Disposition zum Radikalismus erzeugte. Dieser Umstand zusammen mit den Antrieben, die von der Schweiz und von Amerika kamen, hatten zur Folge, daß doch auch in dem Bürgertum namentlich Südwestdeutschlands die Idee der Republik eine starke Verbreitung fand, womit sich denn freilich auch die Vorstellung verknüpfte, daß nur ein Umsturz zu einer besseren Gestaltung der staatlichen Verhältnisse führen könne. Allein, wie verschieden auch immer die Fragen der Gegenwart und die Probleme der Zukunft beantwortet wurden: alle diese Reformbegehrungen und Freiheitswünsche waren innerlich durchglüht von einem ganz einheitlichen Empfinden, von dem mächtigen nationalen Gefühl, von der heiligen Zuversicht, daß aus all der Zersplitterung, der Zwietracht, dem Wirrwar und dem Jammer der Gegenwart ein großes Neues hervorgehen müsse: eine geeinte, machtvolle, deutsche Nation, groß und gebietend dastehend unter den Völkern. Was bisher das Aschenputtel gewesen war, das sollte nun Krone tragen!

Mit einer wahren Inbrunst hegte und pflegte man diese Hoffnungen, immer mehr steigerte sich seit 1840 von Jahr zu Jahr das Verlangen, diese Hoffnungen verwirklicht zu sehen, durch unzählige Kundgebungen wurde es gesteigert, durch schmerzliche Erfahrungen immer aufs neue aufgepeitscht.

In diesem Zusammenhange war auch das Jahr 1846 so wie vorher 1840 ein Epochenjahr: es brachte den polnischen Aufstand, die Einnahme von Krakau durch die Österreicher, später die Einverleibung dieses 1815 vom Wiener Kongreß geschaffenen Freistaates — das alles zur schmerzlichen Bestätigung der Erkenntnis von der Fortdauer der den Völkern feindlichen Kabinetts- und Dynastenpolitik — es brachte ferner im Juli den bekannten offenen Brief König Christians VIII., der den Gedanken des dänischen Gesamtstaates verkündete, der also über die Rechte der Schleswig-Holsteiner auf Selbständigkeit und damit über die Rechte der Deutschen in diesen Herzogtümern rücksichtslos hinwegging und vom gesamten deutschen Volke als eine Herausforderung empfunden wurde.

In einer Unzahl von Flugschriften und Gedichten, von Versammlungen und Reden entlud sich der Sturm. In Frankfurt bildete sich im August ein Komitee von 5 Männern, welches am 20. eine Bürgerversammlung abhielt, auf der eine von Dr. Reinganum verfaßte Adresse an die Schleswig-Holsteiner beschlossen wurde, und es war ein bedeutsames Zusammentreffen, daß gerade jetzt die zum ersten Male berufene Versammlung von Forschern auf dem Gebiete des deutschen Rechtes, der deutschen Sprache und der deutschen Geschichte tagen sollte, und zwar gerade hier in Frankfurt am Sitze der Bundesversammlung.

Die Germanisten sollten und wollten zunächst vielleicht wirklich nur der Sache ihrer Wissenschaft durch diese Versammlung dienen, allein wie sollte es möglich sein, sich gegen die große Frage des Tages abzuschließen, die alle Gemüter bis in die Tiefe erregte und die doch auch eine Frage des deutschen Rechtes war?

Von Frankfurtern hatten Souchay und der junge Dr. Euler, ein begeisterter Forscher auf dem Gebiete des heimischen Rechtes, die Einladung mit unterschrieben; sie hatten auch die nötigen Vorbereitungen übernommen. Es war ein schöner Zufall, daß gerade im Jahre vorher die Ausschmückung des Kaisersaales im Römer durch die neu gestifteten Kaiserbilder vollendet worden war: dieser Saal, von dessen Wänden die Erinnerungen an eine bedeutende Vergangenheit jetzt mit besonderer Eindringlichkeit sprachen, war den erlesenen Gästen als Versammlungsraum überwiesen worden, und er konnte nicht würdiger eingeweiht werden als durch die Verhandlungen dieser drei Kongreßtage, in denen alle großen Angelegenheiten, welche die deutsche Nationalität als solche angingen, zur Sprache kamen.

Schon Jakob Grimm, der zum Vorsitzenden erwählt war, pries es als eine Tatsache glücklichster Vorbedeutung, daß die Versammlung in einer Stadt zusammentrete, die von alters her als das Herz deutscher Geschichte betrachtet werden könne: hier in Frankfurt seien so viele deutsche Ereignisse vorgegangen, schon vor mehr als 1000 Jahren habe Karl der Große dieselben Straßen durchwandelt, in denen man sich heute bewege; wie oft sei es geschehen, daß Deutschland in banger Erwartung gerade nach der Stelle geblickt habe, wo sie jetzt versammelt seien: in solchen Räumen dürfe nur Deutsches, und nichts Undeutsches geschehen!

Es war nach dieser Einleitung beinahe selbstverständlich, daß als erste Frage die schleswig-holsteinische zur Verhandlung kam, und es hätte nicht viel gefehlt, so hätte sich der Gelehrtenkongreß in ein Parlament verwandelt. Soeben hatte sich auch die Bundesversammlung in der schleswig-holsteinischen Angelegenheit geäußert, nicht so völlig ablehnend wie gewöhnlich, aber immer noch lahm und unbestimmt genug, und zuletzt gegenüber den etwaigen „Ausbrüchen der Leidenschaft" wieder nach dem Büttel rufend. Wie gewunden, wie nüchtern klang diese Erklärung der Diplomaten neben den warmherzigen Ausführungen der Germanisten, die man jetzt zu hören bekam!

Wahrlich, das deutsche Volk hatte Gelegenheit, zu vergleichen und zu beurteilen, ob es seine Zukunft an Stelle der Diplomaten in dem roten Palais der Eschenheimer Gasse nicht lieber den Professoren anvertrauen solle, diesen Männern der Wissenschaft, die sich durch ihre Verhandlungen in Wahrheit als Notabeln des deutschen Einheitsgedankens erwiesen.

Es waren reine Akkorde nationalen Hoffens und Wünschens, ernst und feierlich erklingend, noch nicht getrübt von den schrillen Dissonanzen, die sich nur allzubald einstellten; und diese Akkorde ertönten auch, umspielt von freundlichen Melodien, von Geist, Witz und heiterer Laune, bei den geselligen Vereinigungen, bei dem Feste, das der Liederkranz den Gästen gab, und bei dem Bankette: der Vaterlandsgedanke war und blieb auch hier das Leitmotiv, das von den zahlreichen Rednern unendlich variiert wurde, aber Uhland sprach hier auch die denkwürdigen Worte: „Wenn der Frühlingswind geht, knospet die Saat, wenn der Herbst kommt, schießen die Trauben, wenn die Flamme ausbrechen soll, kommt es aus allen Ritzen; und als diesen Morgen im Saal das Wort Freiheit genannt wurde, da ging es ja wie ein Lauffeuer durch die Versammlung, und man meinte, die alten Kaiser wollten aus ihren Rahmen springen."

Unmittelbar an den Germanistentag knüpfte sich eine andere Tagung, die im Gegensatz zu der nationalen eine

Angelegenheit rein humanitärer und daher internationaler Interessen zum Gegenstande hatte und gleichfalls eine große Menge bedeutender Persönlichkeiten nach Frankfurt brachte: der Kongreß für Beratung einer Gefängnisreform.

Für Frankfurt hatte dieser Kongreß zunächst eine besondere Bedeutung dadurch, daß gerade von hier aus schon seit Jahren durch einen Sohn der Stadt, den human gesinnten Dr. med. Georg Varrentrapp, diese Reform angeregt und mit unermüdlichem Eifer betrieben worden war, so daß der Kongreß zum guten Teile als sein Werk angesprochen werden kann.

Dann aber hatte dieser Kongreß zusammen mit dem vorhergehenden noch eine besondere Wirkung, die nun wieder das Politische angeht: die sinnfällige Darstellung des Segens nämlich, den die öffentlichen Beratungen großer Versammlungen mit sich bringen, die mächtige Belebung und Anregung, die wohltätige Steigerung des Säfteumlaufes in dem ganzen Gesellschaftskörper. Und diese Wirkung sehen wir sofort praktisch werden in der Erneuerung des Bindingschen Antrags auf Öffentlichkeit der Verhandlungen der Gesetzgebenden Versammlung. Der Ton, den Binding zur Begründung seines Antrages und andere zur Unterstützung desselben anschlugen, war erheblich dringender als bisher und zeigte die Wandlung, die seit 1842 und namentlich in der letzten Zeit vorgegangen war: „Eine Bürgerschaft", sagte Binding, „deren Angelegenheiten ohne Öffentlichkeit für sie verhandelt werden, ist nur halb frei." Er berief sich darauf, daß in dem Wahlkörper der 75, der jetzt eben die Gesetzgebende Versammlung neu zusammengesetzt habe, der Wunsch nach Öffentlichkeit beinahe einmütig gewesen sei; die Ansicht dieses Wahlkörpers dürfe wohl als der treueste Ausdruck der Ansicht der Bürgerschaft gelten und dies sei auch nur natürlich: „Fühlen wir uns", rief er aus, „nicht alle noch jetzt mächtig erhoben von der durchdringenden Kraft der Öffentlichkeit, wie sie zu empfinden durch zwei glorreiche Versammlungen uns vergönnt war, welche kürzlich die Mauern unserer Vaterstadt verherrlicht haben?"

In der Tat, das öffentliche Leben war in Frankfurt jetzt in einer seit langen Jahren unerhörten Weise erwacht; die Lust am Parteinehmen war auch in den breiteren Schichten der Bürgerschaft rege geworden, und unzweifelhaft neigte sich diese im Augenblick vorwiegend nach der Seite der nationalen und der liberalen Ideen hin.

Unter den Männern, die wir im Dienste dieser Ideen tätig sehen, muß neben Binding Jucho genannt werden. Wir kennen seine burschenschaftlich-radikale Vergangenheit; mit ihr hatte er abgeschlossen. In dieser Beziehung waren wohl die Jahre, die er in Untersuchungshaft hatte zubringen müssen, eine Zeit innerer Besinnung und inneren Reifens gewesen. Er hatte dann nach seiner Rückkehr nach Frankfurt lange Zeit gebraucht, um seine durch Schuld seines Vertreters arg zerrüttete bürgerliche Stellung neu zu begründen, und hatte sich daher mehrere Jahre ganz still gehalten. Er hatte vielleicht auch erkannt, daß zu politischer Betätigung in den engen Verhältnissen der Stadt, abgesehen von den dürftigen Verhandlungen der Gesetzgebenden Versammlung, kein Raum war. Man konnte die herrschende Stagnation wohl in einzelnen Symptomen bekämpfen, eigentliche Besserung war aber nur von einer Veränderung der Verfassung zu erwarten, und eine solche war in gewöhnlichen Zeiten etwas völlig unmögliches. Nur eine allgemeine Bewegung konnte Frankfurt aufwärts reißen, daher denn er wie die meisten andern in Frankfurt, die sich gedrückt fühlten, die sich nicht voll ausleben konnten, immer mehr sich gewöhnten, nach außen zu blicken, daher er denn auch der alten Neigung treu geblieben war, die Verbindung mit Gleichgesinnten zu pflegen, um so dem liberalen Gedanken in der Zukunft wenigstens den Weg zu ebnen und einen Stamm von mannhaften Streitern zu bilden, die hervortreten konnten, wenn die Möglichkeit sich wieder bot, im gesetzlichen Wege für die Ideen des Fortschritts einzutreten. Wie er in naher Verbindung mit Hadermann stand und also dem Montagskränzchen angehörte, so war er eng befreundet mit Robert Blum, ebenso mit Itzstein und vielen andern badischen Liberalen, und er ist gewiß auch oft in dem gastlichen Heim Itzsteins, dem Weingut in Hallgarten, erschienen, um hier unter dem harmlosen Vorwand, den Heurigen zu püfen, mit den anderen Freunden in ernstem Gespräche zu erwägen, wann es denn wohl Zeit sein dürfte, dem deutschen Volke wieder von den Jahrgängen von 1813 bis 1815 zu kredenzen.

Mit Jucho ungefähr in gleicher Front stehend, in den kommunalen Dingen aber ähnlich wie Binding unermüdlich treibend und drängend sehen wir besonders Dr. Reinganum und Dr. Mappes, während Friedrich Funck, der Freund Juchos aus der Attentatszeit, der eigentliche Altgeselle in der Zunft der Liberalen, sich jetzt von Jucho etwas entfernt zu haben scheint und eine mehr einsame Stellung einnimmt. Denn während jener sich doch allmählich mehr zum Konstitutionellen herausbildete und also nur an Reform dachte, war Funck auf dem alten doktrinär-republikanischen Standpunkt stehen geblieben, — eine Verrina-Natur —, nur daß er allerdings auf Verschwörerwerk jetzt verzichtete. Er lebte fast ganz für sich, Privatstunden gerade nur so viele erteilend, als er mußte, um seine geringen Bedürfnisse zu befriedigen, im übrigen ganz in wissenschaftliche Studien über die französische Revolution versenkt, von deren Wiederholung und Weiterführung er allein das Heil erwartete.

Während Funck einen äußersten linken Flügel darstellt, muß auf dem rechten Flügel der Partei der Bewegung Souchay genannt werden; er bildet bereits den Übergang zu der konservativen Gruppe, wenn er auch unter den Senatoren entschieden den liberalen Typus darstellt. Er nimmt freilich unter diesen wieder insofern eine besondere Stellung ein, als er innerlich am wenigsten durch frankfurtisches Sondertum gehemmt war und seine entschieden nationale Gesinnung bei ihm die größte Bereitschaft erzeugte, um eines großen und mächtigen Gesamtstaates und Gesamtvaterlandes willen alle Kleinstaaterei, nicht zum wenigsten auch die Frankfurter Kleinstaaterei, hinzugeben, während der Liberalismus der gewöhnlich mit ihm stimmenden senatorischen Kollegen wie Hessenberg, Kloß, Müller hauptsächlich darin bestand, den starr konservativen Herren wie v. Heyden, v. Günderrode und vor allem Harnier, der die Eins unter diesen politischen Nullen war, einen Widerpart zu halten, um sich persönlich beliebt zu machen.

Im übrigen wäre es ein Irrtum zu glauben, daß die Bürgerschaft im ganzen der Idee des Fortschreitens ergeben gewesen sei. Es gab in ihr eine vielleicht kleine, aber durch ihre gesellschaftliche Bedeutung doch keineswegs verächtliche Gruppe von solchen, die grundsätzlich für das Alte waren; sie regte sich für gewöhnlich nicht, wohl im Gefühl der Sicherheit; die Zeiten kamen aber, wo sie aus ihrer Zurückhaltung heraustrat.

Wir beobachten dies zum ersten Male bei der Behandlung, die die Ausschließung des freireligiösen Pfarrers Julius Rupp auf der Hauptversammlung des Gustav-Adolf-Vereins in Berlin (September 1846) erfuhr. Unzweifelhaft war diese Ausschließung dem Geist des Vereins entgegen, der doch aus der Idee des Protestantismus überhaupt, nicht seiner besonderen Gestaltung in dieser oder jener Gemeinde geboren war, und es zeigte sich, daß diese Auffassung wie an vielen Orten so auch in Frankfurt unter den Mitgliedern des Vereins und seinen Freunden die herrschende war und daß sie keineswegs gesonnen waren, die Berliner Versammlung als Exkommunikations-Tribunal für die evangelische Glaubensgemeinschaft überhaupt anzuerkennen. Die Sache hatte hier noch eine besondere persönliche und sogar politische Spitze dadurch, daß der Delegierte des Frankfurter Vereins, Harnier, für die Ausschließung Rupps gestimmt hatte; die für den 4. November angesetzte Hauptversammlung, die zu der Frage Stellung zu nehmen hatte, verlief daher unter zum Teil stürmischen Kundgebungen für und wider.

Harnier ergriff zuerst das Wort und bemühte sich, seine Abstimmung zu verteidigen, allein nur zwei Pfarrer aus der Umgegend traten für ihn ein, die eigentlichen Frankfurter Redner waren aber sämtlich gegen ihn, von den Pfarrern Kirchner und Friederich, außerdem die Elite des Frankfurter Liberalismus, die wir kennen. Die großen Gegensätze des Frankfurter Lebens, Konservativismus und Fortschritt, maßen sich hier zum ersten Male in der Öffentlichkeit, und die Liberalen behielten die Oberhand. Mit einer Mehrheit von 381 gegen 135 wurde der Beschluß gefaßt, daß Dr. Rupp als vollberechtigtes Mitglied auch weiterhin anzuerkennen sei.

Harnier und sechs andere zogen die Konsequenz aus dieser Abstimmung und traten aus dem Vorstande des Gustav-Adolf-Vereins aus. Das Montagskränzchen aber gab seinem Stiftungsfeste, das es am 6. November im Saale des Wolfsecks beging, den Charakter eines Siegesfestes, wobei man Toaste ausbrachte nicht nur auf die religiöse Freiheit, sondern auch auf die Öffentlichkeit der Verhandlungen, auf Schleswig-Holstein und endlich auf die Freiheit des deutschen Vaterlandes.

Diese etwas laute Freude hatte nun aber doch zur Folge, daß sich auch die Altgesinnten fester zusammenschlossen und daß die Wahlen zum Gesetzgebenden Körper im Jahre 1847 eine starke Revision des Mitgliederbestandes in antiliberalem Sinne brachten. Ausschlaggebend war hier schon, wie nachher in den Verfassungswirren so oft, der Zunftgeist und die Abwehrstellung, in der die christliche Bevölkerung, vor allem natürlich die zünftige, gegen die Juden verharrte, obwohl diese, was ihre faktische Geltung anlangte, in beständigem Vordringen waren. Es war während der Wahlzeit das Gerücht umgegangen, daß die Montagskränzchenspartei Anträge vorbereite auf Gewerbefreiheit und auf vollständige Emanzipation der Juden.[1]) Es erfolgte zwar eine öffentliche Verwahrung gegen diese Unterstellung, allein diese Verwahrung fand wohl keinen Glauben und konnte dies auch nicht, wenn man berücksichtigt, daß die Juden zu dem Montagskränzchen wie zu dem Liberalismus aller Spielarten überhaupt ein gewaltiges Kontingent stellten. Es zeigte sich bei diesem Stimmungsumschlag die Kompliziertheit der Frankfurter Verhältnisse; es zeigte sich, daß das Mitjubeln und Mittoasten, wenn es sich um die Feier irgendeiner liberalen Idee oder Persönlichkeit handelte, noch keinen rechten Maßstab gab. Darauf

[1]) Allg. Zeit. 1847 Nr. 284 und 292.

kam es an, ob die Geneigtheit bestand, dem Fortschritt zu huldigen um den Preis persönlicher Vorrechte und persönlicher Annehmlichkeiten und Vorurteile, und wenn die Frage so gestellt wurde, da schieden sich erst wirklich die Geister: wenn es galt, die liberalen Grundsätze auf die heimischen Verfassungszustände anzuwenden, dann schmolz die bevorrechtigte Altbürgerschaft zu einer mehr oder weniger konservativen Masse zusammen, und diese bestehenden Hemmungen wirkten jetzt noch um so stärker, als sich neuerdings zu den politischen auch die sozialen Gegensätze gesellt hatten und als sich damit der klaffende Gegensatz auftat zwischen Bourgeoisie und Proletariat.

Frankfurt besaß ja freilich kein eigentliches Proletariat, da es keine Fabriken hatte, und wenn es auch unter den Bürgern ganze Schichten gab, die entweder nicht vorwärtskamen oder geradezu zurückgingen, so waren diese gegen das äußerste doch immerhin geschützt. Das hatte sich gerade jetzt wieder recht deutlich gezeigt während der schweren Zeit der Teuerung, in der in ganz Deutschland an den verschiedensten Stellen Hungerrevolten ausbrachen. Auch in Frankfurt war der Preis des Brotes enorm gestiegen, der Senat hatte aber, ähnlich wie schon früher einmal, Vorräte herbeigeschafft und hatte Fürsorge getroffen, daß der Bürger sein Brot zu normalen Preisen erhalten konnte; die Kosten hatte das Ärar übernommen. Solche Vorgänge trugen so recht dazu bei, bei den Bürgern das freudige Bewußtsein zu erneuern, daß man doch eine einzige große Familie bildete, die keines ihrer Mitglieder verloren gehen ließ. Übel war nur der daran, der außerhalb dieser Familie stand, wenn er auch dasselbe Haus bewohnte, und das waren die vielen, zum Teil kleinen Leute, die in Frankfurt wohnten und wohnen wollten, auch ganz gern Bürger geworden wären, die aber nicht das Geld aufbringen konnten, das zur Bürgeraufnahme nötig war, auch die fremden Arbeitskräfte, die bei den Kaufleuten und Handwerksmeistern in Lohn und Brot standen. In diesen Gesellen und Handwerksburschen besaß Frankfurt ein Bevölkerungselement, das, ohne im strengen Sinne Frankfurt anzugehören, doch alle die Ideen des sozialen Umsturzes in Frankfurt heimisch machte, die, von Frankreich ausgehend, damals überall im westlichen Europa den vierten Stand mit drohender Gärung erfüllten. Es war dies um so mehr der Fall, als der Angehörige dieser gedrückten Klasse den vormärzlichen Staat nur in Gestalt des Polizisten kennen lernte, ihm überall Mißtrauen begegnete, er überall getreten und schikaniert wurde. Die Frankfurter Polizei war in dieser Beziehung nicht anders wie alle andern. So wenig sie eine wirksame Überwachung in dem Sinne ausübte, daß die Diplomaten der Bundesversammlung wirklich zufrieden gewesen wären, von so unbegrenzter Nachsicht sie den Frankfurtern selber und überhaupt allen denjenigen Elementen gegenüber war, die bürgerlich reputierlich auftraten so daß der preußische Resident immer aufs neue jammerte, in Frankfurt sammelten sich die unruhigen Köpfe der ganzen Umgegend so rücksichtslos war sie im kleinen Dienste dem „gemeinen Mann" gegenüber.

Was diese Willkürlichkeiten für Stimmungen auslösten, das erfahren wir aus einem Flugblatte, das im Herbste 1847 in Frankfurt in vielen Exemplaren verbreitet wurde. Der preußische Resident, der es nach Berlin übersandte, stellte ausdrücklich fest, daß es leider viel Wahres enthalte, wenn es in der Form auch alles Maß überschreite: „Männer aus dem Proletariat", heißt es hier, „Handwerksburschen, die ihr am Bettelstabe Deutschland durchzieht, geschunden von den jammervollsten Polizeischergen, . laßt euch doch nicht mehr länger als Hunde behandeln . . . Ihr seid der Kern des Volkes; zeigt euch dessen wert; erhebt euer Haupt stolz. Es ist jetzt Ehre, Lumpen zu tragen. Macht euch dieser Ehre wert, zeigt, daß ihr Männer seid, und, wenn die Zeit des Kampfes kommt, schlagt zu!"

Es ist das das Proletarierevangelium, das von jetzt an immer mehr von tausend und abertausend Zungen verkündet wird: Ihr seid der Kern des Volkes, wenn ihr auch in Lumpen geht. Wie mußte dieses Lob der Armut wirken in einer Stadt, die so sehr als eine Stadt des Reichtums, ja, die durch den Namen Rothschild als die typische Vertreterin des Über-Reichtums galt! Und wenn wir nun zu den schon genannten Schichten der Gedrückten noch die Frankfurter Landbewohner rechnen, die auch — wie lange schon! — vor den Toren der privilegierten Bürgerschaft standen, ohne Einlaß zu finden, wenn wir daran denken, daß, mochte Frankfurt auch selbst ohne Fabriken sein, es doch umgeben war von einer ganzen Reihe von Fabrikorten, für deren arme, beständig ab- und zuströmende Bevölkerung Frankfurt der natürliche Mittelpunkt war, so haben wir in allen diesen Elementen zusammen eine Masse, die ähnlich wie die Plebs im alten Rom den Vollbürgern gegenüber wohl zu einer Gefahr werden konnte, wenn einmal die Losung ausgegeben wurde, daß es Zeit sei, sich in Bewegung zu setzen, und Leiter für diese Masse fanden sich gewiß in den viel zu vielen Advokaten der Stadt, die Amt und Herkommen ganz von selber in die Rolle der Tribunen drängten.

Noch ist ein eigentlicher allgemeiner Zusammenhang nicht vorhanden; in tiefem Geheimnis bestehen wohl kommunistische Vereinigungen, diese wuchern aber, wie es scheint, nur unter den Handwerkern, und in Frankfurt waren solche Vereinigungen, wenn wir den Versicherungen der Polizei glauben dürfen, nicht vorhanden; dagegen haben wir in den Turnvereinen Verbindungen, in denen sich die Intellektuellen der mittleren Schichten mit den Aufgeweckten der unteren Schichten zusammenfinden und in denen die Revolutionsstimmung, wie sie sich allmählich herausgebildet hat, am deutlichsten zum Ausdruck kommt. Anfänglich geübt wirklich nur der Pflege des Mutes, der Kraft und der Mannhaftigkeit wegen, wird das Turnen in dieser Zeit ebenso wie das Singen und das religiöse Interesse nur zur Maske, es wird zu einer stillen Mobilmachung aller Freigesinnten. Die Turnfeste, die sich gerade im Jahre 1847 häufen: in Bingen, Heidelberg, Frankfurt, Wiesbaden, Bergen, Oppenheim, bei denen allen auch Frankfurter zugegen sind, sind immer erneute Rütliszenen mit immer erneuten Verwünschungen gegen die Tyrannen, immer erneutem Appell an den Turnermut und an das Turnerschwert. Wie sang Friedrich von Sallet in seiner „Abfertigung der zahmen Propheten", die in dem „Deutschen Volksliederbuch" in den Händen aller Turner war?

> Eh' ihr es nicht werdet wagen,
> Wie auf einen Zauberschlag
> Eure Haut zu Markt zu tragen,
> Kommt uns nicht der Freiheit Tag.

Und der Moment, zu wagen und das Turnerschwert zu ziehen, er schien jetzt gekommen. Der Ausbruch des Sonderbundkrieges, das Beispiel eines tapferen Volkes, das in stolzer Entschlossenheit den Feinden seiner Freiheit entgegenrückt und sie zu Boden schlägt, übte im ganzen südwestlichen Deutschland eine zündende Wirkung aus. Schon hörte man, daß Freiwillige sich zusammenscharen wollten, um den Kühnen zu helfen; es trat ferner der Plan hervor, eine allgemeine deutsche Turnerschaft zu gründen, dabei eine feste Verbindung mit den Lichtfreunden, den Deutschkatholiken und den Gesangvereinen zu schaffen, in den einzelnen Turngemeinden Waffenniederlagen einzurichten und endlich im Jahre 1848 in Frankfurt a. M. wieder ein großes Sängerfest zu veranstalten.

Dieser drohenden Tatbereitschaft gegenüber meinte jetzt der Bundestag, wieder zu der Praxis des Verbietens übergehen zu müssen. Er regte die Unterdrückung der Turnvereine an und erließ an die Regierungen des südwestlichen Deutschlands die Aufforderung, die polizeiliche Überwachung für das ganze Gebiet der Unruhe zu konzentrieren, in Frankfurt eine Art Sammelstelle zu schaffen, wo alle Nachrichten zusammenkommen sollten, um dadurch das Material für gemeinsame Maßregeln zu gewinnen.

Der Vorschlag kam nicht über die ersten Stadien der Ausführung hinaus, da er von den Ereignissen überholt wurde, dafür gingen aber doch die einzelnen Regierungen vor.

Der Senat war in einem Zustande großer Verängstigung. Das Schicksal der Stadt Krakau schwebte ihm beständig als warnendes Beispiel vor. Er hatte trotzdem, da er auch um keinen Preis unpopulär werden wollte, einige liberale Zugeständnisse gemacht, wie die Veröffentlichung der Ausgabe-

und Einnahme-Übersichten, die Öffentlichkeit der Verhandlungen, die Anerkennung der Deutschkatholiken als Kirchengemeinde, — allein die schreckhaften Zeichen der Zeit, dazu die drängenden Mahnungen namentlich des preußischen Residenten warfen ihn schnell wieder auf die andere Seite. Noch am 31. Dezember 1847 erging ein Senatsbeschluß, welcher die Auflösung der ganz und gar revolutionären „Turngemeinde“ verfügte, auch gegen das geplante Sängerfest wurde kurze Zeit darauf Einspruch erhoben.

Wie solche Maßregeln wirkten, geht aus der Versammlung hervor, die in den ersten Tagen des Januar in Hattersheim abgehalten wurde und zwar, wie wir hören, auf Veranlassung der Frankfurter Turner, bei der aber nicht nur Turner, sondern auch „Turnfreunde“ zugegegen waren. Außer den Frankfurtern waren zu der Versammlung auch Leute aus Hanau, Offenbach, Bockenheim, Seckbach, Fechenheim, Wiesbaden, Höchst, Mannheim, Mainz, Hochheim, Idstein usw. erschienen.

Der Studiosus Karl Blind aus Mannheim, damals gerade im Beginn seiner agitatorischen Laufbahn, stellte vor allem die Frage zur Erörterung, was man gegenüber der Tatsache, daß die Regierungen gegen die Turnerei mit Verboten vorgingen, zu tun habe. Er meinte, daß es kein anderes Mittel als Revolution gebe. Man müsse das Volk planmäßig aufwiegeln, den Haß gegen die Tyrannei schüren: denn das Ziel der Turnerei, die Befreiung des Volkes, müsse auf jeden Fall erreicht werden. Andere und darunter auch Frankfurter sprachen sich ähnlich, zum Teil noch schärfer aus. Man erging sich in den heftigsten Schmähungen gegen die Fürsten und Aristokraten und verlangte ganz offen eine Propaganda der Tat. Auch Ravenstein, der Begründer des Frankfurter Turnvereins, war erschienen. Er äußerte sich sehr unwillig über dieses Treiben: das seien, so ließ er sich vernehmen, nicht die Zwecke, die er mit der Turnerei verbinde, im übrigen hören wir aber von keinem Widerspruche, und gerade die stärksten Stellen fanden den lautesten und allgemeinsten Beifall.

Wir haben unter diesen Leuten ganz dieselbe Stimmung, die sich auch in einem Flugblatte äußert, das zu Anfang des

Jahres in Frankfurt vielfach verbreitet wurde. Es heißt darin: „Doch nicht umsonst hat unser neues Jahr eine doppelt geschlungene, doppelte Acht: flechtet, ihr Seiler, flechtet und drehet! Eure ersten Stricke gelten dem Otterngezüchte der Diplomaten, besonders den Schuften am Bundestage. Sie sollen an den Toren in der Eschenheimer Gasse aufgehängt werden, ohne daß sich etwas „wegplaudern" läßt. Für ihre Herren, die etliche und dreißig Landesväter, arbeiten unsere Brüder, die Grobschmiede, die machen solide Arbeit, gleich gut für kurze und lange Hälse." —

Aus diesen Worten grinst uns schon beinahe der Wahnsinn entgegen, und sie sind ja gewiß auch nur ein vereinzeltes Symptom, allein es war völlig unverkennbar: der ganze Körper des deutschen Volkes schüttelte sich in Fiebern, die ihren Ursprung in zahllosen Entzündungsherden hatten, eine ungeheure Krise war im Herannahen: wer aber war der Arzt, der heilen konnte?

Die Diplomaten des Bundestages in der Eschenheimer Gasse ganz gewiß nicht. Der Bundestag war in den Augen der Nation wirklich gerichtet.

Als der österreichische Poet Hermann Rollet, der von Wien weggegangen war, da ihm die Zustände dort unerträglich waren, auf seiner Reise durch Deutschland von den benachbarten Höhen aus Frankfurt liegen sieht, da ist es zunächst doch nur Trauer und Groll, was ihm der Anblick der Stadt in der Seele auslöst; dann aber folgt die sehnsüchtige Frage:

Und ich seh in des Tages goldenem Schein
Den Hahn dort am Turme stehen, —
Wann wird er schallend ins Land hinein
Den Weckruf des Morgens krähen?

Und der Adler dort, auf hoher Wacht,
Wann wird er sich einmal regen
Und rauschend fliegen aus der Nacht
Der Sonne der Freiheit entgegen?

Viertes Kapitel.

Märzbewegung und Vorparlament.

I.

Wie sehr im Anfange des Jahres 1848 die Geister gleichsam gerüstet in Reih und Glied standen und nur auf ein Zeichen zu warten schienen, um loszubrechen, das ergibt sich aus der Gleichzeitigkeit und Gleichartigkeit dessen, was in Mannheim, Karlsruhe, Heidelberg, Darmstadt, Mainz, Wiesbaden, Hanau, Stuttgart usw. geschah, als die Nachricht von dem Umschwung in Paris dahin gelangte. Es war eine Bewegung von so ungeheurer Mächtigkeit, daß die Inhaber der Gewalt einen Augenblick wie gelähmt standen und daß die Gewährung der Forderungen, als deren eherner Bestand überall Volksbewaffnung, Preßfreiheit, Schwurgericht, deutsche Volksvertretung am Bundestage erscheinen, fast ohne Gewalt erfolgte, einfach nur durch die moralische Druckkraft des Massenwillens.

Es war ein eigenartiges Gemisch von Liberalismus, Radikalismus und Nationalismus, das in diesen Forderungen brausend aufgärte, die größten Gegensätze noch zusammen: die Volksbewaffnung z. B. gewiß im radikalen Sinne gegen die stehenden Heere gerichtet, die nur als Stützen des Absolutismus galten, aber doch auch in dem Sinne einer volkstümlichen Abwehr, falls etwa die Franzosen Händel suchen sollten, in Erinnerung an 1813 als ein Landsturm der Freiheit gedacht.

Natürlich hatte auch Frankfurt seinen Anteil an der gewaltigen Bewegung, die den ganzen südwestdeutschen Volkskörper ergriffen hatte, allein seinen besonderen Verhältnissen entsprechend nahm die Bewegung hier auch einen besonderen Verlauf, der im Anfang an die früher geschilderten Folgen der Julirevolution erinnerte.

Frankfurt stand im Anfange des Jahres 1848 im Zeichen einer Börsenkrisis. Am Ende des Jahres 1847 hatte das Haus v. Haber & Sohn in Karlsruhe, das in Frankfurt eine Filiale hatte, seine Zahlungen eingestellt, zwei Frankfurter Häuser waren zu dem gleichen Schritte gedrängt worden, und man fürchtete, daß es bei diesen Opfern nicht bleiben werde. Jedenfalls war sehr viel Geld verloren worden, und die Rückwirkung auf den kleinen täglichen Verkehr blieb nicht aus. Der preußische Resident Balan meldete diese Dinge dem König am 9. Februar mit dem Zusatze: „Der Frankfurter Bürger klagt daher über schlechte Zeiten".

Daß die Zeiten als schlecht empfunden wurden, das geht auch aus einer Debatte hervor, welche damals gerade in der Gesetzgebenden Versammlung stattfand. Dr. Mappes wies nämlich auf die zunehmenden Anforderungen hin, welche an das Ärar für die Armenpflege gestellt würden, und knüpfte daran besorgliche Betrachtungen. Es wurde dann über die Ursache dieser Erscheinung und über die Mittel der Besserung hin und her gesprochen. Dr. Burkhard betonte die sittlichen Hebel zur Beförderung des Wohlstandes: Begründung von Handwerkervereinen, Sparanstalten; Dr. Reinganum aber wies auf den allgemeinen Pauperismus hin und verlangte eine liberalere Gesetzgebung, namentlich auch in betreff der Verehelichung und Ansässigmachung.

Ohne daß man sich dessen vielleicht ganz bewußt wurde, rührte man mit dieser Debatte an das Daseinsproblem des kleinen Staates überhaupt, und es eröffnete sich darin die Aussicht auf die große Zweifelfrage, ob die Heilung in der Bindung oder in der Lösung der Kräfte liege.

Es war die große Frage der Zeit überhaupt, allein es war doch zugleich auch, wir wissen es, schon vor dem großen Ereignis in Paris die vorherrschende Empfindung, daß eine Zeit der Lösung kommen müsse, wenn Schlimmstes verhütet werden sollte.

Diese Zeit, sie schien jetzt gekommen. Sie kündete sich in Frankfurt zunächst freilich besonders empfindlich für alle Besitzenden durch einen gefahrdrohenden Sturz der Kurse und durch eine Art Panik, die das Geschäft für mehrere Tage zum Stillstand brachte und alle Gedanken in Anspruch nahm, allein man durfte sich dabei nicht aufhalten lassen, man mußte sorgen, daß die Zeit nicht über Frankfurt hinwegging, daß die Kräfte, die jetzt in Bewegung gekommen waren, aufbauten und nicht zerstörten.

Wie die südwestdeutsche Sturm- und Drangpartei, die ihre Verbindungen überall hatte, an der Arbeit sei, das verkündete jetzt jedes neue Zeitungsblatt, das verkündeten die Flugblätter, die in Massen andrängten, und es traten Anzeichen hervor, daß es auch in Frankfurt nicht mehr lange ruhig bleiben werde.

Ein erstes Sturmzeichen war, daß in der Nacht vom 1. zum 2. März dem Zensor die Fenster eingeworfen wurden. Als dann am 2. die Mainzer Deputation, die nach Darmstadt ging, 150 Mann stark, durch die Straßen der Stadt zog, um sich von dem Taunusbahnhof nach dem provisorischen Bahnhof der Main-Neckar-Bahn in Sachsenhausen zu begeben, ließ das Publikum die Mainzer leben, und diese antworteten mit einem Hoch auf die „freien Frankfurter“.

Wir hören ferner, daß am Abend des 2. in dem Gräberschen Lokale auf dem Holzgraben eine Menge Menschen versammelt waren und daß hier mit großem Lärm und Geschrei verhandelt wurde. Um 1/2 12 Uhr wurde dem Bürgermeister gemeldet, daß man hier beschlossen habe, in der Wohnung des preußischen Gesandten und am Bundespalais die Fenster einzuwerfen, und der Bürgermeister hielt es für geraten, noch in der Nacht in die bedrohten Gebäude schleunigst Schutzwachen zu legen, auch Patrouillen durch die Straßen zu schicken, weshalb vom folgenden Tage an (3. März) die Stadtwehr, welche sich bereitwillig zur Verfügung gestellt hatte, zu einem Teile des Wach- und Ordnungsdienstes herangezogen wurde.

Diese Vorgänge mußten notwendig bei jedem patriotischen Frankfurter, der offenen Blickes war, die ernstesten Erwägungen hervorrufen. Die Aufrechterhaltung der äußeren Ruhe war in Frankfurt immer, und besonders jetzt, auch politisch wichtig wegen der Anwesenheit des Bundestages. Unruhen konnten nur gar zu leicht zu einer neuen Bundesgarnison führen, ja man hörte in diesen Tagen schon mehrfach von einer solchen Möglichkeit sprechen. Dem war nur vorzubeugen, wenn der Regierung das Heft in der Hand blieb, das war aber bei der notorischen Schwäche der materiellen Gewaltmittel nur zu erreichen, wenn die Ursachen der Unruhe, deren es ja nur zu viele gab, gehoben, wenn in unzweideutiger Weise der Wille zum Ausdruck gebracht wurde, allen nur irgend erfüllbaren Wünschen des Volkes entgegenzukommen. Daß ein Sturm kommen werde, das war mehr als wahrscheinlich. Es handelte sich jetzt darum, das Schiff klar zu machen. Wie lange hatte man über die leidige Windstille geklagt; jetzt hieß es: vorwärts zur fröhlichen Fahrt!

Der Senat als Ganzes brachte hierzu ganz gewiß nicht die nötige Entschlußkraft auf. Es war klar: der Anstoß mußte von der Bürgerschaft kommen und zwar, wenn Erfolg eintreten sollte, von der Bürgerschaft in möglichster Einmütigkeit, und dies war denn nun der Leitgedanke, der sich aus den Eindrücken und Stimmungen der ersten Tage nach dem Eintreffen der Pariser Nachrichten herausbildete: das Bürgertum darf sich jetzt nicht spalten; es muß zusammenhalten so viel als nur irgend möglich; es muß zeigen, daß der große Augenblick ein würdiges Geschlecht gefunden hat.

Die Vereinigung erfolgte zunächst auf dem Boden der allgemeinen Forderungen, wie sie in Mannheim formuliert waren: Forderung der Volksbewaffnung, hier zunächst wohl noch in dem Sinne des Freiherrn vom Stein gedacht, Schwurgerichte, Preßfreiheit, längst ersehnt und erstrebt, aber immer vergeblich, Volksvertretung am Bunde: unzweifelhaft diejenigen Wünsche, in denen die stille Vorbereitungsarbeit der Konstitutionellen sich hauptsächlich zusammengefunden hatte. Es stand aber, wie es scheint, sehr bald fest, daß man für Frankfurt über die Mannheimer 4 Punkte hinausgehen müsse, und wir finden denn auch in dem Programm, wie es aus diesen vorläufigen

Erwägungen hervorging, als erste Forderung die Aufhebung aller Ausnahmsgesetze seit 1819 — ein alter Programmpunkt der Frankfurter Opposition seit der Protestation Reinganums! – wir finden weiter als 6. Punkt: Staatsbürgerliche Gleichstellung ohne Unterschied des Glaubens, als 7.: Freie Berechtigung zur öffentlichen Vereinigung und als 8.: Politische Amnestie.

Die größte Tragweite für Frankfurt hatte der 6. Punkt. Er bedeutete einen Strich durch die ganze bestehende Judengesetzgebung, die Vernichtung aller der Schutzwehren, die die christliche Bevölkerung in dem zähen Rechtskampfe von 1814 bis 1824 sich gegen das mächtig andringende Judentum erstritten und seitdem mit Ausnahme der Bestimmungen über die israelitischen Ehen behauptet hatte. Dieser Punkt 6 bedeutete also, da das, was man den Juden gewährte, den Beisassen und Landbewohnern unmöglich verwehrt werden konnte, für Frankfurter Verhältnisse eine vollkommene Revolutionierung; denn wenn die Ecksteine der Verfassung: die Sonderstellung der Vollbürger, fortgenommen wurden, dann mußte notwendig die ganze übrige Verfassung nachstürzen. So tiefgreifend aber auch immer diese Forderung war, so wurde sie doch von allen, die in diesem Augenblicke überhaupt vorwärts wollten, übernommen; war doch in dem blendenden Lichte, das plötzlich von Frankreich her hereingedrungen war, gar zu deutlich geworden, wie voll von Spinneweben diese Dunkelkammer von Frankfurt war, in die man sich bisher so gerne eingeschlossen hatte. Galt es doch auch, jetzt rasch den nationalen Gesamtstaat, ein in sich einiges, nach außen machtvoll wirksames Gesamtvaterland zu gewinnen; um dessentwillen war es schon der Mühe wert, das Eigene und Besondere, an dem man sonst wohl gar gerne festgehalten hätte, zu opfern.

Diese Erwägungen waren es, in denen sich damals alles zusammenfand, was nicht grundsätzlich auf das Alte eingeschworen war. Dieses Zusammenfinden war damals noch möglich, denn die verschiedenen Richtungen waren noch nicht so schroff von einander getrennt, ein eigentliches Parteileben mit der dazu gehörigen persönlichen Verhetzung hatte sich noch nicht entwickelt. Wir finden auf dem äußersten linken Flügel F. Funck, auf dem rechten Dr. Varrentrapp, dazwischen Hadermann, Jucho, Binding, Mappes. Es ist die Vereinigung alles dessen, was an Oppositionellem in Frankfurt bis dahin hervorgetreten war, mit allen denjenigen Elementen, die überhaupt bereit waren, zu Reformen die Hand zu bieten. Die Vereinigung erfolgte auf dem Boden besten vaterstädtischen und vaterländischen Empfindens, im Sinne eines nationalen Liberalismus in der edelsten Bedeutung des Wortes, im Sinne zugleich des Gedankens der gesetzlichen Bewegung, des Gedankens also, daß durchaus nicht die Poltergeister des Radikalismus die Führung bekommen dürften. Als daher am 3. März, wir wissen nicht, von welcher Seite, aber ziemlich überraschend, wie es scheint, für den Abend um 7 Uhr eine Versammlung in der städtischen Reitbahn angesagt wurde, veranstalteten die unter sich im Grundsatz Einigen eine Stunde früher eine besondere Versammlung und stellten den Wortlaut einer Adresse fest, in der der Senat ersucht wurde, diese Wünsche entweder sofort zu bewilligen oder für ihre Gewährung das Nötige zu tun. Besonders charakteristisch ist darin, neben aller Entschiedenheit des liberalen Standpunktes, die deutsch-nationale Note, die darin angeschlagen wurde, indem vor allem auf die Gefahren hingewiesen wurde, die im gegenwärtigen Augenblicke von dem Nachbarlande drohten, daß man daher einmütig zusammenstehen müsse, und dann der Übergang: „begeistert aber und mit Kraft läßt sich nur die Freiheit verteidigen“, — man müsse daher jetzt die noch mangelnden Bürgschaften der Freiheit erbitten.

Mit diesem Schriftstücke begaben sich die Versammelten in die Reitbahn, wo sich eine ganz gewaltige Menschenmasse — weit über 2000 — zusammengefunden hatte, wo es ihnen aber durch ihr Zusammenwirken und durch ihr Ansehen gelang, die Leitung des Ganzen in der Hand zu behalten.[1])

[1]) Balan an den König, 4. März 1848.

Auf Antrag von Varrentrapp wurde durch Akklamation Mappes zum Vorsitzenden erwählt. Ihm zur Seite traten als Bureau Reinganum und Binding, Jucho und Kugler.

Mappes eröffnete die Verhandlungen mit einigen warmen und herzlichen Worten, vor allem mit dem Hinweis darauf, daß hier nicht Frankfurt allein, sondern das ganze Vaterland ins Auge gefaßt werden müsse, und verlas dann die Petition. In der Diskussion sprachen nur Funck, Hadermann und Reinganum. Funck hatte doch das Bedürfnis, seinen besonderen Standpunkt zu wahren; er erklärte, er hätte eine stärkere Hervorhebung der Berechtigung der französischen Republik gewünscht, also nicht nur dessen, was uns von Frankreich t r e n n e, sondern auch dessen, was uns mit ihm v e r e i n e. Reinganum trat aber für die vorgeschlagene Fassung ein, die denn auch angenommen wurde und zwar, wie die ganze Adresse, mit einstimmigem Jubel. Was nun aber die weitere Behandlung anlangte, so ergab sich eine Meinungsverschiedenheit: es wurde aus der Versammlung der Wunsch laut, daß die Petition durch die g a n z e Versammlung dem Senat überreicht werden sollte, daß ihr also der Charakter einer S t u r m p e t i t i o n gegeben werden sollte.

Es war das die Forderung, die in Mannheim Struve — der eigentliche Jakobiner der dortigen Bewegungspartei — erhoben und auch durchgesetzt hatte, und wir werden nicht fehlgehen, wenn wir zwischen ihm und denen, die seine Forderung jetzt hier in Frankfurt vorbrachten, direkte Beziehungen voraussetzen, allein sie kam hier nicht zur Annahme. Die Leiter der Versammlung sprachen sich dagegen aus, und sie suchten sie zu beseitigen, indem sie an ihre Stelle den Vorschlag setzten, es solle sich das Komitee aus der Menge der Unterzeichner in der Weise ergänzen, daß alle Stände gleichmäßig vertreten sein sollten.

Dieser Vorschlag fand Beifall, und so konnte man, nachdem sich die Versammlung mit einem von Mappes vorgeschlagenen enthusiastischen Lebehoch auf das deutsche Vaterland getrennt hatte, hoffen, daß alles schön ruhig und ordentlich verlaufen werde; es zeigte sich aber, daß, wenn man einmal die Schleusen des Herkommens zog, es kein Halten mehr gab, denn die in der Versammlung unterlegene Partei war durchaus nicht geneigt, sich mit der hier getroffenen Entscheidung zufrieden zu geben, sie hatte auch gar kein besonderes Interesse an der Erhaltung der „Ruhe und Ordnung“, und ihre Wünsche waren wohl auch mit den 8 Punkten keineswegs befriedigt.

Der Senat hielt gleich am nächsten Morgen (Samstag, den 4. März) eine Sitzung. Es lag zunächst ein Beschluß der Bundesversammlung vom vorigen Tage vor, einer jener ohnmächtigen Versuche, durch den die alte Matrone den kühn ins Leben hineinstürmenden Jünglingsgeist des deutschen Volkes noch einmal zu sich zurückrufen wollte: der Beschluß, daß die Regierungen ermächtigt sein sollten, die Zensur aufzuheben und die Preßfreiheit einzuführen, freilich nur unter Voraussetzung der nötigen Garantien gegen Mißbrauch.

Der Senat arbeitete merkwürdig rasch an diesem Morgen: eine Kommission wurde bestellt, und diese schlug vor, noch am selben Nachmittag um 4 Uhr die Gesetzgebende Versammlung zu berufen, um ihr den Entwurf eines Preßgesetzes vorzulegen, das nach dem Muster des badischen Preßgesetzes vom 31. Dezember 1831 abgefaßt war. So glaubte man dem Gebote des Bundestages nachzukommen, denn dieses badische Gesetz enthielt sehr ausgiebige „Garantien“. Man glaubte wohl auch, durch diese schnelle Entschließung der Petition, deren Wortlaut am Morgen schon in den Zeitungen stand, die Spitze abzubrechen.

Zur Vorsicht wurde ein Teil der Stadtwehr für nachmittags 5 Uhr zum Dienst berufen, das heißt für den Zeitpunkt, an dem die Adresse ursprünglich überreicht werden sollte. Wegen der Einberufung der Gesetzgebenden Versammlung auf 4 Uhr wurde aber zwischen Heyden und Mappes vereinbart,[1]) daß die Deputation schon um 4 Uhr erscheinen sollte. Wurde durch diese Abänderung vielleicht beabsichtigt, die unruhigen Elemente irre zu führen?

[1]) Nach eigenhändigen Notizen v. Heydens. Ebenso die unten folgende Antwort Heydens.

Wenn die Absicht bestand, gelang sie nicht, denn diese Elemente waren schon in Tätigkeit.

Um 3 Uhr war der im Volke äußerst mißliebige Herzog von Nassau auf der Durchreise nach Wiesbaden, wo am Tage vorher der Märzsturm besonders heftig gefegt hatte, im Russischen Hofe eingetroffen. Sofort sammelte sich eine große Menschenmenge vor dem Hotel in drohender Haltung. Als der Herzog dasselbe verließ, um sich nach der Taunusbahn zu begeben, folgten die Massen schreiend und pfeifend. Viele hatten Fiaker genommen und wollten ihm offenbar das Geleite bis nach Wiesbaden geben, allein der für den Herzog bestimmte Eisenbahnwagen, der erste im Zuge, wurde unmittelbar, nachdem er eingestiegen, losgekoppelt und von der Lokomotive entführt.

Das war die Ouvertüre der Unruhen dieses Tages. Das Hauptstück spielte sich am Römer ab.

Um 4 Uhr — in dem Augenblicke, in dem die Gesetzgebende Versammlung zusammentreten sollte, — erschien die Deputation, 20 Personen, alles sehr geachtete und dem Bürgermeister wohl bekannte Bürger, auf dem Römer im Ratszimmer. Sie wurde von beiden Bürgermeistern, v. Heyden und v. Schweitzer, empfangen.

Auf die kurze Anrede von Mappes antwortete Heyden, daß ihm die dargebrachten Wünsche bekannt seien. Soweit solche von der hiesigen Behörde allein abhingen, werde der Senat nicht verfehlen, deshalb geeignete Vorträge an die Gesetzgebende Versammlung zu erlassen; was namentlich die Preßfreiheit betreffe, so habe, wie der Deputation bekannt sei, der Senat die Versammlung auf diese Stunde berufen; die Sache werde ohne Zweifel baldigst ihre Erledigung finden. Was die Wünsche betreffe, deren Erfüllung nicht allein von der hiesigen Behörde abhänge, so werde der Senat nicht verfehlen, alles aufzubieten, ihnen Eingang zu verschaffen.

Es war mit diesem Bescheide die ganze Angelegenheit auf den üblichen Weg der Beratung durch die verfassungsmäßigen Organe geleitet, und die Deputation schien auch geneigt, sich damit zufrieden zu geben, allein dieser übliche Weg paßte wenig zu der lodernden Ungeduld derer, die draußen vor dem Römer standen und der Entscheidung harrten. Es werden das hauptsächlich diejenigen gewesen sein, die schon am Abend vorher für Anwendung kräftigerer Mittel gewesen waren, und zwar werden wir dabei vor allem an die aufgelöste Turngemeinde denken müssen, deren rebellischen Geist wir kennen und deren Vorsitzender Port ausdrücklich als anwesend bezeugt ist. Kaum hatte diesen Leuten Mappes die Antwort verkündet, so kam der Zorn auch schon zum Ausdruck. Man sollte wieder einmal w a r t e n ?! Das war das alte Lied, dessen man nur zu lange schon müde war! Man wollte a l l e s haben, und man wollte es g l e i c h haben, und in diesem Gedanken stürmte ein Haufe die Kaisertreppe hinauf, um das den Herren da oben in einer Sprechweise zu verkünden, von der man sich besseren Erfolg versprach als von der der Deputierten. Der Haufe kam nicht ans Ziel. Es gelang, wie wir annehmen müssen, den Hellebardieren, ihn aufzuhalten und dem Ungestüm noch einmal Einhalt zu tun: es solle in ordentlicher Weise eine Abordnung an den Bürgermeister geschickt, eine solche werde zugelassen werden. Das geschah denn; eine Abordnung erschien und überbrachte Heyden die Wünsche des Volkes auf sofortige Genehmigung a l l e r Punkte. Ob es sich hierbei zutrug, daß der Bürgermeister von einem der Abgesandten drohend vorne an der Brust gepackt wurde, oder erst später, wissen wir nicht; Erfolg hatte dieses persönliche Andrängen jedenfalls nicht, denn Heyden war ein tapferer Mann, er ließ sich nicht einschüchtern und blieb bei dem Bescheid, den er der ersten Deputation gegeben hatte.

Die Menge draußen war unterdessen immer mehr angewachsen. Sie stand Kopf an Kopf auf dem Römerplatz und den angrenzenden Straßen; es herrschte eine furchtbare Aufregung, Reden wurden gehalten, schwarz-rot-goldene Fahnen waren entfaltet worden, und als nun der ablehnende Bescheid kam, da erhob sich ein neuer Sturm. Hunderte drängten sich gleichzeitig in die Römerhallen, dann die Kaisertreppe hinauf; Stadtwehrleute, die sich in den Weg stellten, wurden mißhandelt, verhöhnt, ihre Uniformen zerrissen, sie selber zu Boden geworfen. So gelangte die tobende und rasende Menge bis an das Beratungszimmer; die Türen waren verschlossen: die Wut wandte sich gegen diese, man suchte, sie zu erbrechen, schon krachten Axthiebe gegen sie, — da tönte von der Straße her das Rasseln des Generalmarsches, und nun kam auch bald Hilfe, die das Äußerste verhütete.

In der Gesetzgebenden Versammlung hatte unterdessen die Beratung über den Antrag des Senats stattgefunden. Sie war unter dem Eindruck des von dem Platze her schallenden Lärmes auf das äußerste beschleunigt worden. Die Meinung war wohl die allgemeine, daß der Antrag nicht genügend der Lage Rechnung trage. Das vorgeschlagene Gesetz war mit seinen vielen Paragraphen viel zu unübersichtlich und ließ allen möglichen Zweifeln Raum. Man brauchte ein klares, glattes Ergebnis, das dem gemeinen Mann sofort einleuchtete, und so brachte denn Reinganum an Stelle des vorgeschlagenen Gesetzentwurfs einen anderen ein, der nur ganz wenige Sätze enthielt und mit den lapidaren Worten anhob: „Die Presse ist frei; die Zensur darf nie wieder eingeführt werden".

Sein Antrag wurde einstimmig angenommen, die Sitzung dann sofort geschlossen. Und nun eilten viele der Mitglieder auf Anregung des Vorsitzenden v. Günderrode zum Senat hinüber, der jetzt gerade in der größten Bedrängnis war. Sie trafen ihn in einem Zustande äußerster Verwirrung. Ihr Erscheinen und ihr Zureden brachte zunächst den Entschluß zuwege, das Ganze der bewaffneten Macht aufzubieten. Der Senat machte sich weiter augenblicklich über die Annahme des von der Gesetzgebenden Versammlung votierten Gesetzes schlüssig und verfügte, daß der Beschluß sofort draußen mitgeteilt werden sollte.

Auf diese Weise erfolgte langsam und allmählich eine Entspannung. Es war der Stadtwehr unter dem Eindrucke des Generalmarsches nach und nach gelungen, die Massen aus dem Römer herauszudrängen, auch die Linie war inzwischen erschienen und hatte hinter der Paulskirche Stellung genommen, allein es blieb bei dieser bloßen, beinahe versteckten Stellungnahme und dem Zeigen der Waffen; einen Gebrauch der Waffen wagte man nicht anzuordnen, obwohl die Menge eine überaus feindliche Haltung beibehielt, die Truppen verhöhnte, mit Steinen bewarf und auf alle Weise zu reizen suchte, auch durchaus nicht von dem Platze vor dem Römer wich, sondern ihn und alles, was darinnen war, also das ganze offizielle Frankfurt, im wahrsten Sinne des Wortes belagert hielt. Ein Vorgehen der Truppen unterblieb trotzdem und der Pöbel übte eine Zeitlang die Herrschaft aus. Die Regierung mit ihren Organen, der Linie und der Stadtwehr, konnten ihre Kraft nur im Dulden zeigen. Ein wirklich entschiedenes Auftreten den Ruhestörern gegenüber erfolgte eigentlich nur am Dom, wo gleichzeitig mit dem Hauptausbruche auf dem Römerberg große Haufen erschienen waren, um Sturm zu läuten und dadurch wahrscheinlich die auswärtigen Freunde herbeizurufen. Dieser Plan kam aber nicht zur Ausführung, denn hier erschien die besondere lokale Schutztruppe dieses Bezirkes, die mit ihren Messern bewaffneten Metzgergesellen — die Angehörigen desjenigen Gewerkes, das stets eine besondere Stellung unter den übrigen einnahm —, und diese packten so fest zu, daß die Angreifer es geraten fanden, von ihrem Unternehmen abzusehen.[1])

Der Lärm im allgemeinen setzte sich dann noch bis tief in die Nacht fort: noch am Morgen versuchte ein Haufe, die schwarz-rot-goldene Fahne unter Hochrufen auf die Republik am Römer anzubringen, wurde aber daran gehindert, und es fanden jetzt auch eine Anzahl von Verhaftungen statt.

Am nächsten Tage machte der Senat noch ein neues Zugeständnis: er verkündete eine allgemeine Amnestie für politische Vergehungen — deckte also den Schleier des Vergessens auch über das soeben Vorgefallene —, allein weiter zurück wich er nun doch nicht, und er konnte es wagen, diese Haltung einzunehmen, denn es wurde von Stunde zu Stunde deutlicher, daß in den Augen der Mehrzahl der Bürger die Ruhestörer ihrer Sache durch ihre Ausschreitungen geschadet

[1]) Balan, 5. März 1848. Für das Vorhergehende auch Kriegk.

hatten, daß Feinde der bestehenden Gesellschaftsordnung ihre Hand mit im Spiele gehabt hatten[1]) und daß der Senat gerade in dem besitzenden Bürgertum auf einen starken Rückhalt rechnen konnte.

Noch in der Nacht war von einigen herzhaften Bürgern, dem Metzgermeister Martin May und dem Bierbrauermeister Balthasar Rupp, den Vorstehern des Handwerker- und Künstlervereins, ein Werk der Selbsthilfe begonnen worden: Bildung freiwilliger Bürgerschutzwachen, in die alle nicht Stadtwehrpflichtigen eintreten sollten. Die Waffen sollten vom Staate geliefert werden; als Erkennungszeichen eine Armbinde gelten. Der nächste Zweck war Unterstützung und Entlastung der Stadtwehr, der weitere Stärkung des moralischen Mutes im allgemeinen, Hebung des Vertrauens und Vereinigung in der Entschlossenheit, an dem Bestehenden festzuhalten.

Der Senat empfing natürlich mit Freuden das Anerbieten, ließ Gewehre verteilen, und vom Mittag des 5. an trat die neue Einrichtung schon ins Leben, nunmehr vom Senat förmlich übernommen, und es entwickelte sich ein wahrer Wetteifer: ganz junge Leute und alte Herren bis zu 70 Jahren ließen sich bei den Quartiervorständen, denen diese antirevolutionäre Volksbewaffnung übertragen war, einschreiben, erbaten und erhielten Waffen. In Kolonnen von 20—30 Mann zogen diese bürgerlichen Freischaren durch die Straßen, jede Menschenansammlung ohne Schonung auseinandertreibend. Einen besonderen Eindruck machten auch hierbei wieder die Metzger, die in ihren sauberen Jacken, die sogenannte Bändelschürze vorgebunden, die scharfgeschliffenen, blanken Schlagbeile geschultert, recht lebhaft an die Zunftwehren des Mittelalters erinnerten.[2])

Überhaupt stand dieser Sonntag im Zeichen der Gegenbewegung. Auf alle Weise sollte der Anlaß zu neuen Unruhen vermieden werden. Die Hausvorstände ließen ihre Hausgenossen nicht auf die Straße, die Tore wurden geschlossen

[1]) Balan an den König, 10. März 1848.

[2]) Hanauer Zeitung vom 8. März 1848.

und kein Fremder ohne Ausweis eingelassen. Turnerscharen von Mainz und von Darmstadt, die sich an den Toren einstellten, wurden abgewiesen. Die Wirtshäuser wurden streng durchsucht und, was sich nicht legitimieren konnte, auf eine zum Teil unsanfte Art aus der Stadt gebracht. Auch das Theater wurde geschlossen.[1]) Zum Zeichen des Ernstes waren an diesem Sonntage endlich auch scharfe Patronen an die Stadtwehrleute — 6 an jeden Mann — zur Verteilung gekommen.

Sehr befriedigt von dieser Haltung der Stadt war die Bundesversammlung, deren Mitglieder zum Teil bereits ihre Sachen gepackt und alles zur Flucht bereit gehalten hatten.[2]) Dönhoff meldete am 7. März, die öffentliche Sicherheit sei in so wirksamer Weise gewahrt, daß sich aus den kleinen Residenzen in der Nähe, Darmstadt und Wiesbaden, Familien um des größeren Schutzes willen nach Frankfurt geflüchtet hätten.

Der antirevolutionäre Eifer in der Stadt ging so weit, daß die schwarz-rot-goldnen Fahnen, unter deren Zeichen der Römersturm ausgeführt worden war, diese Märtyrerfahne, die jetzt sehr bald die Siegesfahne werden sollte, in Frankfurt geradezu verpönt war, daß am 7. eine von Darmstadt heimkehrende Deputation von Rheinhessen, die — ungefähr ein Dutzend — ganz ruhig mit zwei schwarz-rot-goldenen Fahnen durch die Stadt ging, an der Konstablerwache von dem Publikum feindlich angegriffen und in die Polizeiwache zur Verhaftung eingeliefert wurde, wobei eine der Fahnen zerbrochen wurde; die Sache war so arg, daß Jucho öffentlich darüber Klage führen und mahnen mußte, die schwarz-rot-goldenen Farben die Missetat der Unruhstifter vom 4. März nicht entgelten zu lassen, „damit das Gerede nicht aufkomme, Frankfurt habe kein Herz für das einige, große Deutschland, es herrsche in Frankfurt nur Krämersinn und Philistergeist".

Kam man nun auch von den hier gerügten Übertreibungen zurück, so ist die Tatsache doch nicht zu verkennen, daß der

[1]) Bericht des lübeckischen Bundestagsgesandten Curtius vom 5. März; preußischer Residenturbericht vom 6. März 1848.

[2]) Curtius, 3. März 1848.

4. März im allgemeinen der Sache einer vernünftigen Vorwärtsbewegung nicht förderlich war, und daß auf die fortschrittfreundliche Flut, wie wir sie in der Reitbahnversammlung beobachteten, jetzt eine Ebbe folgte.

Dies bekamen namentlich die Juden zu spüren.

Wenn Punkt 6 staatsbürgerliche Gleichheit ohne Unterschied des Glaubens in dem allgemeinen Rausche der Begeisterung mit den übrigen zusammen akklamiert worden war wobei natürlich zu bedenken ist, daß unter den 2000 Versammelten ganz gewiß selbst viele Juden waren , so kamen nun die Bedenken; die Stimmung, die von jeher die herrschende gewesen war, stellte sich wieder ein, und dazu kam dann die Angst vor den Folgen, die ihre völlige Emanzipation haben mußte und die man sich vielleicht erst nachträglich klarmachte.

Friedrich Funck lieh diesen Bedenken in einer Ausführung Worte, in der er den Unterschied des Glaubens als gleichgültig bezeichnete; er erklärte ausdrücklich, daß er von dem neuesten Produkt des „berliner Jesuitismus“, dem *christlichen* Staate, nichts wissen wolle, er wies aber auf die Tatsache hin, daß noch durchaus nicht alle Juden ihre *nationalen* Hoffnungen aufgegeben hätten, daß sie also in einem Staate, der im Namen der deutschen *Nation* zu errichten sei, zu gleichem Rechte nicht zuzulassen seien.

Diese Äußerungen kamen dem Senat, in dem die judenfeindlichen Beklemmungen jedenfalls besonders stark vertreten waren, gewiß sehr gelegen.

Der Rabbiner Leopold Stein ließ zwar eine Erwiderung erscheinen (9. März), in der er in warmen Worten zur Versöhnung mahnte und an das Bekenntnis der 1845 gerade in Frankfurt versammelten „jüdischen Volkslehrer“ erinnerte: „Wir sind und wollen nur Deutsche sein; wir haben und wünschen kein anderes Vaterland als das deutsche! Nur dem *Glauben* nach sind wir Israeliten; in allem übrigen gehören wir aufs innigste dem Staate an, in dem wir leben“, allein diese Äußerungen übten keinen sichtbaren Einfluß mehr aus: der Senat hatte seine Stellung schon eingenommen.

Nachdem er durch seine Leute am 7. März eine Erklärung in die Zeitung hatte bringen lassen, in der „eine Anzahl der Veranlasser und Unterzeichner der Adresse" eigentlich ihre Unterschrift zurücknahmen, indem sie ihren Mitbürgern mitteilten, der Senat könne einen Teil der Punkte nicht bewilligen, weil sie das ganze Deutschland beträfen, Punkt 6 aber wenigstens nicht allein, weil dieser Punkt eine Änderung der Verfassung in sich schließe, die nach der Konstitutions-Ergänzungsakte nur im Verein mit den Bürgern möglich sei, erließ er am 10. eine Proklamation, in der er sich im wesentlichen in demselben Sinne äußerte, nur noch entschiedener. Er sagte: Punkt 2 und 8 seien erledigt (Preßfreiheit und Amnestie); Punkt 4 (Volksbewaffnung) bestehe in Frankfurt; wegen Punkt 1 und 5 (Aufhebung der Ausnahmegesetze und allgemeines deutsches Parlament) werde er alles tun, was in seinen Kräften stehe; wegen Punkt 3 und 7 (Schwurgericht, Versammlungs- und Vereinsfreiheit) bereite er eine Vorlage an die Gesetzgebende Versammlung vor; dagegen müsse er Anstand nehmen, Punkt 6 (Ausdehnung der Gleichheit auf die Nichtchristen) zu beantragen; nur wegen der Gleichstellung der Landbewohner seien bereits Verhandlungen in der Gesetzgebenden Versammlung im Gange.

Es wird kaum bezweifelt werden dürfen, daß dieser Bescheid des Senates die Mehrzahl der Frankfurter, namentlich alles, was mit den Zünften zusammenhing, befriedigte. Die Gegenbewegungsstimmung war noch die vorherrschende. Die Handelskreise wurden von neuen Bankrotten beunruhigt, und die Exzesse, die in näherer und fernerer Umgebung zunächst gegen die Standesherren, bald aber auch gegen die Besitzer überhaupt verübt wurden, die mit Sensen und Spießen bewaffneten Freischaren, die sich auf Veranlassung der Hanauer Petitionen an mehreren Orten, namentlich auch in dem benachbarten Bockenheim, bildeten und die mit fliegenden Fahnen durch die Stadt nach Hanau und wieder zurück zogen, der Jubel, mit dem sie dabei von den unteren Volksklassen empfangen wurden,[1]) das alles erhielt in den bürgerlichen

[1]) Journal v. 15. März; Balan an den König am 17. März 1848.

Kreisen dauernd ein Gefühl der Beängstigung wach und war eine Mahnung an alle, welche von der alten Ordnung überhaupt noch etwas bewahren wollten, sich aneinander anzuschließen. In diesem Sinne schloß sich auch der Senat besonders eng an die Bundesversammlung an. Seitdem sie aufgehört hatte, nur ein Organ der Unterdrückung in der Hand der Bundesgroßmächte zu sein, und seitdem sie, der Not gehorchend und von den Regierungen sich selbst überlassen, den Willen bekundete, den Wünschen der Nation einigermaßen entgegenzukommen, war ja die Möglichkeit eines engen Einvernehmens, wie sie Thomas immer vorgeschwebt hatte, wieder gegeben, und wir sehen daher Harnier, der Frankfurt seit Ende 1847 am Bunde vertrat, in diesen Tagen ernstlich bemüht, den Bundestag auf der eingeschlagenen Bahn zu erhalten. So war er es, der zusammen mit dem Lübecker Curtius den Gedanken befürwortete, daß der Bundestag sich durch Vertrauensmänner verstärken möge, er betrieb zugleich eifrigst den badischen Antrag einer Revision der Bundesverfassung auf nationaler Grundlage und beantragte selber Aufhebung der seit 1819 erlassenen Ausnahmegesetze.

Es bestand, wie es schien, wirklich in den Kreisen des Senates nach dem Römersturme die Hoffnung, daß die Regierungen die Bewegung doch vielleicht in der Hand behalten dürften und daß es, was Frankfurt im besonderen angeht, bei der Entscheidung vom 10. März sein Bewenden haben werde; die „israelitischen Bürger“ freilich wußten jetzt, daß nur ein weiterer Fortgang der Revolution sie an das Ziel ihrer Wünsche bringen könne; sie bildeten von nun an ein stets bereites Element, wenn es sich darum handelte, das Bestehende wegzuräumen oder zu stürzen.

II.

Wenn in den ersten Tagen des März 1848 Deutschland einen gewaltigen Mann besessen hätte, der den Geist der Tat und zugleich die Macht hatte, das als nötig Erkannte zu vollbringen, so hätte der unvergleichliche Augenblick, in dem alles im Flusse war, in dem die innere wie die äußere Lage

Außerordentliches erheischte, vielleicht dazu dienen können, alle Kräfte auf einen Punkt zu lenken und rasch und sicher einen einheitlichen, starken, deutschen Staat zu schaffen. Dieser Mann des Schicksals aber fehlte: wo der Geist der Tat war, war nicht die Macht; wo die Macht war, fehlte der Geist der Tat, und so blieb es denn der Nation nicht erspart, auf dem Wege der Erfahrung und der Enttäuschungen sich langsam und mühsam nach dem ersehnten Ziele hinarbeiten zu müssen.

Um dem entfesselten Strom ein festes Bette zu weisen, waren am 5. März 51 Führer der bisherigen Opposition aller Schattierungen, jetzt die Sieger, zum überwiegenden Teile dem Süden und Westen angehörig, auch 2 Frankfurter, Jucho und Binding, darunter, in Heidelberg zusammengetreten.

Die vorhandenen Gegensätze waren zu scharfer Aussprache gekommen. Mit Heftigkeit beantragten Hecker und Struve die sofortige Ausrufung der Republik. Allein sie waren weit davon entfernt, durchzudringen. Heinrich von Gagern trat ihnen mit den Seinigen entgegen: nicht um eine Winkelrepublik, so verkündete er mit siegreicher Kraft, eine Erneuerung des Rheinbundes unter anderer Form, könne es sich handeln, sondern um eine konstitutionelle, nationale Reformtat, um ein deutsches Kaisertum.

Zu einer eigentlichen Entscheidung kam es hier aber doch noch nicht. Dazu war die Lage bei weitem noch nicht geklärt genug. Um diese Entscheidung mußte in den nächsten Wochen und Monaten noch ernst und schwer gerungen werden. Die Erklärung, die man ausgehen ließ und die von allen Anwesenden, auch Hecker und Struve, unterzeichnet war, trägt deutlich die Kennzeichen des Kompromisses: man verwies darin auf eine „vollständigere Versammlung von Männern des Vertrauens, die über die wichtigste Angelegenheit einer Nationalvertretung weiter beraten sollte". Einstweilen wurden sieben Mitglieder (Gagern, Itzstein, Römer, Stedtmann, Welcker, Willich, Binding) ersucht, die Einladungen für diese „vollständigere Versammlung" zu erlassen und „hinsichtlich der Wahl und der Einrichtungen einer Nationalvertretung Vorschläge zu machen".

Die Einladungen ergingen am 12. März an alle früheren und gegenwärtigen Ständemitglieder und Teilnehmer an gesetzgebenden Versammlungen; sie enthielten die Aufforderung, sich am 30. März in Frankfurt a. M. einzufinden. Mit der Wahl dieser Stadt als Versammlungsort war gesagt, daß das, was hier geschehen sollte, die gesamte deutsche Nation angehe. Südwestdeutschland wandte sich damit an Gesamtdeutschland.

Um das Gelingen des Unternommenen und das rasche Gelingen zu sichern, dazu war das war wenigstens die vorherrschende Ansicht in Heidelberg gewesen die Mitwirkung der Regierungen nötig. Man dachte dabei an den Bundestag, nicht den, wie er gewesen war, sondern den, wie er sein konnte; es ging ferner unter Führung von Max v. Gagern, dem Bruder Heinrichs, eine Gesandtschaft an die Höfe von Stuttgart, München, Dresden und Berlin, um eine Verständigung der gleichgesinnten Regierungen herbeizuführen, allein weder das eine noch das andere verfing so recht.

Die plötzlichen, etwas krampfhaften Bewegungen des Bundestages, der z. B. am 9. März Schwarz-Rot-Gold für die deutschen Nationalfarben erklärte, hatten von Anfang an nicht viel mehr als geringschätziges Achselzucken hervorgerufen, und die Fürsten zeigten im allgemeinen nur so weit Entgegenkommen, als die Wirkung des Schreckens reichte; Friedrich Wilhelm IV. aber meinte immer noch, den neuen Geist noch mit den alten, verbrauchten Mitteln beschwören zu können. Er redete in seinen Noten von einem Fürsten- oder Ministerkongreß, ohne zu bedenken, daß schon der Name eines Kongresses dem damaligen Geschlechte wie das Klirren von Ketten im Ohre klingen mußte. Durch diese sich absondernde Haltung der Regierungen wurde das Programm, über das die Heidelberger Versammlung sich geeinigt hatte, schon stark in Frage gestellt: es wurde völlig verschoben durch das, was in den zwei Wochen geschah, die auf die Einladung folgten.

Am 13. März brach die Revolution in Wien aus, in den folgenden Tagen kam es in Berlin zu schweren Zusammenstößen zwischen Bevölkerung und Militär, dann am 18. und 19. zum völligen Zusammenbruch des bisher so stolzen Systems, auch in München, in Kassel, in Stuttgart, in Dresden hatte die Revolution ähnlich oder gleich entscheidende Erfolge, in Schleswig-Holstein setzte sich das Volk gegen den Versuch der dänischen Vergewaltigung entschlossen zur Wehr, jeder Tag brachte Neues, Unerhörtes, und unter dem überwältigenden Eindrucke aller dieser Ereignisse erfuhr das Selbst- und Kraftgefühl der Massen eine ganz gewaltige Steigerung. Es schien jetzt alles möglich. In den zahlreichen Versammlungen, die in diesen Tagen in Hambach, in Offenburg, in Heidelberg — wo auch viele Frankfurter, u. a. Friedrich Funck, teilnahmen — und vielen andern Orten stattfanden, ist das Steigen der revolutionären Sturmflut immer deutlicher wahrzunehmen; nur notdürftig hielten noch die Dämme, die Besonnenheit und Mäßigung entgegenwarfen.

Wie sehr auch in Frankfurt die radikale Stimmung wieder im Wachsen war, dafür ist recht bezeichnend, daß am 19. März im Theater bei einer Aufführung der Stummen von Portici das Publikum die Marseillaise verlangte, es auch wirklich durchsetzte, daß sie gespielt wurde, und dann begeistert mitsang. Wohl veranstalteten die Andersgesinnten einige Tage später an derselben Stelle eine Gegenkundgebung, indem sie das Arndtsche Vaterlandslied anstimmten, allein der Strom der Entwicklung ging jetzt nach der andern Seite.

Am 24. berief das Montagskränzchen eine Versammlung nach der Reitbahn, und da diese sich als zu klein erwies, nach der Katharinenkirche, und hier wurde unter Vorsitz Hadermanns eine Adresse an die Sieger in Wien und Berlin beschlossen, in der ganz offen erklärt wurde, die bisherigen Erfolge hätten noch zweifelhaft sein müssen, solange Österreich und Preußen sich nicht ausgesprochen hätten; dieser Zweifel sei nun überwunden: Österreich habe sich freigemacht, das Volk von Berlin habe gekämpft und gesiegt, und damit sei die Zuversicht begründet, daß das einmal Errungene nun nicht wieder entrissen werden könne. „Darum freuen wir uns", hieß es am Schlusse, „Eurer Siege im auf ewig vereinten Vaterlande."

Daß diese Adresse auch von solchen unterschrieben wurde, die wir sonst als gemäßigt kennen, beweist, wie allgemein man den Druck empfand, der bisher von den Regierungen in Wien und Berlin ausgeübt worden war, und jetzt die Befreiung.

Ein besonderes Kennzeichen der jetzt vorherrschenden Stimmung war der Haß gegen den König von Preußen. Die unglücklichen Worte dieses Fürsten, der soeben erst auf sein Volk mit Kartätschen hatte schießen lassen und nun erklärte, er übernehme die Leitung der deutschen Dinge für die Zeiten der Gefahr, riefen auch im Süden und Südwesten geradezu Entrüstung hervor. Zahlreiche Zeitungstimmen erhoben Einspruch gegen diese Gewaltanmaßung, und so wie in München mehrmals vor dem Hause des preußischen Gesandten Pereats auf den König von Preußen und Hochs auf den König von Bayern ausgebracht wurden, so wurden in Frankfurt dem preußischen Gesandten, dem Grafen Dönhoff dem deutschgesinntesten aller vormärzlichen Vertreter Preußens in Frankfurt! am 28. abends die Fenster eingeworfen eine Auszeichnung übrigens, die er mit Amschel Rothschild, der preußischer Generalkonsul war, zu teilen hatte. Es geschah dies an demselben Abend, an dem Ludwig Uhland, der als „Vertrauensmann" eingetroffen war und in dem Hause des Dr. Mappes Wohnung genommen hatte, ein Ständchen dargebracht wurde. Vorher schon hatte der Wirt des Gasthauses „Zum König von Preußen" unter großem Halloh der Menge sein bisheriges Schild herunternehmen und dafür ein anderes mit der Bezeichnung: „Zum Deutschen Hofe" anbringen lassen,[1] und am 27. März war von einer großen Anzahl von Frankfurtern eine Adresse aufgelegt worden, die bei dem am Freitag, dem 31., geplanten Fackelzuge dem Präsidenten der Deputiertenversammlung überreicht werden sollte, in der unter Hinweis auf die ganze bürger- und freiheitsfeindliche, „aller Konsequenz und Wahrhaftigkeit bare" Regierungsweise Friedrich Wilhelms IV. erklärt wurde, das deutsche Volk könne zu ihm nicht das Vertrauen hegen, ihm die Lenkung seiner Geschicke zu überlassen. „Wir vermöchten",

[1]) Balan, 26. März 1848.

so hieß es, „dem Könige von Preußen solch' hohes Vertrauen selbst dann nicht zu schenken, wenn seine Hände rein von Bürgerblut wären Nur dem deutschen Volke selbst können wir die Befugnis zuerkennen, sich solchen Lenker zu wählen; Friedrich Wilhelm IV. kann und soll es nimmermehr sein."

In derlei Kundgebungen vollzog sich die endgültige Frontstellung des deutschen Radikalismus gegen das preußische Königtum. Die Stellung war eine so entschiedene, weil der König von Preußen der stärkste Vertreter des Systems war, gegen das die allgemeine Entrüstung sich jetzt kehrte, und weil man wohl ahnte, welch' eine Welt von Widerspruch hinter diesem Könige noch vorhanden war.

Jetzt war die Zeit, da die Drachensaat alten Unrechts aufging, jahrzehntelanger Bedrückung, frivoler Rechtsbrüche, fortgesetzter Enttäuschungen, systematischen Versagens aller nationalen Wünsche. Es hatte das alles ein Geschlecht geistig Geharnischter erzeugt, das durchaus erst die alte Ordnung der Dinge stürzen wollte, ehe Neues an die Stelle treten sollte, ein Geschlecht von Unversöhnlichen, das nunmehr seine Zeit für gekommen ansah, um endlich, endlich abzurechnen.

Die geplante Frankfurter Tagung schien im Zusammenhange mit dem völligen Ausscheiden Preußens und Österreichs die beste Gelegenheit zu bieten, rasch ans Ziel zu kommen. Die Mittel lagen schon lange bereit. Jetzt wurde mit den Freunden in Paris verabredet, daß ein Korps bewaffneter deutscher und französischer Arbeiter gegen die Grenze aufbrechen solle, zugleich wurde die Parole ausgegeben, daß die Gesinnungsgenossen möglichst zahlreich nach Frankfurt kommen sollten. Mit solchen Zurüstungen und dem Schrecken, der vor ihnen herging, glaubte man, die Versammlung dahin bringen zu können, wo man sie haben wollte: womöglich rasch eine provisorische Regierung zu bilden. Man meinte, daß die Märzregierungen, wenigstens die kleineren, die meist steuerlos vor dem Winde gingen, sich gewiß nicht weigern würden, sie anzuerkennen. War dies erreicht, dann war eine kompakte Macht geschaffen, mit der der Entscheidungskampf gewagt werden konnte.

Bei solcher Lage der Dinge und der ganz offenbaren Zunahme der fieberigen Stimmung der Massen sah man in den Kreisen der Gemäßigten der Tagung der Abgeordneten mit etwas gepreßter Stimmung entgegen. Der Hamburger Banks, der sich auf der Reise nach Frankfurt befand, schrieb am 25. März aus Bonn: „Die Sorge vor dem Resultate der Frankfurter Versammlung erfüllt alle Besonnenen“, und Gervinus, der Redakteur der Deutschen Zeitung, schrieb (23. März) dem lübeckischen Bundestaggesandten Curtius, der wohl ängstlich die Frage aufgeworfen hatte, ob man nicht besser noch in letzter Stunde die Tagung aufgebe: „Es wäre gewiß sehr schlimm, von der Frankfurter Versammlung abzuraten, obgleich ich die ganze Mißlichkeit der Sache einsehe. Ich habe heute ein paar beschwichtigende Worte gesagt, die zur Vorsicht mahnen, aber das kann natürlich auf die Versammlung selbst höchstens wirken. Soll es wahr sein, daß ein großer Zuzug von ungehörigem Volk beabsichtigt ist, so müssen Frankfurts Bürger notwendig Sorge tragen, daß kein Exzeß statt hat.“

Unzweifelhaft lag auf der Stadt Frankfurt eine große Verantwortung, zunächst auf den zwei Männern, Jucho und Binding, die Frankfurt in der Heidelberger Versammlung vertreten hatten und die nun für alles zu sorgen hatten, für das Große wie für das Kleine, für das Allgemeine wie für das Besondere. Was den Versammlungsraum anlangt, so dachte man zunächst — recht bezeichnend für die Vorstellung, die man anfangs von der Bedeutung der Sache hatte — an einen der vorhandenen Gasthaussäle, dann an den Kaisersaal, wo ja auch die Germanisten getagt hatten; erst allmählich ging die Erkenntnis auf, daß der Charakter der Tagung ein ganz außerordentlicher, der Zustrom von Abgeordneten und namentlich auch von Zuhörern ein ganz riesiger sein werde, und man entschloß sich, den größten und imposantesten Raum herzurichten, den Frankfurt überhaupt besaß, die Paulskirche. Eine wichtige und schwierige Frage war auch die der Einladungen, namentlich da für die ersten Tage des April nach Berlin der Vereinigte Landtag einberufen und auf ein Erscheinen der preußischen Ständemitglieder in Frankfurt demnach nicht zu rechnen war. Die Frankfurter Komiteemitglieder nahmen es auf sich, an Stelle der Mitglieder dieser Körperschaft die preußischen Stadtverordneten einzuladen.[1]) Sie beugten dadurch der Gefahr vor, daß die Versammlung gar zu sehr eine bloß süddeutsche wurde.

Jucho und Binding unterließen es endlich und vor allem nicht, ihre Mitbürger auf die eigentliche Bedeutung dessen hinzuweisen, was jetzt kommen sollte. In einer Bürgerversammlung, die sie für den 22. abends in den Landsberg berufen hatten, um die nötigen Maßregeln im einzelnen zu verabreden, sprachen sie die Mahnung aus, die alte deutsche Kaiserstadt möge sich nicht unwürdig zeigen, des deutschen Volkes Stadt zu werden.

Diese Worte blieben gewiß nicht ohne Eindruck. Es wurden aber auch kräftigere Register gezogen. Es gehört in diesen Zusammenhang, daß die Gesetzgebende Versammlung, gerade noch am Vorabend der Tagung, am 27. März, ein Gesetz verabschiedete, welches die Freiheit öffentlicher Versammlungen und der Vereine wieder so herstellte, wie sie vor dem Bundesbeschluß von 1832 gewesen war, daß weiterhin der Senat der Anregung, die Dr. Julius Friedleben in einer tief eindringenden Broschüre gegeben hatte, nachgab und noch am 29. März an die Gesetzgebende Versammlung einen Antrag wegen Revision der Verfassung brachte, daß ferner zur Beruhigung der Ortschaften, die am 22. März eine Adresse mit 12 Forderungen an den Senat gerichtet hatten, noch am Abend des 29. ein Senatbeschluß verbreitet wurde, welcher die eingeleitete Verfassungsrevision, die Aufhebung der Fideikommisse, die bevorstehende Reorganisation der Landwehr und die Bearbeitung eines Zehntablösungsgesetzes verkündete, lauter festgefahrene Wünsche einer volkstümlichen Gesetzgebung, die jetzt mit einem Male flott wurden, zum sichtbarlichen Zeichen, daß die „Ebbe", die mit der Gegenbewegung vom 5. März begonnen hatte, nun zu Ende sei.

[1]) Banks an Merck, 27. März 1848.

Neben diesen Vorkehrungen moralischer Natur wurden aber auch die nötigen materiellen Schutzmaßregeln nicht verabsäumt. Die Siebener verkündeten, daß der Zuzug Bewaffneter nach Frankfurt Friedensbruch, also Hochverrat an der Nation sein würde; sie ersuchten die benachbarten Regierungen, die Bahnstationen militärisch besetzen zu lassen. In Darmstadt geschah dies in sehr ausgiebiger Weise; auch in Frankfurt wurden die Bahnhöfe dauernd militärisch bewacht. Es wurde hier ferner die Schutzwacheneinrichtung mit gutem, wenigstens momentanem Erfolge wieder neu belebt, so daß in diesen Tagen des Vorparlaments auch die respektabelsten Bürger, wie z. B. Herr Robert Koch-Gontard, der Hauswirt Karl Mathys, wieder patrouillieren gingen; das Entscheidende war aber doch: das Frankfurter Volk als Ganzes sah die Sache der Tagung als seine eigene an, wollte Störungen durchaus nicht und ließ sich durch die Wanderredner der Revolution, die auf offener Straße ihr Programm laut genug verkündeten, nicht kirren, so daß die nach der Stadt entbotenen Volksvertreter, die auf der Herreise zum Teil allerlei Beunruhigendes zu sehen bekommen hatten, sich in Frankfurt wie in einem gefeiten Bezirke vorkamen, — und endlich schufen die Frankfurter durch ihre Veranstaltungen und ihre Stimmung der Versammlung einen goldgleißenden Rahmen, in den ein anderes als ein heiteres und friedliches Bild eigentlich gar nicht hineinpaßte.

In einer geradezu rührenden Weise hatten sie ihre Stadt, „wie ein Hochzeitshaus", zum Empfang der Gäste geschmückt. Ein ganzer Wald von jungen Birken und Tannen war in die Stadt verpflanzt worden, und die Häuser verschwanden fast unter der Masse der Fahnen und Laubgewinde: das Grün der Hoffnung und Schwarz-Rot-Gold — das waren die Farben, auf die ganz Frankfurt jetzt gestimmt war. Die Riesenfahne, die vom Domturme wehte, brachte dies symbolisch zum Ausdruck.

Eine Unzahl sinniger und scherzhafter Inschriften erzeugten eine wohltuende Sphäre von Poesie und Humor, die Hauptsache waren aber die Menschen selber mit ihrer überschäumenden Begeisterung und mit ihrer schier unermüdlichen Bereitschaft, diese Begeisterung auch zu bekunden. Sie hatten ja freilich auch allen Grund, sich zu freuen. Wieder sollte Frankfurt, wie einst im Jahre 1813 nach der Schlacht bei Leipzig, das Hauptquartier des deutschen Gedankens sein; die Berühmtheiten des Tages sollten sich wieder in Frankfurts Mauern versammeln, — allein nicht Fürsten und Marschälle, wie ehedem, sollten hier einziehen, sondern die Helden der Idee, die Vorkämpfer alles dessen, was man in so langen Jahren ersehnt und erstrebt hatte, die Kämpfer vor allem für den Gedanken der Freiheit, alles Männer des Volkes! Sie hatten gekämpft, sie hatten gelitten, jetzt hatten sie gesiegt, und als Sieger empfing sie nun auch das Volk von Frankfurt: den Kurhessen Sylvester Jordan, den Bayern Eisenmann, dann Ronge, den schon so oft in Frankfurt bejubelten, ferner Uhland, Heinrich von Gagern, sie und viele, viele andere.

Und zu dem allen kam nun noch ein Frühlingswetter, wie es strahlender nicht zu denken war: „Der kalte, finstere Fürstentag", so jubelte die Didaskalia, „ist in Nacht versunken, und ein heiterer, heller Volkstag ist heraufgezogen."

Ein eigentümliches Zusammentreffen war es, daß gerade am Morgen des 30. durch die von freudiger Erwartung pochende Stadt ein Leichenzug sich bewegte, der einen Mann zum Grabe trug, der im Jahre 1813 als Lützower für das Volk und für die Freiheit gefochten hatte: es war Ackermann, ein Freund Theodor Körners, einst heimlich, wie die Sage ging, verlobt mit seiner Schwester; er war bald nach dem Kriege als Lehrer an die Musterschule gekommen und hatte hier in treuer Hingabe rastlos an der Heranbildung eines neuen Geschlechtes gewirkt, eines glücklicheren, wie er hoffte; es war ihm noch vergönnt gewesen, den Tag der Freiheit heranbrechen zu sehen.

Der ernste Zug vermochte nur für einen Augenblick, das Fluten in den Straßen der Stadt zum Stillstand zu bringen; die unruhige Bewegung setzte sofort wieder ein und stieg dann von Stunde zu Stunde, denn es war der Tag der Ankunft der meisten der Abgeordneten, der Tag des Willkomms und der letzten Vorkehrungen, der Tag zugleich auch der Vorberatungen, der ersten Erörterungen. Am Abend herrschte in den Straßen, in den Gasthöfen, in allen „Kollegs“ und in allen Wirtschaften ein unerhörtes, noch nie dagewesenes Treiben, „jeder Gasthaussaal verwandelte sich in ein Forum, auf dem die Angelegenheiten der Nation verhandelt wurden“, und dann endlich brach er an: der Tag der Eröffnung.

In den sonn- und freudedurchfluteten Straßen um Römer und Paulskirche standen Linie und Bürgerwehr in Spalier; hinter ihnen Kopf an Kopf die harrende Menge. Erst fand im Kaisersaale die Begrüßung statt und die Wahl der Präsidenten — Mittermaier wurde erster, Itzstein, Dahlmann, Sylvester Jordan und Robert Blum stellvertretende —, ihre Namen wurden vom Altan des Römers verkündet und erweckten, namentlich die zwei letzten, stürmischen Jubel; und als sich nun die Abgeordneten in Bewegung setzten, um sich in feierlichem Zuge in die Paulskirche zu begeben, als sämtliche Glocken erklangen, Kanonendonner ertönte und den Abgeordneten, da sie die Kirche betraten, von den Galerien her ein tausendstimmiges Hoch entgegenbrauste, als der Präsident die Worte sprach von dem Erwachen des deutschen Volksgeistes, von dem Erwachen des R i e s e n, da gab es doch wohl nur Wenige, die sich dem Überwältigenden des Augenblicks zu entziehen vermochten, da schmolz alles noch so verschiedene Denken und Empfinden zu e i n e m Gefühl nationalpatriotischer Beseligung zusammen, und in so manchem Männerauge sah man eine Träne der Rührung blitzen: „Unbeschreiblich, unvergeßlich“, — das lesen wir fast in allen Berichten.

Zwar brachte die weitere Entwicklung, man kann sagen, schon die nächste Stunde, starke Enttäuschungen, peinlichste Ernüchterungen, die Frankfurter aber sorgten dafür, daß, was wenigstens an ihnen lag, die Weihestimmung erhalten blieb. Allerdings kam es doch zu einem Versuch der Störung, allen Vorkehrungen zum Trotz. Ein Trupp verwegener Burschen, hauptsächlich Turner aus Mainz und Hanau, unter der Führung des Mainzers Germain Metternich, eines hünenhaften Mannes von teutonischem Gepräge, eines revolutionären Abenteurers, der schon in Hattersheim eine hervorragende Rolle gespielt hatte und uns noch öfter begegnen wird, veranstaltete einen lärmenden Umzug und rief dabei die „Republik" aus. Der Plan war wohl, die Versammlung in der Paulskirche zu sprengen, und es stand vielleicht im Zusammenhang damit, daß Hecker und Struve am Abend vorher in einer Sonderversammlung der Radikalen mit größter Heftigkeit, unterstützt von dem schlesischen Radikalen Schlöffel, der sich in der Umgebung bereits einen großen Anhang verschafft hatte einen solchen Gewaltstreich anempfohlen hatten. Robert Blum hatte ihnen widersprochen und es durchgesetzt, daß der Plan offiziell aufgegeben wurde,[1]) der Umzug Metternichs ist aber wohl der Beweis, daß insgeheim an dem Gedanken festgehalten worden war.

Es gab denn auch wirklich in der Paulskirche eine ganz gewaltige Panik, als der Präsident, ungeschickt genug, plötzlich die Mitteilung machte, daß die „Revolution" in den Straßen herrsche, und die Panik ist begreiflich, wenn man daran denkt, wie laut die Republikaner mit ihren Absichten geprahlt hatten, allein es stellte sich sehr bald heraus, daß man das Opfer eines blinden Schreckens geworden war: die ganze Sache war über die Anfänge nicht hinausgekommen; der gehoffte Anschluß war ausgeblieben, wohl aber hatte junge Mannschaft der Stadt zusammen mit einem Trupp von Darmstädtern sofort Gegenkundgebungen veranstaltet. Unter dem Rufe: „Deutsches Parlament, keine Republik!" zog diese improvisierte Paulskirchenwehr gleichfalls durch die Straßen, und als sie in der Nähe des Deutschen Hofes mit den anderen zusammenstieß, da gab es ein kleines Straßenscharmützel, bei dem die Verkünder der Republik von den „Parlamentanern" mit blutigen Köpfen heimgeschickt wurden. Der geschlagene Haufe wälzte sich dann unter Wut- und Rachegeschrei der Paulskirche zu, wurde hier aber durch die Bürgerwehr und die Ordner, freilich nicht ohne Mühe, schließlich zerstreut.

[1]) Balan an den König, 31. März 1848.

So wahrten die Frankfurter ihren Burgfrieden, behaupteten auf der Straße ihr Gesetz und ihren Willen, jetzt und weiterhin bis zum Ende, und widerlegten damit durch die Tat die immer wieder auftauchenden schreckhaften Gerüchte.

Äußerlich behielt die Tagung durchaus den Charakter eines Volks-, Freuden- und Siegesfestes.

Am Abend wurde auf dem Roßmarkte vor dem Englischen Hofe dem Präsidenten, der hier wohnte, und mit ihm dem ganzen Parlamente von vielen Tausenden von Fackelträgern und Sängern eine glänzende Huldigung dargebracht. Dr. Mappes begann seine Anrede mit der Erinnerung an jene zürnend-wehmütigen Worte, die Uhland, der jetzt hier anwesende, einstens gedichtet hatte, als nach finsteren Jahren der Knechtschaft ein Frühlingsmorgen in Deutschland angebrochen war, dennoch aber die Blütenknospen sich nicht entfalten wollten, an die Worte:

> Wenn heut' ein Geist herniederstiege,
> Zugleich ein Sänger und ein Held — —

„Als zum zweiten Male", fuhr Mappes fort, „ein solcher Morgen anbrach, da sang derselbe Dichter:

> Nicht rühmen kann ich, nicht verdammen,
> Untröstlich ist's noch allerwärts,
> Doch sah ich manches Auge flammen,
> Und klagen hört' ich manches Herz —

Jetzt", schloß der Redner, „ist der dritte Hahnenruf erklungen, und wenn heute ein Geist herniederstiege, so würde er ein einiges, freies Deutschland erblicken, das im Begriff ist, sich eine entsprechende, würdige Form zu geben. Heil denen, die es übernommen haben, dies zu tun! Heil den dahier versammelten Vertretern des deutschen Volkes!"

Ergreifend war der Jubel, der diesen Worten folgte, ergreifend, mit sich fortreißend der allgemeine Begeisterungstaumel, zauberisch war der Schluß des Ganzen mit dem Feuerwerke von nie gesehener Pracht, jener Abend, an dem ganz Frankfurt zu glühen schien, an dem auch die Seele des sonst Gleichgültigen innerlich erglühte von patriotischer Erregung. Es ist Genuß, auch nur in der Erinnerung diese Stunden des

Volkslenzes mitzuerleben, diese Augenblicke, da zum ersten Male wieder die heilige Liebe zum Vaterlande sich frei und ungehindert entfalten durfte, allein kam das alles nicht zu früh, viel zu früh, entsprach die Stimmung eines Siegesfestes, wie sie sich hier entwickelt hatte, eigentlich den Tatsachen? Durfte man wirklich einen Sieg schon feiern, war der Kampf schon ausgekämpft, stand man nicht vielmehr noch mitten in dem Kampfe, und war es denn wahr, was Mappes sagte, daß ein Geist, der heute herniederstiege, ein einiges, freies Deutschland erblicken würde? Ach, es war zu schön, um wahr zu sein, es war ein liebenswürdiges Gemisch von Illusion und Selbstbetrug, es war — politische Lyrik; das Drama sollte erst noch kommen.

Man mochte es gelten lassen, daß Deutschland frei sei, im Augenblick wenigstens frei sei, nachdem überall die Burgen der Reaktion gefallen waren, aber war es auch einig?

Wer den ersten Stunden der Verhandlungen des Vorparlaments beiwohnte, der konnte wahrlich nicht den Eindruck gewinnen, daß hier Vertreter eines Volkes tagten, das sich einigen wollte.

Schon in der Vorversammlung, die am Nachmittage des 30. unter dem Vorsitz von Karl Vogt von Gießen im Weidenbusch abgehalten wurde, hatte sich eine Kluft aufgetan, die unüberbrückbar schien. Die Vertreter der Idee der Republik, also praktisch die Vertreter des Umsturzes, die von einer Reform, wie immer sie geartet sein mochte, von einem Anschluß an das Bestehende nichts wissen wollten, traten hier mit einer Heftigkeit und zugleich mit einer Sicherheit auf, die die schlimmsten Befürchtungen rechtfertigte. Diesen Wildlingen der Revolution gegenüber hatten sich noch an demselben Abend alle ruhigen Elemente in der Loge Sokrates unter der Führung der Siebener in dem Entschlusse zusammengefunden, daß man vor allem rasch ein Ende machen und daß man nur das Mögliche, das Nötige und das Vernünftige erstreben wolle, allein die Durchführung dieses Programms fand doch ganz ungeahnte Schwierigkeiten. Hecker und Struve — denen es doch auch in Frankfurt selber keineswegs an Anhängern fehlte, wie der

Fackelzug bewies, der ihnen an diesem Abend von den Turnern und dem Sachsenhäuser Musikverein dargebracht wurde , kämpften mit dämonischer Energie um ihr Ziel, diese Versammlung zu einem Organe ihrer Herrschgelüste zu machen, durch Permanenzerklärung das Vorparlament zu einem Konvente umzugestalten, und mit Beifallstoben sekundierten ihnen ihre Anhänger auf den Galerien, schrien die Gegner nieder, zum Schrecken und zur Entrüstung aller Gemäßigten.

Allein so stark auch immer die Wirkung war, die namentlich Hecker durch seine Persönlichkeit wie durch seine stürmische Beredsamkeit ausübte: es zeigte sich doch sehr bald, nachdem die Versammlung sich von ihrer ersten Überraschung erholt hatte, daß die Mehrheit von diesen Maßlosigkeiten nichts wissen wollte. Im Gegenteil, gerade das wilde Gebahren der Republikaner rief laute Bekenntnisse zum Monarchismus hervor: Eisenmann, der 15 Jahre unschuldig im Kerker gesessen, der gewiß also mehr von dem Königtum gelitten hatte als einer in der Versammlung, erklärte frank und frei, daß er an der monarchischen Staatsform festhalten wolle. Er war es dann auch, der die Fahne der Ordnung aufpflanzte, indem er gleich am ersten Tage den Antrag stellte, die Versammlung solle nur die Modalitäten des Zusammentritts der eigentlichen konstituierenden Nationalversammlung feststellen, nichts anderes.

Es ist bezeichnend, daß Reinganum, der einzige, der unter den 12 Frankfurter Mitgliedern des Vorparlaments zu politischen Fragen das Wort ergriff, gegen den Eisenmannschen Antrag sprach. Er vertrat die Ansicht, daß die Versammlung recht wohl berufen sei, auch schon weitere Beschlüsse zu fassen. Er wollte es als Einwand nicht gelten lassen, daß der Norden dem Süden gegenüber in ganz unverhältnismäßig ungenügender Weise vertreten sei; es sei nur umgekehrt dasselbe wie 1813: damals sei die Bewegung vom Norden ausgegangen und habe den Süden mitgerissen, jetzt aber gehe sie vom Süden aus und müsse den Norden mitreißen.

Reinganum war dann auch der einzige unter den Frankfurtern, der nicht gegen die Permanenz stimmte; er verriet damit deutlich die Richtung seines Wesens, die ihn zu dem Extremen zog, allein im allgemeinen zeigte diese Abstimmung über die Permanenz doch deutlich, daß die Zahl derer, die mit Hecker und Struve gingen, verhältnismäßig gering war, daß die große Masse wenigstens in dem, was sie nicht wollte, im ganzen einig war. Es ist tief bedeutsam, daß zu dieser großen Masse, die gegen die republikanischen Schwarmgeister stimmte, auch zwei der Männer gehörten, die jetzt gerade vor 15 Jahren den Sturm auf die Frankfurter Wachen mitgemacht hatten, Rochau und Rauschenplatt. „Wunderbarer Sturmwind," schreibt Laube[1]), der eine ähnliche Wandlung in sich durchgemacht hatte, „wunderbarer Sturmwind, der uns ergriffen und der uns Fechter für vollständigen nationalen Fortschritt plötzlich nach vielen Seiten hin nötigt, eine konservative Stellung einzunehmen!"

Freilich konnte sich dieser Zusammenschluß der Antiradikalen nur dadurch vollziehen, daß sich der Schwerpunkt im ganzen nicht unerheblich nach links verschob.

Es zeigte sich dies darin, daß schon ziemlich früh auf die Anerkennung des von den Siebenern vorgelegten Welckerschen Programms und damit auf die Begründung einer Schutzwehr gegen revolutionären Überschwang hatte verzichtet werden müssen; es zeigte sich dies besonders weiter in der schließlich mit großer Mehrheit und unter Bravorufen erfolgenden Annahme des Soironschen Antrages: daß die Beschlußnahme über die zukünftige Verfassung einzig und allein der vom Volke zu erwählenden konstituierenden Nationalversammlung zu überlassen sei.

Es liegt in diesem Beschlusse ganz gewiß noch etwas anderes als die bloß doktrinäre Festsetzung des Grundsatzes der Volkssouveränität; unzweifelhaft kommt darin der enthusiastische Charakter der ganzen Bewegung in besonders deutlicher Weise zum Ausdruck: der Glaube an die Majestät der Nation, die sich in der Nationalvertretung darstellen sollte, der Glaube, daß das von einer so erhabenen Instanz

[1]) Korresp. v. 3. April in der Allg. Zeit. v. 6. April 1848.

Gewollte von selbst ein höheres Recht beanspruchen könne als alles vorhandene Recht und daher schlechthin maßgebend sei, und zugleich lag darin auch, ähnlich wie in dem Schwur im Ballhause, der Ausdruck der heiligen Entschließung, daß durchaus eine Verfassung Deutschlands werden solle und müsse; der Beschluß enthielt aber, indem er es der Nationalversammlung überließ, ob sie bei der endgültigen Festsetzung der neuen Verfassung die Fürsten heranziehen wollte oder nicht, die feierliche Gutheißung des Grundsatzes der Revolution, und es kann schwerlich verkannt werden, daß durch dieses „Einzig und Allein" der Erisapfel in das Hochzeitshaus der deutschen Einheit geworfen wurde.

Wie nun aber auch immer diese Entschließung zu bewerten sein mag: für Frankfurt bedeutete sie jedenfalls etwas Großes, noch hinausgehend über die freilich fast selbstverständliche Tatsache, daß Frankfurt zum Sitz der Beratungen der Nationalversammlung erkoren war: wenn durch den Soironschen Satz diese Nationalversammlung zum Souverän eingesetzt war, so war Frankfurt unbestreitbar in der nächsten Zeit und wahrscheinlich doch auch in der Zukunft Hauptstadt des deutschen Volkes.

Fünftes Kapitel.

Die Anfänge der Nationalversammlung.

I.

Schon die nächsten Tage nach dem Vorparlament verwirklichten die Drohung, die Hecker und Struve ausgesprochen hatten, als sie zürnend den Staub Frankfurts von ihren Füßen schüttelten, daß sie nunmehr den Worten die Tat folgen lassen würden: hatte doch Hecker, ehe er, ein neuer Karl Moor, sich in die Wälder des südlichen Badens schlug, verkündet, daß er 70000 Mann auf die Beine bringen könne.

Zu der Möglichkeit eines Auslandskrieges war damit die sichere Aussicht auf einen Bürgerkrieg gekommen, der auch wirklich mit der Konstanzer Proklamation Heckers und Struves vom 12. April seinen Anfang nahm, und mit etwas besorgter Miene ging der ruhige Bürger nach den Erregungen der letzten Tage wieder an die Geschäfte, die — in Frankfurt wie überall — in ihrem schlechten Gange die gärende Unruhe der Zeit nur allzu deutlich widerspiegelten.

In Frankfurt stellte sich diese Unruhe noch besonders sichtbar dar in dem eigenartigen Nebeneinander des bisherigen Bundestages, der weiter in der Eschenheimer Gasse sein Wesen trieb, der 17 ihm beigegebenen „Vertrauensmänner", die in aller Stille eine Verfassung ausarbeiteten, und des vom Vorparlament eingesetzten Fünfzigerausschusses, der als eine Art von Kontroll- und Konkurrenzgewalt gewissermaßen die revolutionäre Kontinuität zum Ausdruck brachte. Im ganzen wurde die Lage von nüchternen Beurteilern als verworren, als unbehaglich empfunden; das nachträgliche Eintreffen der von Österreich zum Vorparlament Deputierten wurde daher als eine Art Klärung und Lösung begrüßt.

Der Einzug dieser 12 von einer Anzahl schmucker Wiener Studenten begleiteten deutschen Brüder, bei denen als 13ter der als Vertrauensmann der Regierung gesandte v. Schmerling sich befand, gab noch eine Art Nachspiel zu der Vorparlamentsbegeisterung. „Sie wurden," so schreibt der Bremer Duckwitz, „eine schwarz-rot-goldene Fahne voran, die schon in Wien beim Kampfe gedient hatte, von Frankfurter Notabeln in die Sitzung des Fünfzigerausschusses eingeführt . . . Alle hatten ein schwarz-rot-goldenes Band von der Schulter über die Brust hängen, einen aufgekrämpten Hut à la Wallenstein und ein Schwert an der Seite . . Der Vizepräsident erwiderte die Anrede recht gut, worauf wir und die Österreicher uns umarmten, die Hände schüttelten, mitunter küßten, unter dem lauten Hurrah des zuschauenden Publikums. Es war ein erhebender Moment, vielleicht der größte seit dem 31. März, denn von diesem Augenblicke an steht die Einheit Deutschlands auf festem Grunde."

Was in diesem Augenblicke die österreichischen Teilnehmer bewegte, hat einer der zwölf, der Dichter Anastasius Grün, im Liede festgehalten:[1])

Schmettre, du Lerche von Österreich,
Hell von der Donau zum Rhein!
Juble! Du kommst aus Morgenrot,
Ziehest im Morgenrot ein.

Schwinge dich, Adler von Österreich,
Ledig von fesselndem Band!
Trage die Grüße vom Donaubord
Allem germanischen Land!

Jauchze, du Herze von Österreich!
Jauchze mit freudigem Schrei!
Heil dir, mein deutsches Vaterland,
Einig und mächtig und frei!

Brüder! Wir Boten aus Österreich
Grüßen euch traulich mit Sang;
Schlagt ihr mit freudigem Handschlag ein,
Hat es den rechten Klang!

[1]) Frankfurter Konvers.-Blatt 1848, Nr. 106, 15. April.

In der Stimmung, von der diese Verse Kunde geben, in der freudigen Überzeugung, von der Duckwitz schreibt, daß nunmehr, im Bunde mit dem österreichischen Volke, die Einheit erst gesichert sei, fand man sich abends im Englischen Hofe bei festlichem Mahle zusammen, und hier wurden nun auch die Möglichkeiten der weiteren Entwicklung der deutschen Dinge geprüft. Sehr unumwunden sprachen sich dabei die neuen Ankömmlinge über Preußen aus: man sei in Österreich wütend darüber, daß der Mann, der auf sein Volk habe mit Kanonen schießen lassen, sich einzubilden erdreiste, an der Spitze Deutschlands stehen zu wollen.

Im engeren Gespräch teilten, wie Smidt schreibt, Sommaruga und Schneider mit, daß auch der Erzherzog Johann die Absicht gehabt habe, nach Frankfurt zu kommen, indeß vorläufig nach Tirol gegangen sei, wo seine Gegenwart wichtiger wäre. Vielleicht komme er später nach Frankfurt, wenn es die rechte Zeit dazu sei. Smidt erwiderte, man könne die Sache auch so ansehen, daß er die rechte Zeit nicht zu erwarten, sondern zu *bringen* habe.

Der Zuzug der Österreicher war denjenigen der jetzt in Frankfurt am Werke befindlichen Politiker, die, wie z. B. Smidt, nur einen Umbau, keinen völligen Neubau wollten, auch deshalb willkommen, weil die Österreicher sich bei den Fünfzigern zunächst der Partei der Gemäßigteren anschloßen,[1]) also mit dazu beitrugen, daß sich zwischen den Fünfzigern und dem Bundestag ein erträgliches Verhältnis bildete, während die Radikalen am liebsten dem Bundestag überhaupt das Lebenslicht ausgeblasen hätten.

Doch wer kümmerte sich damals überhaupt noch viel um den Bundestag!

Alles Interesse richtete sich jetzt gespannt auf die Dinge, die kommen sollten, und insbesondere waren die *Wahlen* allerorten im Mittelpunkte des Interesses, war doch hier jeder einzelne berufen, an seinem Teile über die zukünftige Gestaltung der deutschen Dinge mitzubestimmen.

[1]) Duckwitz an den jungen Smidt, 11. April 1848.

Auch in Frankfurt wurde durch diese Wahlen zum ersten Male eigentlich eine politische Bewegung im großen Maßstabe erzeugt; denn was waren die alljährlichen Wahlen zur Gesetzgebenden Versammlung im Vergleich zu dem, was jetzt geschehen sollte!

Jetzt sollten nicht mehr bloß die drei Klassen der christlichen Bürgerschaft, wie es hergebracht war und wie es bisher als allein möglich geschienen hatte, über Listen sich äußern, die in aller Stille von einem ganz engen Kreise entworfen waren, sondern es sollte sich mit einem Schlage die Gesamtheit aller Staatsangehörigen über den Einen äußern, der Frankfurt in der Nationalversammlung zu vertreten hatte, es kam also hier zum ersten Male ein Staatsbürgerrecht zur Anschauung: alle zum Staate Gehörigen als solche hatten gleiches Recht, auch die nach der Frankfurter Verfassung politisch Minderwertigen, also auch die Juden, die Beisassen, die Landbewohner: sie waren hier plötzlich den bisher privilegierten, eigentlichen Bürgern gleichgestellt; das Parlament also, das den großen, freien, deutschen Staat bringen sollte, kündigte sich schon im Entstehen durch einen großartigen Akt der Emanzipation an.

Nur eine, allerdings nicht unerhebliche Ausnahme war gemacht worden; sie betraf die sehr zahlreiche Klasse der Permissionisten, obwohl diese sich in zwei Petitionen an den Senat mit der Bitte gewandt hatten, sie zuzulassen, Sie hatten auch Fürsprecher in der Gesetzgebenden Versammlung gefunden, es war aber geltend gemacht worden, daß, wollte man den Permissionisten nachgeben, man konsequenterweise auch alle männlichen, nicht in den hiesigen Staatsverband gehörigen Dienstboten und Arbeiter zulassen müsse, und es würden dann mindestens die Hälfte aller Abstimmenden solche sein, die dem Staate nicht angehörten. Dieser Gesichtspunkt schlug durch, das Lokalinteresse siegte über den Grundsatz, allein es wurde durch diese Entscheidung der schon vorhandenen politischen Unruhe ein neuer Gärungsstoff geliefert, denn die Ausgeschlossenen empfanden die Entscheidung mit gutem Grunde als ein Unrecht.

Was nun die Wahlbewegung selbst anlangt, so setzte diese in der Mitte des Monats mit der Veröffentlichung sogenannter „politischer Glaubensbekenntnisse“ von seiten der verschiedenen Bewerber ein.

Der verhältnismäßig konservativste war Dr. jur. Joh. Friedrich Schlemmer. Was er in seinem Programm über den künftigen deutschen Staat sagte: das zu erstrebende Neue dürfe nicht durch irgendein fremdes Vorbild oder durch irgendwelche Spekulationen bestimmt sein, sondern müsse sich auf dem Grunde des in Tat und Recht Bestehenden erheben, also sich möglichst eng an die staatlichen Verhältnisse Deutschlands und an die Idee der erblichen konstitutionellen Monarchie anschließen, – das war etwas sehr Kluges, aber es war für Frankfurter Verhältnisse natürlich aussichtslos, denn woher hätte wohl ein Frankfurter freier Bürger ein Verständnis für die Segnungen der erblichen Monarchie gewinnen können? Dazu kam noch, daß Dr. Schlemmer selber nicht Frankfurter war, auch in seiner Persönlichkeit nichts von dem hatte, was die Gunst der Masse gewinnt, auch keine Redegabe besaß. Er kam daher ernstlich nicht in Betracht.

Es gab ja nun noch einen andern Mann in Frankfurt, dessen Grundanschauungen gleichfalls konservativ waren, aber doch mit entschieden liberalem Einschlag, und der in Anbetracht der Verdienste, die er sich um die Stadt in schwierigen Unterhandlungen erworben, und seiner großen Sachkenntnis eigentlich als der am meisten Berufene hätte erscheinen müssen, Frankfurt in dem deutschen Parlamente zu vertreten: es war dies Souchay. In der Tat interessierten sich viele für seine Wahl, und sie bestimmten ihn auch, zu erklären, daß er, wenn er gewählt würde, die Wahl annehmen würde, allein auch er war kein Mann des Volkes; dazu war er viel zu sehr eine in sich geschlossene, vornehme Natur, verschmähte er es doch z. B. auch, die Gunst der Wähler durch Versprechungen sich geneigt zu machen und ein Programm zu entwickeln. So stimmten denn schließlich nur ein paar Hundert für ihn; die große Menge wollte nichts von ihm wissen; er war ihr „zu diplomatisch“.[1])

[1]) Balan an Arnim, 27. April 1848.

Für den eigentlichen Wahlkampf schied also auch er aus. In diesem standen, nachdem der Advokat Dr. Fr. Kugler und die uns bekannten Dr. med. G. Varrentrapp und Dr. med. Mappes erklärt hatten, nicht kandidieren zu wollen, eigentlich nur zwei Männer im Vordergrunde, Jucho und Reinganum.

Wohl traten neben ihnen in der großen Versammlung am 24. April in der Katharinenkirche außer Schlemmer noch Dr. Binding, Dr. Kilp und Fr. Funck auf, aber keiner von diesen letzteren hatte irgend erhebliche Aussichten, denn an persönlichem Gewicht konnte es keiner von ihnen mit Jucho oder Reinganum aufnehmen, und zwar neigte sich von allem Anfang an die Wage entschieden zugunsten Juchos. Schon am 15. April schrieb der preußische Resident: „Wahrscheinlich wird die Wahl den bekannten Dr. Jucho treffen, der, wie fast alle früheren politischen Gefangenen und Flüchtlinge, der gemäßigteren Partei angehört."

Gerade eben diese Verbindung: sein ehemaliger Radikalismus und sein augenblicklicher Moderantismus, machte ihn zum Manne Frankfurts. Und Jucho hatte auch in seinem Programm die Wendung gefunden, mit der er dem Schlagworte des Tages seine Reverenz machte, zugleich aber die Zusicherung gab, daß er nicht die Absicht habe, sich um seinetwillen in halsbrecherische Wagnisse einzulassen. „Ich bin Republikaner", sagte er, „nicht nur meiner Geburt, sondern auch meiner Überzeugung nach, aber ich habe die Überzeugung, daß die weit überwiegende Mehrzahl des deutschen Volkes, wenigstens zur Zeit noch, keine Republik will." Wer also ihn wählte, der konnte für oppositionelle und republikanische Gesinnung demonstrieren und Frankfurt zu einem zeitgemäßen Vertreter verhelfen – insofern Jucho doch auch einer der liberalen Märtyrer war –, ohne damit den eigentlichen Radikalismus zu stärken, und das war die Hauptsache, denn eigentlich radikal war nun einmal die Mehrheit der Wahlberechtigten entschieden nicht.

Wäre dies auch nur annähernd der Fall gewesen, so hätte Reinganum gewählt werden müssen, der an Gaben des Geistes

Jucho bedeutend überragte. Reinganum war ein glänzender Redner, war schlagfertig und witzig und besaß in unvergleichlicher Weise die Kunst, eine große Versammlung zu gewinnen und mit sich fortzureißen. Allein er war nicht frei von demagogischen Allüren, und daß er sich im Vorparlament so entschieden zur Linken gehalten hatte, das machte ihn wohl in den Augen der Mehrzahl der Stimmberechtigten etwas verdächtig; es kam ganz gewiß noch dazu, daß er, ein Sprößling der Judengasse, Kandidat der israelitischen Bürger Frankfurts war und deshalb für die Nichtisraeliten von vornherein weniger in Betracht kam.

So wurde denn Jucho, für dessen Wahl sich ziemlich frühzeitig ein Komitee mit sehr eindrucksvollen Namen[1]) gebildet hatte, am 28. April mit 6650 (von 8615 abgegebenen) Stimmen gewählt, während Reinganum nur 1404 erhielt.

Jucho hatte schon am nächsten Tage Gelegenheit, in einer großen Versammlung, die wieder in der Katharinenkirche abgehalten wurde, seinen Wählern zu danken.

Die Versammlung war berufen worden, um der radikalen Wühlerei, die gerade in diesen Tagen wieder besonders stark hervorgetreten war, einen entschiedenen Protest entgegenzusetzen.

Es handelte sich um den Aufstand Heckers und Struves und die Stellung, die der Fünfzigerausschuß dazu eingenommen hatte. Daß der Ausschuß in dieser Frage sich auf die Seite der Bundesversammlung gestellt und für die Sache der Ordnung ausgesprochen hatte, das galt in den Augen der Frankfurter Unentwegten als ein Abfall, als eine Verräterei. Es wurde ganz ernstlich die Ansicht verfochten, daß es sich bei dem Aufstande im Seekreise im Grunde nur um eine Meinungsverschiedenheit über die Frage der badischen Verfassung gehandelt habe, die man das souveräne Volk unter sich ausmachen lassen müsse, und daß jedenfalls die Bundes-

[1]) Dem Komitee gehörten u. a. an: Dr. Aug. de Bary, Louis Brentano, Dr. Jul. Friedleben, F. Funck, N. Hadermann, Dr. H. Hoffmann, Dr. Kriegk, Dr. Kugler, Dr. Mappes, Martin May, Dr. S. F. Müller, Herm. Mumm, Aug. Ravenstein, Dr. Georg Varrentrapp, A. Vogtherr.

versammlung oder die Nachbarstaaten, die Truppen in das bedrohte Gebiet entsandt hatten, sich nicht darum zu bekümmern hätten. So war denn also im Schoße eines neu gebildeten, ganz und gar radikalen Vereins, des Vaterlandsvereins[1]), eine Adresse an die Fünfziger verfaßt, in der der Ausschuß wegen seiner Haltung in dieser Sache heftig getadelt wurde und einige Drohungen hinzugefügt waren, wenn der Ausschuß dabei verharren sollte. Mit Unterschriften aus Frankfurt selbst und der Umgegend versehen, wurde die Adresse dem Ausschuß übersandt, und als dieser darüber zur Tagesordnung übergegangen war, wurde ein „Aufruf an das Volk" erlassen, der mit den Worten begann: „Die Reaktion ist in vollem Gange . . . Der Fünfzigerausschuß, selbst ein Kind der Revolution, bietet den Fürsten die Hand zur Unterdrückung des Volkes usw." Dieser Aufruf wurde in die Häuser geworfen, wurde auch an die durchziehenden, nach Baden bestimmten Truppen verteilt, natürlich, um diese zum Abfall zu verführen.[2])

Obwohl diese Auslassungen sich so gaben, als ob sie von der Frankfurter Bevölkerung überhaupt ausgingen, so standen von wirklichen Frankfurtern doch nur wenige dahinter. Wie die Gesinnung der Frankfurter wirklich war, kam auf der erwähnten Versammlung, die von nahezu 4000 Personen besucht war, überaus kräftig zum Ausdruck. Die Versammlung war von dem Montagskränzchen, das sich, dank der neuen Vereinsfreiheit, am 13. April ganz offen als politischer Klub konstituiert hatte, an dem 28., an dem Wahltage, berufen worden, und es ist nicht ausgeschlossen, daß dieser Verein, von dem bekannt war, daß er sehr avancierte Elemente

---

[1]) Über ihn schreibt der Hamburger Lutteroth-Legat am 29. April: „Das Montagskränzchen wird jetzt durch einen anderen, ungemein zahlreichen Verein überboten, der hauptsächlich aus Handwerksgesellen besteht, aber, sonderbar genug, durch sechs oder sieben Juden, größtenteils Literaten, geführt wird." — Der Verein ging im wesentlichen aus der Turngemeinde hervor; er nannte sich seit Mitte Juli demokratisch-republikanischer Verein.

[2]) Smidt, 28. April, Balan, 29. April 1848.

in sich schloß, das Bedürfnis empfand, gerade an diesem Tage in recht auffälliger Weise von dem Radikalismus abzurücken. Hadermann führte den Vorsitz. Als Redner traten Jucho, der Advokat Dr. Thomas, Varrentrapp und Funck auf. „Sie sprachen“, so berichtet das Journal, „kräftig und begeistert, die finsteren Umtriebe, die verderblichen Projekte jener Partei enthüllend, welche kein Mittel scheut, vor keinem Mittel zurückbebt.“ Jucho stellte den Antrag, eine Gegenadresse zu erlassen, in der den Fünfzigern das Vertrauen der Frankfurter Bevölkerung und der feste Wille ausgesprochen wurde, die Ordnung aufrecht zu erhalten. Sein Vorschlag wurde mit stürmischem Beifall aufgenommen. Die Radikalen ernteten mit ihren Gegenreden so wenig Beifall, daß einer der Führer, Dr. Löwenstein, mit seinem Anhange die Versammlung mit Protest verließ [1]), die Adresse bedeckte sich aber im Nu mit einer Unzahl von Unterschriften.

So wie also vier Wochen früher das Volk von Frankfurt zu dem Vorparlament stand und es gegen Eingriffe von außen verteidigte, so wollte es jetzt auch zu den Fünfzigern stehen: es war eine Sache des Frankfurter Stolzes, diese aus dem Volke aufgestiegenen Gewalten in der Freien Stadt zu bergen; es entwickelte sich jedesmal eine Art persönlichen Anhänglichkeitsverhältnisses daraus, so daß diese Gewalten sich in Frankfurt auch gleich zu Hause fühlten. Als am Tage nach dieser großartigen Vertrauenskundgebung das Leichenbegängnis des tapferen, bei Kandern verräterischerweise erschossenen Generals Friedrich v. Gagern stattfand und der Zug sich dann auf der Bockenheimer Chaussee aufgelöst hatte, da nahm der Ausschuß der Fünfzig an der Promenade Aufstellung, ließ das ganze Militär an sich vorbeidefilieren, und die Frankfurter Bürgerwehr brachte ihm begeisterte Hurrahs aus. [2])

Die Fünfziger waren mit dieser Huldigung sehr zufrieden; denn ihr ganzes Streben war ja von Anfang darauf gerichtet, im Mittelpunkt zu stehen und eine Art von provisorischer

[1]) Lutteroth, 30. April 1848.

[2]) Balan, 1. Mai 1848.

Regierung zu bilden, in der Bundesversammlung aber trugen die Eindrücke der letzten Tage dazu bei, die Erkenntnis zu fördern, daß dem bestehenden Schwebezustande, in dem es eine allgemein anerkannte zentrale Regierungsbehörde eigentlich gar nicht mehr gab, durchaus ein Ende gemacht werden müsse.

Es wurde jetzt ernstlicher die Frage aufgeworfen, ob nicht von seiten der Regierungen eine kräftigere Spitze gebildet werden könne, etwa ein Triumvirat, dessen Mitglieder von Österreich, von Preußen und von den übrigen Staaten ernannt würden und welches größere Vollmachten als die Bundesversammlung hätte. Die Erörterungen blieben aber bei der passiven Haltung der Regierungen [1]) ohne Ergebnis, sie führten nur zu einer Verschärfung der ohnehin gereizten Stimmung zwischen Bundesversammlung und dem Ausschuß, und diese Verstimmung steigerte sich dann durch einen mehr oder minder zufälligen Zwischenfall zu einer Art Konflikt.

Durch Indiskretion des neuen weimarischen Bundestagsgesandten Wydenbrugk, der sich zur radikalen Partei hielt, wurde nämlich ein Gutachten des hessischen Bundestagsgesandten v. Lepel dem Ausschuß verraten, in dem dieser seine Ansicht dahin aussprach, daß die Regierungen besser als durch ein Triumvirat oder derartiges ihre Interessen wahren könnten, wenn sie darauf hinarbeiteten, die Wahlen zur Nationalversammlung möglichst auf Leute zu lenken, die im Vertrauen der Regierungen stünden und in ihrem Sinne in der Nationalversammlung wirken könnten.

Das Gutachten war nichts als eben eine Meinung [2]) und hatte keine weitere Folge; es wurde aber von der Opposition mit großer Freude aufgegriffen, um daraus den Beweis herzuleiten, daß der Geist, der in der Bundesversammlung herrsche, immer noch der alte sei, und wurde eine willkommene Ge-

[1]) Smidt, 3. Mai 1848.

[2]) Kirchenpauer, der Hamburger Vertreter am Bundestage, berichtet, das Gutachten sei nicht einmal Lepels geistiges Eigentum, stamme vielmehr von Gervinus und sei von Lepel nur einfach übernommen worden.

legenheit, eine erneute Hetze gegen diese verhaßte Institution zu veranstalten und gleichzeitig die Macht der öffentlichen Meinung wieder einmal zur Anschauung zu bringen, was angesichts der bevorstehenden Eröffnung der Nationalversammlung taktisch von Bedeutung war.

Einen solchen Coup auszuführen, war den leitenden Männern der Linken ein leichtes, denn zwischen ihnen und den radikalen Führern in der Stadt bestand schon ein vertrautes persönliches Verhältnis, insbesondere zwischen Robert Blum und Reinganum. Dieser letztere hatte den Ärger und die Enttäuschung über seine Wahlniederlage noch nicht verwunden und benutzte, wenn wir Smidt glauben dürfen, gern die Gelegenheit, seine Macht zu zeigen.

Es wurde also zunächst einmal in dem Montagskränzchen, das er ganz in der Hand hatte, ein „Schrei des Entsetzens" ausgestoßen und eine Adresse an die Fünfziger „als die einzigen Bürgen gegen offene und geheime Revolution" beschlossen, die am 12. Mai in dem Ausschuß zur Verlesung kam.

Dann wurden Kundgebungen der Massen ins Werk gesetzt, und da aus anderen Gründen, wie wir gleich sehen werden, die Stimmung in Stadt und Umgegend jetzt wieder äußerst aufgeregt war, so genügte schon ein kleiner Anstoß. So wurden denn also in der Nacht vom 13. zum 14. mehreren Senatoren die Fenster eingeworfen, vor dem Taxis'schen Palais und vor dem Hause Harniers, des Vertreters Frankfurts in der Bundesversammlung, wurden Katzenmusiken veranstaltet; aber nicht nur ihm, auch Jucho, dem eben erst Gewählten, wurde ein solches unmelodisches Ständchen gebracht, das war die Rache Reinganums und in der nächsten Nacht ging es noch lebhafter zu: es wurden wieder einmal — wie 1833 Anstalten zu einem Angriffe auf die Hauptwache gemacht, es mußte also Generalmarsch geschlagen werden, und es dauerte lange, bis der Lärm vorüber war. Smidt schrieb darüber (15. Mai): „Blum und Konsorten scheinen es wirklich darauf anzulegen, daß hier alles drunter und drüber gehen soll, wenn die Nationalversammlung sich nicht von ihnen regieren lassen sollte. Der Frankfurter Pöbel wird von ihnen ganz wütend gemacht."

Der Senat war durch den Sturm, den der demokratische Äolus angeregt hatte, so eingeschüchtert, daß er es für nötig hielt, eine besondere Kundgebung zu veranstalten, in dem er das Lepelsche Promemoria mißbilligte; Harnier aber führte jetzt den Gedanken aus, den er schon vor einiger Zeit geäußert hatte, und gab seine Stellung als Bundestagsgesandter wieder auf.

Der Senat ersuchte Souchay, ihn zu ersetzen, und dieser ließ sich die Übertragung der „nicht ganz ungefährlichen Ehre", wie er schreibt, gefallen. Tatsächlich konnte er, als der politische Gegenpol Harniers, in diesem Augenblicke allein in Betracht kommen, aber er war wirklich auch der einzige, der geeignet war, in dieser großen Zeit Frankfurt bei den übrigen deutschen Regierungen zu vertreten. Denn er war, wie wir wissen, derjenige unter den Frankfurter Senatoren, der den bewegenden Gedanken der Zeit die meiste innerliche Bereitschaft entgegenbrachte und der daher wohl der Mann gewesen wäre, Frankfurt aus der Enge des kleinstaatlichen Separatismus in die großen Verhältnisse eines deutschen Bundesstaates überzuführen und es hier einzugliedern.

Ob freilich die Regierungen und namentlich die kleinen hierbei überhaupt mitzuwirken berufen sein würden, das wußte in diesem Augenblicke noch niemand; das hing „einzig und allein" von jener allgewaltigen Versammlung ab, die demnächst die Räume der Paulskirche wieder füllen sollte und der sich Herz und Gedanken aller mit jedem Tage mehr und immer ausschließlicher zukehrten.

Der große Moment war da.

So wie in der deutschen Vorzeit der mittlere Rhein und der untere Main die klassischen Stätten der Vereinigung der verschiedenen Stämme gewesen waren, so wie ehedem die Blicke der Deutschen sich regelmäßig nach Frankfurt gelenkt hatten, wenn es galt, für die Deutschen ein neues Oberhaupt zu finden, so war Frankfurt in dem Wonnemond des Jahres 1848 auch wieder der Mittel- und Zielpunkt des deutschen Lebens, so strebten jetzt Hunderte von deutschen Männern, eine Auswahl der edelsten und besten Träger unserer nationalen Kultur, eine Fülle von Geist und Wissen darstellend, wie sie so niemals vorher und nie wieder beisammen war, aus den verschiedensten Teilen des deutschen Landes der gastlichen Mainstadt zu, um hier, ähnlich wie einst die Altvorderen, das große Volksthing abzuhalten, von dem man glaubte, daß es endgültig über die deutsche Zukunft entscheiden solle.

II.

Schon seit Anfang Mai begannen langsam die bis dahin bereits Gewählten in der Stadt einzutreffen; sie traten bald auch schon zu vorläufigen Beratungen zusammen, in denen allerlei Äußeres wie Geschäftsordnung und derartiges festgesetzt, aber natürlich auch schon die große Angelegenheit der Nation erörtert wurde.

Dieses allmähliche Hereinkommen der Abgeordneten brachte es mit sich, daß sich nicht eine solche Spannung bilden konnte wie beim Vorparlament, daß solche Begeisterungsausbrüche wie Ende März ganz fehlten. Allerdings wurden auf die Aufforderung von Welcker und Mittermayer hin am Vorabend des Zusammentrittes auf den Höhen Feuer angezündet – wie einst im Jahre 1814 —, allein in der Stadt selbst war, im größten Gegensatz zu den Tagen des Vorparlaments, ein besonderer Aufschwung nicht wahrzunehmen. Nur teilweise hatte sich die Stadt aufs neue in Festschmuck gekleidet, und, abgesehen von Glockengeläute und Kanonendonner bei dem feierlichen Zuge von dem Kaisersaale zur Paulskirche, war die Eröffnung des Parlamentes von keiner außerordentlichen Festlichkeit begleitet.

Die Zeit des alles in rosigem Schimmer verklärenden, alle Hemmnisse kühn überfliegenden Enthusiasmus war eben vorbei, und die graue Wirklichkeit begann hervorzutreten. Im ganzen und im einzelnen mehrten sich die Anwandlungen von Sorgenstimmung; denn die Lage war und blieb verworren.

Die Siebzehner, die von den Regierungen gesandten Vertrauensmänner, hatten den Entwurf einer Verfassung ausgearbeitet, der als Bauriß vortrefflich war, es fehlte nur leider nicht bloß an dem Baumeister, sondern auch an allen möglichen anderen notwendigen Bedingnissen zur Ausführung, und die Deutsche Zeitung hatte unzweifelhaft recht, wenn sie sagte: „Wir haben alle mehr oder weniger das Gefühl, daß es bei der Hauptfrage über die höchste Gewalt zu einem Zerwürfnis kommen werde."

Dazu kam, daß auch jetzt wieder Gerüchte aufgetreten waren, daß es bei Gelegenheit der Eröffnung des Parlamentes zu irgendeinem Ausbruche kommen werde, und zwar dachte man jetzt vor allem an sozialrevolutionäre Umsturzpläne; denn schon zeigte das Proletariat um Frankfurt herum und in Frankfurt selber immer bedenklichere Zeichen einer völligen Zerwühlung: die Besitzenden gerieten in Angst, die Bauern der Umgegend kauften mit einem Male eiserne Töpfe, und die Maurer in Frankfurt hatten zu tun, um heimliche Verstecke herzurichten.

Namentlich unter den Gesellen, oder wie man jetzt in Nachahmung französischer Zustände sagte, unter den „Arbeitern", herrschte eine höchst beunruhigende Gärung.

Die Gärung hatte ihren sehr realen Grund — abgesehen von der herrschenden Teuerkeit — in allerlei bestehenden Mißbräuchen, an deren Abstellung bisher kein Mensch gedacht hatte.

Freilich hatte sich im März, als mit einem Male alles in Bewegung kam, gleich als man von Unzufriedenheiten in einigen Gewerben vernahm, ein Ausschuß von angesehenen Bürgern gebildet und hatte die Vermittlung zwischen den Gesellen und den Meistern übernommen. Das genügte aber nun schon nicht mehr. Seitdem die Schranken gefallen waren, alles Bestehende in Frage gekommen war, aufreizende Flugblätter massenhaft erschienen, seitdem insbesondere in den Tagen des Vorparlaments alle Häuptlinge des Radikalismus in Frankfurt erschienen waren, in dem „Essighause" ihren Werbeplatz aufgeschlagen hatten, hatte die vorhandene Unzufriedenheit einen politischen Charakter angenommen: Hecker wurde jetzt der Abgott dieser Kreise, und das änderte sich auch nicht, nachdem sein Aufstandversuch in Baden ein ziemlich klägliches Ende genommen hatte. Im Gegenteil, als in Baden jetzt eine kräftige Gegenbewegung von seiten der Regierung einsetzte — unter dem Einflusse namentlich Karl Mathys — war fast das ganze kommunistisch-republikanische Personal, das sich früher in Mannheim um die dortigen radikalen Blätter, namentlich die Deutsche Volkszeitung, gruppiert hatte, nach Frankfurt übergesiedelt[1]) und hatte hier in dem Vaterlandsverein eine geeignete Basis gefunden. Eduard Pelz (aus Altwasser) und Christian Essellen (aus Hamm) wurden Mitglieder des Vereins, dessen Ziel schon seit längerer Zeit auf Heranziehung und Zusammenschluß des arbeitenden Volkes ausging. Es waren schon mehrfach Versammlungen veranstaltet worden, auf der Pfingstweide und außerhalb, bisher hatten aber immer nur einzelne Gewerke sich genähert. Man wollte aber gerade nicht die einzelnen Gewerke, man wollte das Trennende, was in ihnen lag, beseitigen und das gemeinsame Interesse des arbeitenden Volkes überhaupt zum Prinzip der Vereinigung machen. Nur so konnte Stoßkraft entwickelt werden. Und dazu schritt man jetzt unter Beihilfe der neuen Ankömmlinge. Diese wurden mit in eine Kommission gewählt, welche eine allgemeine Arbeiterversammlung berufen sollte, und am 13. Mai erschienen Plakate an den Mauerecken Frankfurts, die für Sonntag, den 14. „die Arbeiter Frankfurts" zu einer Versammlung in die städtische offene Reitbahn einluden.

Die Bürgerschaft erschrak vor dieser neuen Erscheinung, vor der drohenden Organisation des vierten Standes.

Man fürchtete Unruhen; die gesamte Militärmacht der Republik wurde aufgeboten und stand seit der Mittagsstunde bereit, aber die Vorsicht war unnötig; die Versammlung verlief äußerlich vollkommen ruhig. Nicht auf Tumulte war es abgesehen, sondern auf planmäßigen Kampf, denn die Ver-

---

[1]) Balan, 24. Mai 1848.

sammelten beschlossen, einen Arbeiterverein und eine Arbeiterzeitung zu begründen, die Pelz und Essellen herauszugeben unternahmen.[1])

Schon am 18. Mai, gleichzeitig mit der Eröffnung der Nationalversammlung, hielt der neu gebildete Verein, der angeblich schon über einen Bestand von 2000 Mitgliedern verfügte, in der städtischen Reitbahn eine neue Versammlung (sogen. Generalversammlung) ab, in der er endgültig die Statuten und außerdem eine Petition an das Parlament um Bildung eines Arbeiterkomitees beschloß. Es hieß in der letzteren, die Arbeiter hätten durch ihre Heldensiege in den Straßen von Paris, Wien und Berlin die Fundamente zur konstituierenden Versammlung gelegt. Diese Versammlung hätte daher die Pflicht, sich zuerst mit der Verbesserung der Lage der Arbeiter zu beschäftigen, damit das arbeitende Volk von der Revolution, die es gemacht habe, etwas mehr bekomme als schöne Worte, denn dem Arbeiter hülfen alle politischen Rechte nichts, so lange er durch seine sklavische Stellung dem Arbeitgeber gegenüber an der Ausübung dieser Rechte gehindert werde.

Die soziale Demokratie stellte sich damit zum ersten Male dem konstitutionellen Liberalismus gegenüber — ein historischer Vorgang von wunderbarer Anschaulichkeit! Ein guter Teil des Inhalts der Geschichte des deutschen Volkes in der 2. Hälfte des 19. Jahrhunderts war hier, in diesem Nebeneinander der Tagungen von Vertretern des 3. und des 4. Standes, im Keime bereits vorhanden.

Es war in der Reitbahnversammlung auch noch zur Sprache gekommen, daß Gesellen in der letzten Zeit verschiedentlich gegen ihre Meister demonstriert hätten, wie z. B. erst am Tage vorher viele der in Frankfurt in Arbeit stehenden Bäckergesellen wegen Differenzen mit ihren Meistern die Arbeit niedergelegt hatten und aus der Stadt gezogen waren; es wurde vor derartigem, vereinzeltem Vorgehen oder vor Veranstaltung von Katzenmusiken gewarnt: die Arbeiter seien

---

[1]) Vgl. Bericht in Nr. 1 der Arbeiter-Zeitung.

zu ernst, zu männlich, zu kräftig, um sich zu derlei Spielereien herzugeben, die übrigens nur die Geschäfte der Reaktion besorgten. „Das Volk der Arbeiter“, hieß es bedeutsam, „wird öffentliche Demonstrationen machen, wenn es an der Zeit ist und wenn diese ihren Zweck nicht verfehlen.“

Der Arbeiterverein strebte also offenbar ernstlich darnach, sämtliche Arbeiter der Stadt zu organisieren, um dann in der Lage zu sein, den Arbeitgebern als Macht gegenüberzutreten, und diese Absicht trat auf einer folgenden Versammlung, die er nur wenige Tage später, am 21. Mai, abhielt, noch deutlicher hervor. Hier wurde auch die Überzeugung ausgesprochen, daß der Arbeiterverein sich auch in den allgemeinen politischen Kampf begeben müsse, weil die wirtschaftlichen Ziele ohne politische Freiheiten nicht zu erreichen seien, und als Dr. Jucho und Dr. Binding, die bei der Bedeutung, die die Sache angenommen, erschienen waren, heftig widersprachen und geltend machten, daß der Arbeiterverein sich nur um die besonderen Arbeiterverhältnisse zu kümmern habe, wurde erwidert, die politische Bildung und damit die politische Macht dürften nicht ein Privilegium der sogenannten höheren Stände, der Bourgeoisie, sein, sondern sie müßten auch an das Volk kommen.

Diese offene Kriegserklärung kam nun aber doch etwas zu früh. Das Bürgertum und namentlich derjenige Teil desselben, der in der Auffassung des Arbeitsverhältnisses noch von dem alten bequemen patriarchalischen Gesichtspunkte ausging — und das war natürlich der größte Teil —, war noch im Besitz der Macht und war entschlossen, die Macht zu gebrauchen und die drohende Störung seiner bourgeoisen Behaglichkeit nicht zu dulden.

Man bat also zunächst den Senat, die beiden Redakteure, die als Fremde kein Recht des Aufenthaltes hatten, kurzerhand auszuweisen, und als der Senat sich hinter allerlei Bedenken verschanzte, erschienen am 23. über hundert Bürger bei dem Bürgermeister und drohten, sie würden, wenn ihr Begehren nicht erfüllt würde, keinen Dienst mehr in der Schutzwache tun, woraufhin der Senat, der die Schutzwachen durchaus nicht entbehren konnte, schleunigst nachgab und außer Pelz und Essellen auch den schon früher genannten Literaten Dr. phil. Löwenstein (aus Steinbach) auswies.

Den Besorgnissen der Bürger genügte aber diese Maßregel noch nicht: es wurde auf einer stark besuchten Versammlung im Kaisersaal eine Petition ausgelegt, die den Wunsch aussprach, daß es bei dem Geschehenen nicht bleiben, sondern daß man sich in ähnlicher Weise aller derjenigen entledigen solle, die Anstalten machten, die öffentliche Ruhe zu gefährden. Man wandte sich übrigens zugleich in einer Proklamation an die Mitglieder des Arbeitervereins, in der es hieß, der Verein sei in Gefahr, der *Anarchie* Vorschub zu leisten; das könne den Arbeitern aber nur schaden, die doch vor allem *Arbeit und Unterhalt* brauchten. „Habt Vertrauen zu der Bürgerschaft“, hieß es, „wir sind mit euch, wo euch Gesetz und Recht zur Seite steht.“

Mit ungefähr 1200 Unterschriften bedeckt, wurde die Petition dem Senat übergeben, sie hatte aber zunächst keine weitere Folge und brauchte solche auch nicht zu haben, denn die verfügte Maßregel schien zu genügen.

Einen Augenblick freilich hatte die Sache etwas bedrohlich ausgesehen.

Als die Ausgewiesenen, nach vergeblicher Anrufung des preußischen Residenten, sich anschickten, der Verfügung zu folgen und das Gebiet der Stadt zu räumen sie brauchten freilich zu diesem Zwecke nur nach Bockenheim zu gehen, wo sie ja bereits im sogenannten „Ausland“ waren , verließen ungefähr 600 Gesellen ihre Arbeit, folgten ihren Führern nach Bockenheim und stellten sich ihnen für alle Fälle zur Verfügung.

An Gewaltanwendung dachten nun aber die Ausgewiesenen zunächst nicht. Es wurde nur beschlossen, das Parlament anzurufen, das freilich sollte in einer möglichst augenfälligen Weise geschehen. Zitz und Schlöffel, die beiden Mitglieder der äußersten Linken, die dem sozial-revolutionären Programm am nächsten standen und in deren Händen wohl alle Fäden der Propaganda zusammenliefen, hatten für den nächsten Tag

(25. Mai) einen Antrag angekündigt, der die Mißbilligung der Frankfurter Polizei aussprach: diesem Antrage sollte durch eine Massenpetition das gehörige Gewicht gegeben werden.

Wirklich bewegte sich am 25., um die Zeit, da das Parlament seine Sitzung begann, ein langer Zug von Arbeitern, unbewaffnet, aber in Reihen zu vieren geordnet, unter Vorantragung des Bittgesuches durch die Straßen.[1]) Es waren hauptsächlich Schneider und Schuhmacher; andere Gewerke, wie Schlosser, Schmiede, Metzger, hatten von der Sache nichts wissen wollen; viele von ihnen befanden sich aber unter dem Publikum, das neugierig und dichtgedrängt dem Vorgange zusah. Die Sache verlief indes ziemlich harmlos. Als die Demonstranten und mit ihnen eine nach Tausenden zählende Menge vor der Paulskirche ankamen, trafen sie auf eine Aufstellung von Militär, das der Senat im Einverständnis mit Heinrich von Gagern, dem Präsidenten, versammelt hatte.[2]) Da nach der Geschäftsordnung Abordnungen den Saal nicht betreten durften, so mußte man sich begnügen, die Petition einfach abzugeben, und harrte nun, ob in der Versammlung etwas geschehen werde. Die Versammlung hatte sich aber nicht darauf einlassen wollen, dem Antrage von Zitz und Schlöffel die Dringlichkeit zu bewilligen, und so blieb denn den Demonstranten nichts übrig, als wieder auseinanderzugehen.

Damit war diese Aktion, soweit sie lokaler Natur war, beendigt. An eine längere Arbeitseinstellung konnte nicht gedacht werden. Die Meister hatten sowieso über schlechten Absatz zu klagen, sie konnten also, ohne Verlegenheiten befürchten zu müssen, einfach erklären, sie würden keinen der feiernden Gesellen wieder annehmen, und das genügte, um eine weitere Ausdehnung der Bewegung zu hemmen und die andern zur Rückkehr zu veranlassen (27., 28. Mai). Zu diesem Entschlusse trugen übrigens auch die Ausgewiesenen selber bei, die jetzt wie später die Politik verfolgten, die Aufregung bis zu einem gewissen Punkte zu schüren, dann aber abzu-

[1]) Lutteroth, 27. Mai.

[2]) Gagern an Heyden, 25. Mai 1848. (Nachlaß von Heyden.)

wiegeln, da sie recht wohl wußten, daß die Furcht vor Ausschreitungen ihren Plänen viel besser diente als die Ausschreitungen selber, und die daher auf einer „Generalversammlung“, die am Sonntag, den 28. Mai, in Rödelheim stattfand und zu der die Mitglieder des Arbeitervereins von ihrem Vereinslokale wieder in geordnetem Zuge hinmarschiert waren,[1] den Rat erteilten, die Wirkung der bisherigen Schritte abzuwarten.

Das war in der Tat das Klügste. Die Ausweisungsgeschichte hatte zu dem vorhandenen Agitationsstoffe einen neuen und besonders wirkungsvollen hinzugefügt, denn es mutete allerdings sehr vormärzlich an, daß hier Deutsche in einer deutschen Stadt, noch dazu in derjenigen, in der der deutsche Gesamtstaat geschaffen werden sollte, als lästige „Ausländer“ behandelt wurden. Das formale Recht trat hier zu dem seit dem März bestehenden Rechtsgefühl in einen unausgleichbaren Gegensatz, und der Arbeiterverein hatte von seinem Standpunkte aus Grund genug, in einer öffentlichen Erklärung vom 26. Mai die Ausweisungsmaßregel eine offenbare Rechtsverletzung zu nennen.

Auch von auswärts kamen Proteste und gaben dem Frankfurter Arbeiterverein Gelegenheit zu neuen Kundgebungen. Mit dem Kölner Arbeiterverein, der in einem Schreiben an den Senat seiner Entrüstung Ausdruck gegeben und unter anderem gesagt hatte, der Senat regiere nur im Namen einer Kaste, der Aristokratie des Geldes, wurde Gruß und Versicherung treuen Ausharrens ausgetauscht, den Wiener Arbeitern aber wurde ein Glückwunsch zu ihren bisherigen Heldentaten ausgesprochen und die Versicherung erteilt, daß die Frankfurter Arbeiter, von denen nunmehr bereits 3000 in dem Verein zusammengeschlossen seien, bald, womöglich durch Taten, beweisen würden, daß sie wert seien, sie Brüder zu nennen.

So ging die Agitation weiter, aber auf breiterer Basis; es bahnte sich auf diese Weise die praktische Ausführung dessen

[1]) Nach Dr. Friedleben (Acta Sen. G 8, $\frac{2}{\underline{a}}$) waren hier auch zugegen Dr. Löwenstein, H. D. Oppenheim, Säcklermeister Bayer und Benjamin B. Adler.

an, was Marx und Engels von London aus den Proletariern zugerufen hatten, und dieses von ihnen empfohlene proletarische Gemeinschaftsgefühl sollte nun noch eine weitere Stärkung erfahren durch den Kongreß, der von dem äußerst radikalen Professor Bayrhoffer in Marburg für die Pfingsttage in Frankfurt angesagt war und auf dem außer den eigentlichen demokratischen Vereinen auch die Arbeiter- und die gleichgesinnten Turnvereine vertreten sein sollten.

Es war offenbar auf ein demokratisch-soziales Gegenparlament bei diesem Bayrhofferschen Plan abgesehen, und es war durchaus nicht ausgeschlossen, daß dieses Gegenparlament zu einem Schlage gegen die Paulskirche ausholte, wenn diese unterdessen Beschlüsse faßte, welche den von den Extremen verkündeten Grundsätzen widersprachen. Belehrte doch Zitz auf einer großen Volksversammlung in Bergen die erschienene Menge, es sei seither so oft vorgekommen, daß ein souveräner Regent eine ihm mißliebige Kammer aufgelöst habe; es könne recht wohl einmal umgekehrt das souveräne Volk dieses Recht für sich in Anspruch nehmen und das Parlament auflösen.

Um die Unruhe in Frankfurt selber aufs neue anzufachen, bedurfte es kaum der Aussicht auf diese neuen revolutionären Möglichkeiten.

Die Ausweisungsmaßregel hatte naturgemäß nur partiell und vorübergehend wirken können. Entscheidend war, daß die Verhältnisse in den arbeitenden Schichten dauernd kritisch blieben; es kam wohl zu einer Enquete auf diesem Gebiete, sie hatte aber außer der Bezeugung des guten Willens ebensowenig Wirkung wie die rasch beschlossene Herabsetzung der Mehlakzise auf den fünften Teil des Betrages.

Es kam dazu, daß seit den Tagen des Vorparlaments die politische Gedankenbewegung ganz im allgemeinen einen mächtigen Ruck vorwärts getan hatte und nun eigentlich alles Bestehende in Frage stand, unbegrenzte Hoffnungen und Wünsche erzeugt waren, die sich, wie selbstverständlich, auch auf die bestehende Stadtverfassung erstreckten.

Wir wissen, daß in den Tagen des Vorparlaments der Senat in dieser Frage bereits einen Schritt vorwärts getan hatte. Er hatte vorgeschlagen, daß eine Kommission von XXI eingesetzt werde, welche die Sache prüfen sollte. Das war, im Lichte des Bisherigen gesehen, schon etwas Großes, aber freilich: es eröffnete die Aussicht auf ein Vorgehen auf Grund des Alten und im Rahmen des Alten. Allein denen, die von dem neuen Wein getrunken hatten, den der Genius der Zeit kredenzte, schien es ganz unmöglich, diesen neuen Wein in die alten, morschen Schläuche zu füllen. Unter dem Einfluß der Wahlen zur Nationalversammlung, die einen so mächtigen Fortschritt des politischen Lebens überhaupt bedeuteten, war auch in der Frage der Frankfurter Stadtverfassung die Erkenntnis gereift, daß etwas Rechtes nur werden könne, wenn eine Kommission bestellt würde durch *eben solche Wahlen*, wie sie jetzt eben für die Nationalversammlung vorgenommen waren, also durch *Urwahlen*, an denen *sämtliche* Staatsangehörigen teilnahmen: nur wenn das alte Wahlprivileg der Vollbürger fiel, schien eine „dem Wehen des Zeitgeistes" entsprechende Reform möglich. In einer großen Versammlung in der Katharinenkirche, die damals für die städtischen Dinge das war, was für die allgemein deutschen die Paulskirche, war diese Forderung Berufung einer Versammlung von 50 oder lieber gleich 100 Mitgliedern durch allgemeine Wahlen formuliert und in einer von Dr. Textor entworfenen Petition war sie, unterstützt von Tausenden von Unterschriften, an den Senat gebracht worden. Seitdem wurde nun die Bürgerschaft von den heftigsten Gegensätzen hin und her geworfen. Die Textorsche Forderung hatte schon in der Versammlung Widerspruch gefunden[1]) und fand ihn auch weiter, da sie vielen zu weit ging; allein wie war dieser Widerspruch und der Begriff der abgeschlossenen *Stadtfamilie*, der ihm schließlich zu Grunde lag, aufrecht zu erhalten gegenüber der mächtigen Vorstellung von dem *Volke*, die jetzt alle Köpfe erfüllte, insbesondere, seitdem diese Stadtfamilie bei den Parlamentswahlen bereits den engen Zirkel hatte öffnen und den Juden und Beisassen Einlaß hatte gewähren müssen?

[1]) Journal Nr. 125, 2. Beil.

Die Hauptvertreter der demokratischen Reformgedanken, die vornehmlich im Montagskränzchen vereinigt waren, stellten daher, wie es scheint, die Frankfurter Verfassungsfrage in die zweite Linie: sie hegten die feste Zuversicht, daß im Zusammenhange mit dem allgemeinen politischen Fortschreiten ganz von selbst auch in Frankfurt diejenigen Beschlüsse erfolgen würden, die die nötigen Fortschritte allein sicherten, sie arbeiteten daher vor allem für dieses allgemeine politische Fortschreiten. Sie pflegten also mit besonderem Eifer die Beziehungen zu der Linken des Parlamentes, und sie gaben die Anregung und stellten den Antrag, der auch Annahme fand, daß überall in Deutschland in allen Städten und Orten ähnliche Vereine gegründet würden, welche, „miteinander in Verbindung stehend, eine festgescharte Volkswacht bilden sollten". Natürlich war als Leiter des Ganzen das Montagskränzchen gedacht: es sollte der Mittelpunkt eines allgemeinen deutschen Volksvereins werden oder, wie Smidt sagte, einer jakobinischen Mutterloge, um somit den Vorkämpfern im Parlamente eine feste Organisation zur Verfügung zu stellen und den endlichen Sieg der freiheitlichen Grundsätze auf der ganzen Linie zu sichern.

Indem nun aber das Montagskränzchen in dieser Weise seine Vereinspolitik neu und umfassend orientierte, traten zugleich die sozialen Gegensätze als politischer Faktor hervor, und es stellte sich naturgemäß in dem Verein die Versuchung ein, die soziale Demokratie schützend unter seine Fittiche zu nehmen. Wirklich sprach sich der Verein in einer Kundgebung vom 1. Juni sehr heftig gegen die Ausweisungen aus: „Auch in Frankfurt", hieß es in der Zuschrift an den Senat, „sei mit dem Frühling dieses Jahres ein politischer Frühling angebrochen; Freiheit, Recht und Gerechtigkeit hätten ihre Blüten versprochen, und nun?!" In scharfen Worten wurde die Zurücknahme der Ausweisungsverfügung verlangt, und dieser Haltung entsprach es, daß jetzt im Schoße des Vereins auch die Forderung erhoben wurde, daß der Verein als solcher sich an dem demokratisch-sozialen Pfingstkongresse beteiligen solle.

Diese Forderung fand nun aber doch nur geteilte Aufnahme. Wohl gelang es ihren Vertretern, am 5. Juni, als schon ein Teil der Mitglieder fort war, einen dahingehenden Beschluß durchzusetzen, allein dieser Beschluß rief den heftigsten Widerspruch hervor; der im wesentlichen bourgeoise Charakter des im Montagskränzchen vertretenen Radikalismus trat in diesem Widerspruche deutlich zutage: man wollte Freiheit in jedem Sinne; es gab hier keine Grenzen für die Männer des Montagskränzchens, die völlig eingeschworen waren auf den Grundsatz der Volkssouveränität, aber die Mehrheit wollte die Freiheit doch nur zusammen mit der Ordnung, und da ihr die bestehende gesellschaftliche Ordnung gleichbedeutend mit der Ordnung schlechthin war, so wurde der Beschluß vom 5. am 8. Juni aufgehoben und ein eigentliches Fraternisieren mit der sozialen Demokratie abgelehnt.

Wenn dieser eine Verein sich nun aber auch hier fernhielt: von seiten des Vaterländischen Vereins und natürlich des Arbeitervereins konnte der Kongreß der energischsten Unterstützung sicher sein, und da nun zugleich auch die ganze nähere und weitere Umgebung der Stadt immer mehr sich mit Unruhe erfüllte, da wieder höchst bedrohliche Gerüchte umgingen von Waffenzufuhren, die von französischer Seite zugesagt seien,[1]) so sahen nicht nur die grundsätzlichen Schwarzseher dem kommenden Pfingstfeste mit Unruhe entgegen; sprach man doch gelegentlich schon von einer Verlegung der Nationalversammlung nach Erfurt oder Nürnberg.[2])

[1]) Am 8. Juni berichtet Balan: „Infolge einer hierauf (Zufuhr von Waffen) bezüglichen Mitteilung der königl. Gesandtschaft in Paris habe ich die Behörden zu vermehrter Aufmerksamkeit aufgefordert. Nach Köln und weiter nach Berlin sind vorgestern republikanische Emissäre abgegangen. Auch hiervon sind die Polizeibehörden in geeigneter Weise avertiert, hier in Frankfurt häufen sich seit kurzem die französischen und polnischen Emissäre; mit einem Worte, es ist das öffentliche Geheimnis, daß ein ‚Schlag' vorbereitet wird". — Souchay spricht in seinen Aufzeichnungen davon, daß von seiten des französischen Gesandten, des aus der Pfalz emigrierten Savoye, Schwagers von Ledru Rollin, (vgl. oben Bd. II, 537 und 561) eine besonders auffällige agitatorische Wirksamkeit entfaltet worden sei. Man habe ihn in den frequentesten Bierhäusern finden können.

[2]) Lutteroth-Legat, 5. und 7. Juni; Smidt, 5. Juni.

Allein es schien wirklich Regel werden zu sollen, daß je mehr von einem Ausbruch vorher geredet wurde, desto weniger Anlaß zu wirklicher Sorge war. Tatsächlich erfolgte zu Pfingsten gar nichts. Das kam zum Teil daher, daß die Beratung über die im Mittelpunkte des politischen Interesses stehende Frage einer provisorischen Zentralregierung noch bei weitem nicht zu einem Beschlusse geführt hatte, daß also noch nichts vorlag, wogegen ein Entrüstungssturm hätte entfesselt werden können. Vielleicht war auch aus andern Gründen der „Krawall", wie Smidt schrieb, „abbestellt". Die Führer hatten vielleicht schon erkannt, was nachher auf dem Kongresse zum Beschluß erhoben wurde, daß es aussichtsreicher sei, den Mittelpunkt ihrer Tätigkeit nach Berlin zu verlegen. Es kam dazu, daß die Paulskirche am Samstag beschlossen hatte, Ferien zu machen, die bis zum Mittwoch dauerten, und daß nun alles auf Reisen gegangen war, teils um zu agitieren, teils um sich zu erholen, daß das ganze offizielle Frankfurt also ausgeflogen war. So war die Linke der Nationalversammlung beinahe in corpore aufgebrochen, um in Neustadt eine Erinnerung an das Hambacher Fest zu feiern, in Hochheim war eine Versammlung, wo Zitz redete, auch an verschiedenen andern Orten in der Runde wurde getagt, gerade in Frankfurt selbst aber herrschte statt der gefürchteten „roten Pfingsten" politische Feiertagsstille.

Was nun den demokratisch-sozialen Kongreß selbst anlangt, so begann er erst am Mittwoch den 14. und dauerte bis zum 16. Er war von ungefähr 200 Delegierten besucht, und seine Verhandlungen waren öffentlich. Die Tagung verlief äußerlich ohne Zwischenfälle, aber der Ton der Reden war auf den äußersten Radikalismus gestimmt, und wenn die Leiter von dem Plane einer Aufbietung der Massen zu irgendeiner Gewalttat abgesehen hatten, so zog der Gedanke einer solchen „Tat" wie ein roter Faden durch alles, was gesagt wurde. Der Beschluß, die Nationalversammlung aufzufordern, sie möge Friedrich Hecker, der unterdessen in Thiengen gewählt worden war, sofort den ihm gebührenden Sitz in der Paulskirche einräumen, war ein trotziges Bekenntnis zum Prinzip der bewaffneten Revolution und bedeutete natürlich eine Herausforderung, aber es ist ein Kennzeichen der Lage, daß diese Herausforderung gewagt wurde. Wie stark man sich in diesen Kreisen schon fühlte, zeigt der Umstand, daß die drei vor kurzem erst aus Frankfurt Verwiesenen jetzt ganz keck in der Stadt wieder erschienen, zunächst um an dem Kongreß teilzunehmen, daß sie aber der Polizei gleichzeitig erklärten, daß sie nunmehr auch weiter in der Stadt bleiben würden, und die Behörden waren jetzt schon so klein geworden, daß sie diesen Trotz hinnahmen. Essellen war übrigens in der Zwischenzeit von den Permissionisten als ihr Vertreter im Parlament erwählt worden ohne natürlich Zugang dazu zu finden und beanspruchte wohl auch aus diesem Grunde das Recht des Aufenthaltes.[1])

Im ganzen ließ der Kongreß einen verstärkten Bodensatz von anarchischer Gesinnung in der Stadt zurück. Es war ein Komitee ernannt worden, das provisorisch bis der für Berlin einberufene demokratische Kongreß weiteres verfügt hätte – in Frankfurt seinen Sitz haben sollte und das sich aus Zitz, Bayrhoffer, Ronge und Germain Metternich zusammensetzte, und dieses Komitee, zusammen mit den jetzt zurückgekehrten Arbeiterführern, sorgte dafür, daß mit dem Namen Friedrich Hecker und der revolutionären Romantik, als deren Vertreter gerade er eine wunderbare Popularität erlangt hatte, der Gedanke der „Tat“ immer tiefer in die Massen drang.[2])

Den nächsten Anlaß zur Erregung boten jetzt die Debatten, die sich in der Nationalversammlung über die *Zentralgewalt* erhoben.

Der Ausschuß hatte durch seinen Berichterstatter Dahlmann den Antrag auf Bildung eines Triumvirats gestellt. Dieses sollte durch die Regierungen geschaffen und unter Zustimmung der Nationalversammlung ernannt werden. Die Linke

[1]) Lutteroth, 13. Juni. — In Nr. 5 der Arbeiter-Zeitung hatte Essellen sein Glaubensbekenntnis im Sinne der *einen*, unteilbaren, deutschen Republik entwickelt.

[2]) Bericht Polizei-Amts vom 10. Juli. — Journal Nr. 164. Balan, 15. Juni.

aber blieb bei ihrer Forderung, daß die Teilnahme der Regierungen durchaus ausgeschlossen sein sollte. Sie steuerte auf die Republik hin; sie wollte demnach nur einen Inhaber der zu schaffenden Zentralgewalt, und zwar einen solchen, der von der Nationalversammlung zu ernennen sei, sie wollte also im Grunde die Zentralgewalt für sich selber haben.

Tagelang wogte der Kampf hin und her; in der Paulskirche nicht nur, auch in den Versammlungen der Klubs wurde mit Ungestüm debattiert. Auch das Montagskränzchen nahm in dieser rein politischen Frage leidenschaftlich Partei für die Forderung der äußersten Linken. So wie es in einer Adresse die Bitte um Amnestierung Heckers und seinen Wiedereintritt ins Parlament aussprach, so sprach es sich in einer weiteren Adresse auf das Bestimmteste für das Prinzip der Volkssouveränität aus und begehrte deshalb die Verwerfung der Anträge des Ausschusses, sprach zugleich die Hoffnung aus, die Nationalversammlung werde nur einem solchen Antrage beistimmen, welcher den Grundsatz der Volkssouveränität in seiner vollsten Wahrheit anerkenne. Smidt hatte recht, wenn er am 28. Juni schrieb, die Idee der Volkssouveränität, und daß dieselbe für Deutschland ihre Emanation in der Nationalversammlung gefunden habe, wirke wie der Becher der Circe: wer einmal daraus getrunken, verwandele sich aus einem Politiker in einen Fanatiker, in einen religiösen Schwärmer, für den Erwägungen des praktisch Nützlichen und Möglichen nicht mehr existierten. Der Dahlmannsche Antrag erwies sich unter diesen Verhältnissen alsbald als aussichtslos. Die Versammlung redete sich immer mehr in ihren Machtrausch hinein: so wie die Linke die Wahl als ein Recht der Versammlung forderte, so tobte sie auch gegen die Zumutung, daß der Inhaber der Zentralgewalt selbst unverantwortlich sein und nur die Ausübung der Gewalt verantwortlichen Ministern überlassen solle. Man wollte auf der äußersten Linken durchaus keinen Mann fürstlicher Stellung, keine monarchische Spitze, und es wäre vielleicht jetzt schon zu einem offenen Bruche gekommen, wenn nicht Heinrich von Gagern mit dem gewaltigen Gewicht seiner Persönlichkeit dafür eingetreten wäre, der Linken weit entgegenzukommen, und mit seinem berühmten „kühnen Griffe" erklärt hätte, daß allerdings die Versammlung selber den Reichsverweser machen müsse, ein Entgegenkommen, das ihm praktisch möglich war, da es schon feststand, daß die Mehrheit der Nationalversammlung bereit sein werde, in dem Erzherzog Johann einen Mann zu wählen, der von den Regierungen nicht abgelehnt werden und der selber bereit sein werde, dem Rufe zu folgen,[1]) das grundsätzlich freilich seine Bedenken hatte und in sich auch den Keim zu schweren Konflikten barg. Im Augenblick brachte das Vorgehen Gagerns aber doch die Lösung. Am 28. Juni erfolgte die Annahme des Gesetzes über die provisorische Zentralgewalt und damit gleichzeitig die Bestimmung, daß mit dem Eintritt ihrer Wirksamkeit das Bestehen des Bundestages aufhöre, und am 29. Juni kam es zur Wahl.

Gagern sagte zur Einleitung die bedeutenden Worte: „Es ist die Stunde gekommen, wo seit Jahrhunderten zum erstenmal wieder das deutsche Volk berufen ist, sich eine Regierung zu setzen für seine Gesamtangelegenheiten und an die Spitze dieser Regierung ein Haupt zu setzen." Als dann die Wahl geschehen war und Gagern begann: „Ich proklamiere also hiermit Johann, Erzherzog von Österreich, zum Reichsverweser von Deutschland", da erhob sich die Versammlung in fast einmütiger Begeisterung, und ein nicht endenwollender Beifallssturm erhob sich im Saale und auf den Galerien. Als Gagern dann weiter fortfahrend hinzugefügt hatte: „Er bewahre die alle Zeit gezeigte Liebe zu unserem großen Vaterlande, er sei der Gründer unserer Einheit, der Bewahrer unserer Volksfreiheiten, der Wiederhersteller von Ordnung und Vertrauen; noch einmal, Erzherzog Johann, der Reichsverweser, lebe hoch!", da erneuerte sich der Sturm, jetzt tönten auch die Glocken mit ihrem Geläute, die Kanonen mit ihrem Donner in das Stimmengebraus,

[1]) Smidt, 23. Juni 1848: „Ich fragte Schmerling gestern abend, ob er der Annahme des Erzherzogs Johann auch sicher sei. Er erwiderte: ‚So etwas schlägt man nicht aus', gab mir auch zu verstehen, daß er ihn bereits darauf vorbereitet habe."

man schüttelte sich die Hände, umarmte sich, überwältigt von dem Gefühl der Freude über die endliche Wiedergeburt der deutschen Einigkeit.

Noch an demselben Tage gingen sieben Mitglieder des Parlaments, darunter auch der Vertreter Frankfurts, Dr. Jucho, wie einst die sieben Kurboten der Kurfürsten nach Wien ab, um dem Erzherzog die Kunde von seiner Wahl zu überbringen.

Allenthalben wurde der Deputation auf der Durchreise ein festlicher, ja ein stürmischer Empfang bereitet, besonders groß aber war die Begeisterung in Wien. Der Erzherzog erklärte sich ohne Zögern zur Annahme der Wahl bereit, auch dazu, sofort nach Frankfurt zu kommen, um von der neuen Würde Besitz zu ergreifen. „Es ist", sagte er, „eine herrliche Sache um den Besitz einer Krone, aber den höchsten Wert hat in meinen Augen eine Bürgerkrone."

Am Abend wurde ihm und den Deputierten von Nationalgarden, Bürgern und Studenten ein Fackelzug gebracht. Als die Frankfurter Deputierten am folgenden Abend im Theater am Kärnthnertor erschienen, wurde die Oper unterbrochen und das ganze Publikum sang: „Was ist des Deutschen Vaterland?"

In Frankfurt selber begrüßte man natürlich die Entscheidung, die jetzt gefallen war, mit besonderer Genugtuung; es konnte nur im Augenblick diese Empfindung noch nicht frei hervortreten, denn gerade die Tage, die der Wahl folgten, waren voll Unruhe und Sorge.

Die äußerste Linke, die der überzeugten Republikaner, brachte nämlich ihre Enttäuschung darüber, daß nun doch ein „Unverantwortlicher" gewählt worden war, durch allerlei Kundgebungen zum Ausdruck, die äußerlich einiges Schreckhafte hatten. So erschien an den Straßenecken ein riesiges Plakat, unterschrieben von Ronge, Metternich und Bayrhoffer, in dem erklärt wurde, der Beschluß mache eine neue Revolution nötig: man solle der Nationalversammlung jede fernere Anerkennung versagen, die volksfeindliche Mehrheit verwerfen und die Linke zum Ausscheiden auffordern. Als ein Mitglied der Linken dieser Aufforderung nachkam und seinen Austritt aus dem Parlament anzeigte, wurde ihm von dem Arbeiterverein ein Fackelzug gebracht, unter den Fenstern von Heinrich von Gagern aber, bei dem schon am 22. eine Katzenmusik veranstaltet worden war, ertönten Hochrufe auf Hecker. Die Aufregung und die beständigen Kundgebungen zugunsten dieses Heros der Rebellion nahmen in den folgenden Tagen in besonders auffälliger Weise zu.[1]) Fast täglich fanden Versammlungen statt — am 3. Juli z. B. wieder eine Versammlung des Arbeitervereins in der Reitbahn , in denen ganz offen zur Erhebung aufgefordert wurde.

In diesen Tagen bildete sich auch zu den schon vorhandenen Vereinen ein neuer, der sich „Demokratischer Verein" nannte und der ganz besonders aktionsbereite Elemente umfaßt zu haben scheint. Die Plakate an den Mauerecken, die Flugschriften leisteten an Aufhetzung das Unglaublichste, es schien irgendeine Schranke für die souveräne Ungebundenheit der Massen nicht mehr zu geben, denn die Einschüchterung derer, die für diese Schranken zu sorgen hatten, war vollkommen; die Polizei wagte kaum mehr, sich zu zeigen.[2])

Durfte dieser Zustand aber dauern?

Die Ankunft des Reichsverwesers stand bevor. Frankfurt sollte sein Sitz werden. Legte diese glänzende Rolle, zu der Frankfurt berufen war, der Stadt nicht die erhöhte Verpflichtung auf, für Ordnung und würdige Zustände zu sorgen?

Erwägungen dieser Art waren es wohl, die die ruheliebende Bevölkerung der Stadt bestimmten, sich am 3. Juli in einer Petition zusammenzutun, um den Senat aufzufordern, das Steuerruder des Staates mit mehr Energie zu handhaben und der bestehenden Gefahr gegenüber mehr Kraft anzuwenden. Konnte dies aber der Senat eigentlich überhaupt noch? Durfte er es noch wagen, seine Autorität auf die Probe zu stellen? Es bestanden in dieser Beziehung nur allzu begründete Zweifel, und diese Zweifel wurden zur Gewißheit,

[1]) Balan, 2. Juli 1848.

[2]) Bericht des Pol.-Amts vom 10. Juli 1848.

als der Senat, sicherlich wohl auf Grund dieser dringenden Mahnung, die Zügel etwas schärfer anzog. Die Wirkung war, daß die Pferde das Gebiß zwischen die Zähne nahmen und durchgingen.

Die Dinge, um die es sich hier handelt, trugen sich in Sachsenhausen zu.

III.

Die Bedeutung des Aufstandes in Sachsenhausen ist, daß der Zustand der Auflösung, in dem sich der kleine Staat Frankfurt befand, durch ihn offenbar wurde; er zeigte, wie es sich mit den für den äußersten Fall bestimmten Mitteln der Stadt verhielt, dem Willen der Obrigkeit Achtung und Gehorsam zu erzwingen, d. h. mit der sogenannten „bewaffneten Macht".

Wir wissen, daß dabei zwischen Stadtwehr und Linie zu unterscheiden ist. Das Linienmilitär hatte Ursprung und Bedeutung darin, daß die Bundeskriegsverfassung jedem Staate die Stellung eines bestimmten Kontingentes auferlegte, und wir wissen, daß die Frankfurter sich die persönliche Dienstpflicht in dieser Truppe, die auch für den Ernstfall bestimmt war, dadurch fern hielten, daß sie dieses Kontingent durch Werbung zusammenbrachten. Die Frankfurter sorgten stets dafür, daß diese Truppe äußerlich die Republik würdig repräsentierte, allein da sie doch eben aus bezahlten Leuten bestand, sahen sie von jeher mit einer Art Herrengefühl auf sie herab; in der Gegenwart war sie, wie alles stehende Militär, Gegenstand des demokratischen Hasses geworden, ihrer Verwendbarkeit im Falle von Unruhen daher die engsten Grenzen gezogen.

Im Gegensatz zu ihr war die Stadtwehr eigentlich das Schoßkind des freistädtischen Patriotismus. Man lese nur die Elegien, die ihr später, als sie verschwunden war, gewidmet wurden. Zwar sind diese Nachrufe, z. B. der bekannte von Friedrich Stoltze, durch und durch mit Ironie getränkt und lassen erkennen, daß diesem Stadtwehrkultus doch unendlich viel unfreiwillige Komik anhaftete, daß die Stadtwehr der

Eitelkeit und der Wichtigtuerei ein weites Feld eröffnete und daß ihre eigentlichen militärischen Qualitäten gering waren, allein auch sie war äußerlich recht stattlich, und so lange sie nur, wie es in einer einheimischen Schilderung heißt „durch friedliche Exkursionen nach dem Grindbrunnen oder durch pompöse Korpsbälle in Anspruch genommen war“, erfüllte sie, was man von ihr verlangte, ja sie ließ, als 1848 unter den übrigen Forderungen auch die der Volksbewaffnung erhoben wurde, die Frankfurter Zustände sogar in sehr zeitgemäßem Lichte erscheinen, denn der Senat konnte in seiner Antwort vom 10. März, die wir kennen, darauf hinweisen, „der hiesige Freistaat sei bereits im gesetzlichen Genusse allgemeiner Volksbewaffnung“.

Wenn man freilich genauer hinsieht, so war das, was in Frankfurt in der Art bestand, das gerade Gegenteil von dem, was unter Volksbewaffnung zu verstehen ist, denn die große Menge der Stadtwehr bestand aus geschlossenen „Korps“: der freiwilligen Artillerie, der freiwilligen Kavallerie, den freiwilligen Jägern und der freiwilligen Infanterie (den sog. Weißbüschen), die mit besonderen Vorrechten und Statuten ausgestattet waren und die eigentlich viel mehr uniformierte Vereine als wirkliche Truppenkörper darstellten. Neben ihnen bestand noch die eigentliche Stadtwehr; sie enthielt aber nur diejenigen, die in jenen Vereinen nicht Aufnahme hatten finden können, sie war also sozial minderwertig, wurde von den übermütigen Korps als „Dreckbatscher“ bezeichnet und fristete nur äußerst mühselig ihr Dasein, da sich von dem Dienste in ihr jeder, der es irgend konnte, wegdrückte. Sie war im Durchschnitt auch nur immer höchstens 200 Mann stark, während die Korps zusammen etwa 800 Mann ausmachten. Diese ca. 1000 — nicht 3000, wie offiziell immer behauptet wurde — waren in Wirklichkeit die ganze vorhandene Macht. War denn nun auf sie wenigstens im Ernstfalle zu rechnen?

Im eigentlich militärischen Sinne natürlich nicht, und auch sonst nur mit Einschränkung. Da von wirklicher Disziplin nicht die Rede sein konnte und auch der Gehorsam im wesentlichen, wie die Korps selber, nur ein freiwilliger war, so tat man gut, nur das zu befehlen, was voraussichtlich auch ausgeführt wurde, und auf keinen Fall große Anforderungen zu stellen.

Es mußte daher, als im März diese Anforderungen kamen, sofort die Einrichtung der Schutzwachen getroffen werden, die uns bekannt ist.

Diese Schutzwachen leisteten in dem Momente ihres Entstehens und während des Vorparlamentes ganz gute Dienste, allein es war bei ihnen noch mehr als bei der Stadtwehr alles auf den guten Willen gestellt. Als eine wirklich erhebliche Verstärkung der Staatsgewalt konnten sie nicht gelten. Sie gewährten mehr den Schein der Sicherheit als diese Sicherheit selber.

Der Schwerpunkt blieb also doch bei der Stadtwehr, allein dieser wurde nun gerade das Jahr 1848, in dem sie ihre Daseinsberechtigung zu erweisen hatte, zum Verhängnis. Die sozialen und politischen Parteiungen, die dieses Jahr mit sich brachte, rissen sie, die die Spuren der inneren Spaltung schon früher gezeigt hatte, vollends auseinander. Die Korps stellten sich zum Teil, soweit sie aus bourgeoisen Elementen bestanden, auf die Seite der Ordnung und bewiesen Ernst und Eifer für diese Sache, zum Teil aber, wie namentlich die Freiwilligen Jäger die auch lokal eine Sondergruppe darstellten, indem sie sich zum allergrößten Teile aus Sachsenhausen und der Alten Gasse (am heutigen Peterstor-Durchbruch) zusammensetzten --, erfüllten sie sich mit dem Geiste der Freiheit und Unabhängigkeit, zum Teil endlich, wie die etwas mißachtete eigentliche Stadtwehr, die „Rothenburger", wie sie nach ihrem ersten Major hieß, sympathisierte sie mit dem Proletariat.

Das alles hatte sich herausgebildet namentlich in den Wochen nach dem demokratischen Kongreß, unter dem Einfluß der unablässigen Arbeit der Volksaufrührer, die seit dieser Zeit in Frankfurt das Feld vollkommen beherrschten. Namentlich die Propaganda für Hecker hatte gezündet, und um Heckers willen begann denn auch der Lärm, der in Sachsenhausen die Krisis, die sich hier schon seit einiger Zeit vorbereitet hatte, herbeiführte.

Die eigentlichen Ursachen dieser Krisis liegen in dem eigentümlichen, etwas gespannten Verhältnis, das von jeher zwischen der im wesentlichen körperlich arbeitenden Bevölkerung Sachsenhausens und der Frankfurter Stadtbevölkerung bestand. Es gab zwar auch unter der Sachsenhäuser Bevölkerung einen Gegensatz, den zwischen den im ganzen wohlhabenden Gärtnern des Oberquartiers und den Fischern und Schiffern des Unterquartiers, und auch dieser Gegensatz spielte jetzt seine Rolle, allein über diesem Gegensatz bestand das alle einigende massive Sachsenhäuser Selbstgefühl und ein äußerst zäher und reizbarer Partikularismus, durch den Geist der Zeit zu einem wilden Unabhängigkeitstrotz gesteigert, der sich freilich bei der niederen Bevölkerung in einer gefährlichen Bereitschaft zu Gewalttat und ausschweifendem Tun jeder Art äußerte.

Von einem solchen Akt des souveränen Übermutes nahm die Sache ihren Ausgang: einer Katzenmusik, die einem Mann dargebracht wurde, der ein Heckerplakat heruntergerissen hatte, und Fenstereinwerfen bei einem mißliebigen Bäcker. Diese Vorgänge wurden dadurch bedeutsam, daß sie gerade in den Zeitpunkt fielen, in dem die Behörden den Entschluß gefaßt hatten, zu zeigen, daß sie noch da seien. Es ging also auf Verlangen des geschädigten Bäckers noch in der Nacht eine kleine Abteilung von Soldaten, meistens den unbeliebten Weißbüschen angehörig, von Frankfurt nach Sachsenhausen hinüber, um die Ruhestörer zu verhaften, diese aber setzten sich zur Wehr und trieben die Uniformierten in schimpflicher Flucht nach Frankfurt zurück.

Nun bekam die Sache größeren Umfang. Zunächst erhielt am folgenden Tage, dem 7. Juli, ein stärkeres Polizeiaufgebot den Auftrag, die nötigen Verhaftungen vorzunehmen; als dieses aber dasselbe Schicksal erfahren hatte wie die nächtliche Patrouille, wurde eine starke Abteilung Linienmilitär, etwa 100 Mann, zu denen auch jetzt wieder noch etwa ein Dutzend Weißbüsche hinzukamen, hinüberbeordert.

Es scheint nun, daß dieses Erscheinen des „Militärs“ alle aufrührerischen Instinkte der „Dribbdeibächer“ bis auf den Grund aufwühlte: die Straßen füllten sich mit aufgeregten Menschen, Drohrufe wurden laut; es gelang den Truppen noch bis in das Hauptquartier der Unruhstifter vorzudringen, es wurde auch wirklich, trotz des immer heftigeren Andrängens der Menge, trotz allen Schreiens und Schimpfens, das aus allen Fenstern erscholl, einer der schon lange polizeilich Gekennzeichneten dingfest gemacht; eine Patrouille von etwa 15 Mann wurde beauftragt, ihn ins Gefängnis abzuführen, aber kaum hatte sie sich auf den Weg gemacht, so wurde sie von allen Seiten auf das wütendste mit Knütteln und Steinwürfen angegriffen; nur mit gefälltem Bajonett und mit dem Kolben konnten sich die Soldaten den Weg die Brückenstraße hinunter frei machen, hier aber wurde ihre Lage so es fielen jetzt auch schon einzelne Schüsse , daß an ein Weiterkommen nicht mehr zu denken war: nur mit knapper Not gelang es den Soldaten, sich mit ihrem Gefangenen in das Deutsche Haus zu werfen und das Tor hinter sich zuzuschlagen, allein sie waren hier nur für den Augenblick geborgen; denn die Wütenden, die durchaus den Gefangenen befreien wollten, begannen nun gegen das Tor anzustürmen, und es war deutlich, daß dies nicht allzulange Widerstand leisten werde. In diesem Augenblicke erschien von der Brücke her eine Abteilung Freiwilliger Jäger. Es geschah dies infolge einer Anordnung des Oberkommandos, das von dem drohenden Zustande in Sachsenhausen Kenntnis erhalten und das ganze Bataillon, welches auf dem Grindbrunnen gerade exerzierte, schleunigst zurückbeordert und auf dem Paulsplatze hatte Stellung nehmen lassen. Hier hatte dann der Leutnant Bansa — seinem bürgerlichen Stande nach ein Advokat und Dr. juris — den Auftrag erhalten, mit 1½ Kompagnien hinüberzugehen und sich dem Linienmilitär anzuschließen, allein es zeigten sich schon hier unter den Leuten Anzeichen einer höchst bedenklichen Aufregung. Als auf dem Marsche über den Markt ein Haufen junger Leute den Jägern zurief: „Hecker hoch“, so erscholl aus ihren Reihen der gleiche Ruf; nur mit der größten Mühe gelang es Bansa, die Ordnung einigermaßen aufrecht zu erhalten, aber die Hochrufe auf Hecker wiederholten sich immer wieder, immer stärker wurde die Unruhe in den Gliedern, als sie aber nun in der Brückenstraße erschienen und von der Menge mit stürmischer Begeisterung empfangen wurden, als ihnen ein „Hurrah die Jäger" entgegenscholl, — da löste sich fast alles auf, die Truppe zerrann den Offizieren unter den Händen, die meisten gingen zum Volke über.

Dieses hatte gerade sein Ziel erreicht, den Eingang zum Deutschen Hause erstürmt und errichtete nun auf der Brücke eine Barrikade; — da erschien das Linienmilitär, das bisher tatlos in der Bäckergasse gestanden hatte, am Ende der Straße, die zum Deutschen Hause hinführt, und nahm Front dahin.

Die Aufständischen hatten aber kaum die Uniformen erblickt, so erhoben sie sofort ein wildes Geschrei: „Da sind sie, schießt sie nieder!" hieß es, und es fiel erst ein Schuß, dann ein zweiter und dann noch etwa dreißig weitere. Gleich einer der ersten Schüsse streckte einen Gefreiten tot nieder, und nunmehr warteten die in seiner Nähe stehenden Kameraden ein Kommando nicht ab und gaben gleichfalls ein paar Schüsse ab, sofort aber trat einer der Leutnants dazwischen und verwehrte das weitere Schießen. Gleich darauf wurde die ganze Truppe nach dem Affentor zurückgenommen, und als hier der Kommandant die Versicherung erhielt, es sei nicht mehr möglich, über die Brücke zu kommen, die Fenster aller Häuser zunächst der Brücke seien mit Bewaffneten besetzt, auch die von der andern Seite herangeführten Truppen seien zurückgewiesen worden, übrigens seien im Deutschen Hause keine Soldaten mehr — was nicht zutraf, die Soldaten hatten sich nur versteckt —, so zog er mit seinen Leuten zum Affentor hinaus nach dem Main hinunter und ließ sie da übersetzen.

Der Sieg war vollständig. Sachsenhausen war in den Händen der Aufrührer, die sich nun auch auf der Straße nach den beiden Toren hin, dem Affentore und dem Schaumaintore, durch Barrikaden sicherten.

Bei diesem Barrikadenbau tritt nun noch — neben den Sachsenhäusern selber und den abtrünnigen Freiwilligen Jägern — ein drittes Element hervor, zum endgültigen Beweise, daß dieser Aufstand in Sachsenhausen tatsächlich ein politisches Ereignis war und, wenn nicht von der revolutionären Zentralstelle, sagen wir der Heckerpartei, angelegt, doch von ihr jedenfalls sofort als höchst gelegen in ihre Pläne mit aufgenommen war. Wir hören nämlich von verschiedenen Seiten, daß sich auf der Brückenbarrikade mehrere elegant Gekleidete bemerklich machten; insbesondere wird einer genannt, der die Rolle eines Anführers spielte, ein Postpraktikant Dr. jur. Wilhelmi, aus Langenschwalbach gebürtig: ein jugendlicher, schlanker Mann mit blondem Haar und Bart, ein paar Narben im Gesicht, vielleicht ein ehemaliger Burschenschafter.

Wenn von einer Leitung des Aufstandes die Rede sein kann, so wird man sie gerade bei Wilhelmi zu suchen haben, der auch einer der Mitbegründer des „Demokratischen Vereins" war. An der Brückenbarrikade, auf der auch eine rote Fahne wehte, führte er das große Wort. Es wurden hier Posten ausgestellt und Pechpfannen angeschafft, die die ganze Nacht hindurch im Brennen erhalten wurden.

Übrigens verlief die Nacht verhältnismäßig ruhig. Hierzu trug zunächst einmal bei, daß bald nach 9 Uhr ein gewaltiger Gewitterregen niederging, der die Leute in die Häuser trieb. Für die große Masse war auch mit dem erzwungenen Abzug der in Sachsenhausen einmarschierten Liniensoldaten, mit der Verbarrikadierung der Vorstadt und der Sicherung gegen ein Eindringen neuer Abteilungen der Linie alles nur irgend Wünschenswerte erreicht, und der Zorn begann zu verrauchen. Nur einige besonders Unversöhnliche trieben das Werk der Rache noch weiter, indem sie den unglücklichen Soldaten nachspürten, die im Deutschen Hause versteckt und durch den Abzug ihrer Kameraden preisgegeben waren. Eine erste Durchsuchung der Gebäulichkeiten mit Fackeln hatte keinen Erfolg. Dann aber, gegen Morgen, fand sich ein Verräter, und nun wurden die armen Menschen hervorgeholt, sie mußten ihre Waffen abgeben, ihre Uniformen wurden ihnen vom Leibe gerissen, sie wurden geschmäht, geschlagen, mehrfach mit dem Tode bedroht, und endlich wurden sie, da sich denn doch einige fanden, die zur Mäßigung rieten, dem Wachhabenden auf dem Affentor abgeliefert, der sie unter Eskorte nach Frankfurt hinübersetzen ließ.

Das war nun aber doch nur ein Nachspiel. Das eigentliche Drama war zu Ende. Ein neuer Akt wäre nur möglich gewesen, wenn ein ähnlicher Erfolg wie in Sachsenhausen auch in Frankfurt erzielt worden wäre, und es ist möglich, daß man im Kreise der Eingeweihten darauf rechnete. Ein solcher Erfolg blieb aber aus.

Wohl waren auch in Frankfurt die Arbeiter in den kritischen Stunden in Erregung gekommen: in der Fahrgasse und in den benachbarten Straßen rotteten sie sich zusammen und zeigten Neigung, nach Sachsenhausen zu ziehen, sie waren aber unbewaffnet und trafen auf der Brücke auf die von Sachsenhausen zurückgewiesenen Weißbüsche, die ihnen den Weg verlegten; es kam dazu auch hier die Wirkung des Regens, es waren ferner durch Generalmarsch auch die Schutzwachen alarmiert worden, und diese dann im Laufe der Nacht in Tätigkeit getreten. Es war allerdings, als der Regen vorüber war, wieder zu erneuten Ansammlungen zwischen Dom und Fahrgasse gekommen; hier erschien auch der „Präsident" des Arbeitervereins, Essellen, und er war gerade dabei, eine Ansprache an einen Haufen zu halten, als eine von einem Metzgermeister geführte Schutzwachenpatrouille herankam. Sobald der Führer des Essellen ansichtig wurde, rief er: „Den suchen wir schon lange" und faßte ihn an, um ihn zu arretieren. Das führte zunächst zu einer Prügelei, da die Anhänger Essellens ihren „Präsidenten" nicht fortführen lassen wollten, der Metzgermeister mit den Seinen behielt aber die Oberhand und eskortierte den Gefangenen trotz seines Sträubens wirklich die Fahrgasse hinauf nach der Konstablerwache zu. Darüber kam es dann zu einem großen Tumult; an der Wache sammelte sich eine große Menschenmenge; man hörte rufen: Arbeiter heraus, Altgässer heraus! Dazwischen erschollen

Hochrufe auf Hecker und die Republik, allein es blieb bei diesem drohenden Gebahren, Kolben und Bajonett reichten aus, um der Schutzwache den Weg frei zu machen, Essellen wurde eingeliefert, und die Menge verlief sich.

Ob Essellen wirklich, wie er später im Verhör angab, die Seinigen davor hatte warnen wollen, sich an dem Aufruhr jenseits des Mains zu beteiligen, oder ob er nur abriet, weil er sah, daß sie unbewaffnet waren und deshalb gar keine Aussicht auf Erfolg hatten, ist nicht festzustellen. Sicher ist, daß man gut getan hätte, ihn auf längere Zeit unschädlich zu machen, wozu man alles Recht gehabt hätte. Es wurde wohl eine Petition des Arbeitervereins, die seine Freilassung forderte, abgelehnt, damit aber war die Energie erschöpft: er wurde am 2. August schon wieder entlassen, nachdem er versprochen hatte, das Gebiet der Stadt nicht wieder zu betreten. Wie er dies Versprechen hielt, werden wir sehen.

Ob diejenigen, die in Sachsenhausen die Führung an sich gerissen hatten, von den Vorgängen in Frankfurt etwas erfuhren, wissen wir nicht. Wir hören nur, daß am Morgen des 8. Wilhelmi und ein Hauptmann der Freiwilligen Jäger sich zu dem Bürgermeister begaben, um zu „unterhandeln“, und das Ergebnis scheint dann gewesen zu sein, daß von beiden Seiten das Versprechen erfolgte, von weiterem abzustehen: so wurden also in den ersten Morgenstunden die Barrikaden abgetragen und damit der Verkehr, der sich schon sehr angestaut hatte, freigegeben, die Staatsgewalt verzichtete dagegen auf jede Maßregel der Sühne für die schweren Vergehungen gegen die öffentliche Ordnung. Eine Kriminaluntersuchung wurde eröffnet, Hunderte von Zeugen vernommen, monatelang wurden Protokolle geschrieben und es kam endlich zu ein paar recht gelinden Bestrafungen, die auch noch zum Teil im Wege der Gnade erlassen wurden; daß es sich um Landfriedensbruch und Hochverrat handelte, übersah man.

Man war in Wirklichkeit in den regierenden Kreisen wohl tief erschrocken über die Geschehnisse, allein man durfte die Sache durchaus nicht an die große Glocke hängen. Frankfurt war der Sitz der Nationalversammlung, in wenigen Tagen sollte der Reichverweser eintreffen: wie konnte man da zugestehen, wie bedenklich es im Grunde mit der öffentlichen Sicherheit stand. Es scheint, daß die Parole ausgegeben wurde: die Sache harmlos darstellen! Die Zeitungen verkündeten einstimmig: es ist nur ein Krawall gewesen, ohne allen politischen Hintergrund; der Senat erließ eine gefühlvolle Ansprache im Tone väterlicher Betrübnis, und im übrigen deckte man, wie über eine häßliche Familienangelegenheit, einen möglichst dichten Schleier darüber.

Sachsenhausen aber durfte sich brüsten, daß es seinen Willen durchgesetzt habe und daß Polizei und Militär von drüben ihm nichts anhaben könne. In einem Spottgedichte hieß es:

„Sachsenhausen, Sachsenhausen
Auch du hast nun deine Barrikaden,
Deine ruhmbedeckten Schläger,
Deine grünen, behenden Jäger;
Du warst in Fehde geraten
Mit der Polizei, mit der Gendarmerie
Wegen ruhestörender Disharmonie;
Bei Frankfurts löblichen Magnaten
Stehst du nicht in besonderen Gnaden,
Ihren Unwillen hast du auf dich geladen;
Dir grollt die hohe Bürokratie,
Du aber machst dir wenig daraus
Und wirfst die Polizei zum Ort hinaus."

Sachsenhausen hatte sich wirklich durch die Hilfe seiner Freiwilligen Jäger eine Art von Autonomie ertrotzt, an die man in der Folgezeit nicht zu rühren wagte. Es blieb eine Burg der Freiheit und bewährte sich als solche, als es wieder galt, die Freiheit gegen das „Militär" zu verteidigen.

Der 7. Juli ist in gewisser Weise ein Vorspiel zu dem 18. September. Aber, wenn w i r das auch erkennen: die damals Verantwortlichen hatten vielleicht einiges Recht, zu glauben, daß es nicht nötig sein werde, besondere Vorkehrungen gegen eine Wiederkehr solcher Dinge zu treffen. Denn es war ja nun wohl die Aussicht vorhanden, daß alles anders werde; die Erhebung des Reichsverwesers schien in dieser Beziehung die besten Garantien zu geben, hatte doch Gagern gerade auch die Wiederherstellung der Ruhe und des Vertrauens als eine seiner vornehmsten Aufgaben bezeichnet.

Und so gab man sich denn in dem engeren Kreise der Stadt wie in den weiteren Kreisen eines guten Teils des deutschen Bürgertums der Zuversicht hin, daß nun, da der Reichsverweser die Wahl angenommen und so schnellbereit sich auf den Weg gemacht hatte, um in Frankfurt zu erscheinen, die Stürme schweigen und die Nation bald ein volles Erntefest ihrer Hoffnungen werde begehen können.

Insbesondere befanden sich alle die, die zu dem Ereignisse des 29. Juni beigetragen hatten, in der zukunftfrohesten Stimmung. Sie fühlten sich gehoben durch das Bewußtsein, daß die bisher stets nur behauptete Souveränität nunmehr eine Realität geworden war, und sie waren stolz, daß nun endlich ein Schritt vorwärts getan war.

Die Einheitsidee war nun kein bloßes Gedankenbild mehr; sie fand ihre Darstellung in dem Manne, der durch seine bürgerliche Gesinnung und sein bürgerliches Auftreten dem Geiste der Zeit, durch seine fürstliche Herkunft aber der im Grunde doch immer noch monarchischen Gesinnung der großen Masse des deutschen Volkes aufs glücklichste entgegenkam.

Das alles kommt zum Ausdruck in dem schönen Briefe, den Gustav v. Mevissen am 11. Juli, an dem Tage, da man die Ankunft des Reichsverwesers erwartete, an seine Gattin richtete:

„Frankfurt", schrieb er, „ist heute festlich geschmückt. Die Bürgergarde ist nach Hanau, dem Erzherzog entgegen. Die Straßen sind belebt von feierndem Volke. Aus allen Teilen Deutschlands, mit Ausnahme Hannovers, laufen günstige Berichte ein. Ich hoffe, daß Sicherheit und Frieden bald wieder in die Herzen des freigeworden deutschen Volkes sich einsenken werden."

„Auch Du wirst einst diese stürmischen Tage, die so rauh daherkommen, segnen. Uns und unsern Kindern wird die

Freiheit werden, die unser Volk drei Jahrhunderte lang mit aller Kraft angestrebt hat. Jetzt gelangen Keime zur Blüte, die nicht gestern erst dem Boden anvertraut wurden, sondern die sich durch die ganze deutsche Geschichte hindurchziehen. Adieu, — die Glocken! Ich eile zum Empfang des neuen deutschen Kaisers."

Sechstes Kapitel.

Im Reiche der Paulskirche.

I.

Wieder wie vor 35 Jahren nach der Schlacht bei Leipzig, harrte am 11. Juli 1848 das Volk von Frankfurt zusammen mit allen denen, die der große Moment in die Stadt geführt hatte, eines Habsburgers; wiederum war es getragen und belebt von der Hoffnung, daß unter dem, der da kommen sollte, das Reich wieder erstehen werde.

Es mußte lange harren, viele Stunden lang, bis es des Ersehnten ansichtig wurde. Allein des Harrens waren die Deutschen ja nun gewohnt geworden, und als gegen 6 Uhr abends Kanonendonner und Glockengeläute verkündeten, daß er nahe, als der von der Bürgerkavallerie umgebene Wagen, in dem er saß, endlich erschien, da erfüllte ein Jubelrufen die Luft, das Kanonendonner und Glockengeläute übertönte, und in dem Freude und zugleich Stolz nach Ausdruck rangen: war doch der, der da jetzt in Frankfurt als künftiger Herrscher seinen Einzug hielt, nicht, wie ehedem, ein von den Fürsten Erkorener, sondern ein von der Nation selbst durch ihre Vertreter Berufener, berufen nicht weil er ein Fürst, sondern obwohl er ein Fürst war, erwählt nicht, um von Gottes, sondern um von Volkes Gnaden das Szepter zu führen.

In diesem Sinne war denn auch das Äußere des Empfangs durchaus auf den Geist der Gegenwart gestimmt: alles Pomphafte und Zeremoniöse war vermieden; der Reichsverweser selbst trug seinen schlichten, graublauen Soldatenrock, und als er sich auf dem Balkon des „Russischen Hofes", wo er abgestiegen war und an dessen Treppe ihn Bürgermeister v. Heyden begrüßt hatte, zeigte, um an die draußen harrende Menge einige Worte des Dankes zu richten, da waren in seiner Umgebung nur die bürgerlichen Vertreter der Stadt, die ihn willkommen hießen, und die Repräsentanten der Nation, die ihn gewählt.

Am Abende erfolgte dann ein Fackelzug, am nächsten Tage war Festsitzung in der Nationalversammlung, auch hier wieder alles in den einfachsten Formen: 50 durchs Los gewählte Mitglieder der Versammlung holten den Erzherzog in seiner Wohnung ab und geleiteten ihn, unter dem Geläute der Glocken, zu Fuß in die Paulskirche und ebenso später wieder zurück. Für den Erzherzog stand, vor einem Hintergrunde von Blumen und Gewächsen, ein Sessel bereit; die drei Präsidenten nahmen ihm gegenüber Platz. Gagern und der Erzherzog wechselten kurze Rede und Gegenrede. Gagern wagte das große Wort, daß in der gegenwärtigen Stunde, in der die neu konstituierten Gewalten des geeinigten Deutschlands an dieser Stelle sich verbänden, eine neue Zeitrechnung der deutschen Geschichte beginne. Der Erzherzog sprach in seiner Antwort das erneute Gelöbnis aus, daß er das Gesetz über die Gründung der deutschen Zentralgewalt halten und halten lassen wolle. Er müsse, bemerkte er weiter, zunächst noch einmal nach Wien, um hier, wie er versprochen, den Reichstag als Stellvertreter des Kaisers zu eröffnen, dann aber werde er dem übernommenen Amte seine ganze Kraft weihen.„ Auf der Welt“, fügte er hinzu, „darf man nichts halb tun; hat man einen Entschluß gefaßt, so muß man sich dem ganz widmen, wozu man berufen ist, nämlich der deutschen Nation.“

In den kurzen vier Tagen seiner Anwesenheit — am 15. reiste er schon wieder ab — drängten sich die Besuche und Audienzen; es wimmelte in Frankfurt wieder einmal von Fürsten und Prinzen; u. a. waren der König von Württemberg, der Großherzog von Baden, der Herzog von Nassau erschienen. Der Erzherzog war aber zugänglich für jedermann, er war freundlich nach allen Seiten und versprach in seiner herzlichen Art alles mögliche. Er äußerte auch, daß er sich in Frankfurt sehr gut gefalle; er sehe, daß er hier so ungeniert leben könne wie zu Hause.[1]) Als er am 3. August wiederkam, brachte er auch, wie er in Aussicht gestellt hatte, seine Gemahlin, die Gräfin Brandhof, und seinen kleinen Sohn mit und richtete sich zu dauerndem Aufenthalt ein. Aber auch dies geschah in äußerlich anspruchslosen Formen: Johann „residierte" nicht eigentlich in Frankfurt, er hielt hier nicht „Hof", sondern er wohnte nur eben hier, als ein von Bürgern Erwählter unter Bürgern.

Diese seine glückliche Art, ganz und gar nichts bedeuten zu wollen, sie war es gerade, die ihm Bedeutung gab und die ihn zum Manne der Stunde machte.

In seiner Person und seiner Stellung lagen die stärksten Gegensätze und sogar Widersprüche. Er war geborener Fürst und stand mit seinem Herzen auf der Seite des Bürgertums, er war Habsburger und zugleich deutsch-national gesinnt, er war Vertrauensmann der Regierungen und war doch durch seine Erwählung ein Vertreter der Idee der Volkssouveränität. Aber indem diese Gegensätze durch die Vereinigung in seiner Persönlichkeit gleichsam aufgehoben waren und er nur das rein Menschliche hervortreten ließ, trug er mit dazu bei, die Illusion zu verstärken, daß die Gegensätze nicht mehr beständen und die Bewegung ihr Ziel erreicht habe.

Denn, wenn auch die neu geschaffene Zentralgewalt nur die provisorische hieß: die herrschende Mehrheit der Paulskirche und die vorherrschende öffentliche Meinung waren darin einig, daß das Wesentliche des neu Geschaffenen endgültig sei; man gab sich mit beinahe naiver Sorglosigkeit der Freude hin, die Errungenschaften der Revolution in dem neuen Reiche gesichert zu sehen, verfolgte die Verteilung der Ämter, wie wenn alles nur noch davon abhinge, berauschte sich, als die ersten Ernennungen glücklich heraus waren, an dem Gedanken, daß nunmehr die „Reichsregierung" vorhanden sei.

[1]) Stüve (Briefwechsel mit Detmold) 14. Juli, Smidt, 12. und 14. Juli 1848. Journal Nr. 195.

Wirklich hatte ja auch diese Reichsregierung, gleich im Anfang schon den einen Erfolg, daß die ärgsten Ausschreitungen der Anarchie zunächst wenigstens aufhörten und äußerlich wieder der gehoffte Zustand größerer Ordnung eintrat.

Daß daneben die neue Regierung der Paulskirche gegenüber mit der größten Behutsamkeit auftrat, die konstitutionellen Gepflogenheiten sorgfältig wahrte und also dem demokratischen Grundprinzip beständig getreu blieb, das trug ganz besonders dazu bei, Beruhigung und Befriedigung zu erzeugen. Man hatte jetzt, was man ersehnt hatte: eine nationale und demokratische Gesamtregierung, die sich erhob über die Einzelregierungen mit ihren dynastischen Sondertendenzen und Partikularismen, man hatte im Grundsatz die Gleichheit aller Volksgenossen in staatsbürgerlicher Hinsicht, und man hatte die unbeschränkteste Freiheit.

Ob dies alles schon gesicherter Besitz war, darnach fragte die große Masse derer, die damals die Politik machten, sehr wenig, und Smidt, einer der wenigen Nüchternen, fühlte sich beim Anblick dieser Begeisterten an die Schillersche Maria Stuart erinnert, da sie zum ersten Male nach langer Kerkerhaft sich wieder nach Herzenslust ergehen darf und der Amme, die sie an die nur verborgenen Mauern erinnert, zuruft:

> Laß mich der neuen Freiheit genießen,
> Laß mich ein Kind sein, sei es mit! . . .

In der Tat: auch das Geschlecht, das die Paulskirche gemacht hatte, sah die Mauern nicht oder wollte sie nicht sehen. Es gab sich nur der unbändigen Lust hin, dem Genuß, daß alles das endlich *geworden* sei, was man bisher erträumt hatte, daß das demokratische Zeitalter, in Gedanken längst fertig, nun auch in die Wirklichkeit getreten, daß mit scharfem Besen alles, was an den Zopf- und Perückenstil des gestürzten Regimes erinnerte, ausgefegt sei.

Gerade in Frankfurt trat die Wirkung dieser Umgestaltung besonders stark hervor, denn durch den Bundestag hatte Frankfurt bisher trotz seines Freistadt- und Republikanertums immer einen hocharistokratischen Anstrich gehabt. Es hatte von Exzellenzen gewimmelt, die sämtlich mehr oder weniger auf großem Fuße lebten. Die reichen Kaufherren der Stadt hatten mit ihnen in Prachtentfaltung gewetteifert; wie oft rasselten, wenn Empfänge oder große Soireen waren, die prächtigen Karossen durch die Straßen mit bärtigen Leibjägern und goldbetreßten Bedienten hinten auf, und welch blendender Glanz in den stuckbeladenen Salons von allen den sternbesäten, glitzernden Uniformen!

Das alles war nun wie verschwunden.

Es gab keine Exzellenzen mehr. Dieser Titel, wie alle andern Titel, hatte aufgehört. Sogar das „von" wurde vermieden; man war nur Herr Soundso, selbst wenn man Minister war. Das Personal des neuen Reichsministeriums bestand zur Hälfte aus Bürgerlichen, es waren mehrere aus der kaufmännischen Praxis darunter. Kein Mensch trug mehr Orden, Uniformen waren verpönt, Equipagen sah man fast nicht mehr: alles ging zu Fuße und in schlicht bürgerlicher Kleidung. Man demonstrierte sogar mit Einfachheit: der Ministerpräsident Fürst Leiningen stellte sich bei seinem ersten Erscheinen in der Paulskirche in „wenig elegantem Jagdrocke" dar,[1]) man fuhr gelegentlich in der Eisenbahn 4. Klasse, um seine volksfreundliche Gesinnung zum Ausdruck zu bringen, und selbst die Barthaare hatten die Freiheit, beinahe unbeschränkt zu wachsen.

Dies und die neue demokratische Mode überhaupt hatte ja nun wohl etwas Forciertes, und auch sonst lief bei dieser völligen Umgestaltung des äußeren Lebens manches Geschmacklose mit unter, was zarter Besaitete verstimmte, aber welch ein Segen lag doch in dem Fortfall aller der zahlreichen staatlich geaichten Verschiedenheiten, welch ein Segen lag darin, daß die künstlich errichteten Kastengegensätze verschwanden und ein neues Mannes- und Bürgerideal sich herauszubilden versuchte!

Wir Heutigen, die wir wieder ganz in das politische Barock geraten sind, sollten immer und immer wieder in dieser Zeit der Verkündung des politischen Natur-Evangeliums Einkehr

[1]) Kirchenpauer, 10. August 1848.

halten, uns erquicken an dem Anblick dieser Menschen, die freilich in den Realitäten sehr schwach waren, dafür aber noch einen herzerquickenden Glauben besaßen an die Macht der Ideen.

Welch eine Wohltat war es doch ferner auch, daß die Menschen, und gerade besonders die deutschen Menschen, nun einander näherkamen und sich besser kennen und verstehen lernten!

Welch ein fröhliches und buntes Durcheinander entwickelte sich schon auf den Rheindampfschiffen, die die Abgeordneten aus den nördlichen Teilen Deutschlands Frankfurt zubrachten, wie ging diesen Männern, nach ihrem eigenen Geständnis, schon während der Fahrt auf dem deutschesten der Ströme das Gefühl der Deutschheit erst recht auf, wie erwuchs dann in Frankfurt so manchem zum ersten Male ein Verständnis für west- und süddeutsches Wesen, und damit überhaupt auch ein Verständnis für die Forderungen deutscher Politik!

Frankfurt war damals wirklich eine Art nationalen Mischkessels. Hier wogten und gärten beständig die Elemente aus den verschiedensten Teilen Deutschlands durcheinander und kamen bei der nun gewonnenen Freiheit der Umgangsformen und des geselligen Verkehrs beständig miteinander in Berührung.

Diese Berührung erfolgte am häufigsten und stärksten in den Gasthäusern, für die damit ihre eigentliche klassische Zeit kam. „Sie spielen," schrieb am 23. Juli Kirchenpauer nach seinen ersten Eindrücken, „bei der Gestaltung der Dinge eine Hauptrolle. Man muß, um die Zustände kennen zu lernen, mitkneipen"...

Hier fanden allabendlich, wie schon zu der Zeit des Vorparlamentes, Zusammenkünfte und lebhafte politische Debatten statt. „Wer reden will," heißt es an anderer Stelle, „bittet um das Wort. Alle reden gut und meist kurz und sachgemäß. Anträge und Amendements werden zur Abstimmung gebracht, alles geht in vollständigster Ordnung und Ehrbarkeit zu, obgleich dabei Beefsteaks gegessen und Wein getrunken wird".

Einige dieser Gasthäuser erwarben für ihre Namen eine Art Berühmtheit, seitdem sie von den Parteien, die sich allmählich, und zwar namentlich seit der Begründung der Reichsverweserschaft, bestimmter herausgebildet und sich eine feste Organisation gegeben hatten, zu ihrem Hauptquartier erhoben waren.

Die Rechte hatte das Steinerne Haus zu ihrem Versammlungsort erwählt, die Linke den Deutschen und den Holländischen Hof; das, was damals Zentrum hieß, verkehrte im Sommer im Kasino, der Mainlust und dem Württemberger Hof, später an Stelle der beiden letzteren im Landsberg und Augsburger Hof.

Daneben gab es dann wieder Etablissements, in denen ein ganz freies Zusammensein stattfand. Hierbei machten sich allerdings dann doch die Unterschiede sozialer Natur, die alle Demokratie nicht aus der Welt gebracht hatte, wieder geltend, indem z. B. im Englischen Hof vornehmlich die Diplomaten und Regierungsleute verkehrten, zu denen sich von den Volksvertretern die der Regierung Nahestehenden gesellten und außerdem alles, was an distinguierten Persönlichkeiten nach Frankfurt kam: hier war daher immer das Neueste vom Neuen zu erfahren; hier entwickelte sich immer ein besonders interessantes Gespräch. „Es war allerdings," schreibt Robert von Mohl in seinen Lebenserinnerungen (2, 118), „Aristokratie, was hier lebte und webte, Aristokratie des Geistes, der Geburt, des Amts, des Einflusses: allein man hatte ja der Demokratie so viel in der Versammlung und sonst auf Wegen und Stegen, man steckte den ganzen Tag so tief im Plebejischen, daß eine kleine abendliche Vergiftung nichts schaden konnte".

Das Ganze dieses neu hier entstandenen seltsamen Körpers war nun zugleich auch beständig umkreist und umspült von einem Strom Neugieriger, die nur kamen, um zu sehen und zu hören.

Frankfurt war ja von jeher eine Fremdenstadt gewesen, aber eine solche Welle von Fremden, wie sie sich in diesen glücklichen Wochen der eigentlichen Blüte der Paulskirche nach Frankfurt ergoß, war doch seit Jahrzehnten nicht dagewesen.

Und in der Tat, man mußte sie einmal gesehen haben, die prächtige Rotunde, welche in ihrer Mitte die Etats Généraux der deutschen Kulturgemeinschaft umschloß, man mußte an einem großen Tage zugegen sein, wenn die Gegensätze scharf aufeinanderstießen, wenn der Sturm der Leidenschaft die Wogen aufpeitschte, man mußte Heinrich von Gagern auf seinem Präsidentensitze beobachten, wenn er, den die Karrikaturenzeichner nicht übel als Jupiter tonans, als den Donnergott, darstellten, mit der imponierenden Würde seines Wesens und mit seiner mächtig hallenden Stimme Ruhe gebot, man mußte das Treiben auf der Galerie miterlebt haben, wo sich an solchen Tagen ein elegantes Publikum drängte, zum guten Teil aus Damen bestehend, die den beliebten Rednern mit fein behandschuhten Händen wie im Theater Beifall klatschten.

Im ganzen war diese Paulskirchen-Versammlung eine Offenbarung deutschen Wesens von unvergleichlicher Größe; wenn überhaupt und irgendwo, so mußte sich hier der Panzer des Partikularismus lockern, und wer auch noch so sehr gegen den Demokratismus eingenommen sein und bleiben mochte: ganz gewiß verließ der Deutsche, der dies Schauspiel genossen, die Stadt deutschgesinnter, als er gekommen war. Was dabei die Gegenwart etwa noch nicht vollbracht hatte, das vollbrachte dann wohl die Vergangenheit, das wirkten die großen Erinnerungen, die in ihrer Personalunion mit Goethe auf Schritt und Tritt sich darstellten und eine beständige Mahnung zu sein schienen.

Schon beim Empfang des Reichsverwesers hatten diese Erinnerungen eine Rolle gespielt. Da, wo die Zünfte mit ihren Fahnen und Zeichen Aufstellung genommen hatten, auf der Allerheiligengasse, da hatte so etwas wie Reichsromantik geherrscht: die Küfer kredenzten dem Erzherzog den Willkommentrunk in einem Becher, aus dem schon sein Vater und sein Bruder bei ihren Einzügen getrunken, die Bäcker zeigten ihm einen der Geldbeutel, welche bei der letzten

Kaiserkrönung, nachdem das Geld unter die Menge ausgestreut worden war, herkömmlicherweise unter das Volk geworfen worden waren.

Und dieses Zurückgreifen auf die Vergangenheit blieb nicht auf die Frankfurter Zünfte beschränkt.

Die Deutschgesinntheit bekam hier in Frankfurt ganz notwendig einen Stich ins Romantische, und man wird den Frankfurter Genius loci und die Belebung gerade der reichsgeschichtlichen Vergangenheit des deutschen Volkes auch nicht vergessen dürfen, wenn es sich um die Einschätzung der Politik dieser Tage und Wochen handelt, die dem ersten Erscheinen des Reichsverwesers folgten: diese Erinnerungen haben ganz sicherlich dazu beigetragen, der Vorstellung eines schon fertigen Reiches sowie der Geringschätzung der territorialen Gewalten Vorschub zu leisten, wie man denn z. B. gerne nicht mehr von Einzelregierungen, sondern ganz in frühmittelalterlichem Sinne von „Stämmen" sprach.

Freilich konnte dieses Romantische in der sonst so modernen politischen Ideenbewegung, die in der Paulskirche vorherrschend war, um so mehr eine Rolle spielen, als die Richtung gegen die einer starken Zentralgewalt abholden territorialen Gewalten — wobei besonders an Preußen zu denken war — zugleich auch sehr realen Interessen entsprach, vor allem bei der katholischen Partei, die, klein, aber nicht unbedeutend, gerade im Anschluß an die alten Reichstraditionen und in der Erhaltung der vorherrschenden Stellung Österreichs das Wohl der Kirche gesichert sah, nicht weniger aber auch bei dem deutschen Kleinstaatentum, das bei einem Aufgehen im „Reiche", in dem sich natürlich auch alle übrigen vorhandenen staatlichen Individualitäten auflösen sollten, die meiste Aussicht hatte, sein Eigenwesen zu behaupten, während es bei jeder andern Lösung, insbesondere bei der Erhebung eines der Territorialstaaten über alle andern, das Gefühl haben mußte, etwas zu verlieren, einen Zwang zu erdulden.

So kam es, daß die Kleinen im Bunde und der Kleinpartikularismus ganz im allgemeinen dem „Reiche" verhältnismäßig die größte innere Bereitschaft entgegenbrachten, sich eine

Konstellation bildete, die einige Ähnlichkeit mit der Lage hat, die gegen Ende des Interregnums und bei Erhebung Rudolfs von Habsburg herrschte, vor allem aber mit der während des Wiener Kongresses, wo auch die Kaiseridee gerade von den Kleinen besonders vertreten wurde.[1])

Wir können dies jetzt auch in dem Verhalten Frankfurts zu dem Vorschlage Preußens beobachten, daß die Regierungen, um sich dem Reichsverweser wie der Nationalversammlung gegenüber eine einigermaßen feste Stellung zu sichern, in die Gemeinschaft eines Siebener- oder Elfer-Kollegiums zusammentreten sollten, in dem natürlich die größere Macht der Größeren durch eine entsprechend verstärkte Stimmenzahl zum Ausdruck kommen sollte.

Dieser Vorschlag fand allgemeine Ablehnung, und zwar hatte Frankfurt, um sich dem preußischen Antrage mit einigem Fug entziehen zu können, sich ebenso wie Bremen und Hessen-Darmstadt beeilt, eine fertige Tatsache zu schaffen, und einen eigenen Vertreter bei dem Reichsverweser in der Person Souchays ernannt.

Der preußische Resident, als er dies meldete (23. u. 29. Juli), bemerkte dazu bitter, es sei dies ein Beitrag zu der Psychologie der kleinen Staaten, die, je kleiner und schwächer sie seien, um so anmaßender auch in ihren Souveränitätsgelüsten seien und um so mißtrauischer und abgünstiger gegen Preußen. „Es ist kaum glaublich und doch wahr," fährt er fort, „daß man hier gerade in Frankfurt sich besonders an dem Artikel VIII des Entwurfs stößt, der Preußen wie Österreich 3 Stimmen vindiziert. Eine dreiunddreißigjährige Verwöhnung, die den vier freien Städten mit ihren nicht 300000 Einwohnern dasselbe Recht am Bunde gab wie den mächtigsten deutschen Staaten, hat in den Köpfen der Frankfurter Senatoren tiefe Wurzeln geschlagen, und ihr d e u t s c h e r Patriotismus kann sich immer noch nicht über die Formel 1 zu 17 erheben. Wird ihnen diese entrissen, so wollen sie lieber ‚in das große Ganze' aufgehen."

[1]) Vgl. Band I S. 114 ff.

Das war es: die Reichsbereitschaft bei den Regierungen war vielfach nur verkappte Angst vor der Mediatisierung, sie war der positive Pol des Partikularismus. Sie hatte eine deutlich erkennbare Spitze gegen Preußen, das als Eroberermacht und Militärstaat zugleich auch als der unversöhnliche Widerpart der Demokratie galt.

Wir erkennen hier den tief inneren Grund für das Zusammengehen von Ultramontanismus, Klein-Partikularismus und Demokratie mit der Reichsgewalt, aber für Frankfurt lagen allerdings ebenso wie für Hessen-Darmstadt und Nassau noch besondere Gründe zu ihrer auffällig eiligen Stellungnahme vor, Gründe, die Balan gerecht genug war anzuerkennen, wenn auch freilich nur als mildernde Umstände. Er sagt, daß diese drei Regierungen sich unter dem unmittelbaren, gewissermaßen physischen Einflusse der Zentralorgane und ihrer Oberherrlichkeit befänden und daher weniger wie alle andern für die Geltendmachung gesunder und natürlicher Regierungsinteressen empfänglich seien; was Frankfurt besonders anlangt, so bemerkt er dazu noch etwas boshaft, es werde ihm das „Aufgehen ins große Ganze" dadurch wesentlich erleichtert, daß dieses fürs erste wenigstens eine Menge Menschen nach Frankfurt ziehe und seinen Einwohnern mannigfachen Verdienst sichere.

Das letztere war, wie wir wissen, richtig, allein es wäre kleinlich, wenn man dies Moment übertreibend einschätzen wollte. Wenn die Bevölkerung Frankfurts der neuen Reichsherrlichkeit aus ganzem und vollem Herzen zujubelte, so geschah dies eben einfach, weil im Zusammenhange mit ihr alles das in Erfüllung gegangen war oder in Erfüllung gehen mußte, was in den Frankfurter Herzen an Hoffnungen und Wünschen nur irgend aufkommen konnte.

Tatsächlich stellen die Reichsflitterwochen, welche die Stadt im Juli und August durchleben durfte, doch wohl den Höhepunkt ihrer Stadterlebnisse in dem ganzen Jahrhundert dar. Frankfurt war wirklich „die Spindel, um die sich alles dreht"; es war der Mittel- und Angelpunkt deutschen Lebens, die schlechthin gegebene Kongreßstadt, der Schauplatz der größten

Entscheidungen, der Treffpunkt der bedeutendsten und edelsten Geister der Nation, die Stätte eines politischen Meßtreibens, wie es seit dem Wiener Kongreß nicht wieder dagewesen war: die ganze bisherige Geschichte der Stadt als Reichsstadt, als Wahl- und Krönungsstadt, als Sitz des Bundestages schien nur Vorbereitung gewesen zu sein für das, was sich jetzt anbahnte; Gegenwart und Zukunft erschienen in dem Lichte der Vollendung und der Erfüllung.

Wir begreifen daher, daß gerade Frankfurt der Aufforderung, die von dem neuen Reichskriegsminister v. Peucker ergangen war, am 6. August die Truppen dem Reichsverweser huldigen zu lassen, mit Begeisterung nachkam und daß die dreimaligen Hochs, die von der auf dem Roßmarkt aufgestellten bewaffneten Macht ausgebracht wurden, einen besonders kräftigen Klang hatten.

Am Nachmittage wurde dieser bedeutsame Vorgang noch durch ein Volksfest im Walde verherrlicht, das das Montagskränzchen veranstaltet hatte. Eine Kompagnie des Linienbataillons wurde hierbei von den Festgebern bewirtet, um, wie es hieß, „das Zusammenhalten von Bürger- und Kriegerstand an den Tag zu legen“: auch der Reichsverweser mit seinem kleinen Sohne stellte sich hierbei gegen Abend für eine Weile ein, zum unbeschreiblichen Entzücken der Festteilnehmer.

Als kurze Zeit darauf das Linienbataillon Frankfurt verließ, um nach Schleswig-Holstein zu marschieren, da mußte sich notwendig die Vorstellung vollends befestigen, daß die Reichsgründung fertig sei. Der Bürgermeister v. Heyden konnte in seinem Tagesbefehl an das Bataillon sagen, er hoffe, daß es sich der Ehre, an dem ersten deutschen Reichskriege teilzunehmen, würdig zeigen werde, und als ein paar Tage später der Erzherzog aufs neue im Oberforsthaus erschien, um sich an dem Schießen der bürgerlichen Urschützengesellschaft zu beteiligen, da hieß es in dem gutgemeinten Festgruß:

Triumph! die Vorzeit kehrt zu uns zurück:
Johann von Östreich bringt sie Deutschland wieder;
Ihn segnet uns'res Volkes freier Blick,
Ihm jubeln fessellos des Bundes Glieder.

In dem Augenblick, da diese Worte gesprochen wurden, hatte das freundliche Bild freilich schon eine Trübung erfahren. Es hatte sich gezeigt, daß ihm „des Bundes Glieder" eben nicht „fessellos" jubelten, und es bereiteten sich Geschehnisse vor, die dem Reichsidyll rasch ein Ende bereiteten, allein der herrschende Optimismus war so stark, daß eine ernstliche Beunruhigung aus den verschiedenen Anzeichen nicht zu entstehen vermochte.

In welchem Grade die erträumten Möglichkeiten einer nationalen Demokratie bereits für Wirklichkeiten galten, das zeigt ein Blick auf die Verhandlungen der Nationalversammlung, die sich tatsächlich alles zutraute, die z. B. auch die auswärtigen Verhältnisse mit dem Gefühl größten Rechtes vor ihr Forum zog, die sich daneben mit der eigentlichen Verfassung gar nicht beeilte, — das zeigt sich im kleinen besonders deutlich auch in dem Verlaufe, den die inneren Angelegenheiten der Stadt in dieser Zeit nahmen.

II.

Wir erinnern uns der Petition vom 4. Mai.

Das für die Frankfurter Verhältnisse Entscheidende in dieser Petition war die Forderung der staatsbürgerlichen Gleichstellung der Juden. Es war die Wiederholung der Forderung, die acht Wochen früher beim Römersturme erhoben worden war. Sie war jetzt erhoben unter sehr viel günstigeren Verhältnissen, in sehr viel würdigeren Formen, allein das Widerstreben weiter Kreise, wenn auch erheblich gemindert unter dem Einfluß der Tagesströmung, bestand auch jetzt noch.

Sie war der Kommission überwiesen worden, die die Gesetzgebende Versammlung für den Senatsantrag ernannt hatte, und der Bericht der Kommission vom 1. Juli zeigt deutlich die Einwirkungen dieser Tagesströmung: der Senatsantrag war so ziemlich beseitigt worden. Dafür hatte die Kommission den Gedanken eines Verfassungsrates aufgegriffen und ebenso den Gedanken einer unmittelbaren Wahl der Mitglieder dieses Verfassungsrates. Allein sie beschränkte die Zahl derselben auf 30, und — das war die Hauptsache —

sie schlug vor, daß bei der Wahl nur die Vollbürger mitwirken sollten, eine Teilnahme also der Juden und Beisassen lehnte sie ab. Es wurde geltend gemacht, dies Letztere müsse geschehen, da ja die Zulassung oder Nichtzulassung der Juden und Beisassen zum vollen Bürgerrecht gerade einer der Gegenstände der Verfassungsrevision seien. Die Entscheidung hierüber müsse notwendig denjenigen vorbehalten werden, die bisher im Alleinbesitze der Vollbürgerrechte gewesen seien.

Indessen besaß man eigentlich diese Rechte wirklich noch?

Dem Buchstaben des Gesetzes nach gewiß: die Konstitutions-Ergänzungsakte galt noch. Aber ein neues Recht war in der Bildung begriffen. Gerade im Beginn des Juli war das Parlament in die Beratung der Grundrechte des deutschen Volkes eingetreten. Und die Beratung dieser Grundrechte im Zusammenhange mit der Anschauung des neuen Reiches, dessen Gründung in diesen Julitagen sich zu vollziehen schien, wirkte wie eine neue mächtige Flutwelle, die die bisherige Denkweise aufs neue und völlig überspülte. Es trat jetzt die Ansicht auf, daß man gewissermaßen in einen Urzustand zurückgeworfen sei, in dem alles von Grund aus neu zu bilden sei, daß alles Bestehende dem Grundsatze nach für aufgehoben zu gelten habe, daß aus der bloßen Idee heraus ein neuer Staatsvertrag abzuschließen sei. So wie das Ganze des deutschen Volkes sich eben neu zu konstituieren im Begriffe stehe, so müsse auch das Volk von Frankfurt dies tun, es müsse auch für Frankfurt eine Konstituante berufen werden, natürlich auf breitester demokratischer Grundlage, d. h. unter selbstverständlicher Heranziehung aller zum Staate Frankfurt Gehörigen. Das Beispiel Hamburgs, wo dieser Gedanke auch hervorgetreten war und wo der Senat sich Anfang August bereit erklärte, darauf einzugehen, trug dazu bei, die hierauf gerichtete Bewegung zu fördern. Ein neuer kleiner Verein, der Deutsche Verein, der sich von dem großen Montagskränzchen — wahrscheinlich wohl nur aus persönlichen Gründen — abgesondert hatte, machte sich zum eigentlichen Träger dieser Forderung und trat mit ihr am 17. August hervor. Er machte für sie als äußeren Gesichtspunkt neben vielen anderen auch geltend, daß in nicht ferner Zeit Neuwahlen für den Gesetzgebenden Körper stattfinden müßten. Bis dahin seien die Grundrechte sicher eingeführt. Neuwahlen auf Grund der alten Kasteneinteilung seien dann doch nicht mehr möglich; also gelte es, rechtzeitig Fürsorge zu treffen.

Diese Forderung fand den günstigsten Boden in der vorherrschenden deutsch-demokratischen Gesinnung und in der Paulskirchen-Begeisterung. Es war damit ganz von selber die Unterwerfung gegeben unter alles, was von dieser Paulskirche ausging, also auch unter die Grundrechte und das, was man daraus zu folgern unternahm. Mochte vielleicht einzelnes darin dem einzelnen oder gewissen Gruppen Bedenken erregen: es war der deutsche Wille und der Volkswille, und man fügte sich, um so mehr, als daran, daß das Werk der Paulskirche zum glücklichen Ende geführt werden würde und daß eine neue Ära im deutschen Staatsleben, im großen wie im kleinen, anhebe, kein ernstlicher Zweifel mehr bestand. Als daher jetzt, ungefähr gleichzeitig mit der Kundgebung des Deutschen Vereins, eine Veröffentlichung des Senats erschien, daß er den Vorschlag der Kommission gutgeheißen habe und daß also am 24. August die Wahlen zu dem Dreißigerausschusse stattfinden sollten, und als der Deutsche Verein mit dem Vorschlage antwortete, daß nunmehr nur solche Männer in diesen Ausschuß gewählt werden sollten, die den Gedanken einer Konstituante zu dem ihrigen gemacht hätten, schloß sich nicht nur sofort das Montagskränzchen an, sondern auch in dem an sich unpolitischen, aber im wesentlichen von Männern gemäßigterer Richtung vor einigen Monaten neu gebildeten Bürgerverein gewann dieser Gedanke die Mehrheit; auch solche sprachen sich hier dafür aus, die früher für den Weg der alten Verfassung gestimmt und gearbeitet hatten[1]); so sehr war man jetzt in einer Geistesverfassung, in der das alte Recht nur als altes Unrecht erschien.

[1]) Vgl. Volksbote von 1849 S. 200 u. 201.

Sogar die Stimmung gegen die Zulassung der Juden zu gleichem staatsbürgerlichen Rechte wurde durch diese mächtige Tagesströmung überwunden. Daß sie noch vorhanden war, dafür treten gerade in diesen Tagen verschiedene Anzeichen hervor, aber es herrschte eine ähnliche Bereitschaft bei allen, die überhaupt vorwärts wollten, Trennendes zurückzustellen, wie in den ersten Märztagen — vielleicht auch jetzt, um die Bewegung in der Hand zu behalten und Äußerstes abzuwehren —, und so bildete sich denn aus den verschiedenen Vereinen ein Wahlausschuß, der eine Liste von nur solchen Männern aufstellte, die sich bereit erklärt hatten, dem Senat, wenn sie gewählt würden, den Auftrag zurückzugeben und die Berufung einer Konstituante zu fordern, und diese Liste siegte mit einer einzigen Ausnahme über die gegnerische Liste.[1]) Der einzige, der von dieser letzteren unter den Gewählten erscheint, allerdings als letzter, war Souchay, allein es war dies einzig die Folge eines Druckfehlers; ohne diesen wäre ein Sachsenhäuser Fischermeister an seiner Stelle gewählt worden.

Souchay hatte nicht auf der Liste des Wahlkomitees gestanden, nicht nur, weil er ein Regierungsmann war, sondern auch, weil er sachlich im Widerspruche mit dem Programm des Komitees war.

Souchay gehörte zu den Männern, die durch die Entwicklung, welche die Dinge genommen hatten, aus der Rolle eines Liberalen in die eines Konservativen gedrängt wurden. Nicht freilich in dem Sinne, daß er überhaupt nur konservieren wollte. Ganz und gar nicht. Seine Gesinnung war dieselbe geblieben, und wir erinnern uns, wie frühe gerade er von der Verbesserungsbedürftigkeit der Senatsverfassung überzeugt war. Die Erfahrung, die er als Mitglied der Frankfurter Gerichte

---

[1]) Als erster wurde gewählt, mit 2324 von 3356 abgegebenen Stimmen, Dr. Binding; es folgten der Zahl der Stimmen nach Dr. G. Varrentrapp, Dr. jur. Kugler, N. Hadermann, Dr. jur. Burkard, Dr. jur. Renner. — Dr. Jucho stand mit 1751 Stimmen erst an 23. Stelle. An 24. stand Dr. Textor mit 1628, an 25. Souchay mit 1471. — Der erste nicht mehr Gewählte, Martin May, hatte 1415 Stimmen.

gemacht hatte, hatte ihn in dieser Überzeugung nur bestärkt. Er war ein eifriger Fürsprecher geworden der Forderung der Öffentlichkeit und Mündlichkeit des Verfahrens. Er hatte, um wenigstens einige Besserung zu bringen, eine neue Ausgabe des Frankfurter Statutarrechts, der sog. Stadtreformation, ausgearbeitet, deren erster Band gerade im Jahre 1848 herauskam, aber er hatte während der Arbeit oft den Gedanken abwehren müssen, daß die Arbeit vielleicht ganz unnötig sei, da die Tage des Frankfurter Rechtes gezählt seien.

Auch die Betrachtung des Zustandes der lutherischen Kirche, der Regierung derselben durch den gemischt-konfessionellen Senat, hatte ihm den Gedanken der Notwendigkeit einer Reform aufgedrängt; endlich stand bei ihm, so berichtet er wenigstens selbst, fest, daß die politische Gleichheit aller Staatsbürger kommen mußte. Als daher die Märzbewegung eingesetzt hatte, da hatte es für ihn keines langen Besinnens bedurft: seine Ansicht war von vornherein gewesen, daß man den Willen zur Reform zeigen müsse, er hatte zugleich aber verlangt, daß die als nötig erkannten Veränderungen rasch durchgeführt würden, solange der Senat die Zügel noch in der Hand hatte. In Bremen, unter dem beherrschenden Einflusse von Smidt, machte man es wirklich so, und auch in Frankfurt war, wie wir sahen, der einleitende Beschluß verhältnismäßig rasch gefaßt worden, dann aber begann die leidige Zögersucht wieder obzusiegen, und, wie Souchay in seinen Erinnerungen schreibt, „eine kostbare Zeit war verloren“, trotz allem Drängen. „Man konnte in der zahlreichen Körperschaft des Senats“, so schreibt er weiter, „wohl anregen, allein fortdrücken überall, das war unmöglich; doch trug man nach außen die Verantwortung von Tun und Lassen.“

Diese Erfahrung, die früher Erfahrenes in leidigster Weise bestätigte, die aufreibenden Debatten und die Erregungen, die damit verbunden waren und die seine durch übermäßiges Arbeiten schon etwas zermürbte Gesundheit ernstlich schädigten, das alles hatte ihm den Gedanken nahe gebracht, aus dem Senat auszutreten, in dem er im Grunde ja niemals völlig heimisch geworden war. Ein solcher Schritt bedeutete damals für ihn noch ein Opfer, das er der Sache brachte; denn er war damals noch nicht in der Lage, in der er einige Jahre später war, auf das Senatorengehalt ohne weiteres verzichten zu können. Er zögerte daher auch, aber die Lage wurde immer unerträglicher, seitdem, in Bestätigung dessen, was er vorausgesagt hatte, die Bewegung sich gegen den Senat selber richtete und der Senat in die Verteidigungsstellung geworfen war. Souchay war aus voller Überzeugung bereit, das zu tun, wozu er als Senator pflichtmäßig berufen war, für den Senat und seine Beschlüsse einzutreten, denn bei allem Festhalten des Gedankens der Reform wollte er die gesetzlichen Formen gewahrt wissen: die Unterstellung, als ob die Frankfurter Verfassung gar nicht mehr vorhanden sei, widerstrebte ihm durchaus, aber es war ihm begreiflicherweise sehr schmerzlich, daß er nun zu Männern in Gegensatz kam, mit denen er befreundet und sachlich einverstanden war. Er geriet so in ein Geschlinge von ärgerlichen Schwierigkeiten, aus dem ihn nur ein rettender Entschluß befreien konnte. Er schrieb also am 3. August dem Bürgermeister Heyden, daß er ihn bitten müsse, im Senat seine Entlassung zu beantragen. Heyden wollte den Rücktritt Souchays gerade jetzt durchaus vermeiden. Er fürchtete wohl den ungünstigen Eindruck, den es hervorrufen werde, wenn dasjenige Mitglied, dessen besonders reformfreundliche Gesinnung im Publikum doch bekannt war und dessen Name auch stets mit besonderer Achtung genannt wurde, jetzt ausschiede. Er bat Souchay also, mit der Ausführung seines Schrittes noch zu warten, und Souchay fügte sich: das wollte er doch nicht, daß dem Senat eine Verlegenheit aus seinem Rücktritte erwüchse; er blieb also vorläufig, aber er hielt den einmal gefaßten Entschluß fest, und die weitere Entwicklung, die die inneren Verhältnisse nahmen, war auch ganz und gar nicht darnach angetan, ihn darin wankend zu machen.

Bei der ersten Zusammenkunft der Dreißig war beschlossen worden, daß man nicht, wie bisher üblich, in irgendeinem versteckten Winkel beraten wolle, sondern in voller Öffentlichkeit und an feierlichster Stelle, im Kaisersaal.

Die Beratungen hier begannen am 2. September. Sie wurden eröffnet durch einen Antrag des Dr. Kugler, der das Ergebnis der bisher nur privaten Verabredungen zusammenfaßte. Kugler beantragte, es möge, da eine Abänderung einzelner Bestimmungen nicht mehr genüge, vielmehr die auf durchaus unhaltbarer Grundlage beruhende Verfassung eine vollständige Umgestaltung erfahren müsse, eine Konstituante auf Grund allgemeiner Wahlen von 100 Mitgliedern gebildet werden; Senat und Ständige Bürger-Repräsentation sollten die Exekutive und die Kontrolle vorläufig behalten, die Befugnisse der Gesetzgebenden Versammlung aber von der Konstituante übernommen werden. Er begründete seinen Antrag durch Hinweis auf die uns bekannten Gesichtspunkte, auf die inneren Konflikte, die notwendig kommen müßten, wenn nicht rechtzeitig die Verfassung von Grund aus umgestaltet würde. Dr. Burkhard unterstützte ihn, indem er an dasjenige erinnerte, was draußen im großen Vaterlande geschehen sei. Welcher Grundsatz solle herrschen, so fragte er, der Frankfurter oder der Nationale? Die Antwort, so schloß er, könne nicht zweifelhaft sein; nur wünsche er, daß der Übergang sich kraftvoll, aber friedlich und rechtlich vollziehe. Dieses letztere war auch der Wunsch Souchays, aber er war anderer Ansicht über die Art, wie dies zu erreichen sei. Auch er bekannte seine Überzeugung, daß, wenn die Grundrechte so, wie sie beantragt seien, beschlossen würden, kein Stein der Frankfurter Verfassung auf dem andern bleiben könne, aber er erinnerte daran, daß die Grundrechte eben noch nicht beschlossen seien, noch nicht geltendes Recht seien, daß dies aber mit der Konstitutions-Ergänzungs-Akte der Fall sei. Und der § 50, der Verfassungsänderungen an gewisse Bedingungen knüpfe, stehe nun einmal dem vorgeschlagenen Verfahren im Wege; er müsse also erst beseitigt werden. Dr. Varrentrapp pflichtete im wesentlichen Souchay bei. Allein Dr. J. Friedleben wollte von allen solchen Bedenklichkeiten nichts wissen; er stellte sich auf den extremen Standpunkt, daß das souveräne Volk in seinen Vertretern über Paragraphen einfach hinwegschreiten dürfe, er meinte übrigens auch, beweisen zu können, daß der § 50 tatsächlich gar nicht mehr bestehe. Er faßte seine Ansicht in die Worte zusammen: „Wir müssen sagen: ein Strich; jetzt beginnt die neue Geschichte von Frankfurt."

Dieser radikale Standpunkt nun gewann in der Kommission, zu deren Wahl die Versammlung auf Vorschlag Juchos schritt, vollkommen die Herrschaft, vielleicht unter dem Einfluß der Zunahme der Erregung, die gerade in diesen kritischen Tagen durch die Verhandlungen in der Paulskirche über die Waffenstillstandsfrage herbeigeführt war. Namentlich hatte sich Reinganum, der in der ersten Beratung sich noch gemäßigt ausgesprochen hatte, nun ganz auf die Seite Friedlebens geschlagen. Der Bericht, den er für die Kommission erstattete, sprach es aus, daß § 50 als erloschen betrachtet werden könne; es sei nicht nötig, „ihn durch sich selbst zu töten". Es sei dies der offenbare Wille der Mehrheit der Bürgerschaft. Der Bericht beantragte also die Wahl einer verfassunggebenden Versammlung von 120 Mitgliedern, die in 2 Bezirken, 100 in der Stadt und 20 auf dem Lande, gewählt und zwar direkt gewählt werden sollten; jeder großjährige Staatsangehörige sollte Wähler und wählbar sein, letzteres ohne Rücksicht auf den Wahlbezirk.

Souchay blieb in der undankbaren Rolle des Haupt-Opponenten. Er vertrat in sachlicher, ruhiger und besonnener Weise seinen Standpunkt. Die „Ansichten und Bedürfnisse der Zeit", auf die verwiesen wurde, seien wohl Quellen des Rechts, aber nicht das Recht selber. Die bereits eingetretenen Umwälzungen könnten neue nicht rechtfertigen. Was Gewalt aufrichte, könne durch Gewalt auch wieder gestürzt werden. Er blieb bei seiner Forderung, daß der § 50 erst durch ordnungsgemäße Abstimmung beseitigt werden müsse, und er fügte den weiteren Antrag hinzu, daß der Bürgerschaft ein schließliches Veto über das ganze Verfassungsgesetz, das aus den Beratungen der Versammlung hervorgehen werde, vorbehalten bleiben müsse. Wenn wirklich, so schloß er, die neue Gesetzgebung, wie auch er glaube, durch die Not diktiert sei, so werde die Bürgerschaft sie gewiß auch annehmen. Dr. Ponfick trat lebhaft für den ersten Antrag Souchays ein. Er erinnerte daran, daß sie, die Dreißig, doch selbst auf Grund noch der alten Verfassungsbestimmungen gewählt seien; es sei also ein Widerspruch, diese Wahl anzunehmen und gleichwohl zu behaupten, die alte Verfassung existiere nicht mehr. Es sei auch ein Gebot der Klugheit, Freiheit und Recht zu verbinden, schon aus Rücksicht auf die Bedenken des Senats; man dürfe diese Männer mit ihrer geängstigten Überzeugung und ihren Skrupeln nicht so einfach beiseite setzen. Aber unter stürmischem Beifall des zahlreich versammelten Publikums legte Reinganum „gegen die legitimistischen Bedenken" dröhnende Verwahrung ein. Mit heftigen Worten schleuderte er einen Bannstrahl „gegen den schändlichen und niederträchtigen Buchstaben, der uns 33 Jahre geknechtet habe". „Wenn im Februar und März Revolutionen gewesen seien, so sei das Recht, das durch diese Revolutionen hervorgerufen sei, heute ein lebendes; sollte dies bezweifelt werden, so würde damit vielleicht die Nötigung entstehen, diese Revolution weiter zu führen."

Das schlug durch. Es war das Losungswort der Stunde. Es war der Gedanke, der nur wenige Tage später einen Teil des Frankfurter Volkes auf die Barrikaden führte. Die Abstimmung erfolgte unter großer Erregung und leidenschaftlicher Anteilnahme der Zuhörermenge. Die Fassung der Kommission wurde mit allen gegen die drei Stimmen von Varrentrapp, Ponfick und Souchay angenommen. Als Souchay sein Nein aussprach, „entstand", so lautet der Bericht, „große Unruhe und Murren unter den Zuhörern", ein Zeichen, daß die schlechten Gepflogenheiten, welche die demagogische Verhetzung erzeugt hatte, schon anfingen, sich von der Paulskirche auf die städtischen Verfassungskämpfe zu übertragen.

Aber auch sonst verschlang sich in diesen Wochen Einzelnes und Allgemeines, Großes und Kleines miteinander, flossen die Geschicke der Stadt und der Paulskirche vollkommen zusammen. An die Stelle der verhältnismäßigen Ruhe, die im

Juli geherrscht hatte, war schon längst wieder Lärm und Streit getreten, und zwar war es Preußen, das jetzt mehr und mehr in die Mitte dieses Lärmes und Streites gerückt war, das mehr und mehr der Zielpunkt aller Angriffe des Radikalismus wurde. Die Entscheidungen der ganz großen Politik fanden ihren Widerhall in den Straßen Frankfurts. Die Stadt hörte auf, nur der Schauplatz der deutschen Geschichte zu sein; sie griff, für einen Augenblick wenigstens, selbst mit ein.

III.

Preußen hatte an sich die Erhebung des Erzherzogs gutgeheißen und hatte ihn anerkannt, allein das doch wohl in der selbstverständlichen Voraussetzung, daß es damit Österreich nur einen Ehrenvorsitz zuerkenne, wie er ja auch in dem Bundestage bestanden hatte, daß es im übrigen aber an der neu geschaffenen Gewalt teilnehmen werde.

Diese Voraussetzung wurde indessen nur in sehr ungenügender Weise verwirklicht; sie konnte auch bei dem Herrschgelüste der Paulskirche nicht verwirklicht werden. Der Gegensatz, der sich daraus entwickelte, kommt in einem Briefe Bunsens, des bekannten königlichen Vertrauten und preußischen Gesandten in London, an seinen Freund Stockmar in besonders prägnanter Weise zum Ausdruck. Bunsen versicherte, daß Preußen der Begründung einer einheitlichen Reichsgewalt an sich nicht entgegen sei und daß es äußeren Ehrgeiz nicht habe, aber Preußen müsse Preußen bleiben. „Es verlangt“, schrieb er, „weniger, als Ihr Reichsterroristen (denn das ist Euer Name) ihm geben wollt, allein es will sich nicht mit gebundenen Händen und Füßen in den Zauberkessel werfen lassen, und selbst nicht, wenn Heinrich von Gagern die Medea wäre“.

Nun kam der Peuckersche Erlaß.

Wie dieser Erlaß in Frankfurt befolgt ward, haben wir erfahren. In Berlin rief er geradezu Entrüstung hervor, traf er doch Preußen an seiner empfindlichsten Stelle, in seinem Stolz und seiner Bedeutung als Militärmacht: zornig fragte man in den Kreisen der preußischen Offiziere, ob man den Degen

Friedrichs des Großen einem österreichischen Erzherzog ausliefern solle.

Die Weisung blieb unausgeführt, und Peucker mußte sie selber, um einen Konflikt zu vermeiden, erheblich modifizieren. Daß er aber als preußischer General überhaupt dazu gekommen war, eine solche Weisung ergehen zu lassen, ist besonders bezeichnend für die suggestive Wirkung, die von dem auf der Idee der Volkssouveränität fußenden Machtwahn der übergroßen Mehrheit der Nationalversammlung ausging: wer in dieser Frankfurter Atmosphäre lebte, der sog ganz unwillkürlich diese Vorstellungen in sich ein und verlor dadurch notwendig die Schätzung für die Wirklichkeiten.

Es lagen hier Widersprüche vor, die mit dem Mittel der Erörterung nicht zu beseitigen waren: auf der einen Seite der rocher de bronze der geschichtlich gewordenen Größe und Bedeutung der preußischen Monarchie, auf der anderen Seite die Forderungen der nationalen Demokratie; der Moment konnte nicht ausbleiben, wo die steigende Flut der Zeitideen gegen diesen Felsen anprallte.

Das Nahen dieses Momentes kündigte sich schon lange vorher an durch eine Zunahme der barometrischen Spannung.

So erfolgte am 7. August bei Gelegenheit der Beratung über den Antrag, Hecker und die Seinen zu amnestieren, von seiten des badischen Abgeordneten Brentano die unglaubliche Äußerung: „Nachdem anderwärts so bereitwillig Amnestien erteilt worden seien, werde man doch nicht die Männer, die in Baden die Waffen für die Republik ergriffen hätten, gegen einen Prinzen von Preußen zurücksetzen wollen." Diese Worte und die darin enthaltene herausfordernde Verletzung der preußischen Gefühle riefen einen Tumult hervor, wie er in der Paulskirche noch nicht dagewesen war. Wie rasend stürzte ein großer Teil der preußischen Abgeordneten nach der Tribüne und wollte den Verwegenen von ihr herunterreißen; zwei von ihnen forderten ihn auf Pistolen, seine Freunde mischten sich ein, es kam zu Tätlichkeiten, die Galerie lärmte und schrie, und in dem allgemeinen Getümmel nahm die Sitzung tatsächlich ein Ende, ohne daß der Präsident v. Soiron sich noch hätte Gehör verschaffen können, um den Schluß zu verkünden.

Am Nachmittag waren viele Preußen noch so entrüstet, daß sie ihren Entschluß erklärten, abreisen zu wollen; sie wurden davon zurückgebracht durch das Versprechen, daß ein Ordnungsruf an Brentano erteilt werden würde, von der Linken wurde aber der Freche wie ein Held gefeiert, abends wurde ihm eine „solenne Nachtmusik", wie Smidt schreibt, „unter Zulauf von ein paar Tausend Frankfurter Radikalen und Jan Hagel dargebracht", und Brentano hielt bei dieser Gelegenheit eine Rede, in der er angelobte, die Freiheit mit Gefahr seines Lebens verteidigen zu wollen.

Am nächsten Tage wiederholten sich die Lärmszenen, als der Ordnungsruf von seiten des Präsidenten wirklich erteilt war, und die Galerie, auf der eine Menge Leute aus Mainz, Hanau, Offenbach Platz genommen hatten, mischte sich mit derartigem Toben ein, daß — zum ersten Male — die Räumung verfügt werden mußte. Vor der Paulskirche erhoben die gewaltsam Ausgewiesenen einen Höllenlärm. Es waren auch Franzosen darunter, deren einer wiederholt rief: Il faut massacrer tous. Die Haufen nahmen eine so drohende Haltung ein, daß Bürgermilitär und Schutzwachen herangezogen werden mußten.[1])

Es kamen nun die Tage des Kölner Dombaufestes und die Worte Friedrich Wilhelms IV. zu der Deputation der Nationalversammlung: „Vergessen Sie nicht, daß es in Deutschland Fürsten gibt und daß ich einer derselben bin", und als Illustration zu diesem Worte der Waffenstillstand von Malmö vom 26. August.

Dieser Waffenstillstand war wie ein Blitz, der in dunkler Nacht plötzlich die Gegend erhellt und zeigt, wo man sich eigentlich befindet.

Es ist hier nicht der Ort, auf eine Geschichte dieses Waffenstillstandes einzugehen, es muß genügen, daran zu erinnern, daß Preußen im März, damals ganz vor dem nationalen Winde

[1]) Deutsche Zeitung, Nr. 221. Bericht aus Frankfurt vom 8. August. — Detmold an Stüve, 9. August 1848.

segelnd, den Krieg gegen Dänemark um die beiden Markherzogtümer unternommen hatte im Auftrage des deutschen Bundes und zunächst ganz im Sinne der deutschen Nationalpartei — die diesen Krieg als eine heilige Angelegenheit ganz Deutschlands und die Befreiung beider Herzogtümer aus der dänischen Umschlingung als das einzig mögliche Ende dieses Krieges betrachtete —, daß aber in Friedrich Wilhelm IV. sehr bald der deutsche Enthusiast vor dem Preußenkönig zurückgetreten war und daß die Erwägungen des preußischen Interesses ihm den Wunsch eingaben, aus diesem Kriege sich wieder herauszuziehen. Es hatte sich eben gezeigt, daß Deutschland und Dänemark nicht allein auf der Welt seien, Rußland, England und Frankreich hatten sich in die Sache eingemischt, sie alle drei natürlich in einem dem deutschen Interesse entgegengesetzten Sinne, und es war klar geworden, daß der ernstliche Versuch, Schleswig-Holstein von Dänemark loszureißen, wahrscheinlich zu einem Kriege mit dem Auslande führen werde, zu Entschließungen also, die dem Könige an sich unmöglich waren, die aber für eine ihm jetzt fremd, ja feindselig erscheinende Sache zu fassen, ihm Wahnsinn gedünkt hätte. Nein, gerade jetzt, gegenüber dem selbstbewußten Auftreten der Frankfurter Gewalten schien es notwendig, daß Preußen den Beweis seiner noch ungebrochenen Bedeutung als Großmacht der Welt vor Augen stellte, daß es so handelte, wie es den augenblicklichen Bedürfnissen der preußischen Politik angemessen schien und nur diesen.

So kam es denn dazu, daß Preußen den Krieg in Schleswig-Holstein erst nur noch lau führte und daß es endlich einen Waffenstillstand mit Dänemark vereinbarte, dessen Bedingungen deutlich erkennen ließen, daß Preußen nicht mehr daran dachte, die deutsche Sache in Schleswig-Holstein zum Siege zu bringen, daß es die Verbindung Dänemarks mit Schleswig-Holstein anerkannte, die deutsche Sache also preisgab.

In einer Frage, in der alles nationale Empfinden wie in einem Brennpunkte zusammenschoß, handelte Preußen also, als ob es ein solches nationales Empfinden gar nicht gäbe, es erhob aber zugleich den Anspruch, daß sein Vorgehen für die Nation maßgehend sein sollte! Lodernder Zorn und tiefes Weh packte alle Patrioten — nicht etwa nur die republikanische Linke, sondern auch die monarchische, aber streng konstitutionelle und unionistische Mittelpartei —, über dieser gräßlichen Enttäuschung. Der nächste Gedanke war, daß man das nicht hinnehmen dürfe, daß Preußen nachdrücklich an die ihm übergeordnete Macht der Nation erinnert werden müsse: der Waffenstillstand wurde also verworfen, — wie aber sollte das Reichsministerium, das völlig in der Luft stand, wenn die Einzelstaaten es nicht stützten, dieses Votum zur Durchführung bringen?

Es war klar, daß Preußen weit davon entfernt war, freiwillig einem fremden Willen Einfluß auf den eigenen einzuräumen. Auch bei ihm handelte es sich um ein Prinzip, und wenn bei dem furchtbar zunehmenden Preußenhasse im Südwesten und Süden Deutschlands gewiß nicht daran zu denken war, daß Deutschland von Berlin aus hätte regiert werden können, so war man andererseits jetzt in Berlin fest entschlossen, Preußen nicht von Frankfurt aus regieren zu lassen.[1])

Das Reichsministerium verzweifelte und trat zurück, aber als nun der Reichsverweser ganz folgerichtig den Führer der Mehrheit vom 5. September dazu berief, ein neues Ministerium zu bilden, da mußte dieser erkennen, daß er ein solches nur bilden könne mit Hilfe der äußersten Linken, der überzeugten Republikaner, die schon lange grollten, daß die Märzrevolution auf halbem Wege stehen geblieben sei, und die nun ihre Zeit gekommen wähnten.

Natürlich entsetzte sich Dahlmann vor solchen Verbündeten: er mußte den Auftrag zurückgeben, und da auch alle anderen Kombinationen, mit dem Beschlusse vom 5. September die Reichsgeschäfte weiter zu führen, sich als unmöglich erwiesen, so blieb den Urhebern dieses Beschlusses nichts anderes übrig als der Vorschlag, den Beschluß zurückzunehmen.

---

[1]) Smidt, 11. und 15. September 1848.

Es war das eine fast unerträgliche Zumutung. Der Fürstenwille sollte sich also dem Nationalwillen gegenüber behaupten? Das Parlament sollte anerkennen, daß seine Macht Grenzen habe? Mußte damit der Nimbus, der die Paulskirche bisher umgeben hatte, nicht rettungslos zerflattern?

Ein gewaltiger Kampf erhob sich drinnen und draußen. Die überall jetzt vorhandenen Vaterlands- und demokratischen Vereine bestürmten die Versammlung mit Adressen und Petitionen, unübersehbar war die Flut der Zeitungsartikel und Flugschriften, lange schwankte die Wage hin und her, als aber am 16. September die schließliche Entscheidung kam, da ergab sich, daß 257 für den Antrag waren, 236 dagegen: der tapfere Beschluß vom 5. September war aufgehoben.

Die Republikaner schäumten vor Wut; für sie war jetzt die kritische Stunde gekommen: wenn die jetzt gegebene Gelegenheit des patriotischen Schmerzes nicht benutzt wurde, um ihre Sache zur Sache des deutschen Volkes zu machen, dann war es vielleicht niemals mehr möglich. So war denn die Frage, die aller Köpfe bewegte, die, ob man nicht einen solchen Beschluß mit einer Erneuerung der Revolution beantworten müsse, ob nicht die reaktionär gewordenen Girondisten der Nationalversammlung mit Gewalt ihres Mandates zu entkleiden, ein rein jakobinisches Rumpfparlament zu schaffen sei und dieses den Kampf gegen das widerspenstige Preußen mit neuer Energie aufzunehmen habe.

Eine Vorfrage war das Maß der Kräfte.

Unzweifelhaft bestanden Verbindungen mit auswärts, namentlich mit Württemberg und Südbaden, und an der Grenze stand Struve, zu einem neuen Einfalle bereit. Die ganze nähere Umgebung war in rebellischer Verfassung. Die Arbeiter- und Turnvereine, die es jetzt fast überall gab, bildeten eine Truppe, auf die im Notfall wohl mit Sicherheit zu rechnen war.

Was Frankfurt selbst anlangt, wo es ja zeitweise äußerlich ruhiger geworden, so war die Erregung, seitdem die Konfliktstimmung sich herausgebildet hatte, wieder heftiger denn je. Die wilden Reden der Paulskirche riefen an all den zahlreichen Stätten, wo die öffentliche Meinung gemacht wurde, hundertfältiges Echo hervor, und zwar bestand, was die Worte und die Beschlüsse anlangte, kein großer Unterschied zwischen den fünf Vereinen, die sich zur Linken hielten: dem Montagskränzchen, dem Deutschen Verein, dem Demokratischen Verein, dem Demokratisch-republikanischen und dem Arbeiterverein. Die stärksten an Zahl waren der erste und der letzte. Der erste, unter dem Vorsitz des Dr. med. Behaghel, umfaßte die Masse der entschieden freisinnigen und radikalen Bourgeoisie, der zweite und dritte waren wohl nur die Gruppen der persönlichen Anhänger Hadermanns und Funcks, die die Vorsitzenden waren, der Demokratisch-republikanische Verein umfaßte auch viele Fremde, namentlich Journalisten; er scheint vorwiegend die Anführer gestellt zu haben für die sozialistischen Soldaten, die wir im Arbeiterverein vor uns haben.

Unter diesen Anführern ist zunächst zu nennen der Frankfurter Kaufmannskommis Gustav Hörfel aus Prag, der gegenwärtige Präsident des Arbeitervereins. Neben ihm war in diesen kritischen Tagen der frühere Präsident Essellen wieder aufgetaucht, nachdem er in der Zwischenzeit unablässig in der Umgegend gewühlt hatte. Vierzehn Tage vor dem 18. September hatte er auf einer Volksversammlung in Höchst gesagt: auf den Barrikaden werden wir uns wiedersehen.[1]) Germain Metternich war auch schon seit einiger Zeit dauernd in Frankfurt ansässig. Er war vorwiegend eine Feldhauptmannsnatur etwa im Stile des Florian Geyer, er tritt daher immer erst hervor, wenn es ans Losschlagen geht. Neben ihnen sehen wir besonders tätig die zwei Frankfurter Arnold Reinach und Benjamin B. Adler, dann noch als ganz untergeordneten, aber besonders gefährlichen Hetzer und Einpeitscher den früheren israelitischen Religionslehrer von Friedberg, Saul Buchsweiler, jetzt in Rödelheim.

Alle sie und noch eine Reihe anderer, vor allem die große Zahl der bürgerlichen Radikalen in teilweise hochangesehener sozialer Stellung, wie z. B. Reinganum, einer der Einflußreichsten im Montagskränzchen, sie bildeten alle die freiwillige Gefolgschaft der Linken und der äußersten Linken des

[1]) Bericht des Peinlichen Verhöramts.

Parlaments, standen mit Gleichgesinnten in nah und fern in genauer Verbindung, und auf sie blickten die revolutionären Massen, in die nun seit einem Jahre und länger beständig die Gedanken nicht nur von Freiheit und Vaterland, sondern auch von Manneskraft und Tyrannenmord geworfen waren und die gerade jetzt in den Zeiten wiederkehrender Anarchie, da das bisherige Reichsministerium abgetreten und kein anderes an seiner Stelle zustande gekommen war, von gewissenlosen Agitatoren beständig in der Gewöhnung wildester und blutigster Vorstellungen gehalten wurden.

Welch ein Geist wüster Gewalttätigkeit bereits in den in der Stadt vorhandenen Massen herrschte, das zeigten die Szenen, die sich noch am Abend des 16. abspielten, nach der entscheidenden Abstimmung in der Paulskirche, die von einer aufgeregten Menschenmenge umlagert war. Die Mitglieder der Rechten, soweit man sie erkannte, wurden schon beim Heraustreten aus der Kirche in empörendster Weise beschimpft und bedroht.[1]) Eine Anzahl aber von politischen Persönlichkeiten, die in der Entscheidung der letzten Tage eine Rolle gespielt hatten, waren dem Hasse der Menge besonders bezeichnet. Gegen sie wurde von den wilden Pöbelhaufen, die nach Schluß der Parlamentssitzung schreiend, singend und schießend die Straßen der Stadt durchzogen, eine förmliche Jagd veranstaltet: da sie in der Westendhalle vermutet wurden, so drang ein wütender Haufe hier ein und richtete an Fenstern, Spiegeln, Möbeln die schlimmsten Verwüstungen an, ohne freilich das geplante Werk der Rache ausführen zu können, da die bedrohten Personen sich rechtzeitig geflüchtet hatten; so war z. B. der Turnvater Jahn über einen Zaun hinweg auf den Eisenbahnkörper geklettert und hatte sich hier in einem leerstehenden Wagen geborgen, in dem er, wie wenigstens Smidt berichtet, die Nacht zubrachte.

Ein anderer Haufe war vor das Bethmannsche Haus in der Buchgasse gezogen, wo der Reichsminister des Äußern,

[1]) Detmold z. B. wollte man nur durchlassen, wenn er ein Hoch auf Hecker ausbrächte: er mußte eine andere Türe aufsuchen. Detmold an Stüve 19. September 1848.

Heckscher, logierte. Man hatte schon angefangen, die Fenster des Hauses einzuwerfen, als es plötzlich hieß, Heckscher befinde sich im Englischen Hofe. Sofort zog die Bande dorthin und begann nun hier ihr Zerstörungswerk; sie verlangte, daß Heckscher ihr ausgeliefert werde, weil sie ihn hängen wolle.[1]) Sie drang auch wirklich in den Torweg des Hotels ein, es gelang aber dem Personal, die Wütenden wieder hinauszuwerfen und das Tor zu schließen.

Unterdessen war Generalmarsch geschlagen worden, die Stadtwehr versammelte sich aber nur äußerst lässig; ihr Benehmen gab schon an diesem Abend zu den ernstesten Bedenken Anlaß. Außer ihr war zum Schutze der Stadt eigentlich nur ein kurhessisches Bataillon vorhanden, das vor einigen Tagen, von Baden kommend, zum Ersatz des in Schleswig befindlichen Linienmilitärs eingerückt war und dessen Verlässlichkeit nicht über allen Zweifel erhaben war. Im Volke wenigstens rechnete man damit, daß es auf seiner Seite stehe. So hatte z. B. ein nach Tausenden zählender Trupp, der gleich nach 9 Uhr, Freiheitslieder brüllend, die Zeil heraufgezogen war, als er an der Hauptwache vorbeikam, den kurhessischen Soldaten stürmische Hochs ausgebracht.

Jetzt freilich gehorchten sie doch dem Kommando. Der Platz vor dem Englischen Hof wurde von einer Kompagnie besetzt, die dann dazu überging, den Roßmarkt zu säubern. Der Rest des Bataillons aber eilte unter seinem Kommandeur nach der Konstablerwache, da Nachricht gekommen war, daß sich vor dieser große Massen zusammenrotteten und Anstalten machten, die Gefangenen zu befreien. Unter Trommelschlag wurden die Straßen vor der Wache geräumt, aber erst um 1 Uhr konnten die Truppen in die Kasernen zurückkehren.

Alle diese Unruhe und alle diese Ausschreitungen, so bedenklich sie an sich sein mochten, waren aber doch nur unerheblich gegen das, was sich an den Vereinigungsstellen der Anhänger der Linken, in den überfüllten Wirtschaften, wo

---

[1]) Berichte des kurhessischen Oberstleutnants Osterwald und Smidts vom 17. Dezember. (Auch für das Folgende.)

überall leidenschaftliche Debatte, Siedehitze herrschte, noch weiter vorbereitete.

Der Anstoß kam von dem Arbeiterverein. Sein Präsident erschien im Nürnberger Hof, wo das Montagskränzchen tagte, setzte auseinander, daß etwas geschehen müsse, und forderte es auf, die Führung zu übernehmen.

Es geschah. Der Vorstand des Montagskränzchen begab sich in das Klubhaus der Linken. Dr. Reinganum stellte die Frage, was die Linke zu tun gedenke.[1]) Ein bestimmter Entschluß bestand noch nicht; es wurde hin- und hergeredet. Nun aber erschienen die Vertreter des Demokratisch-republikanischen Vereins, und in ihrem Namen erklärte Friedrich Kapp — ein früherer preußischer Auskultator, Sohn eines Gymnasialdirektors in Hamm, woher auch Essellen stammte, später neben Karl Schurz ein Führer der Deutsch-Amerikaner und ausgezeichneter Schriftsteller —, er stelle die kräftigen Fäuste von 2700 Arbeitern zur Verfügung, wenn die Linke austrete und sich für permanent erkläre.

Draußen im Hof und in den Straßen lärmten indessen die aufgeregten Massen. „Austreten, austreten!" hieß es. Blum und Simon von Trier redeten zu ihnen von dem Fensterbrett des zu ebener Erde gelegenen Saales, beide aufreizend und abmahnend zugleich: das Volk müsse die Märztage wiederholen, aber nicht hier, nicht gleich; in Wien und in Berlin liege die Entscheidung.[2])

Eine endgültige Entschließung wurde an diesem Abende noch nicht herbeigeführt. Die Linke in ihrer Gesamtheit zögerte noch; es galt also, sie noch stärker zu beschwören. Die Frankfurter Demokratenchefs beschlossen demnach, für den nächsten Tag eine gewaltige Kundgebung des Volkes durch eine große Versammlung auf der Pfingstweide zu veranstalten. Reinganum war es, der dem Arnold Reinach die Einladung in die Feder diktierte, letzterer besorgte den sofortigen Druck in der Adelmannschen Druckerei, und noch

[1]) Bericht des Polizei-Amts vom 11. Dez. 1851 (Acta Sen. B. 120 Nr. 8).

[2]) Bericht des Peinlichen Verhöramts hierfür und für das Folgende.

in der Nacht gingen die Boten aus dem Gräberschen Lokale, dem Hauptquartier des Arbeitervereins, nach allen Richtungen ab, um die Turn- und Handwerkervereine der benachbarten Orte und Städte zu möglichst zahlreichem Besuche aufzufordern. Smidt schrieb in diesen Tagen: „Man fängt an, sich hier nach einem Cicero und dessen ‚Quousque tandem, Catilina' zu sehnen".

IV.

Der folgende Tag, der 17. September, war ein Sonntag.

Am Vormittag herrschte Stille, die nur etwas unheimlich wirkte, wenn man an den Mauerecken die großen Plakate betrachtete, auf denen die fünf Frankfurter Vereine zur Versammlung einluden.

Um Mittag herum wurde es denn auch schon lebendig.

Die Eisenbahnzüge brachten Hunderte von Menschen, die zunächst in das Innere der Stadt strömten, in die Wirtschaften, wo man die Freunde fand: das Essighaus der Treffort für die von Osten her, von Hanau, Bornheim, Bergen kommenden, die Bierwirtschaft von Hölz auf der Großen Bockenheimer Straße für die aus Bockenheim und Rödelheim, Gräber die Sammelstätte für die Arbeitervereinler.

Von diesen Plätzen aus strömte es dann am Nachmittag nach der Pfingstweide hinaus; keineswegs lauter Umsturzlustige, auch viele, sehr viele Neugierige darunter, der Arbeiterverein in geschlossenem Zuge mit der Vereinsfahne voran.

Im ganzen waren es wohl mindestens 3—4000 Menschen, vielleicht auch erheblich mehr, die sich auf jenem weiten Gebiet im Osten der Stadt, das der Zunft der Stechhammelmetzger für ihr Vieh als Weide überlassen war, versammelten. Im Mittelpunkt, in nächster Nähe der Rednertribüne, für deren Aufschlagen Reinach gesorgt hatte, standen die Vereine in geschlossenen Massen, um sie herum erst die Gesinnungsgenossen, dann in immer weiterem Kreise diejenigen, die nur sehen und hören wollten. Waffen waren wohl vereinzelt vorhanden, im ganzen aber waren die Erschienenen nicht bewaffnet, sie waren aber sämtlich mit handfesten Knütteln versehen und — das war die Hauptsache — entschieden auf Gewalt gestimmt.

Das zeigte sich sofort, als Dr. Behaghel die Versammlung eröffnet hatte und Reinganum das Wort ergriff, von dem schmachvollen Waffenstillstande, von verlorner Ehre sprach und den Antrag stellte, daß das Volk zur Wahrung seiner Rechte eine Adresse an die Nationalversammlung richten solle, die er dann vorlas. Schon während er sprach, zeigte sich unter den Hörern eine solche Unruhe, daß er kaum zu Ende kommen konnte. „Keine Adresse", hieß es, „Handeln!" „Barrikaden!" In diesem Sinne sprachen auch die Redner, die nach Reinganum zunächst das Wort ergriffen; sie sprachen sehr scharf, sehr aufreizend, freilich immer noch so, daß das Äußerste nicht gesagt wurde, für die Ungeduld der Massen aber auch sie, wie es scheint, nicht kurz und nicht bündig genug. Die meisten, die da um die Tribüne herumstanden, waren eben nicht gekommen, um lange Reden zu hören; sie wollten, wie es später hieß, keine „Wassersuppen" mehr, sie erwarteten etwas ganz anderes; daher hatte auch Kapp mit seinem Vorschlag, eine Proklamation an das Volk zu erlassen, damit es die Abgeordneten der Mehrheit abberufe, keinen vollen Erfolg. Eindruck machte von dem, was die ersten Redner sagten, nur die von unzweideutiger Geste begleitete Wendung von Zitz: die Zeit der Adressen sei vorüber, man müsse jetzt Fraktur sprechen. Für den Antrag Reinganum hatte keiner der Redner gesprochen, die nach ihm das Wort ergriffen. Als der Vorsitzende abstimmen ließ, erhob sich keine Hand; als er die Frage wiederholte, da streckten ein paar Leute die Stöcke in die Höhe und schwangen sie, und in wenigen Augenblicken folgten alle ihrem Beispiele. „Es war ein eigentümlicher Anblick," schreibt ein Augenzeuge,[1] „die vielen Tausende von Menschen auf der weiten Wiese, alle die Knüttel hoch in die Lüfte hebend, unter lautem Hohn gegen die Nationalversammlung".

Es war der Moment gekommen, wo die bürgerlichen Radikalen einen Entschluß fassen mußten. Sie hatten schon fast die Grenze überschritten; jetzt aber machten sie halt: Dr.

[1]) Kirchenpauer, 17. September 1848.

Behaghel legte den Vorsitz nieder. Ob er in diesem Augenblicke wohl der Worte des Mark Anton gedachte: „Unheil, du bist im Zuge!“?

Der Vorsitzende des Arbeitervereins, Gustav Hörfel, übernahm jetzt die Leitung. Es sprachen zunächst noch Schlöffel und Simon von Trier, letzterer schon präludierend über das Thema, das später das herrschende wurde, indem er erklärte, daß man den schlechten Abgeordneten die Mandate abnehmen müsse, und dann kam, was die große Mehrheit der Knüttelträger erwartete: kurze, wilde, fanatische Ergießungen, scharf zugespitzte Anträge, rasche Abstimmungen und ebenso viele „Tat“-Entschlüsse. Karl Bruhn aus Holstein, ein ehemaliger preußischer Unteroffizier, ein Teilnehmer am Heckerschen Aufstande, jetzt aus Paris nach Frankfurt gekommen, ein ganz rasender Fanatiker, rief: „Wir müssen Barrikaden bauen, Barrikaden aus unsern Leibern“. Es fiel auch die Wendung, bei ihm oder einem andern, die Wände der Paulskirche müßten sich röten von dem Blute der Feinde. Der Mainzer Redakteur Schütz beantragte, die Linke aufzufordern, auszutreten und sich als selbständiges Parlament zu konstituieren; sein Antrag wurde angenommen. Der Kurhesse Karl Krug, ein früherer Philologe, dann Journalist und zugleich Sekretär des Arbeitervereins, stellte den eigentlich entscheidenden Antrag: zu erklären, daß die 257 Mitglieder des Parlaments, die für die Annahme des Waffenstillstands gestimmt hätten, Verräter am deutschen Volke seien; auch dieser Antrag wurde angenommen; Metternich, der Tatmensch, stellte weiter den Antrag, daß dieser Beschluß am nächsten Morgen durch eine Deputation in der Paulskirche übergeben werden sollte, und auch dies ward genehmigt; Metternich fügte dann noch die Mahnung hinzu, daß die aus Mainz, Hanau, Offenbach Anwesenden über Nacht in Frankfurt bleiben möchten, um am Morgen mit vor die Paulskirche zu ziehen und dort der Überreichung der Deputation „mehr Nachdruck“ zu geben.

Zum Schlusse wandte sich der Abgeordnete Wesendonck, der ungemein heftig sprach, an die Bürgerwehren, insbesondere die Frankfurter Bürgerwehr: sie seien nicht nur für die Ordnung, sondern auch für die Freiheit da, sie sollten Abstimmungen über die Paulskirchenmehrheit und Mißtrauensadressen bei ihren Kameraden veranlassen; sie sollten sich nicht mißbrauchen lassen gegen die Freiheit; er brachte ein Hoch auf die Bürgerwehr und das Volk aus.

Ehe die Versammlung geschlossen wurde, erfolgte noch die Mitteilung, daß die Vorsteher der Vereine und Führer von Bürgerwehrkorps sich gleich jetzt bei Gräber einfinden sollten, um die Wahl der Deputation vorzunehmen; das Volk aber wurde für 7 Uhr vor den Deutschen Hof bestellt, um den Beschluß der Linken zu vernehmen; in geschlossenem Zuge ging es dann unter Abfeuern von Schüssen und Absingen des Heckerliedes wieder zur Stadt zurück.

Die Stunde der Entscheidung kam.

Während die Linke im Deutschen Hofe beriet, saß etwa seit 7 Uhr bei Gräber eine Versammlung von 50—60 zusammen, die wir als das weitere Aktionskomitee ansprechen dürfen; es waren dabei auch Vertreter aus Mainz, Hanau, Ginnheim, Bockenheim und Niedereschbach. Als alle beieinander waren, wurde eine Wache vor die Türe gestellt und niemand mehr hereingelassen.

Es wurde Umfrage gehalten, welches die Stärke der einzelnen Vereine sei und mit wieviel Mann sie zur Stelle sein könnten; es wurden allerlei Mitteilungen über Hilfe gemacht, die von auswärts zu erwarten sei: der Sigel, so hieß es, komme mit 15000 Mann den Rhein herunter; zwischen Mainz und Hattersheim solle die Bahn aufgebrochen werden, usw.

Dazwischen wurde die Versammlung der Linken beschickt; zweimal gingen Deputationen nach dem Deutschen Hofe, dazu drängte das Volk immer heftiger.

Die Frage war und blieb: Was wird die Linke tun? Wird sie den Spruch des Volksgerichts ratifizieren?

W e n n sie es tat, so setzte sie alles auf e i n e n Wurf: es war Revolution im großen Stil, was sie damit wagte. D u r f t e sie es aber wagen? Reichten die Kräfte aus für einen solchen Schicksalswurf? Es wurde aufs heftigste hin- und hergestritten;

es dauerte lange, bis in den späten Abend hinein, bis zur Abstimmung geschritten wurde; das Ergebnis war der Beschluß, den Karl Vogt von Gießen den Deputierten der Vereine verkündete, daß die Linke es ablehne auszutreten; nur 19 Stimmen waren für den Massenaustritt abgegeben worden. Unter heftigen Ausdrücken der Entrüstung nahmen die Abgesandten diesen Bescheid entgegen. Zornig erklärten sie, das Volk werde sich jetzt selber helfen, sie verkündeten das der draußen harrenden Menge und warfen auch in sie den Entschluß hinein, nunmehr allein vorzugehen. Bei Gräber war die Enttäuschung erst groß. Metternich aber erklärte, er werde, wenn es Gewalt gelte, nicht zurückbleiben; er sei bereit, den Arbeitern voranzugehen. Von Hecker sprach er in Andeutungen, aus denen hervorzugehen schien, daß er in der Nähe sei, und in seinem Namen vereinigte man sich aufs neue zu dem Bekenntnis, daß man fest zusammenhalten wolle. Es wurde der Beschluß gefaßt, daß am nächsten Vormittage um 11 Uhr eine bewaffnete Volksversammlung auf dem Roßmarkt abgehalten werden sollte; es wurde zugleich beschlossen, daß Boten in die Umgegend gehen sollten, um bewaffneten Zuzug zu holen; wirklich ging z. B. Saul Buchsweiler, der am Vormittag schon in Sprendlingen als ein fanatischer Agent des Umsturzes gewirkt hatte, jetzt noch in der Nacht nach Rödelheim, andere gingen in andere Orte. Metternich selber eilte von Gräber noch ins Essighaus, wo eine große Menschenmenge im Garten war. Er brachte die Weisung, morgen auf dem Roßmarkt zu erscheinen.

Exzesse wurden an diesem Sonntagabend nicht verübt, aber die Straßen wurden beständig von großen Haufen wilden Volkes durchzogen, und in den Wirtschaften dauerte der Lärm bis tief in die Nacht; so bei Hölz bis gegen 2 Uhr. Auch hier war von dem Plane schon die Rede, am nächsten Tage in das Parlament einzudringen und die Herren der Rechten aufzuhängen, aber auch davon, die Reichen zu plündern. Um 2 Uhr aber kam plötzlich einer herein und verkündete: es seien soeben 2000 Mann Preußen und Österreicher angekommen, — da stürmten alle hinaus.

V.

Diese plötzlich in tiefer Nacht eingetroffenen Österreicher und Preußen zeigten, daß, während die Partei der Rebellion Heerschau gehalten und ihre Reserven eingezogen hatte, auch auf der anderen Seite gehandelt worden war.

Unzweifelhaft hatte die bedrohliche Zunahme der Anarchie zum Teil ihren Grund darin, daß es schon seit mehreren Tagen kein Reichsministerium mehr gab. Noch in der Nacht vom 16. zum 17. hatte daher der Reichsverweser sich an das abgetretene Ministerium mit der Bitte gewandt, ihn nicht zu verlassen, sondern in Anbetracht des immer größer werdenden Ernstes der Lage die Leitung der Staatsgeschäfte interimistisch wieder in ihrem ganzen Umfange und mit voller Verantwortlichkeit zu übernehmen. Die Minister hatten sich, soweit sie anwesend waren, bereit erklärt, und es ist nicht unwahrscheinlich, daß wenigstens Schmerling und vielleicht auch Peucker die Gelegenheit ganz gerne ergriffen, eine Politik der Ordnung einzuleiten, um daraus einen neuen Daseinsgrund zu gewinnen für sich selbst und die Reichsregierung überhaupt.

Die im Augenblick wichtigste Aufgabe war, für die Sicherheit des Reichsverwesers, der Reichsbehörden und der Nationalversammlung zu sorgen. Bisher war das Sache der Stadt gewesen; sie hatte unter Berufung auf ihre Souveränität diesen Anspruch erhoben, und man war ihr bisher auch nicht entgegengetreten, allein die Lage war jetzt doch so, daß man zweifeln mußte, ob die Stadt der Aufgabe weiter gewachsen sein werde. Das Linienbataillon war ausgerückt; es war nur noch ein kleines Ersatzkommando von etwa 80 Mann vorhanden, das in Sachsenhausen in dem Frankensteinschen Hause lag. Von dem kurhessischen Bataillon, das an Stelle des städtischen getreten war, war schon oben die Rede. Außerdem war nur noch die Stadtwehr da; wie es aber mit dem Geist dieser Schar stand, das hatte der 7. Juli in Sachsenhausen gezeigt.

Es war seitdem jedenfalls nicht besser, eher schlimmer geworden. Das Jägerbataillon befand sich eigentlich in einem Zustande dauernder Gehorsamsverweigerung; wenn Leute dieses Bataillons sich einmal dazu bereit fanden, zu einem anbefohlenen Wachtdienste überhaupt zu kommen, so erschienen sie mit Jagdhunden, setzten ihre Gewehre ab und gingen ins Wirtshaus.[1]) Nur mit Mühe konnten die Offiziere dieses Bataillons von dem Entschlusse abgehalten werden, den die Mehrzahl bereits gefaßt hatte, insgesamt den Abschied zu nehmen.

Natürlich wußte Peucker von diesen Einzelheiten nichts, allein auch ohne das wird er kaum geneigt gewesen sein, die militärische Verwendbarkeit der Stadtwehr, noch dazu in politisch erregten Zeiten, hoch einzuschätzen. Es war daher begreiflich, daß das Reichsministerium zu der Erkenntnis kam, daß es die Angelegenheit des militärischen Schutzes am besten selbst in die Hand nehme, allein als Peucker am Morgen des 17. den städtischen Behörden diesen Vorschlag machte, fand er nur sehr geringes Entgegenkommen. Der ältere Bürgermeister zeigte sich nicht geneigt, den kostbaren Besitz der Kommandogewalt, der ein Attribut der Souveränität war, jetzt schon aus der Hand zu geben. Das einzige, wozu er sich herbeiließ, war das Versprechen, für den Fall der Not von den auswärtigen zuverlässigen Truppen, die der Kriegsminister bereit stellen würde, Gebrauch machen zu wollen.[2])

Auf Grund dieses Abkommens sandte Peucker sofort nach Mainz die Weisung, zwei österreichische und zwei preußische Bataillone der Festungsbesatzung in eine solche Bereitschaft zu setzen, daß sie auf telegraphischen Anruf von seiten des ersten Bürgermeisters augenblicklich mit der Eisenbahn nach Frankfurt abgehen könnten; er teilte dem Bürgermeister dann mit, daß diese Anordnung getroffen sei, und ließ sich von ihm versprechen, daß er, wenn überhaupt, dann alle vier Bataillone heranziehen wolle, da, wenn schon auswärtige Kräfte eingriffen, diese durchaus nicht der Gefahr eines Mißerfolges ausgesetzt werden dürften. Zu aller Sicherheit ließ übrigens Peucker am Sonntag abend, als die Aussichten immer be-

[1]) Bericht des Obersten Reuß, Acta Sen. O 5/13.

[2]) Nach eigenhändigen Aufzeichnungen Peuckers.

drohlicher wurden, auch noch nach Darmstadt die Bitte ergehen, zwei Infanteriebataillone, zwei Schwadronen und eine halbe Batterie zum sofortigen Ausrücken fertig zu stellen.

In welchem Maße die militärischen Vorkehrungen nötig waren, welcher Grad der Auflösung in Frankfurt bereits eingetreten war, das erfuhr Peucker auch jetzt nicht, obwohl der Bürgermeister ihn am Abend noch besuchte, um ihm über die Vorgänge auf der Pfingstweide zu berichten.

Wir erinnern uns jenes Appells Wesendoncks an die Stadtwehr. Nun, dieser Appell fiel auf den fruchtbarsten Boden. Schon am Samstag abend, als Generalmarsch geschlagen war wegen der Exzesse am Englischen Hof usw., hatte die Stadtwehr, wie auch schon erwähnt, diesem Rufe nur in sehr ungenügender Weise gehorcht: sie war darauf für den Sonntag abend zum Antreten kommandiert worden, und da hatte sich nun offenbart, wie es eigentlich stand, obwohl das für die Eingeweihten natürlich keine Überraschung war: die große Masse der Stadtwehr war ausgeblieben; es stellten sich alles in allem nur 236 Mann ein, und es war mehr als wahrscheinlich, daß man auch auf dieses kleine Häuflein nicht werde rechnen können, wenn man der Stadtwehr etwa bedurfte gegen das Volk; in einem solchen Falle war die Sache der Ordnung mindestens ohne Verteidiger, wenn nicht gar noch Schlimmeres eintrat und die berufenen Schützer der Ordnung auf die Seite der Anarchie sich schlugen; ja dies Schlimmere war zum Teil schon eingetreten: in Sachsenhausen herrschte schon wieder ein Zustand der Rebellion, war doch von dem Linienmilitär, das in Sachsenhausen lag und das am Sonntag nachmittag nach Frankfurt beordert war, die Meldung gekommen, es werde von den Sachsenhäusern nicht herübergelassen![1] Da nun das kurhessische Bataillon durch den Wachdienst in Anspruch genommen war, so lag für die Stadt die bare Unmöglichkeit vor, in irgend einer auch nur entfernt ausreichenden Weise die Paulskirche zu schützen, wenn es zur Ausführung dessen kam, was auf der Pfingstweide be-

---

[1]) Protokoll des Engeren Rats Nr. 939.

schlossen war: die Stadtregierung war faktisch wehrlos.

In der Erkenntnis dieser äußersten Notlage entschloß sich Heyden am Abend des Sonntags doch noch, nach Mainz um Übersendung von Truppen zu telegraphieren; er erließ aber zugleich, um die Verantwortung für alles, was nun kommen konnte, vom Senat abzuhalten, auch noch am 17., um Mitternacht, an das Reichsministerium ein Schreiben, in dem er es im Namen des Senats „angesichts der bedrohlichen Wendung der Dinge" ersuchte, für den Schutz der Nationalversammlung als eine ihm obliegende Pflicht — unbeschadet der Rechte der Stadt Frankfurt — fortan einzutreten; er fügte hinzu, daß er von der zur Verfügung gestellten militärischen Hilfe bereits Gebrauch gemacht habe.

Peucker erhielt von dem Inhalt dieses Schreibens erst am Morgen des 18. Kenntnis. Als er daraufhin sich schleunigst zum Bürgermeister begab, traf er bereits auf die Truppen, die, nachdem sie etwa um 2 Uhr eingetroffen waren, vorläufig in der Reitbahn und dem Rahmhofe untergebracht, um 7 Uhr morgens dann auf der Zeil aufmarschiert waren: er bemerkte aber auch zu seinem Ärger, daß nicht die vier in Mainz zur Verfügung gestellten Bataillone, sondern nur zwei herübergekommen seien, und als er deswegen den Bürgermeister befragte, erklärte ihm dieser, daß er zunächst allerdings nur zwei Bataillone bestellt habe, um der Stadt nicht eine zu große Einquartierungslast zumuten zu müssen; als er heute morgen dann doch wegen der zwei andern Bataillone habe telegraphieren wollen, habe sich herausgestellt, daß die Leitung unterbrochen worden sei.

Als Peucker nun, um wenigstens so rasch wie möglich in den Besitz von Artillerie zu kommen, dem städtischen Kommandanten den Befehl erteilte, die halbe Batterie der städtischen Artillerie, die er beim Einzuge des Reichsverwesers in Parade aufgestellt gesehen hatte, schleunigst mit Munition versehen und bespannen zu lassen, mußte er zu seiner erneuten Überraschung vernehmen, daß jene Batterie nur ein Paradestück sei: Mannschaft, die mit Geschützbedienung vertraut sei, sei nicht vorhanden, die Batterie werde für Paradezwecke mit gemieteten Postzügen bespannt und habe keine Munitionsbestände!

Peuckers nächste Aufgabe war, gut zu machen, was die freistädtische Gemütlichkeit und die unverantwortliche Zögersucht der städtischen Behörden bereits verschuldet hatten. Ein Offizier ging also auf einer Lokomotive nach Mainz mit der Weisung, die beiden andern Bataillone zu holen, ein anderer Offizier, der hessische Major du Hall, eilte in derselben Weise nach Darmstadt, um die dort bereitgestellten Truppen nach Frankfurt zu dirigieren. Weitere Kuriere gingen an das 2. württembergische Reiterregiment, das einige Tage zuvor Frankfurt passiert hatte und sich jetzt in der Gegend von Weinheim befand, ferner an das 2. und 3. bayerische Jägerbataillon in Aschaffenburg und Speyer: sie überbrachten die Aufforderung, sofort mit Benutzung von Eisenbahn oder Dampfschiffen heranzukommen; endlich ließ Peucker einen württembergischen Offizier, der gerade jetzt mit der Meldung eintraf, eine von Schleswig zurückkehrende württembergische reitende Batterie werde an diesem Tage in Friedberg eintreffen und hier Marschquartier nehmen, augenblicklich mit dem Befehle umkehren, daß diese Batterie von Friedberg aus ihren Marsch fortsetzen solle, um, wenn irgend möglich, wenigstens am Abende noch in Frankfurt einzutreffen.

Den Oberbefehl über die gesamten nach der Stadt gezogenen und hier befindlichen Truppen einschließlich der Bürgerwehr übertrug Peucker im Einverständnis mit dem Reichsverweser dem österreichischen General Grafen Nobili. Bis diese Maßregel aber zur Wirksamkeit kam, hatte zunächst noch der städtische Oberst Hoffmann den Oberbefehl gehabt und auf dessen Anordnung waren die österreichischen und preußischen Truppen in sehr enger Formierung bei der Paulskirche aufgestellt worden, sonderbarerweise mit der Front gegen die Kirche hin und nicht umgekehrt, auch nicht so, daß die Kirche andern als den Befugten unzugänglich war, weshalb sich denn zwischen dem Militär und der Kirche eine Menge Leute, darunter allerlei Gesindel, hatte ansammeln können, durch die sich die Abgeordneten, die zu der um 9 Uhr angesagten Sitzung kamen, hindurchwinden mußten, wobei es schon zu den empörendsten Schmähungen kam.

Die Galerien waren schon frühzeitig überfüllt, der Präsident v. Gagern hatte daher die Türen schließen lassen und die Sitzung dann unter großer Unruhe eröffnet.

Es erfolgte zunächst von seiten eines Mitglieds der Linken eine Anfrage bezüglich der Truppenaufstellung. Schmerling verlas das Schreiben des Senates und teilte mit, daß das Reichsministerium die volle Verantwortlichkeit für alle Maßregeln übernehme, die zur Aufrechterhaltung der Ruhe und Ordnung getroffen seien oder weiter erforderlich würden; er hielt es nicht für überflüssig zu bemerken, daß jeder Angriff auf die Nationalversammlung ein Hochverrat sein würde. Ein anderer Radikaler versuchte dann, noch einmal die Truppenaufstellung zur Besprechung zu bringen; er erklärte, es werde die Freiheit der Beratung durch sie gehindert, rief damit aber auf der rechten Seite des Hauses nur Gelächter hervor. Es kam dann eine Geschäftsordnungsfrage an die Reihe, als plötzlich, gegen 10 Uhr, heftige Schläge gegen eine der nördlichen Eingangstüren erfolgten: sie kamen von der Menge draußen, die sich immer stärker gestaut hatte und nun den Eintritt mit Gewalt zu erzwingen versuchte. Ein peinlicher Moment des Schreckens! Alles springt von den Sitzen, viele eilen nach den Türen, aber die mächtige Stimme Gagerns, die durch die Unruhe von drinnen und von draußen dringt, mahnt zur Ruhe, zum Sitzenbleiben, und die Ruhe wird wirklich auch bald wieder hergestellt, auch nach einer zweiten Störung durch erneuten Tumult, der sich jetzt auf der Straße erhebt, wo das Militär einzuschreiten beginnt. Das Parlament findet schließlich die Sammlung, die Beratung über die Grundrechte fortzusetzen; zur Erörterung steht der Satz: „Die Wissenschaft und ihre Lehre ist frei“.

Während die Nationalversammlung in der Meinung, daß alles vorüber sei, sich, so gut es gehen wollte, in dieses Problem vertiefte, wurde draußen das Thema der Freiheit in einem wesentlich anderen Sinne behandelt.

Der Angriff auf die eine Tür der Paulskirche hatte zu dem Befehl an die zunächst stehenden Preußen[1]) geführt, den Platz zu säubern. Die Truppen waren mit gefälltem Bajonett vorgegangen und hatten bald Ordnung geschafft. Es waren dabei eine Anzahl der ärgsten Schreier verhaftet worden und auch einige Verwundungen vorgekommen — was bei dem Widerstand der zusammengepreßten Menge wohl kaum zu vermeiden gewesen war — dieser Umstand war es nun aber, der dem bisher verhaltenen Ingrimme die Zunge löste und der nun, als selbständiges Motiv des Aufruhrs wirkend, alles weitere im Gefolge hatte. Die von den Truppen zersteute Menge ergoß sich in die benachbarten Straßen; „Zu den Waffen," hörte man rufen, „Bürger heraus", und es begann nun auch schon der Barrikadenbau zunächst den Truppen gegenüber, die jetzt um die Paulskirche einen festen Kordon bildeten. Das Schreien und Toben wurde immer ärger. Steine und Holzstücke wurden auf die Soldaten geworfen und mehrere von ihnen verwundet. Die Truppen mußten daher bald hier bald da wieder vorgehen, um sich Luft zu schaffen und die zunächst befindlichen Barrikaden zu räumen. Sie bedienten sich dabei aber auch jetzt noch nur des Bajonetts.

Ungefähr gleichzeitig hatte auf dem Roßmarkte die angesagte Volksversammlung stattgefunden. Sie war nicht das, als was sie am Tage vorher geplant gewesen war, denn der bewaffnete Zuzug von außen war wegen des Eintreffens des Militärs ausgeblieben. Metternich, Essellen, Reinach redeten von dem Sockel des in der Mitte des Roßmarktes stehenden Gaskandelabers zu der Menge; es scheint, daß sie von Gewaltanwendung jetzt abrieten, allein man schrie gegen sie, das Volk begann auch schon, vor dem Englischen Hofe das Pflaster aufzureißen, und es kam dann wohl doch zu einem Beschlusse, den Widerstand gegen das Militär ins Werk zu setzen, denn die Führer begaben sich nun zu Gräber und hielten Kriegsrat; die hier am Roßmarkt begonnene Bewegung flutete aber jetzt mit der an der Paulskirche ent-

[1]) 3. Komp. des 1. Bataillons des 38. Inf.-Regts.

standenen zusammen: das Gerücht flog von Mund zu Munde, die Preußen hätten einen wehrlosen Greis getötet, und der Ruf erhob sich immer aufs neue: „Zu den Waffen! Die Preußen müssen zur Stadt hinaus!"

Die allgemeine Erregung hatte in dieser Forderung ein bestimmtes, greifbares, allen verständliches Ziel erlangt, das vollständig an Stelle des am Tage vorher bezeichneten trat: der Sturmdemonstration gegen die Rechte und der Überreichung des Beschlusses. Diese letztere erfolgte zwar: gegen 12 Uhr erschien an der südlichen Türe die wenig zahlreiche Deputation — eine größere Menge wäre nicht durchgelassen worden — und verlangte Zutritt; als aber der herbeigerufene Jucho sie bedeutete, daß der Zutritt nicht gestattet sei, so blieb auch jetzt, wie früher schon einmal, der Deputation nichts übrig, als die Adresse einem Beamten des Bureaus zu übergeben und sich wieder zu entfernen. Die Adresse wurde dann am Schlusse der Sitzung, die gegen 2 Uhr erfolgte, vorgelesen ohne irgendeine weitere Wirkung. Diese Aktion verpuffte also völlig wirkungslos. Dagegen schwoll die gegen die Preußen gerichtete Bewegung lawinenmäßig an, eine Bewegung, die, ohne jeden erkennbaren augenblicklichen politischen Zweck, vielen völlig sinnlos erschien, die des tiefsten Sinnes freilich voll war, wenn man erwägt, daß die feindlichen Urelemente aller geschichtlichen Entwicklung: hier die organisierte Ordnung und Kraft, dort der zügellose Individualismus, einander entgegenzutreten sich anschickten, wenn man ferner erwägt, daß schon die ersten kritischen Tage der Paulskirche, noch in den Tagen des Mai, durch den Zusammenstoß der preußischen Truppen in Mainz mit der dortigen Bürgerwehr herbeigeführt waren und daß der Haß der Radikalen gegen diese Truppen und gerade die Mainzer preußischen Truppen dadurch aufs äußerste entflammt worden war, wenn man ferner erwägt, daß die letzte Krisis im Grunde doch auch in dem Gegensatz zwischen der preußischen Militärmacht und den bürgerlichen Instanzen wurzelte, in dem entschlossenen Willen der ersteren, sich zu behaupten. Zu dem allen müssen wir dann schließlich noch hinzunehmen die starke Reizbarkeit des

Frankfurter Selbstgefühls, das in dem Erscheinen der fremden Truppen und noch dazu gerade der Preußen eine Beleidigung erblickte, eine Beleidigung für den Freistädter sowohl wie für den Bürger. Es ist notorisch, daß schon bei ihrem ersten Erscheinen in den Straßen der Stadt die preußischen Truppen Gegenstand der heftigsten Schmähungen von seiten des Pöbels gewesen waren.[1]) Das hatte sich vor der Paulskirche fortgesetzt, – das Eingreifen der Preußen dann und, daß dabei auch gleich Blut floß, das war der Funke gewesen, der die haßüberladene Mine zum Aufspringen brachte. Es ist wirklich so: das Erscheinen der fremden Truppen in der Stadt und das Erscheinen gerade der Preußen, herbeigeführt durch die allerdings nur allzu berechtigte Sorge vor einem Aufruhr, das hat den Aufruhr vom 18. September, so sehr die Elemente dazu auch bereit liegen mochten, eigentlich herbeigeführt.

VI.

Nirgends äußerte sich die explosive Wirkung der Vorgänge an der Paulskirche drastischer als in Sachsenhausen, in dem, wie wir wissen, der Geist trotziger Widerspenstigkeit schon am Tage vorher wieder zur Herrschaft gekommen war. Entscheidend war hierbei, daß einer der durch die preußischen Bajonette Verwundeten ein Sachsenhäuser war: dies Blut schrie nach Rache, die streitbare junge Mannschaft Sachsenhausens war entschlossen, diese Rache zu vollstrecken, und so erschienen denn zwischen 11 und 12 Uhr bewaffnete Sachsenhäuser bei dem Rotgerbermeister Roller, dem Major des XIV. Quartiers, und verlangten, er solle Generalmarsch schlagen lassen.

Roller weigerte sich: der Befehl dazu habe nicht von ihm, sondern von dem Major des XIII. Quartiers, dem Gastwirt

[1]) v. Kamptz, der Attaché Camphausens, schreibt am 19. September: „Anerkennendes Lob über die Tapferkeit, Mannszucht und Mäßigung der preußischen Truppen vernahm ich gestern Abend und heute Morgen aus dem Munde mehrerer Frankfurter Bürger unter gleichzeitigem Aussprechen des Bedauerns über das schmähliche Betragen des Pöbels beim Einmarsche derselben.“

Erras, zu erfolgen, er begleitete aber seine Bedränger zu diesem, den sie schon auf der Straße antrafen. Auch Erras lehnte es ab, den gewünschten Befehl zu geben, ging aber mit ihnen unter wachsendem Tumult nach dem Sammelplatz der Schutzwachen hin, dem Wachthaus auf der Brücke. Unterwegs schloß sich ihnen der Tambour Reiser an; auch er verlangte von Erras die Erlaubnis zum Schlagen. Erras weigerte sich auch jetzt noch: da setzt ihm einer, der einäugige Weingärtner Joh. Jak. Meyer, das Gewehr auf die Brust: „Wollen Sie nun Generalmarsch schlagen lassen oder nicht?" Roller ruft Erras zu: „Nun so laß in Teufels Namen Generalmarsch schlagen!" und sofort fängt der Tambour, der das als den verlangten Befehl nimmt, an, die Schlägel zu rühren, und schlägt und schlägt, durch die Straßen Sachsenhausens marschierend, bis das Kalbfell springt, die andern aber hier bereits Versammelten und die jetzt noch weiter Herzuströmenden laden jubelnd ihre Gewehre — teilweise noch in Anwesenheit der beiden hilflosen Majore und ziehen nach Frankfurt hinüber.

Ungefähr gleichzeitig hatte auch auf der Frankfurter Seite das Generalmarschschlagen begonnen.

Gegen 11 Uhr, als das Rufen: „Bürger heraus!" und das Barrikadenbauen begann, hatte der Oberst Hoffmann, der am Paulsplatze noch das Oberkommando führte, dem Rothenburger-Tambour Althenn von der Stadtwehrwache im Stadtgerichtsgebäude den Befehl gegeben, Alarm zu schlagen, und ihm fünf Österreicher mit einem Korporal zur Begleitung zugeordnet. Das letztere geschah gewiß ohne besondere Überlegung; österreichische Soldaten wurden gewählt, weil sie vielleicht gerade am nächsten standen; es ergaben sich aus dieser Wahl aber die verhängnisvollsten Folgen: der Tambour nahm seinen Weg nach dem Roßmarkte zu, um über die Stadtallee nach der Hochstraße zu marschieren. Auf dem Roßmarkte kam er in die Menschenmenge hinein, die sich eben an der Volksversammlung beteiligt hatte, und sein Erscheinen nun in Begleitung der Österreicher erweckte bei der leidenschaftlich erregten Masse die Meinung, die Österreicher hätten sich an die Stadtwehr angeschlossen und es ginge gemeinsam gegen die Preußen! Rufe ertönten: „Es leben die Österreicher, hinaus mit den Preußen!“ und unter diesem Rufe schlossen sich hier schon viele an, und ihnen folgten bei dem weiteren Marsche immer mehr. Auf der Hochstraße waren ein paar Häuser im Bau begriffen. Beim Vorbeizuge bemächtigte sich der Haufe aller Arbeitsgerätschaften, Hacken, Schippen, Stangen, Kalkrührer usw.

Althenn wollte seinen Weg, wie ihm gesagt war, um die Wälle fortsetzen, an der Alten Gasse trat ihm aber der Stadtwehrsergeant Kiesewetter, in vollständiger Uniform, eine rote Binde um den linken Arm tragend, zusammen mit etwa 8—10 andern Bewaffneten, anscheinend auch Altegässern, entgegen, stellte sich an die Spitze des Zuges und übernahm das Kommando, indem er rief: „Nicht über die Wälle, durch die Alte Gasse!“

Es ging also diese, dann die Fahrgasse hinunter nach der Brücke unter stets wachsender Beteiligung. Auch die Sachsenhäuser begrüßten die Österreicher — die übrigens Czechen waren und von all dem, was man ihnen zurief, nichts verstanden! — mit stürmischen Hochrufen, während es aus dem Haufen immerfort heraustönte: hinaus mit den Preußen! Der Zug ging dann durch die Dreikönigsstraße nach dem Schaumaintor, von da über den Wall nach dem Affentor und dann wieder zur Brücke zurück, jetzt unter Vorantragung einer roten Fahne. Als der Zug der Brücke sich wieder näherte, stand hier, gerade am Eingang zur Brücke, die Abteilung des Linienmilitärs, von der schon oben die Rede war. Sie hatte Befehl erhalten, herüberzukommen nach Frankfurt, und sie war angetreten, allein der Vorgang vom Tage vorher wiederholte sich: die Sachsenhäuser zeigten sich entschlossen, das Militär nicht hinüberzulassen; die Abteilung kam bis zur Brücke, hier aber mußte sie halten. Ein Haufe, den der Kommandant, Oberleutnant Klenk, vielleicht etwas übertreibend, auf 5 600 Mann angibt, der Mehrzahl nach Sachsenhäuser, sämtlich bewaffnet, umzingelte die kleine Truppe, und die Führer riefen Klenk zu: jetzt sei Revolution, er müsse sich anschließen, gegen die Preußen; die Österreicher seien auf ihrer Seite! Als Klenk sich weigerte, machten die Aufständischen Miene, dem Militär die Waffen zu entreißen, und so bequemte sich denn Klenk, der den Darstellungen seiner Bedränger über die Lage natürlich keinen Glauben beimessen konnte, dazu, einen Vertrag zu schließen: eine Deputation sollte das Verlangen dem Oberkommando melden und Verhaltungsmaßregeln erbitten. Die Deputation wurde wirklich abgeschickt, und nun wälzte sich der ganze Haufe, in seiner Mitte jetzt auch das Militär, über die Brücke dem Frankfurter Ufer zu: hier aber zwang man das Militär zu bleiben. Es mußte an der schönen Aussicht, dem von Schopenhauer bewohnten Hause gegenüber, Aufstellung nehmen und blieb hier im Zustande der Blockade, bis nach etwa 1½ Stunden die endgültige Weisung kam, Klenk solle die Truppe zurückführen, was dieser jetzt, etwa 3½ Uhr, ausführen konnte, da die allgemeine Lage sich unterdessen geändert hatte.[1])

VII.

Was war nun geschehen seit jenem kritischen Momente, da zuerst das Signal zum Aufruhr erschollen war?

Die Truppen, die durch ihre Aufgabe, die Paulskirche zu schützen, an diese örtlich gebunden waren, hatten sich dauernd auf die Abwehr beschränken müssen, nur daß sie den Kreis dieser Abwehr etwas weiter gezogen hatten, so daß, als gegen 2 Uhr die Versammlung geschlossen wurde, die Deputierten unbelästigt die Kirche verlassen konnten.

Dagegen hatte, und das ist das schlechthin Entscheidende, der aufrührerische Widerstand vollkommen Zeit gehabt, sich zu organisieren, denn die Stadtwehr, die durch den Generalmarsch hatte herbeigerufen werden sollen und die durchaus imstande gewesen wäre, den Aufstand in seinem Beginne niederzu-

---

[1]) Vgl. auch Allgemeine Zeitung Nr. 265 (Korr. vom 18. September). Die für den gesetzlichen Sinn der Sachsenhäuser sehr vorteilhafte Darstellung des preußischen Majors Teichert (Berichte der Verhandlungen der Nationalversammlung III, 2190) bezieht sich auf einen einzelnen Vorgang, der sich am Nachmittag um 4 Uhr am Affentor zutrug. — Die gerichtliche Aussage Schopenhauers in d. Beilagen.

halten, hatte völlig versagt. Abgesehen von der freiwilligen Kavallerie, die sich ziemlich vollzählig einstellte, erschienen kaum ein paar Dutzend Mann auf den Sammelstellen; von irgendeinem Eingreifen der Stadtwehr zugunsten der Sache der Ordnung war also nirgends die Rede. Wohl ergriffen eine Anzahl von Stadtwehrleuten ihre Waffen, nicht aber, um mit dem Militär gegen die Aufrührer zu streiten, sondern umgekehrt, um diesen letzteren zu helfen, die Preußen aus der Stadt zu jagen, wobei im Anfang wirklich bei vielen die Ansicht mitgewirkt haben mag, daß die Österreicher auf ihrer Seite ständen. Daß dieser Umstand aber keinen erheblichen Einfluß ausgeübt haben kann, das geht unzweifelhaft daraus hervor, daß die Stadtwehr schon am Tage vorher und am Samstag abend den Dienst nur lässig und unwillig versehen hatte, das geht weiter aus den geschilderten Ereignissen in Sachsenhausen hervor: was hier geschah, war die Fortsetzung des am 7. Juli Begonnenen, nur daß die wilde Energie dieser Freischützen der Revolution sich im weiteren Verlauf nicht in Sachsenhausen selber, sondern drüben auf dem andern Ufer entlud.

Nur aus diesem Verhalten der Stadtwehr erklärt sich auch die manchen fremden Betrachtern ganz unerklärliche Tatsache, daß in den Stunden etwa von 11 bis 2 Uhr die Anstalten des Aufruhrs sich ganz ungehindert vollziehen konnten. Unzweifelhaft bestand bei diesen Anstalten, besonders bei dem Barrikadenbau, von vornherein ein wohldurchdachter Plan, der jetzt, da das Volk seinen Willen so deutlich kundgab, zur Ausführung kam. Was freilich die eigentlichen Führer, d. h. diejenigen anlangt, die bei der ganzen bisherigen Arbeit der Aufhetzung und Bearbeitung der Massen im Vordergrunde gestanden hatten, so scheint es, daß sie seit dem Erscheinen der österreichischen und preußischen Truppen an ein Gelingen ernstlich nicht mehr geglaubt hatten. So wie die von Mainz herübergekommenen Freunde daher schon gleich nach der Versammlung auf dem Roßmarkte Frankfurt wieder verließen, so verschwanden die uns bekannten in Frankfurt selbst bisher hauptsächlich tätigen Agitatoren sämtlich im Laufe des Nachmittags auf Nimmerwiedersehen, vorher aber entwickelten sie noch eine eifrige und ins Auge fallende Tätigkeit: Metternich, mit ihm Essellen, Reinach, Adler und der rabiate Sattlermeister Reutlinger, sie alle in voller Bewaffnung, durchschritten die Straßen, überall anordnend, durch Zuruf ermunternd. Metternich hielt bei diesem Umgang einen mehrfach zusammengelegten Bogen Papier in der Hand, offenbar einen Stadtplan. Dem roten General und seinem Stabe folgten 40–50 Bewaffnete, die in ihrer teilweise bunten Ausstaffierung, mit den rasselnden Schleifsäbeln, im Schmucke der roten Binden und Federn ein wildphantastisches Aussehen hatten.

Das gegebene Gebiet bei dem Kampfe gegen einen Feind, der von Westen herangekommen war und von hier seine weiteren Verstärkungen erwartete, war der Osten der Stadt, mit der östlichen Altstadt als eigentlicher Citadelle, mit Offenbach und Hanau als Hinterland. Bis der Zuzug, der von hier erhofft wurde — der in Wirklichkeit freilich ausblieb — eintraf, mußte man sich hier halten, also alle Zugänge, die von Westen her kamen, sperren.

Als Besatzung dieser Stellung kamen zunächst die in der Turnerschaft und im Arbeiterverein organisierten Kräfte in Betracht. Diese waren, was ihre Gesinnung betrifft, gewiß nicht zu verachten, aber die Mittel des Widerstandes waren nur gering. Hauptsache waren doch hier gute Gewehre und Munition, beides fehlte aber der großen Masse. Einzelne hatten wohl, was nötig war. Als auf der Pfingstweide sich eine Stimme mit der Frage erhoben hatte, woher man die Waffen nehme, hatte es als Antwort geheißen: „Die nehmen wir den ‚Utzwachen‘ (für Schutzwachen) ab“. In einigen Fällen ist das auch gewiß geschehen, aber der Bedarf war damit noch lange nicht gedeckt. Als um 11 Uhr auf das Signal zur Erhebung die Menge aller rebellisch Gesinnten zu schwärmen anfing, als alle Ordnung sich löste, als die ruhigen Bürger erschreckt die Gewölbe, die Türen und Fenster schlossen, die Vorräte der Meßbuden geflüchtet wurden, die Straße allein den umherziehenden wilden Banden gehörte, da versuchte man auch im großen die Gewaltanwendung: die Waffenläden und die Magazine der Trödler, in denen man Waffenähnliches vermutete, wurden erbrochen und ihres Inhalts beraubt, allein besteht wohl irgend eine Wahrscheinlichkeit, daß auf diese Weise wirklich eine Bewaffnung erfolgte, die militärisch erheblich war? Gewiß, zu einer Bewaffnung kam es, aber wie sah sie aus! Alte Rappiere kamen zum Vorschein, Stöcke mit einem darauf befestigten Bajonett, Pistolen von allen möglichen Kalibern, Stoßdegen, Dolche, krumme Türkensäbel, Hellebarden, Panzer und Kürasse — man sollte meinen, daß die Plünderer bei ihrem Vorgehen auch auf eine Theatergarderobe gestoßen seien —, was nützte das aber alles, wenn es darauf ankam, wohlgerüstete und geübte Truppen in respektvoller Entfernung zu halten? Was hierzu nötig war, konnte im wesentlichen nur von demjenigen Teile der Frankfurter Stadtwehr kommen, der sich dem Aufstande anschloß. Wie groß dieser Teil zahlenmäßig war, ist nicht festzustellen, es sind aber Stadtwehrleute in Uniform fast an allen Barrikaden gesehen worden. Wie viele sich außerdem beteiligt haben, ist natürlich unbestimmbar, da die spätere Untersuchung dieser Frage aus dem Wege ging. Es kommen für ihre Teilnahme hauptsächlich die an den beiden Enden der Alten Gasse errichteten Barrikaden in Betracht und dann die am Ende der Zeil. Dort standen die Altegässer, hier die Sachsenhäuser; an beiden Stellen war ein besonders heftiger Kampf, hier erlitt das Militär, und zwar an beiden Stellen die Preußen, die empfindlichsten Verluste, denn diese Altegässer und Sachsenhäuser Freiwilligen Jäger — zum großen Teil Wildschützen — sie verstanden zu schießen. Zu diesen aus der Stadt selbst stammenden Elementen[1]) kam dann noch allerlei fahrendes Rebellenvolk, das wohl zum Teil auch gut bewaffnet war, und endlich einige Scharen aus der nächsten Umgebung: eine Gruppe Verwegener aus Bockenheim, die sich im Kochschen Hause am Eingang der Schnurgasse zur Verteidigung der hier errichteten Barrikaden den Eingang erzwungen hatten und sich hier bis in die Nacht hielten, dann stieß zu den Kämpfern auf der Alten Gasse

[1]) Was die Arbeiter anlangt, so stammten sie zum größeren Teil nicht aus Frankfurt, standen aber hier in Arbeit, sind also zwar nicht Einheimische im engeren Sinne, aber doch als zur Frankfurter Bevölkerung gehörig anzusehen.

auch eine Schar „Knapperer“ (Wildschützen) von Bornheim.[1]) Es kamen dann wohl von Oberrad noch Rauflustige, sie blieben aber im wesentlichen, wie es scheint, in Sachsenhausen und auf der Brücke; dann rückten einzelne Trupps von Offenbach, von Sprendlingen, von Bürgel aus, sie machten aber fern von der Stadt halt, um zu beobachten, und kehrten zurück, ohne irgend eingegriffen zu haben; endlich kam noch ein Zuzug von Ginnheim und Bockenheim, auch dieser aber gelangte nicht in die Stadt: er zog außen um sie herum und verübte die gräßliche Untat, die vor allem die Erinnerung an den 18. September gebrandmarkt hat, die aber mit dem in der Stadt ausgebrochenen Kampfe nichts zu tun hat, — auch innerlich nicht, denn von wüsten Ausschreitungen und Exzessen auch nur gegen das Eigentum findet sich, wenn von der Waffenplünderung abgesehen wird, nicht ein einziger Fall.

VIII.

Etwa um 2 Uhr war das Werk der Verbarrikadierung und des Aufmarsches der Rebellion fertig. Um diese Zeit kamen nun auch die nachbestellten zwei weiteren Mainzer Bataillone (2. Bat. 35er und 1. Bat. Rgt. Erzherz. Rainer); die dem General Nobili, der in der Hauptwache seine Stellung genommen hatte, zu Gebote stehende Macht hatte sich damit verdoppelt, und er konnte nun daran denken, zum Angriff überzugehen.

Eine dumpfe, unheimliche Stille lag über der Stadt; es war die Stimmung wie vor einem ausbrechenden furchtbaren Gewitter.

Im Englischen Hofe, wo viele Abgeordnete zu speisen pflegten, herrschte eine peinliche Ungewißheit. Alles fragte, woran

[1]) Deutsche Zeitung S. 1921. Der gut unterrichtete Korrespondent der Allg. Zeit. schreibt am 19. September (Nr. 266): „Die Zahl der Kämpfenden und Kampfentschlossenen war gewiß nicht mehr als 500; diese waren noch auf vielen Barrikaden verstreut, und wohl nur 200 unter diesen waren mit schußfähigen Gewehren und Munition versehen“. — V. Valentin, Frankfurt und die Revolution S. 332 kommt in seiner Berechnung zu etwas höheren Zahlen. —

man eigentlich sei, was das Ministerium beabsichtige, niemand wußte etwas. „Da trat“, so erzählt Heinrich Laube,[1]) „eilig ein speziell Ministerieller in den Speisesaal und winkte beschwichtigend mit der Hand. ‚Was geschieht?‘ riefen wir. ‚Das Richtige,‘ erwiderte er hastig. Eine heftige Szene hat sich eben ereignet zwischen Führern der Linken, Robert Blum an der Spitze, und unserm tapfern Minister Schmerling. Blum fragte kategorisch: ‚Wozu Soldaten gegen Freunde der Freiheit? Gegen Freunde der Freiheit, welche endlich wissen wollen, warum das Parlament seine Schuldigkeit versäume? Und ob man wohl gar mit Kriegsgewalt vorgehen wolle gegen freisinnige Bürger?‘ – ‚Allerdings‘, antwortete Schmerling, ‚wenn's nötig erscheint‘. — ‚Sie wollen Blut vergießen?‘ — ‚Wenn wir dazu gezwungen werden, jawohl. Ich werd's verantworten.“

Kurze Zeit nach dem Eintreffen dieser Mitteilung begann auch schon das Schießen. Das erste war, daß zwei Kompagnien Österreicher (Erzherz. Rainer) die Zeil heraufgingen, die am Türkenschuß (Eingang zur Hasengasse) errichtete, nur schwach verteidigte Barrikade wegräumten, dann rechts nach dem Liebfrauenberg ab- und in die Töngesgasse wieder einschwenkten, um die starke Barrikade am Trierischen Platz anzugreifen.

Dieser Angriff scheiterte. Die Österreicher hatten nicht unerhebliche Verluste und mußten nach dem Liebfrauenberg zurückgehen, wo sie lange Zeit untätig stehen blieben.

Kurz darauf erfolgte ein zweiter, umfassenderer Angriff: ungefähr gleichzeitig rückt der Hauptmann v. Stößel mit 60 Mann Preußen (4. Komp. 38. Rgts.) über den Türkenschuß hinaus die Zeil herunter und stellt sie beim „Römischen Kaiser“ quer über die Straße auf, der am Ende der Zeil errichteten Hauptstraßenburg gegenüber; Hauptmann Hübner rückt mit Leuten desselben Regiments die Bleichstraße herunter, um die hier etwa 150 Schritte von der Mündung der Alten Gasse

[1]) In der „Neuen Folge“ seiner Erinnerungen (Neue Freie Presse, wiedergegeben Frankfurter Hausblätter 1879 Nr. 262).

errichtete Sperre zu nehmen; 350 Hessen endlich (1. Bat. 1. Hess. Inf.-Regts.) ziehen mit einer Anzahl Scharfschützen (vom 2. Inf.-Regt.) vom Untermaintor, wo sie eben, von Darmstadt kommend, angelangt sind, das Mainufer herauf, um in die Fahrgasse einzuschwenken und von hier aus gegen die Hauptstellung vorzudringen.

Auch von diesen drei Bewegungen scheiterten die zwei ersten völlig oder beinahe völlig.

Gegen die am Römischen Kaiser aufgestellte Kolonne schwärmte zunächst ein Haufe von Pöbel unter wüstem

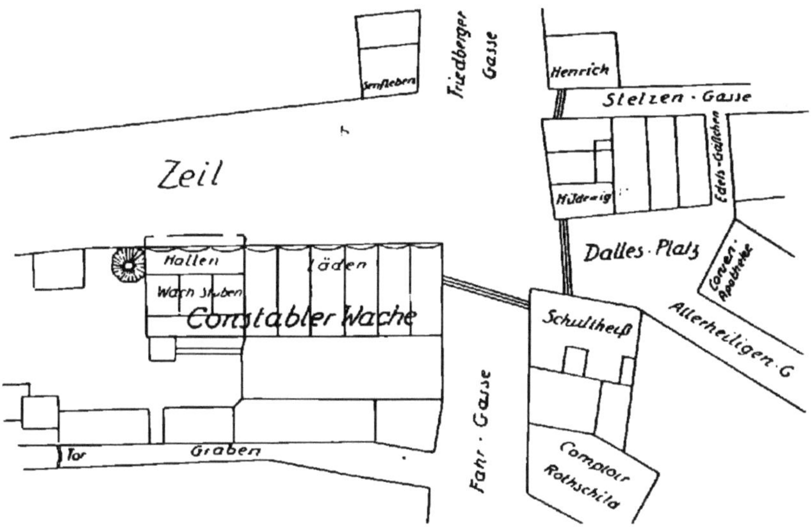

Schimpfen und Geschrei heran, indem er gleichzeitig den auf der Konstabler Wache befindlichen Kurhessen, die bisher allem ruhig zugesehen hatten, Hurrahs ausbrachte. Dann eröffneten die Besatzungen der die Barrikaden flankierenden Häuser plötzlich das Feuer, durch das im Augenblicke ein preußischer Soldat getötet, ein anderer tödlich verwundet wurde. Sofort ließ der Hauptmann die Trommel rühren und damit auch von seiner Seite das Feuer beginnen; seine Aufstellung war aber so ungünstig, daß er in kurzer Zeit noch weitere erhebliche Verluste erlitt (8 Verwundete), sich deshalb zurückzog und seine Leute nun so postierte, daß sie gegen das Feuer besser geschützt waren. Zur Enttäuschung der Sieger nahmen nun aber die Kurhessen das Feuer auf, erst von den Fenstern des Gefängnisses, dann von den Hallen des Wachhauses aus, und es entwickelte sich nunmehr hier, da alle Beteiligten in Deckung lagen, ein langsam fortschwälendes Feuergefecht, das mehr als eine Stunde dauerte, bis plötzlich die Hessen, die siegreich in der Fahrgasse mehrere Barrikaden genommen hatten, am Ausgange dieser Straße in der Zeil erschienen und hier auch gleich in sehr geschickter Weise die Ausgänge der Häuser, aus denen geschossen wurde, besetzten, so daß die Aufrührer in sehr schlimme Lage geraten wären, wenn nicht gleichzeitig von der Hauptwache her eine ganze Menge Leute, die sich durch Schwenken mit weißen Tüchern als Parlamentäre kundgaben, gekommen wären und damit den Kampf hier zum Stehen gebracht hätten.

Dieser Zustand trat von selber auch an der Kreuzung Bleichstraße und Alte Gasse ein. Der Plan des Oberkommandos war wohl gewesen, daß, so wie die Hessen glücklich von Süden her, die Preußen von Norden her gegen die Konstabler Wache vordringen und dann hier die Entscheidung herbeiführen sollten. Dies trat aber n i c h t ein. Die Abteilung des Hauptmanns Hübner nahm allerdings die Sperre in der Bleichstraße im ersten Anlauf, sie geriet aber bei weiterem Vordringen gegen die Ausmündung der Alten Gasse in das Flankenfeuer einer in dieser Gasse errichteten Barrikade und sah sich ebenso auch von den Häusern ringsumher und im Rücken beschossen.[1]) Ein Zug der 8. Kompagnie des 35. Regiments eilte allerdings zur Unterstützung herbei und sicherte durch Besetzung dieser Häuser die sehr gefährdete Stellung, von einem weiteren Vordringen in der Alten Gasse konnte aber hier nicht die Rede sein, wenn man sich nicht erheblichen Verlusten aussetzen wollte, es wurde daher nur eine Abteilung die unverteidigte Seilerstraße hinunter nach dem Friedberger Tor zu abgeordnet, um hier gegen Zuzüge von außen zu sichern.

[1]) Relation des Obersten Küntzel (Bundes-Archiv).

Ein ebensolcher Zustand faktischen Stillstands wie hier im Norden der Stadt hatte sich gleichzeitig auch im Süden, d. h. am Eingang der Fahrgasse und an der Brücke, ergeben, wo wir das Kommando des Frankfurter Linienmilitärs in höchst prekärer Lage verließen. Zwischen 3 und 4 Uhr waren, wie erwähnt, hier die Hessen-Darmstädter erschienen, und bei ihrem Anrücken flutete nun die Menge, die sich hier angestaut hatte und die durch Zuzüge von Oberrad und Sachsenhausen beständig verstärkt worden war, auseinander. Ein Teil warf sich hinter die Barrikaden der Fahrgasse, die große Masse und mit ihr das Linienmilitär ging aber über die Brücke zurück, so daß die Hessen-Darmstädter hier keinen Widerstand fanden und gleich in die Fahrgasse einbiegen konnten. Kaum waren sie aber hier ein Stück vorwärts gekommen, so kam ein Trupp Sachsenhäuser über die Brücke wieder zurück, setzte sich am Ausgang der Fahrgasse fest und beschoß die Hessen im Rücken. Zum Glück für diese erschien aber gerade jetzt, von einem Stadtwehrleutnant geführt, eine Abteilung Österreicher vom Paulsplatze her, drang von einer Nebengasse her in die Fahrgasse ein und zwang die hier befindlichen Volkskämpfer, sich über die Brücke wieder zurückzuziehen. Sie gingen aber nur bis zur Mühle. Hier erzwangen sie die Herausgabe eines Müllerwagens, stürzten ihn quer über die Brücke und schufen so rasch eine sehr wirksame Brustwehr, hinter der sie das Feuergefecht gegen die Österreicher, die sich in den Eckhäusern der Fahrgasse festgesetzt hatten, eine geraume Zeit mit großem Eifer weiterführten, bis endlich der Abgeordnete Rösler von Öls, der es unternommen hatte, den unterdessen abgeschlossenen Waffenstillstand auch hier zu verkünden, unter persönlicher Lebensgefahr über die Brücke drang und den Abschluß eines F r i e d e n s herbeiführte unter der Bedingung, daß die Brücke von beiden Seiten unbesetzt bleiben sollte. Es war verabredet worden, daß dieser Friede dem Reichsministerium zur Bestätigung vorgelegt werden sollte. Rösler begab sich daher mit einem Vertreter Sachsenhausens, dem Wirt zur Kanne, Karl Funck, und mit Dr. Jucho, der sich unterwegs anschloß, zurück, um in das Taxis'sche Palais zu gehen, die Gesandtschaft war aber erst in der Nähe der Konstablerwache angelangt, als das Kartätschenfeuer begann und sie bestimmte, eiligst an die Brücke zurückzukehren; an der Übereinkunft wurde trotzdem nichts geändert, und sie wurde auch inne gehalten, so daß es von nun an hier ruhig blieb. Es war der Verlauf wie am 7. Juli: die Sachsenhäuser hatten ihrem heftigen Naturell und ihrem Freiheitstrotz nachgegeben und zwar diesmal in der ausgiebigsten Weise; als dies aber geschehen war, schlossen sie, jetzt wie damals unbesiegt und in ihrem Sachsenhausen selbst unangetastet, auf billige Bedingungen hin ganz gerne Frieden.

Der Waffenstillstand, von dem soeben die Rede war und der an der Konstablerwache etwa um 5 Uhr dem Kampfe ein vorläufiges Ende gemacht hatte, war das Ergebnis eines Vermittlungsversuches, den gleich nach dem Beginn der Feindseligkeiten eine aus 17 Mitgliedern bestehende Deputation der Linken beim Reichsverweser unternommen hatte. Die Vermittler hatten dem Reichsverweser auseinandergesetzt, daß die Barrikaden nur zum Schutz gegen die Truppen und nur aus Erbitterung darüber gebaut seien, weil die Preußen bei der Paulskirche einen unschuldigen Mann getötet hätten. Sie hatten versichert, daß die Ruhe der Stadt nicht weiter gefährdet sein werde, wenn die Truppen zurückgenommen würden, und den Erzherzog gebeten, dies anzuordnen.

Der Erzherzog zeigte diesem Ansinnen gegenüber nicht den Ernst und die Entschiedenheit, die die Lage erfordert hätte. Er verwies die Deputation zunächst an seine Minister; diese seien verantwortlich. Als die Deputation aber in ihn drang und ihn bat, er möge diesen wenigstens seine eigene Ansicht und seinen Wunsch eröffnen, ließ er sich dazu herbei, dem General Peucker folgendes zu schreiben: „Eben war bei mir eine Deputation der Nationalversammlung, welche mir zur Vermeidung von Blutvergießen Vorstellungen machte. Ich habe dieselbe an Sie gewiesen. Mein Wunsch ist, daß, was auf gütlichem Wege beigelegt werden kann, geschehe."

Mit diesem Briefe ausgerüstet, erschienen die Vertreter der Linken bei Peucker und verlangten sofortige Zurückziehung der Truppen; sie wollten sich dagegen für Räumung der Barrikaden verbürgen.

Peucker war durch den Brief in peinliche Lage versetzt; natürlich dachte er keinen Augenblick daran, den verlangten Befehl wirklich zu erteilen, er mußte aber in irgendeiner Weise dem Wunsche des Erzherzogs Rechnung tragen. Er drehte also die Forderung der Linken um und erklärte: er sei bereit, das Feuern einstellen zu lassen, wenn die Aufrührer die Barrikaden räumten und die Waffen niederlegten, und er bewilligte im Einverständnis mit Nobili eine kurze Waffenruhe, damit die Deputation dies Ergebnis der Besprechung der andern Seite mitteilen könnte.

Die Deputierten, denen der preußische Major Boddien freiwillig als Führer diente, konnten sich trotz ihrer weißen Tücher nur sehr schwer den aufgeregten Barrikadenkämpfern bemerklich machen. Als es endlich gelungen war, das Feuer schwieg, die Deputierten zu ihnen hinübergeklettert waren und nun ihren Auftrag ausrichteten, da war die Antwort: „Die Preußen müssen aus Frankfurt hinaus!“, und dabei blieb es im wesentlichen. Ein Teil der Deputierten kehrte mit diesem Bescheide zurück, um weiter zu verhandeln, während andere, wie Moritz Hartmann, bei den Aufständischen blieben, um zum Frieden zu reden. Wirklich entschlossen sich in dieser Zeit der Pause viele, vom Kampfe abzustehen, andere, wie die Sachsenhäuser, verließen wohl den Posten hier an der Konstablerwache, aber nur, um vermittelst der Fähre am Untermaintor nach Sachsenhausen zu gelangen und dann für eine kurze Zeit noch den Kampf an der Brücke aufzunehmen.

Der schließliche Ausgang blieb somit noch ganz unentschieden, und diejenigen, die den Sieg der Ordnung wünschten, hatten bange Momente durchzumachen, denn es war nach dem, was man hörte, keineswegs sicher, daß der Reichsverweser, bei dem die Deputation der Linken zum zweiten Male, ja jetzt auch eine Abordnung der Aufständischen eintraf, die nötige Festigkeit behaupten werde. Sorgenvoll war schon gleich im Beginn der Verhandlungen Beseler mit Gagern in die Eschenheimer Gasse gegangen, wo sie Schmerling und Peucker trafen.

„Ersterer,“ so erzählt Beseler, „war in high spirits; vielleicht zufrieden, daß das seit langem unter der Asche glimmende Feuer zum Ausbruch gekommen, Peucker ruhig und freundlich, wie immer. ‚Warten Sie,‘ sagte er uns, ‚um 6 Uhr kommt Artillerie aus Darmstadt, und dann ist die Geschichte aus‘. Und so geschah es,“ fährt Beseler fort. „Ich stand gerade auf dem Roßmarkte, wo ein österreichisches von einer Barrikade zurückgeworfenes Bataillon lagerte, da tönten Fanfaren aus der Gallusgasse. Hessische Chevauxlegers als Bedeckungsmannschaften sprengten vor, und die Geschütze rasselten hinterher. Wie elektrisiert sprangen die Grenadiere auf und ordneten sich, die Geschütze fuhren die Zeil hinauf, und nach wenigen Minuten dröhnte der erste Schuß.“

Das Eingreifen der Artillerie in diesem entscheidenden Moment war das Verdienst des hessischen Militärbevollmächtigten Majors du Hall, der rechtzeitig die Notwendigkeit erkannt hatte, die damals noch unvollendete Eisenbahnbrücke, über die die Infanterie ohne Schwierigkeit hinweggekommen war, auch für Pferde und Kanonen passierbar zu machen, und schon am Vormittage die nötigen Arbeiten angeordnet hatte. Sie waren gerade notdürftig fertig geworden, als die erwarteten Truppen eintrafen; gleichzeitig erhielt du Hall, der die Truppen in Empfang nahm, ein Billet von Nobili, das ihn anwies, die Artillerie über die Schiffbrücke bei Offenbach heranzuführen. Du Hall erkannte aber, daß der Befehl in falscher Voraussetzung gegeben sei, steckte ihn in die Tasche und ließ die Truppen die Brücke passieren, was, unter Anwendung der nötigen Vorsicht, auch glücklich von statten ging, und nun war in ganz kurzer Zeit das Schicksal des Tages entschieden.

Die Kanonen wurden 150 Schritte vor der großen Barrikade am Ende der Zeil aufgestellt. Noch einmal wurde durch die Trommel eine letzte Aufforderung zur Niederlegung der Waffen gegeben. Als statt aller Antwort nur Hohn- und Wutgeschrei von den Barrikaden herübertönte, wurde das Feuer eröffnet. Die Wirkung schon der ersten Kartätschenladungen war auf die kurze Entfernung eine außerordentliche. Im Nu war der obere Teil der Barrikade abrasiert, und als nun die Kolonnen zum Sturme schritten, da fanden sie die Festung von der Besatzung schon fast verlassen, sie konnten ohne Aufenthalt weiter vordringen, bis zum Friedberger und Allerheiligen Tor, die hier vorhandenen Hindernisse rasch nehmend, die Aufständischen vor sich hertreibend.

Es dauerte dann noch längere Zeit, bis auch das enge Gewirre der Straßen nördlich des Doms den Aufständischen entrissen war, Preußen, Hessen, Österreicher griffen hier von verschiedenen Seiten an, letztere jetzt gleichfalls unter Heranziehung von Geschützen. Die darmstädtische Reiterei (10 Offiziere und 276 Mann) wurde gleichzeitig dazu verwendet, in halben Schwadronen die Stadt zu umziehen, Zuzüge von außen abzuhalten und der noch erwarteten württembergischen Artillerie in der Richtung nach Friedberg entgegenzugehen, um sie sicher in die Stadt zu geleiten. Leider kam diese Maßregel zu spät, um das tragische Schicksal des Fürsten Lichnowsky und des Generals v. Auerswald zu verhüten. —

IX.

Der Name des Fürsten, der in den Debatten der Paulskirche durch die Furchtlosigkeit, mit der er der Linken und der Galerie seine überlegene Verachtung aussprach, besonders hervorgetreten war, stand mit denen Gagerns, Heckschers und etwa zehn anderer auf der Liste derjenigen, die man der besonderen Rache des Volkes gekennzeichnet hatte.

Er wie die andern waren gewarnt. Heckscher hatte infolgedessen schon am Sonntag Frankfurt verlassen; Lichnowsky hatte vor, am 18. zu verreisen, er erklärte aber am 17. abends noch in einer Gesellschaft, daß er den Schein der Furcht vermeiden wolle und nun gerade nicht reisen werde.[1])

Er war am Morgen des 18. in der Paulskirche und war, nach dem abgeschlagenen Sturme, mit anderen Abgeordneten, darunter dem preußischen General von Auerswald, auf den Platz vor der Kirche getreten, um den weiteren Verlauf zu beobachten. Auerswald war nicht ganz zufrieden mit dem, was von seiten des Oberkommandos geschehen war. „Man

[1]) Kirchenpauer, 19. September 1848.

macht", äußerte er zu seiner Umgebung, in der sich auch Heinrich Laube befand,[1]) „heutigen Tages alles nur halb, sobald es sich um Widerstand handelt; es wäre ja ein Wunder, wenn nicht jeder Angriff gelänge, denn jeder Angriff wächst zum Siege, sobald er spürt, daß ihm der Sieg nicht herzhaft bestritten wird." Lichnowsky interessierte sich, wie es schien, besonders lebhaft für die preußischen Soldaten, die in der Nähe standen und in denen er seine speziellen oberschlesischen Landsleute erkannt hatte. Er ging zu ihnen, plauderte mit ihnen in polnischer Sprache und kam in heiterer Laune zurück.

Später, beim Mittagessen im Englischen Hofe, erschien er etwas gedrückt. Laube schreibt das einer körperlichen Unpäßlichkeit zu, kaum mit Recht. Es scheint, daß auch er, ähnlich wie Auerswald, mit den militärischen Maßnahmen nicht ganz einverstanden gewesen ist und daß er der Reichsregierung zur Bekämpfung des Aufstandes nicht die nötige Energie zutraute. Bloß zuzusehen aber und abzuwarten, das war ihm unmöglich. In seiner temperamentvollen Weise hatte er sich daher entschlossen, irgendwie einzugreifen.

Über die Schritte, die er zu diesem Zwecke unternahm, nachdem er eilig den Englischen Hof verlassen hatte, haben wir von dem zunächst Beteiligten, dem General v. Peucker, einen Bericht in einem Vortrage, den dieser einige Jahre später in der militärischen Gesellschaft in Berlin gehalten hat und der in der eigenhändigen Niederschrift vorliegt.

Der Bericht lautet: „Als der Barrikadenkampf bereits seit einer Stunde entbrannt war, suchte Fürst Lichnowsky mich bald nach 3 Uhr auf der Hauptwache auf, wo ich mich aufhielt, um von allen Meldungen rechtzeitig Kenntnis zu erhalten. Er befand sich in einem sehr aufgeregten Zustande und äußerte den Vorsatz, sich zu Pferde vor das Tor zu begeben, um den Reichsverweser in Bockenheim davon in Kenntnis zu setzen, daß wahrscheinlich eine Deputation der Nationalversammlung ihn dort aufsuchen und mit Anträgen bestürmen würde. Er bat mich, ihm zu diesem Zwecke ein Pferd zu

[1]) Laube, Das erste deutsche Parlament, II, 276.

leihen. Ich schlug ihm dieses Verlangen entschieden ab, stellte ihm die große Gefahr vor, in welche er sich als ein Gegenstand so erbitterten Parteihasses ohne Nutzen stürzen würde, und setzte ihn dann in Kenntnis, daß um 1 Uhr aus dem nahen Bockenheim ein starker, mit Schießgewehren und Pistolen bewaffneter Haufen ausgezogen sei, sich mit einem gleichbewaffneten Haufen aus dem nahen Ginnheim vereinigt und auf der Pfingstweide aufgestellt habe, um sich dort den aus Hanau erwarteten starken Haufen anzuschließen. Er verließ mich unwillig, kam aber nach Verlauf einer kleinen Stunde in Begleitung des Generals von Auerswald zurück, sagte mir, er habe sich ein Pferd von der Adjutantur des Reichsverwesers verschafft und bitte mich, nunmehr dem General von Auerswald ein Pferd zu leihen, um ihn begleiten zu können, was er ihm versprochen habe. Während ich vergebens dem Fürsten alle geeigneten Gründe wiederholte, um ihn zu einem Aufgeben seines Vorsatzes zu bestimmen, schienen meine Vorstellungen auf den General von Auerswald einen tiefen Eindruck zu machen. Er wurde nachdenkend. Doch als der Fürst hartnäckig bei seinem Vorhaben blieb, wendete sich Auerswald nun selbst mit der Bitte um ein Pferd an mich, indem er scherzend hinzufügte: ‚Sie sehen, daß der Fürst in der Stimmung eines Fähnrichs ist und daher der Autorität eines Generals bedarf, um von leichtsinnigen Streichen abgehalten zu werden. Ich verspreche Ihnen, daß ich ihn in Ordnung halten will. Wollen Sie mir aber kein Pferd geben, so muß ich schon sehen, wo ich sonst eins bekomme.‘ Ich gab nach und stellte ihm ein überaus tüchtiges englisches Pferd zur Disposition, auf welches er sich verlassen konnte. Die beiden Freunde trennten sich mit der Verabredung, sich in meiner am Eschenheimer Tor gelegenen Wohnung wieder treffen zu wollen. Dies war demnächst auch geschehen. Allein anstatt vom Eschenheimer Tore den ganz nahen Weg links nach dem Bockenheimer Tore einzuschlagen, um angegebenermaßen zum Erzherzog nach Bockenheim zu gelangen, hatten sie den diametral entgegengesetzten Weg rechts nach dem Friedberger Tor eingeschlagen.“

Soweit Peucker.

Auffallend in dieser Darstellung sind die dringenden Warnungen Peuckers und das lange Zögern, den Wunsch Lichnowskys zu erfüllen. Wenn dieser wirklich nur zum Erzherzog wollte, so war dabei doch keine so große Gefahr. Ein Zusammentreffen mit der erwähnten Bande von Ginnheimern und Bockenheimern konnte allerdings eine solche bringen. Diese Bande war doch aber nach den Berichten Peuckers längst nach der Pfingstweide zu abgezogen! Wozu also die auffällige Sorge?

Die Antwort liegt in einer Stelle seiner Darstellung, die Peucker, nachdem er sie geschrieben, wieder strich, obwohl durch diesen Strich eine völlige Unklarheit hervorgerufen wurde. Die Stelle folgt gleich auf die ersten Worte und lautet: „Er suchte mich zu einem Angriffsplane zu bestimmen, welcher, bei der geringen Stärke der zur Zeit verfügbaren Truppen, völlig unausführbar war und dahin ging, die Hälfte dieser Truppen nach außerhalb der Stadt zu schicken, vom Friedberger und Allerheiligen Tore aus die dortigen Barrikaden anzugreifen und so den Kampf gleichzeitig im Rücken und in der Front der Aufrührer zu beginnen. Nachdem er sich selbst auf die ihm gemachte Entgegnung von der derzeitigen Unmöglichkeit einer solchen Maßregel überzeugt hatte usw." Später ist noch die Stelle gestrichen, die auf die Äußerung Lichnowskys folgt, daß er zum Reichsverweser wolle. Er fügte nach der ersten Niederschrift noch die Worte hinzu: „daß er überhaupt sehen wollte, wie es draußen ausschaue".

In dieser Vervollständigung ist der Peuckersche Bericht erst wirklich brauchbar. Die Striche erfolgten offenbar, weil Peucker nachträglich bemerkte, daß diese Stellen ihm schaden könnten, denn das, was Lichnowsky als seinen Plan vortrug, war nur allzu einleuchtend; es war zu fürchten, daß man zu dem Schlusse kam, der Untergang Lichnowskys und Auerswalds wäre wahrscheinlich verhindert worden, wenn Peucker dem Drängen des Fürsten nachgegeben hätte.

Wenn wir nun also seine Erzählung in der ursprünglichen Form nehmen — wozu wir sicherlich alles Recht haben, —

so ergibt sie eine Bestätigung dessen, was bisher nur vermutet worden ist,[1]) daß nämlich der Fürst wirklich die Absicht gehabt habe, in den Kampf selbst in irgendeiner entscheidenden Weise einzugreifen.

Lichnowsky war Soldat. Er war ehemaliger Husarenoffizier; er hatte später in Spanien den Karlistenkrieg mitgemacht und war von dem Prätendenten zum General ernannt worden; daß ihm die Versuchung kam, seine soldatische Erfahrung zur Geltung zu bringen, ist an sich begreiflich.

Zielte er aber vielleicht noch auf Höheres? Vielleicht. Der Oberstleutnant Fischer, der Vertraute des preußischen Bevollmächtigten Camphausen, ein besonders Eingeweihter, hatte am 17. September an den preußischen Kriegsminister in Berlin geschrieben: „Fürst Lichnowsky geht morgen nach Potsdam und wird dort wenige Stunden nach diesem Briefe eintreffen. Er wird Seiner Majestät dringend ans Herz legen, die Bildung eines Ministeriums durch Preußen zu unterstützen. Man sagt, er wünsche das auswärtige Ministerium."

Wenn diese Mitteilung Fischers wahr ist, so ist die Vermutung doch sehr naheliegend, daß Lichnowskys drängende Ungeduld auch politische Unterlagen hatte, daß er sich bei der Bekämpfung des Umsturzes in irgendeiner auffälligen Weise betätigen wollte, um die Aufmerksamkeit auf seine Person zu lenken. Kam er im Glanze eines solchen Erfolges nach Potsdam zum Könige, dann war seine Stellung eine ganz andere, dann war ihm, bei seiner sozialen und bisherigen parlamentarischen Stellung, eine große Rolle sicher.

Was aber, so fragt man, blieb ihm zu tun übrig, nachdem Peucker seinen Plan einer Umgehung abgelehnt hatte?

Nicht viel, aber immer noch einiges, was bei etwas Glück von Bedeutung werden konnte.

Er hatte in dem zweiten Gespräch mit Peucker sicherlich erfahren, daß die in der Bleichstraße und Seilerstraße operierende preußische Abteilung bis zum Friedberger Tor vorgedrungen sei und in der Richtung des Hanauer Bahnhofs

---

[1]) V. Valentin a. a. O. S. 341.

eine Patrouille entsandt habe — Lichnowsky erkundigte sich am Friedberger Tor nach dieser Patrouille — und daß von Friedberg her die württembergische Artillerie im Anmarsch sei. Daß er auf die in der Nähe des Friedberger Tors stehende kleine preußische Abteilung irgendwie rechnete, ist möglich, aber nicht zu erweisen. Dagegen kann wohl kein Zweifel bestehen, daß es seine Absicht war, der württembergischen Artillerie entgegenzureiten, um sie dann aufs schnellste in die Stadt zu führen.[1]) Nur so ist es zu erklären, daß er, obwohl er am Friedberger Tor von einer Menschenmenge, die hier stand, bereits erkannt und mit Steinwürfen verfolgt war, dennoch auf Umwegen wieder auf die Friedberger Landstraße zurücklenkte.

Hier nun führte ihn und seinen Begleiter der grausame Zufall gerade mitten unter jene gefährliche Bande, vor der ihn Peucker gewarnt hatte. Es waren die Scharen, die schon am Morgen von Ginnheim nach Bockenheim aufgebrochen waren, hier aber zunächst haltgemacht hatten, weil sie von dem Eintreffen des Militärs in Frankfurt vernommen hatten. Zu ihnen stießen nun um die Mittagszeit Hetzer aus Frankfurt, besonders jener Saul Buchsweiler, den wir schon kennen, ein wahrer Dämon des Hasses und der Verfolgung. Er geberdete sich jetzt und später wie rasend, konnte sich nicht genug tun in Schmähungen gegen alle Volksfeinde, in lügenhaften Erzählungen von allen möglichen Greueln, die die Truppen bereits in Frankfurt angestellt hätten. Er vornehmlich setzte es durch, daß der Marsch fortgesetzt wurde. Vorher wurde erst noch in Bockenheim Alarm geblasen und alle unruhigen Elemente dadurch versammelt, dann wurde vor das Rathaus gezogen und der Bürgermeister gezwungen, den noch Unbewaffneten Sensen auszuliefern.[2]) Von Bockenheim

[1]) Sommaruga spricht in seinem Artikel in der Allg. d. Biogr. (18,534) nur davon, daß er die Absicht gehabt habe, die württembergische Artillerie „zu begrüßen". Auch Smidt (19. Sept. 1848) weiß davon, daß Auerswald und Lichnowsky die Absicht gehabt hätten, anrückenden Truppen entgegenzureiten, um sie zu benachrichtigen, wo in der Stadt Barrikaden errichtet seien.

[2]) Köstlin, Auerswald und Lichnowsky, S. 19.

ging es dann um die Stadt herum nach der Pfingstweide zu; hier wollte man sich mit den erwarteten Hanauern vereinigen. Nicht weit aber vom Eschenheimer Turm ertönte plötzlich der Ruf: „Die Preußen kommen!“ Die Bande stob zunächst auseinander, sammelte sich dann aber wieder da, wo von der Eckenheimer Landstraße die sogenannte „Eiserne Hand“ abzweigt, und verfolgte diese nun bis zur Friedberger Landstraße. Sobald die Unholde der beiden gehetzten Reiter ansichtig wurden, unternahmen sie sofort mit wildem Geschrei einen Angriff auf sie: mehrere Schüsse wurden abgegeben, Steine ihnen nachgeworfen. Auerswalds linker Arm wurde durch einen Steinwurf gelähmt; sein Pferd am Schenkel verwundet, so daß es kaum mehr zu bändigen war. Die Reiter jagten weiter auf der Landstraße, sahen aber wahrscheinlich vor sich noch andere Volkshaufen, denn beide lenkten plötzlich von der Landstraße in schmale Seitenpfade ab, erst Auerswald, dann bei dem nächsten Pfade auch Lichnowsky; sie trafen dann bei dem Hause des Gärtners Schmidt zusammen, allein sie müssen auch jetzt wieder Verfolger vor sich gesehen, also jeden Ausweg gesperrt geglaubt haben, denn sie sprangen hier von den Pferden und baten in dem Schmidtschen Hause um Zuflucht, andere Kleider und Versteck. Die Bewohner taten, was sie konnten, allein die blutgierigen Verfolger durchsuchten jeden Winkel des Hauses, sie fanden erst Auerswald, zerrten ihn unter empörenden Mißhandlungen aus dem Hause und dem Garten auf die Straße und töteten ihn hier; sie kehrten dann zurück, spürten auch Lichnowsky in seinem Versteck im Keller auf und führten ihn an der Leiche Auerswalds vorbei auf der sogenannten Pappelallee fort, um sich seiner vielleicht als Geisel zu bedienen; als aber andere dazukamen, unter ihnen Buchsweiler, gewann die Blutgier wieder die Oberhand, man schlug und schoß auf ihn ein und ließ ihn dann, als Störung kam, für tot auf der Landstraße liegen.

Peucker hatte schon ziemlich frühzeitig erfahren, daß er mit seinen Warnungen recht gehabt hatte. Nach 4 Uhr hatte Lichnowsky ihn verlassen. Als er von seiner ersten Unterredung mit den Deputierten der Nationalversammlung aus dem Palais wieder nach der Hauptwache gekommen war, hatte ihm Hauptmann Deetz gemeldet, daß ein Diener des Konsuls von Bethmann dem General Nobili Mitteilung gemacht habe, Fürst Lichnowsky und General Auerswald befänden sich in der Nähe seines Grundstückes in großer Gefahr. Peucker beauftragte nunmehr sofort Deetz, sich mit der 7. Kompagnie des 35. Regiments, die bei der Hauptwache in Reserve stand, zur Rettung der Bedrängten an den bezeichneten Ort zu begeben. Deetz eilte mit der Kompagnie in ununterbrochenem Dauerlaufe zur Bethmannschen Villa; allein da seit dem Augenblicke, da der Diener die Villa verlassen hatte, bereits mindestens eine Stunde verflossen war, so war das Schreckliche natürlich längst geschehen. Deetz fand den jammervoll zugerichteten Fürsten in hoffnungslosem Zustande in der Bethmannschen Orangerie, wohin ihn teilnehmende Leute von dem Orte der Untat verbracht hatten. Die Leiche Auerswalds war, nachdem sie aufgefunden, vorläufig an den Stufen des Hessendenkmals niedergelegt worden.[1]) Der Fürst wurde später nach dem Heiligen-Geist-Spital verbracht, wo er zwischen 10 und 11 Uhr nachts nach fürchterlichen Qualen den Geist aufgab.

Um 11 Uhr erschien Gagern im Englischen Hofe und verkündete das Geschehene. Der Eindruck war ein furchtbarer. Noch vor wenigen Stunden hatte man ihn bei Tische gesehen, in der Vollkraft seines Wesens, in strotzender Lebens- und Tatenlust, jetzt lag er da, jämmerlich zerhackt und zerhauen; er wie sein Genosse im Unglück, der liebenswürdige, alte General, der in den Freiheitskriegen so manche Schlacht mitgefochten, von den eigenen Volksgenossen blind gemeuchelt, mit kalter Henkerslust zu Tode gemartert. „Wie ist es möglich geworden," so rief Wilhelm Jordan am Sarge des Fürsten,[2]) „dieses Antinous," wie er klagte, „von männlicher Schönheit, dieser Rittergestalt von kecker, feuriger Energie, ... wie ist es möglich geworden, daß deutsche Erde solch menschliches Giftgewürm erzeugte ... ? !"

[1]) Nach der Peuckerschen Darstellung.

[2]) Frankfurter Konversationsblatt von 1848 Nr. 266.

X.

Noch am Nachmittag und Abend des 18. September waren von den verschiedenen Seiten her immer neue Truppenmassen aller Gattungen in der Stadt zusammengeströmt. Es war schon dunkel, da rasselten noch die Geschütze und Munitionswagen der württembergischen von Friedberg kommenden Batterie, die die letzten zwei Meilen größtenteils im Trabe zurückgelegt hatte, mit dröhnendem Schalle durch die so plötzlich menschenleer gewordenen Straßen.

Um 9 Uhr bereits war die Stadt in Belagerungszustand erklärt und das Kriegsgesetz verkündet worden. Und ein Bild des Krieges war es, das Straßen und Plätze boten: überall Strohmassen ausgeschüttet, auf denen die Truppen sich zum Biwakieren einrichteten, lodernde Wachtfeuer, um sie herum Soldatengruppen, aus denen ernste oder heitere Gesänge ertönten,[1]) Kommandoworte, kriegerische Signale, das Kommen und Gehen von Patrouillen und Abteilungen, welche Gefangene eskortierten, in der Ferne noch vereinzeltes Schießen.

Um 1 Uhr in der Nacht fand unter Peuckers Vorsitz in der Hauptwache eine Versammlung aller höheren Befehlshaber statt. Die Verluste wurden festgestellt. Es ergab sich, daß die Truppen an Toten und Verwundeten 6 Offiziere, 1 Fähnrich und 55 Unteroffiziere und Gemeine, im ganzen 62, verloren hatten, während die Gegner nach späterer Feststellung mindestens 33 Tote und 132 Verwundete hatten.[2]) Für 5 Uhr morgens wurde ein neuer allgemeiner Angriff in Aussicht genommen, für den nunmehr 7000 Mann zur Verfügung standen, während 24 Stunden vorher nur knapp 500 Mann an Truppen in Frankfurt vorhanden gewesen waren. Als indessen die Abteilungen sich in Bewegung setzten, fanden sie alle Stellungen verlassen: die Barrikadenkämpfer hatten sich im Schutze der Nacht sämtlich davongemacht.

[1]) Valentin erwähnt (nach Abel, Deutsche Rundschau, 56, S. 47), daß die „Wacht am Rhein" damals zum ersten Male in Frankfurt erklang.

[2]) Die Verluste waren wahrscheinlich größer, da die Insurgenten ihre Verwundeten zum Teil mitnahmen. — Unter den Toten waren 16 von Frankfurter Herkunft.

Trotzdem blieb noch mehrere Tage hindurch die Bereitschaftstellung der Truppen und damit ein Zustand der Straßen, der an Wallensteins Lager erinnerte. Das wurde nicht eher anders, als bis die Entwaffnung der Stadt und der ganzen Umgegend (Rödelheim, Ginnheim, Bockenheim, Bornheim, Bergen) durchgeführt war und umfassendere Sicherheitsmaßregeln getroffen waren.

Solche Maßregeln waren nötig, denn der Stoff zu Bränden, wie Frankfurt eben einen gesehen hatte, lag überall reichlich aufgehäuft. Am 15. September hatte der badische Bevollmächtigte gemeldet, daß im Seekreise ein allgemeiner Aufstand ausbrechen werde, und noch kurz vor dem 18. September war beim Reichsverweser ein Hilfsgesuch aus Sachsen-Altenburg eingelaufen. Und wie in Thüringen und Südbaden, so stand es in Württemberg, Rheinhessen und Kurhessen. Überall herrschte ein Zustand bedrohlicher Erregung der Massen, und die Zentralgewalt durfte, wenn sie ihrer Aufgabe genügen wollte, sich nicht mit dem lokalen Erfolge in Frankfurt begnügen; es wurde also die Mobilmachung des 7. und 8. Korps veranlaßt und an den verschiedenen Punkten, in Thüringen, in Württemberg, im Seekreise usw., wurden Korps aufgestellt, die genügend stark waren, um etwaige Bewegungen im Keime zu ersticken.[1]) Als daher am 22. September Freischaren in größerer Menge unter der Führung von Struve den Rhein überschritten, um den Versuch Heckers zu erneuern, fanden sie so nachdrücklichen Widerstand, daß sie schleunigst in großer Verwirrung das Land wieder räumten.

Der Sieg des 18. September und damit zugleich die von der Mehrheit der Paulskirche geschaffene Einheit und neue Gewalt war also gesichert, und das „Reich der Paulskirche" ging äußerlich gestärkt aus der schweren Krisis, in die es die republikanische Minderheit im Bunde mit der Anarchie

[1]) Zwischen Mannheim und Heidelberg wurde ein Korps zusammengezogen, das zum größten Teil aus Preußen, ferner aus Nassauern und dem Frankfurter Linienbataillon bestand, welches letztere unterdessen, ohne zum Schlagen gekommen zu sein, aus Schleswig zurückgekehrt war.

gebracht hatte, hervor, allein es war die Frage, ob es innerlich durch die Geschehnisse des 18. nicht vielmehr eine Schwächung erfahren habe, war die Rettung doch nur erfolgt durch die Kraft der alten Gewalten.

Die Revolutionäre hatten bei ihrem Beginnen sicherlich darauf gerechnet, daß die Truppen sich nicht gegen die Bürger gebrauchen lassen würden, daß wenigstens die nichtpreußischen Truppen mit ihnen gegen die preußischen zusammenstehen würden, — allein diese Rechnung der Leidenschaft erwies sich als hinfällig: es zeigte sich, daß alle Künste der Verführung das feste Band, das militärische Ehre und militärische Kameradschaft um eine Truppe schlingt, nicht zu zerreissen vermocht hatten; die nichtpreußischen Bataillone hatten sich mit dem unzerstörbaren Kern der preußischen in ihrer Mitte als ein fester Hort der Ordnung und Gesetzlichkeit erwiesen, und diese Tatsache schloß eine moralische Kräftigung der bestehenden Regierungen in sich, die sich sehr bald in deutlichster Weise offenbaren sollte.

Und dazu kam noch ein anderes: der Wahn von der Unwiderstehlichkeit der im Volke ruhenden Kraft erhielt am 18. September einen Stoß, von dem er sich nicht wieder erholen konnte, die Lehre aber von dem Volke als einer neuen Quelle der Offenbarung zerschellte an der Kannibalentat der Bornheimer Heide.

Siebentes Kapitel.

Konstituante und Reichsverfassung.

I.

Der Gottesfriede, der am 19. September in der Paulskirche herrschte, als Heinrich von Gagern, unter verlegenem Schweigen der Linken, Worte des tiefsten Schmerzes und der flammenden Entrüstung über das sprach, was sich soeben zugetragen, war nur von kurzer Dauer. Schon am nächsten Tage erhob sich der Kampf aufs neue, als die Republikaner den Willen der Mehrheit erkannten, mit der Reichsregierung zusammen für Ordnung und Recht einzutreten. Frecher und herausfordernder denn je wurde von der Tribüne das Recht der Revolution verkündet, die Parteien traten sich immer schroffer gegenüber, und die Stimmung wurde immer leidenschaftlicher, immer gereizter. Es war klar: der 18. September war der Sündenfall der deutschen Bewegung gewesen: „Die Jugendblüte unserer Freiheit," so klagte Gabriel Rießer, „der Jugendtraum ihrer raschen und reinen Vollendung, ihrer ungetrübten Durchführung, er ist dahin".[1])

Im Gegensatz zu diesen Stimmungen, zu den peinlichen Empfindungen der Enttäuschung und des patriotischen Schmerzes, welche die Debatten der Paulskirche beherrschten, war das Gefühl, das in der Stadt vorherrschte, nachdem die düsteren Eindrücke der Bestattung der Gefallenen und Ermordeten verwunden waren, nachdem das Auge sich an das

[1]) Vgl. Rud. Haym, Die deutsche Nationalversammlung bis zur Kaiserwahl, S. 15.

Bild des Krieges, das die Straßen boten, an die 10 Kanonen z. B., die auf dem Roßmarkt beständig aufgepflanzt waren, gewöhnt hatte, — das der Erleichterung.

Maßregeln wie die vorläufige Aufhebung der politischen Vereine, wie das Verbot an die Mitglieder, sich zu versammeln, das Verbot unbefugten Waffentragens, sie trafen doch nur einzelne. Im ganzen hatte die Bevölkerung den Eindruck der Befreiung. „Es herrscht durchgehend", so schrieb die Ober-Postamts-Zeitung am 20. sehr befriedigt, „eine solche Ordnung, eine so beruhigende Gesetzlichkeit, wie man sie vor den Ereignissen des 18. Septembers kaum noch kannte. Die Aufwiegler und Unruhstifter der jüngsten Vergangenheit, die an den drei verhängnisvollen Tagen des 16., 17. und 18. eine so verderbliche Rolle gespielt, sind verschwunden, ihre Klubs sind leer, ihre Achselträger verleugnen die gestürzten Gebieter".[1])

Diesen Sturz der Tyrannen der Straße, die Wiederherstellung des Straßenfriedens empfand man mit um so stärkerer Genugtuung, je größer das Interesse war, das gerade die handeltreibenden Kreise der Stadt an diesem Frieden hatten, noch dazu in dem gegenwärtigen Augenblick der gerade begonnenen Messe. Mit großer Befriedigung stellte man fest, daß diese sich unter dem Schutze der fremden Waffen überraschend gut entwickelte, man trug daher die Lasten, die die Einquartierung mit sich brachte, zunächst ohne Murren, man hatte sogar seine Freude an den braven Jungen und ihrem flinken und ordentlichen Wesen, und man stellte bei dieser Gelegenheit auch fest, daß die preußischen Soldaten nicht die „entmenschte Soldateska" seien, als die sie die Wirtshausredner mit Vorliebe zu bezeichnen pflegten.

Es ist anzunehmen, daß so, wie die erwerbenden und besitzenden Klassen sich in dem neu geschaffenen Zustande im Grunde wohl gefielen, dies auch der Senat tat.

Die Steigerung des Gewichtes der Zentralgewalt, wie sie in den militärischen Maßnahmen und dann weiter in dem Ge-

[1]) Mevissen nennt 3. Oktober 1848 den neuen Zustand: Liberté tempérée par l'état de siège.

setze zum Schutz der Reichsversammlung zum Ausdruck kam, mußte ihm an sich sympathisch sein, denn sie bedeutete eine Steigerung des Prinzips der Autorität und kam damit mittelbar auch ihm zugute.

Allerdings lag in dem Belagerungszustande und in der Errichtung eines militärischen Oberkommandos in der Stadt eine starke Beschränkung, aber die Handhabung des Belagerungszustandes war doch eine äußerst milde. So stand man von der zuerst gehegten Absicht, die Bürgerwehr aufzulösen, wieder ab, weil man fürchtete, das Ehrgefühl der Bürgerschaft, bei der man zu Gaste war, dadurch auf eine allzu empfindliche Weise zu verletzen;[1]) man begnügte sich damit, sie und die Schutzwachen unter den Befehl des hessischen Generalmajors von Bechtold zu stellen, dem auch die übrigen in der Stadt befindlichen Truppen untergeben waren. Daß dies, ebenso wie die Einrichtung einer Platzkommandantur, die dem preußischen Major Deetz übertragen wurde, durch einfachen Tagesbefehl geschah, und ohne daß der Senat überhaupt gefragt wurde, hätte zu anderer Zeit sicherlich die heftigsten Gegenwirkungen zur Folge gehabt, allein jetzt, da so viel von Mediatisierung oder Imperialisierung der kleinen Staaten die Rede war, hatte man den hohen Ton von früher sehr herabgestimmt; ja, der Senat schien es darauf abzulegen, den Anforderungen, die von dem „Reiche" kamen, rasch nachzugeben, erklärte er sich doch z. B. ohne Zögern bereit, die selbständige Vertretung, die Frankfurt bisher zusammen mit den Hansestädten in Paris gehabt hatte, aufzugeben: er trug gern dazu bei, die Zentralgewalt zu stärken, sicherlich aus der Erwägung heraus, daß die Bereitwilligkeit, einiges an souveränen Attributen zu opfern, das beste Mittel sei, den Rest wenigstens zu behaupten.

Tatsächlich beobachten wir denn auch jetzt schon bei dem Senat das Vorhandensein eines verstärkten Sicherheitsgefühls. Während er bisher seit den Märzereignissen als maßgebende Stelle so gut wie ausgelöscht war, zeigt er sich nunmehr zum

[1]) Balan, 20. September 1848.

ersten Male wieder als Regierungsbehörde. So wie das Frankfurter Appellationsgericht den verhältnismäßig kühnen Entschluß faßt, die drei Mitglieder der Paulskirche, die auf der Pfingstweide gesprochen hatten, als die intellektuellen Urheber des 18. Septembers herauszugreifen, und bei der Nationalversammlung die Erlaubnis zu ihrer Verhaftung und Verfolgung beantragt, so findet der Senat jetzt auch den Mut, in der schwebenden Verfassungsfrage einen entschiedenen Willen zu äußern und bereits am 23. September mit einem Vortrage in dieser Sache an die Gesetzgebende Versammlung heranzutreten.

In der Einleitung dieses von Harnier, der von nun an hier die Führung übernimmt, entworfenen Vortrags war bemerkt, es könne ja vielleicht zu Mißdeutungen Anlaß geben, daß der Senat gerade in dem gegenwärtigen Augenblicke die Sache in Behandlung nehme; er könne aber versichern, daß seine Erklärung schon vor dem 18. September fertig gewesen sei, und er müsse jetzt weiter vorangehen, weil die Angelegenheit Eile habe.

Wenn man sich an die gewaltigen Pausen erinnert, die der Senat früher in der Verfassungsfrage hatte eintreten lassen, so wird man Hohem Senat gewiß nicht zu nahe treten, wenn man seiner Versicherung nur sehr bedingten Glauben schenkt. Eile hatte die Sache ganz gewiß, aber im Sinne des Senats nur insofern, als schon gleich am 20. Anträge kamen, die die Aufhebung des Belagerungszustandes bezweckten, der Senat aber am ersten gerade während der Dauer dieses Zustandes — während dessen die Vereine in engster Fessel lagen, eine Agitationsbewegung im großen Stile also unmöglich war — hoffen konnte, das durchzusetzen, was er wollte.

Wirklich brachte der Vortrag des Senats in wesentlichen Punkten das Gegenteil von dem in Vorschlag, was die überwältigende Mehrheit der Dreißigerkommission beschlossen hatte, kennzeichnete dagegen das als die Ansicht des Senats, was die kleine Minderheit, die sich um Souchay geschart, gewollt hatte. Der Senat erklärte nämlich, daß er wohl in der Sache einverstanden sei, d. h. daß er die Berufung einer

Konstituante zugestehen wolle, daß er aber an dem verfassungsmäßigen Wege, d. h. an der vorgängigen Beseitigung des § 50 in der vorgeschriebenen Weise, festhalten müsse. Es sei keine gebietende Notwendigkeit vorhanden, der christlichen Bürgerschaft ihr verfassungsmäßiges Recht in einem Falle zu entziehen, wo sie in dem seitherigen Umfange davon zwar zum letzten Male Gebrauch zu machen in die Lage komme, wo ihr aber dadurch Gelegenheit geboten werde, durch die Tat zu bewähren, daß sie den Forderungen des Zeitgeistes und des großen Vaterlandes Opfer zu bringen bereit sei.

Der Senat erklärte weiter, daß die schließliche Annahme oder Ablehnung der Verfassung genau wie 1816 sämtlichen Staatsangehörigen als unveräußerliches Recht vorbehalten bleiben müsse.

Der Senat sicherte sich durch diese Erklärung die Möglichkeit, an letzter Stelle, wenn die Konstituante ihr Werk vollbracht hatte, noch einmal wieder einzugreifen, und er wahrte damit zugleich den Rechtszusammenhang: er dankte in der Frage der Begründung der neuen Verfassung zugunsten der zu berufenden Frankfurter Nationalversammlung also nicht einfach ab; genau wie der Bundestag bei der Übertragung seiner Befugnisse an den Reichsverweser vollzog er den Übergang in einer Weise, die seinem späteren Wiedereintreten in die Vollgewalt eine formal-rechtliche Handhabe bot, und er unterließ es auch nicht, am Schlusse, da es nun, wie es schien, Abschied zu nehmen galt von der alten Verfassung, ihr ein Wort der Verehrung und der Dankbarkeit zu zollen.

Wie vorauszusehen gewesen war, erfolgte die Annahme der Anträge des Senats am 9. Oktober in der Gesetzgebenden Versammlung ohne die geringste Schwierigkeit — beinahe einstimmig. Am 17., dem Vorabende des 32. Jahrestages der Proklamation der Verfassung — die übliche militärische und kirchliche Feier dieses Tages war „in Anbetracht der Zeitverhältnisse“ abgesagt worden, — nahm dann die Bürgerschaft noch einmal in den drei alten Klassen die Abstimmung über den so viel umstrittenen Hemmschuh-Paragraphen (§ 50 der

Konstitutions-Ergänzungsakte) vor: alle drei Abteilungen waren für die Abschaffung, und damit war denn diese genehmigt, und der Weg für die Konstituante war frei.[1])

Am 25. Oktober fanden die Wahlen für diese Versammlung statt.

Die Wahl war eine Listenwahl, d. h. jeder städtische Wähler hatte eine Liste von 100, jeder ländliche eine Liste von 20 Namen abzugeben. Der Ausfall war durch diese Einrichtung von vorherein in die Hände bestimmter Parteiorganisationen gegeben, und da der Belagerungszustand nun doch schon mit dem 20. Oktober aufhörte und also eine freiere Bewegung wieder möglich geworden war, so trug die stärkste dieser Organisationen, die der entschieden Freisinnigen, natürlich den Sieg davon. Diese Partei erntete jetzt die Früchte ihres bisherigen beständigen Eintretens für alle politisch Minderberechtigten: die Beisassen, die Landbewohner, die Israeliten waren ihre ganz sichere Klientel; die Wähler dieser Gruppen gaben ganz selbstverständlich die demokratische Liste ab, ebenso auch eine große Menge von Sachsenhäusern, unter denen der Arzt Dr. Alexander Friedleben, ein ganz besonders heftiger Neuerungsmann, schon seit Monaten einen starken persönlichen Anhang geworben hatte. Die Liste war klüglich so zusammengestellt, daß sich auch die hervorragenden Vertreter anderer Richtungen darauf fanden, von Senatoren z. B. außer dem liberalen Hessenberg auch Souchay und de Neufville; sie sicherte aber natürlich, namentlich auch durch eine gehörige Anzahl von Nullen, den Einsern des Montagskränzchens und des Deutschen Vereins eine ganz zweifellose und unzerstörbare Mehrheit.[2])

[1]) Im ganzen wurden in allen drei Klassen 2312 bejahende und 547 verneinende Stimmen abgegeben.

[2]) Es wurden außer der demokratischen noch zwei Listen in Vorschlag gebracht: eine, die von den Vorständen der 14 Quartiere unter Zuziehung von Bürgern aus den Quartieren aufgestellt war, und eine, die von dem Bürgerverein stammte. Die letztere suchte eine mittlere Linie innezuhalten. — Während sich bei der Wahl zur Nationalversammlung (die Dörfer nicht eingerechnet) 7031 beteiligt hatten, wurden am 25. Oktober in der Stadt nur noch 5239 Stimmen abgegeben (bei den späteren Ergänzungswahlen bewegte sich die Stimmenzahl zwischen

Es konnte dieser Ausfall der Wahl unmöglich überraschen. Abgesehen von dem Anteil, den das Wahlverfahren daran hatte, kam dabei sicherlich auch die rebellische Augenblicksstimmung der Massen, die jetzt zum ersten Male in städtischen Dingen zur Äußerung aufgefordert waren, zum Ausdruck: der Ausfall war so etwas wie ein Nachhall des 18. September, allein was der Augenblick erzeugt hatte, das gewann nun durch die Rechte, die der Konstituante eingeräumt waren, unabsehbare Dauer. Es war doch so, daß die vergleichsweise entschiedene Minderheit, die in den Klubs, besonders dem Montagskränzchen, sich zusammengeschlossen hatte, das Heft der Geschicke der Stadt jetzt in der Hand hielt, daß sich, ähnlich wie früher in reichsstädtischen Zeiten, wo ein kleiner Kreis von rechtlich Privilegierten in der Stadt gebot, nunmehr in der Konstituante ein Kreis von faktisch Privilegierten zusammengefunden hatte, und es war vorauszusehen, — was dann ja auch eintraf — daß sein ganzes Streben darauf gerichtet sein werde, diese Tatsache zu einer dauernden zu machen.

Die Bedeutung dieses Wahlausfalls reichte aber noch erheblich über den Kreis der eigentlichen städtischen Angelegenheiten hinaus.

Wir kennen die weitausgreifenden Bestrebungen des Montagskränzchens, wir kennen die Rolle, die dieser Verein und seine Ableger am 16. und 17. September gespielt hatten. Un-

2 und 3000), davon erhielt Dr. Kriegk mit 4998 die meisten; ihm folgte Souchay mit 4926, de Neufville mit 4915, Ph. C. W. Donner mit 4898, Dr. Siegmund Müller mit 4688 usw. An 10. und 11. Stelle standen Dr. Kugler und Dr. Binding, an 30. und 31. Nikolaus Hadermann und Dr. med. Georg Varrentrapp, an 44. Dr. Jucho, an 59. Dr. jur. Reinganum, an 62. Dr. jur. J Friedleben, an 85. Dr. med. A Friedleben.

Unter den Gewählten befanden sich 24 Handwerker, 21 Kaufleute, 19 Advokaten, 11 Ärzte, 7 Lehrer und 6 Senatoren, an Israeliten waren 8 gewählt; die 20 Mitglieder der Landgemeinden wurden von 1077 Berechtigten gewählt.

Dr. Reinganum und Dr J. Friedleben hatten gleichzeitig in Stadt und Land kandidiert; sie nahmen beide für das Land an, weshalb für sie und zwei andere, die abgelehnt hatten, gleich im November Nachwahlen stattfanden.

zweifelhaft hatte er dabei dasjenige mit dem Ärmel gestreift, um dessentwillen jetzt Zitz, Schlöffel und Simon gerichtlich verfolgt wurden, allein er hatte sich formell unangreifbar gehalten, wenigstens für die Frankfurter Justiz, und er blieb natürlich nach dem 18. September, was er vorher gewesen war. Man wird dabei nicht unterlassen dürfen, den starken Ehrgeiz Reinganums mit in Rechnung zu stellen. Wir wissen, wie gerne er Frankfurt in der Nationalversammlung vertreten hätte. Die Vermutung liegt daher nahe, daß er den Anteil, den er nicht direkt an der großen deutschen Bewegung zu nehmen vermocht hatte, auf indirektem Wege erstrebte, und daß er auch um dessentwillen das Montagskränzchen immer mehr in die Teilnahme an den allgemeinen politischen Angelegenheiten hineintrieb. Jetzt waren er und die Seinen durch den Ausfall der Wahlen faktisch an die Spitze des „Freistaates Frankfurt", wie es seit der ersten, nur einleitenden Sitzung der Konstituante offiziell hieß, emporgehoben; sie hatten damit eine Stellung erlangt, von der aus sie mit ganz anderem Gewicht zu sprechen befugt waren als bisher nur von dem Piedestal eines städtischen Klubs aus: wie hätten sie diese Gelegenheit nicht ausnutzen sollen für das, was sie bisher schon mit heißer Sehnsucht erstrebt hatten: für die Zwecke der Demokratie ganz im allgemeinen, noch dazu in einem Augenblicke, in dem sich die Dinge schon zu einer Krisis zuzuspitzen begannen!

II.

Wir erinnern uns, daß am 16. September in Frankfurt das Wort gefallen war, die Entscheidung liege nicht hier, sondern in Berlin und Wien.

Das Wort erfüllte sich im Oktober und November, aber in anderem Sinne, als es gemeint gewesen war: es war ein umgekehrter März, was sich hier zutrug. Der erneute Andrang der Extremen führte zu den heftigsten, gar nicht mehr für möglich gehaltenen Gegenschlägen, die ihr äußerstes in der Erschießung Robert Blums in Wien, in dem Einmarsch Wrangels in Berlin und in der Wegverlegung der in beiden

Hauptstädten tagenden konstituierenden Versammlungen in kleine Provinzplätze erreichten.

Diese Gegenschläge richteten sich zunächst gegen revolutionäre Ausschreitungen, sie trafen aber nicht nur diese. Sie trafen die seit dem März im Gange befindliche Bewegung überhaupt; sie rührten an die Machtgrenzen der Nationalvertretung, an die Grenzen der Idee der Volkssouveränität, sie wirkten insofern in ähnlicher Weise, aber noch hundertmal schärfer wie Malmö, und sie hatten auch, was die Haltung des Reichs-Parlamentes angeht, eine ähnliche Wirkung.

Zunächst schloß sich alles, was überhaupt auf das Dogma der Nationalsouveränität eingeschworen war, zusammen. Die Paulskirche beschloß am 14. November noch mit großer Mehrheit: die Zentralregierung solle die preußische Regierung bestimmen, die Verlegung nach Brandenburg zurückzunehmen und sich alsbald mit einem Ministerium zu umgeben, das das Vertrauen des Landes besitze und die Besorgnisse vor reaktionären Bestrebungen und Beeinträchtigungen der Volksfreiheiten zu beseitigen geeignet sei; als nun aber am 15. die in Berlin verbliebene Nationalversammlung zu dem letzten, zu der offenen Kriegserklärung fortschritt und den Beschluß gefaßt hatte, die Steuern zu verweigern, da traten die Gegensätze wieder scharf hervor.

Die Linke der Paulskirche spendete dem Berliner Beschlusse lautesten Beifall. Sie erließ einen Zuruf an das preußische Volk, in dem es hieß: „Preußisches Volk! Harre aus im gerechten Kampfe! Wir stehen dir bei!“, allein die Mehrheit der Reichsversammlung erklärte, — bei ausdrücklichem Festhalten an ihrem Beschlusse vom 14. — daß der Steuerververweigerungsbeschluß rechtswidrig und daher null und nichtig sei. Es war also ähnlich wie in den Septembertagen: vor der Zumutung, die Revolution feierlich gutzuheißen, wich die Mehrheit der Paulskirchenversammlung zurück und mußte sie ja auch zurückweichen, allein es geschah dies unter Kundgebungen wildester Entrüstung von seiten der Linken, und ähnlich auch wie in den Septembertagen, nur jetzt, bei der starken militärischen Besetzung der Stadt, in erheblich vermindertem Umfang, fand die Linke des Parlaments in der Frankfurter Bevölkerung, soweit sie gleichgesinnt war, eine äußerst kräftige Resonanz.

Gerade in diesen kritischen Tagen, am 22. November, nahmen die Verhandlungen der neuen Frankfurter Konstituante ihren eigentlichen Anfang, und sie nahmen in den ersten Sitzungen eine Richtung, als wenn das Haus Limpurg nur eine Filiale der Paulskirche sei. Die allgemeinen deutschen Angelegenheiten gaben das eigentliche Thema und das Maß des Vorschreitens, und es zeigte sich dabei auch ein ganz ähnliches Verhalten. In den Fragen, die die in der Paulskirche dargestellte Nationalehre betrafen, war man einig: so wie die deutsche Nationalversammlung in beinahe einstimmiger Entschließung die Reichsregierung aufgefordert hatte, mit allem Nachdruck Maßregeln zu treffen, um die unmittelbar und mittelbar Schuldtragenden bei der Verhaftung und Tötung Robert Blums zur Verantwortung und Strafe zu ziehen, so wurde auch in der Frankfurter Konstituante ziemlich einstimmig der Antrag angenommen, den Senat zu ersuchen, er möge „in Erwägung, daß das Auftreten der Zentralgewalt nur um so erfolgreicher sein werde, wenn die Regierungen der Einzelstaaten, gestützt auf die Volksvertreter ihres Staates, der Zentralgewalt mit allen Mitteln beizutreten beschlössen," auf energische Ausführung dieses Beschlusses dringen. An sich mutet uns Heutige ja dieser Beschluß befremdlich genug an. Wir sind nur zu sehr geneigt, Smidt recht zu geben, der sarkastisch bemerkte, der Beschluß der Nationalversammlung erinnere ihn an jene Aufträge, mit denen der Kaiser Karl den Ritter Hüon an den Kalifen von Bagdad schickte, und wir gelangen nur schwer dazu, die erwähnte „Erwägung" ganz ernst zu nehmen, allein wir müssen uns immer wieder, um den Menschen jener Zeit gerecht zu werden, daran erinnern, daß der große Prozeß zwischen Idee und Realmacht und über den Einfluß beider in politischen Dingen damals noch nicht entschieden war und daß der herrliche Glaube an die Majestät der Nation, der da glaubte, Berge versetzen zu können, noch immer in Kraft stand. Allerdings wurde bei jenem Antrage in der Konstituante vom Standpunkte praktischer Politik doch ein Einwand erhoben. Schöff de Neufville bemerkte, die Sache gehöre nicht hierher. Sie betreffe Auswärtiges und sie hier hätten Frankfurter Politik zu treiben. Diese Einrede gab aber Reinganum nur den gewünschten Anlaß, die Schleusen seiner Beredsamkeit zu öffnen und eine Art Programmrede zu halten: man solle doch endlich einmal den Gedanken wegwerfen, daß eine deutsche Sache, wenn sie auch nicht eine besondere Frankfurter Angelegenheit betreffe, eine auswärtige sei. Jede deutsche Sache gehöre vor das Forum der Konstituante. Es gebe allerdings in Frankfurt Kreise, wo über Blums Tod frohlockt worden sei. Damit Deutschland, damit die Reichsversammlung, die Zentralgewalt über die wahre Gesinnung Frankfurts endlich ins klare kämen, sei die Annahme des Antrages nötig. Und ob man denn Blum einen Fremden nennen könne, ihn, der ein halbes Jahr unter uns geweilt habe? Sein Nazareth, rief er aus, sei zwar nicht hier gewesen, wohl aber sein Jerusalem; sein Golgatha habe er dann an einem anderen Orte gefunden.[1])

So wohltuend die im Anfang der Rede ausgesprochene Ächtung des Frankfurter Sondertums berührt, so geschmacklos war die Wendung am Schlusse, allein wir hören nicht, daß gegen diese Äußerung Protest erhoben worden wäre; man war zu sehr von deutsch-patriotischem Schmerze erfüllt über den Riß zwischen Österreich und den übrigen deutschen Ländern, zu dem, wie Souchay sagte, der Vorgang in der Brigittenau das traurige Vorzeichen bilde. Als nun aber der weitere Antrag kam, der von Dr. Ludwig Braunfels und Alexander Friedleben gestellt war: „in Erwägung, daß jeder Angriff auf die Rechte einer verfassunggebenden Versammlung in seiner Folge wie an sich selbst als ein Angriff auf die Rechte aller anderen Versammlungen erscheine“, eine Adresse an die preußische Versammlung zu richten und ihr zu danken „für das große Beispiel gesetzlichen Widerstandes, das sie aufgestellt habe für alle Zeiten gegen die Unge-

[1]) Nach dem Bericht im Journal 1848, Nr. 310.

setzlichkeit der Gewalt" —, da schieden sich auch hier die Geister: die Paulskirche hatte in dieser Sache bereits gesprochen, sie hatte den Steuerverweigerungsbeschluß verurteilt, sollte nun gerade in Frankfurt, dem Sitze der Reichsregierung, das Beispiel einer Fronde gegeben, sollten hier mit einem solchen Beschlusse, der ein Tadelsvotum gegen die Reichsversammlung enthielt, gewissermaßen geistige Barrikaden errichtet werden, sollte die Frankfurter Volksvertretung, so rief Dr. H. Hoffmann aus, die Reichsversammlung, die einzige Burg deutscher Einheit, die vorhanden war, zerstören helfen? Auch Dr. Binding, de Neufville, Souchay warnten mit guten Gründen, allein Dr. Neukirch fragte entrüstet, ob die Konstituante, indem sie sich der Sache nicht annehme, wieder in den Rang einer Kommunalversammlung zurückfallen wolle; Dr. Thomas rief: die preußische Krone habe einen Kontraktbruch begangen; Friedleben: die Nationalversammlung sei mit der Steuerverweigerung in einem Akte der Notwehr; Schwarzschild: der solle zur Ordnung gerufen werden, der immer von Unmächtigkeit der Versammlung spreche; wer sich klein mache, sei klein; Reinganum aber dekretierte, die Verlegung sei ganz gleich einer Ausweisung im Polizeistaat. Ministern, die im Anklagezustand seien, bezahle kein ehrlicher Mensch Steuern. „Was würden wir sagen," fragte er in seiner drastischen Weise, „wenn uns der Senat nach Dortelweil verlegte?" „Vielleicht," so schloß er mit der Miene des politischen Auguren, „haben wir von dem Berliner Volke einmal Gegenleistungen in Anspruch zu nehmen, wenn Bundestagsgelüste etwa wieder auftauchen sollten!"

Die ergebene Gefolgschaft der demokratischen Häuptlinge verhalf dem bedenklichen Antrage zur Mehrheit. Welche Gesinnungen dabei eigentlich entscheidend waren, das stellte erläuternd der folgende Punkt der Tagesordnung heraus, bei dem es sich um die Genehmigung zu der Errichtung einer Telegraphenlinie zwischen Berlin und Frankfurt handelte. Da die Anlage dieser Linie ausschließlich auf preußische Kosten erfolgen, Frankfurt aber in den Mitgenuß aller Vorteile der Neuerung treten sollte, da der Vertrag schon vor mehreren

Wochen abgeschlossen war und die preußische Verwaltung drängte, so lag, sollte man meinen, auch nicht der leiseste Anlaß vor, mit der Genehmigung zurückzuhalten, — es geschah aber doch: Schwarzschild und Alexander Friedleben sprachen gegen den Vertrag; sie äußerten die Befürchtung, es könne durch ihn leicht preußischer Partikularismus im Gegensatze zu dem Interesse der Zentralgewalt gefördert werden, Reinganum meinte besorglich, Frankfurt könne durch den Vertrag in Kollisionen kommen, indem man die Einrichtung in Berlin vielleicht nicht für die deutsche Sache benutze, und obwohl Souchay die eilige Erledigung dringend befürwortete, auf ihre für ganz Deutschland enorme Wichtigkeit hinwies und etwas sarkastisch die Gegner daran erinnerte, daß selbst in dem Falle, daß der preußische Separatismus siege, Preußen immerhin noch ein bedeutender Staat und die Verbindung mit Berlin für Frankfurt höchst wichtig bleibe, so sprach sich dennoch die Mehrheit für die Vertagung aus, obwohl diese in dem vorliegenden Falle gänzlich sinnlos und rein schikanös war.

Diese Verhandlungen und Abstimmungen waren symptomatisch. Die beiden vorhandenen Hauptrichtungen traten darin deutlich auseinander. Im ganzen wollten gewiß beide Einheit und Freiheit, allein die einen stellten im Zweifelfalle die Einheit über die Freiheit, die andern umgekehrt immer die Freiheit über die Einheit. Demokratismus ging diesen Alles- oder Nichtspolitikern über die Idee des Nationalstaates. Die städtischen Dinge waren ihnen dabei nur das Mittel zum Zweck. Dieser Zweck war die allgemeine Demokratisierung, ihm sollte jetzt auch die Versammlung im Hause Limpurg dienen, und aus diesem Grunde spannen sich auch gerade jetzt die Fäden, die von hier zu den Linksparteien der Paulskirche gingen und umgekehrt, immer fester. Recht bezeichnend hierfür war die Totenfeier, die am 30. November für Robert Blum ausgerichtet wurde. Ursprünglich war diese Feier von der Nationalversammlung geplant gewesen. In der deswegen eingesetzten Kommission war es aber zu Meinungsverschiedenheiten gekommen, die Feier deshalb „verschoben“, d. h. faktisch aufgegeben worden, und da war nun sofort das Montagskränzchen in die Bresche getreten und hatte die Feier ins Werk gesetzt, die natürlich zugleich eine Verbrüderungsfeier der Minderheit der Nationalversammlung mit der Mehrheit der Frankfurter Konstituante wurde, — eine Verbrüderung übrigens, die in denselben Tagen auch ganz förmlich erfolgte, indem die drei Frankfurter Vereine, das Montagskränzchen, der Demokratische Klub und die Deutsche Gesellschaft, als Zweigvereine der von der Linken des Parlaments gegründeten großen, ganz Deutschland umspannenden Organisation der „Märzvereine“ beitraten.

Dieser Zusammenschluß und die damit gegebene Möglichkeit eines verstärkten popularen Druckes den Einzelregierungen gegenüber erfolgte ungefähr gleichzeitig mit der Herausstellung der Tatsache, daß auf eine Teilnahme von Österreich an dem Werke der Paulskirche nicht zu rechnen sei. Das Programm von Kremsier, welches Österreich von dem übrigen Deutschland vollkommen trennte, über die bisherige Arbeit der Nationalversammlung hinwegging, als wenn sie nicht vorhanden sei, und kühl verkündete, Österreich werde fortfahren, seine Bundespflichten zu erfüllen, hatte eine ganz neue Lage geschaffen.

Wenn die Paulskirche sich jetzt nicht auflösen wollte, so gab es nur eine Entschließung: Ausschluß Österreichs aus dem geplanten Verfassungswerk und Begründung eines engeren Bundesstaates, in dem dann allerdings das mächtigste Bundesglied, Preußen, ohne ein entsprechendes Gegengewicht war. Dies durfte aber nicht schrecken. Freilich: auch Preußen ging seinen eigenen Weg. Die Versuche der Vermittlung, die seitens der Reichsgewalt gemacht worden waren, hatte es abgelehnt. Allein, indem es seine eigene Nationalversammlung auflöste und zugleich eine Verfassung gab, schien es doch im allgemeinen in der Richtung bleiben zu wollen, die auch in der Paulskirche die herrschende war.

Die Folgerungen aus diesen Tatsachen wurden dadurch gezogen, daß an Stelle des Österreichers Schmerling Heinrich v. Gagern die Führung des Ministeriums übernahm. Sein

Name bedeutete eine Verengerung des Operationsfeldes, aber zugleich einen um so festeren Zusammenschluß um die alte Fahne der Nationalsouveränität. Ein Kennzeichen dieses neuen Kraftgefühls war der Beschluß über die Grundrechte. Ursprünglich waren diese ja nur als ein Teil der Verfassung gedacht, war die Meinung gewesen, daß sie mit ihr zusammen ins Leben treten sollten. Jetzt aber stellte sich der Gedanke ein, sie sofort als verbindlich zu verkünden: das Jahr sollte nicht zu Ende gehen, ohne daß die Nation gewissermaßen ein Faustpfand erhielt zur Sicherung des Größeren, das kommen sollte. Es gab ja freilich starken Widerspruch von seiten der Konservativen in der Versammlung, die den Regierungen das Recht wahren wollten, sich erst über den Inhalt dieser Grundrechte zu äußern, dieser Widerspruch wurde aber mit großer Mehrheit niedergestimmt: in der Wahrung der Machtansprüche der Paulskirche, der Ablehnung der Vereinbarungstheorie, waren Zentrum und Linke durchaus einig.

III.

Auch auf dem Boden der besonderen Frankfurter Entwicklung fand man sich in diesem Zeichen immer wieder zusammen, wenn man auch im übrigen noch so sehr auseinanderging. Auseinandergegangen war man bei jenem Antrage zugunsten „der unglücklichen Schwester in Berlin", wie sich Dr. Schwarzschild ausdrückte, und diese Trennung hatte sich nicht nur auf die Abstimmung beschränkt, vielmehr hatten 33 derjenigen Mitglieder der Konstituante, die in der Minderheit geblieben waren, es für ihre Pflicht gehalten, der Mehrheit der Paulskirchenversammlung in besonderer Adresse ihr Vertrauen zu bekunden. Die Mehrheit des Hauses Limpurg hatte sich dadurch angegriffen, gewissermaßen „denunziert" gefühlt, sie hatte daher bei ihren Wählern eine Gegenkundgebung bestellt, und es war darüber zu recht erregten Äußerungen in der Lokalpresse gekommen. Eine scharfe gegenseitige Verbitterung war die Folge davon, die auch nicht wieder weichen wollte, da die anmaßliche Art der neuen Herren in der Konstituante, ihre Neigung, alles und jedes hervorzuzerren, um ihre souveräne Kritik daran zu üben, Kleinigkeiten zu Affären aufzubauschen, um den Senat dabei ihre Überlegenheit fühlen zu lassen, ihr beständig neue Nahrung zuführte. Besonders bedenklich mußte es machen, daß die Mehrheit offenbar entschlossen war, von ihrer Macht in der rücksichtslosesten Weise Gebrauch zu machen, indem sie z. B. den Verfassungsausschuß fast durchgehends mit ihren Leuten besetzte. Dies alles eröffnete allen denen, die an dem alten, von den Dreißigern freilich verworfenen Programm: „Fortschritt auf gesetzlichem Wege, Reform, nicht Umsturz" festhielten, die Aussicht auf schwere Kämpfe, und Souchay, der Hauptvertreter dieses Programms, zog jetzt endgültig die Folgerung, indem er sein Abschiedsgesuch als Senator einreichte, auch andern seiner Kollegen riet — ohne Erfolg allerdings —, das gleiche zu tun. Er war jetzt eben völlig zu der Überzeugung gekommen, daß, wer in dieser Krise seiner Vaterstadt wahrhaft dienen wolle, dem Senat nicht angehören dürfe. Denn der Senat war ja eigentlich gerade das Objekt aller Erwägungen einer Reform; er war der Träger der ganzen bisherigen Entwicklung oder vielmehr Nicht-Entwicklung gewesen, indem er, um zu hindern, stets mächtig genug gewesen war. Bei ihm mußte angefangen werden. Die Reform mußte praktisch auf eine Entrechtung der bisherigen Machthaber hinauslaufen. Wer diese Notwendigkeit dadurch anerkannte, daß er freiwillig abdizierte, der gewann dadurch auch das Recht, dem allzu heftigen Neuerungsdrange sich entgegenzustellen. Es wäre für Souchay eine Möglichkeit gewesen, im Senat zu bleiben, wäre die Mehrzahl wenigstens der Senatoren mit ihm einverstanden gewesen, im Sinne dieses Programms aktiv voranzugehen. Das aber war nicht der Fall. Es herrschte im Senat entweder starre Unnachgiebigkeit oder geschmeidige Gesinnungslosigkeit. Souchay stand mit seinem entschiedenen, aber maßvollen Reformwillen im wesentlichen allein. Wäre er Mitglied des Senates geblieben, so hätte er sich in beständigen Kämpfen verzehren müssen, ohne schließlich viel fördern zu können. Indem er austrat, indem er sich dadurch einerseits als Mann der neuen Zeit signalisierte, indem er gleichzeitig mutig und unerschrocken dem, was ihm die neue Zeit an Unreifem und Gefährlichem hervorzubringen schien, entgegentrat, gewann er eine Ausnahmestellung, die ihn ganz von selbst zum Vertrauensmann und zum Mittelpunkt einer Parteibildung machte, die allmählich alle die Elemente vereinigte, die von dem radikalen Überschwang nichts wissen wollten, die aber doch bereit waren, so weit entgegenzukommen, als nur irgend möglich.

Es zeigte sich dieses Entgegenkommen gleich jetzt bei den Grundrechten. Ihr Inhalt erweckte die verschiedensten Bedenken, da einzelne Bestimmungen, wie z. B. § 3, mit der Festsetzung einer allgemeinen Freizügigkeit und Gewerbefreiheit, für Frankfurt eine gewaltige Umwälzung bedeuteten, während andere allzusehr von der Theorie eingegeben zu sein schienen. Souchay hatte diesen Standpunkt in der Sitzung, die das Reichsministerium am 21. Dezember mit den Bevollmächtigten abhielt, auch zum Ausdruck gebracht, indem er erklärte, daß Frankfurt zwar die Grundrechte selbstverständlich anerkennen werde, da es jedem vom Reichsverweser verkündeten Gesetz verbindende Kraft beimesse, „es fände sich aber allerdings in ihren Bestimmungen nicht überall dasjenige dargestellt, was dem Besten des Vaterlandes entsprechen dürfte". Wirklich war denn auch im Senat, wie es scheint, die Meinung vertreten, daß man die eigentliche Verkündigung verschieben und erst abwarten solle, was die andern täten, denn daß eine ganze Reihe der Regierungen und gerade die mächtigsten die Grundrechte entweder gar nicht als verbindlich ansehen würden oder nur mit größter Auswahl, das war jetzt schon deutlich. Souchay riet aber doch in seinem Berichte an den Senat, die Bedenken fallen zu lassen. Er bekannte, daß auch ihm persönlich vieles in den Grundrechten nicht behage, allein der Minister v. Gagern habe ganz richtig bemerkt, daß der Einheit Opfer gebracht werden müßten. Er erinnerte weiter daran, daß Frankfurt in Wahrheit ja gar keine Wahl habe. „Ohne den Rückhalt", sagte er, „der Zentralgewalt oder einer andern Gewalt – vermag Frankfurt kaum, den in seinem Innern und in der Umgegend starken Kräften der Auflösung zu widerstehen. Es bleibe ihm schon nichts mehr übrig, auch wenn es anders wolle, als seinem Dichter zu folgen: ‚Ans Vaterland, ans große schließ' dich an!' Wenn die Grundrechte", fuhr er fort, „und die zu erwartende deutsche Verfassung Frankfurt allen Deutschen mehr und schneller öffnen wird, als es wünschenswert ist, so kann man nur darin Trost suchen, daß auch Deutschland den Frankfurtern sich öffnen muß. Ein neuer Zustand tritt ein: Frankfurt wird eine große, wahrscheinlich aber eine weniger glückliche Stadt werden." Auch Souchay vermochte also, wie wir sehen, ein leichtes Grauen vor der totalen Zerstörung des bisherigen Frankfurt nicht zu verbergen, allein er zog beherzt die Folgerungen, wenn sie auch nicht gerade durchaus verlockend waren. Es war eben keine Wahl mehr; Frankfurt mußte die Gesetze seines Daseins vom Ganzen empfangen und hinnehmen.

In diesem Sinne beschloß denn auch der Senat schon am 9. Januar die Veröffentlichung der Grundrechte. Es scheint, daß er lieber erst noch von den verschiedenen Instanzen, wie Gericht, Polizei, Kriegszeugamt usw., Gutachten über die Veränderungen eingezogen hätte, die in der bestehenden Gesetzgebung durch die Grundrechte herbeigeführt werden würden, allein er mußte aufs neue erfahren, daß er nicht mehr Herr seiner Entschließungen sei. Denn kaum war ein Gerücht über diese Absichten in das Publikum gedrungen, so war sofort die Meinung fertig, daß der Senat gegen die Grundrechte etwas im Schilde führe, und es erschien sofort in der Konstituante der dringliche Antrag, den Senat zu befragen, warum die Veröffentlichung der Grundrechte bisher verzögert worden sei. Der Senat konnte nicht besser darauf antworten, als indem er schon am nächsten Tage (9. Januar) das Nötige verfügte.[1]) Die Erregung war aber

[1]) Die am 11. Januar ausgegebene Nummer des Amtsblattes publizierte das „Gesetz über die Grundrechte des deutschen Volkes." Nachdem auch Kurhessen dem württembergischen Beispiele gefolgt war, war Frankfurt der dritte deutsche Staat, der die Publikation vornahm.

damit noch nicht beigelegt. Reinganum donnerte noch in der nächsten Sitzung am 13. erklecklich gegen allerlei bedenkliche dunkle Machenschaften, die vorhanden seien: habe man sich doch erkühnt, diese Versammlung nicht verfassunggebende, sondern nur verfassungvorschlagende Versammlung zu nennen. Derlei „nichtswürdige Bestrebungen" müßten im Keime unterdrückt werden.

Es bestand nun noch die Aufgabe, aus den verschiedenen allgemeinen Bestimmungen der Grundrechte die nötigen gesetzgeberischen Folgerungen in Anwendung auf die besonderen Frankfurter Verhältnisse zu ziehen, und der Senat hätte, wie es scheint, hierbei wenigstens gerne die Führung behalten, allein auch dies gelang ihm nicht. Die Kommission der Konstituante, die für diese Fragen schon am 22. November 1848 eingesetzt war, schob die Senatsanträge kurzerhand beiseite und legte einfach am 25. Januar ein Gesetz vor, das in „Gemäßheit der Grundrechte" allen bisherigen Unterschieden zwischen Bürgern, israelitischen Bürgern, Beisassen und Landbewohnern ein Ende machte. Daß die Annahme dieses Gesetzes einstimmig erfolgte, zeigt, daß auf diesem Gebiete Gegensätze nicht mehr bestanden, oder wenigstens sich nicht mehr hervorwagten. Auch die Bestimmungen der Grundrechte zum Schutze der persönlichen Freiheit kamen in einem von Dr. Goldschmidt ausgearbeiteten Gesetze jetzt rasch zur Durchberatung und Annahme,[1]) und wenn man dazu nimmt, daß schon seit dem Januar erst das Stadtgericht, dann auch das Appellationsgericht mit Öffentlichkeit und Mündlichkeit verhandelte, daß ferner für die Einführung der Schwurgerichte insofern ein großer Schritt vorwärts getan wurde, als der Beschluß erfolgte, einen auswärtigen Rechtsgelehrten als Staatsanwalt nach Frankfurt zu ziehen, daß endlich auch die von der Paulskirche (am 26. November 1848) für Deutschland beschlossene allgemeine deutsche Wechselordnung jetzt in Frankfurt zur Einführung kam und damit also wenigstens auf

[1]) Beide Gesetze wurden am 20. Februar 1849 im Senat gutgeheißen und im Amtsblatt am 22. publiziert (Ges. und Statuten Bd. 10, 214 und 216).

diesem für eine Handelsstadt so besonders wichtigen Gebiete das Partikularrecht wegfiel, so stellt sich doch deutlich heraus, daß in diesen ersten Wochen des neuen Jahres eine volle Ernte der Märzerrungenschaften — und zwar meist durch gemeinsames Anpacken aller — für Frankfurt heimgebracht wurde und daß Frankfurt sich entschlossen zeigte, ein würdiger Gliedstaat des neuen auf die Freiheit basierten Reiches zu werden.

Und auch die Sache der wahren Einheit machte in diesen Tagen und Wochen einen bedeutsamen Schritt vorwärts, indem sich der von Dr. Varrentrapp geleitete Bürgerverein als ein Krystallisationspunkt aller derjenigen Elemente herausbildete, die den Gagernschen Gedanken zu dem ihrigen machten, und indem am 4. Januar 1849 in diesem Verein in stark besuchter Versammlung der Beschluß gefaßt wurde, der Reichsversammlung den Wunsch auszusprechen, daß die Krone des neuen Deutschland mit der Krone Preußens vereinigt werden möge.

Es war ein solcher Beschluß in einer Stadt, die wie Frankfurt als ehemalige freie Reichs- und Krönungsstadt noch so viele lebhafte Sympathien für Österreich bewahrte, sehr bemerkenswert. Er darf freilich nicht ohne weiteres als ein Ausdruck etwa besonderer Sympathie für Preußen und seine Dynastie gewertet werden.[1]) Bei einzelnen bestand sie wohl. So schrieb der spätere Senator Forsboom in dieser Zeit: „Ich halte fest an dem Gagernschen Programm, dessen einzige Verwirklichung, soweit dieses möglich, ich in Preußen suche, und da sich meine politische Meinung und meine individuelle Neigung in diesem Staate und Volksstamm begegnen, so habe ich mein schwarz-rot-goldenes Band mit einem schwarz-weißen Wimpel umschlungen." Dieses Zusammenstimmen von Herz und Kopf war aber wohl bei der Mehrzahl der Frankfurter nicht vorhanden. Ihr Verhältnis zu Preußen blieb, wie dies auch gar nicht anders zu erwarten war, ein platonisches. Wenn auch sie ihr Schwarz-Rot-Gold mit einem schwarz-weißen

[1]) Vgl. Balan, 8. Januar 1849.

Wimpel umgaben, so war das ein Ergebnis der Erwägung, daß das Reich durchaus kommen müsse und bald kommen müsse. Der Beschluß zugunsten Preußens war also im wesentlichen ein Exponent ihrer Reichsgesinnung.

Auch Jucho hatte sich zu dieser Haltung hindurchgearbeitet.

Er hatte sich in seinem bisherigen Verhalten als Politiker wohl etwas allzusehr von dem Bestreben leiten lassen, populär zu bleiben, und hatte, da er von der Natur zu parlamentarischen Glanzleistungen nicht bestimmt war, nur darnach getrachtet, der heimischen Demokratie gegenüber, die ihm beständig auf dem Nacken saß, den Beweis korrekter Gesinnung zu erbringen, wie er denn jetzt auch dem Märzvereine beigetreten war; nun aber, da es sich für den gewollten und ersehnten starken deutschen Einheitsstaat um Sein oder Nichtsein handelte, fand er den Weg zu dem festen und vernünftigen Standpunkt zurück, den er ursprünglich eingenommen hatte, und so gab er denn am 19. Januar bei der Abstimmung über den Antrag, die Würde des Reichsoberhauptes einem der regierenden Fürsten zu übertragen — worunter der Lage der Sache nach natürlich nur Preußen gemeint sein konnte seine Stimme dafür ab und stimmte einige Tage später auch für die Erblichkeit. Da er bei seiner Wahlbewerbung im vorigen Jahr für das Reich ein allerdings einheitliches Oberhaupt, das aber nur für eine bestimmte Reihe von Jahren gewählt werden sollte, für wünschenswert erklärt hatte, so hielt er es für nötig, sich wegen seiner Abstimmungen in einer besonderen Ansprache an seine Wähler zu verantworten, in der er die verschiedenen anderen Lösungen durchging und zeigte, daß sie alle nicht zum Ziele führten, sondern nur zu dem alten Bundestage in neuer, dazu verschlechterter Auflage. Man brauche eine starke Reichsgewalt, und die sei nur möglich, wenn die Reichsoberhauptwürde an Preußen übertragen werde. Werde aber, so fragte er, das eintreten, was jeder gute Deutsche wünschen müsse, daß nämlich Preußen in Deutschland aufgehe, wenn man ihm diese Würde nur auf Zeit übertrage? Nimmermehr! Nur die Erblichkeit werde die Hausmacht, ohne die es nun einmal nicht gehe, wirklich und in der Tat in eine Macht des Reiches, in eine deutsche Macht verwandeln, und deshalb habe er so stimmen müssen, wie er getan.

Der preußische Resident, der diese Vorgänge natürlich mit großem Interesse verfolgte, bemerkte zu dieser Argumentation, sie dürfte den Ansichten des größeren und besseren Teils der Frankfurter Bevölkerung vollständig entsprechen; er fügte allerdings als sehr bezeichnend für die Frankfurter Parteiverhältnisse hinzu, daß wahrscheinlich wohl die Frankfurter konstituierende Versammlung eine Gelegenheit suchen und finden werde, um sich im entgegengesetzten Sinne zu äußern.

Tatsächlich befand sich die Mehrheit der Konstituante durchaus im anderen Lager und stand dem Gedanken einer Übertragung der Oberhauptwürde an Preußen mit tiefer Abneigung gegenüber. Es war dies auch durchaus nicht zu verwundern. Wir werden zugeben müssen, daß es für einen entschiedenen Freiheitsmann schwer, sehr schwer sein mochte, Preußen an die Spitze des zu gründenden Reiches zu stellen, dieses Preußen, in dem sich gerade jetzt, namentlich im Beamtentum und Heer, eine immer mächtiger anschwellende Strömung bildete, welche womöglich alles, was mit 1848 zusammenhing, hinwegzuschwemmen strebte; und war es nicht vielleicht auch ein Naturgesetz, das diesen Entschluß einem Demokraten überhaupt unmöglich machte, indem Demokratie und preußische Monarchie offenbar polare Gegensätze sind, zwischen denen ein wirklicher Ausgleich in Ewigkeit nicht eintreten wird? Daß es auf anderem Wege sicherlich zu gar nichts kommen werde, das verfing bei denen, die auf das demokratische Kredo eingeschworen waren, ganz und gar nicht. Bei der tiefen Abneigung gegen stramme staatliche Zucht, die diesen demokratischen Individualisten innewohnt, hatte selbst der Gedanke hereinbrechender Anarchie nichts so besonders Schreckhaftes für sie, lebten sie doch der Zuversicht, daß aus dem Urbrei, der dann eintreten würde, um so sicherer eine neue Welt allgemeiner Glückseligkeit sich herausbilden würde. So waren sie es denn auch, die, während auf der Seite der Realpolitiker mehr und mehr mit den Anknüpfungen an den alten Reichsgedanken gebrochen und für die neuen Bedürfnisse eine neue Lösung gesucht wurde, das romantische Erbteil aus dem Jahre 1848 gerne übernahmen und über die Ausschließung Österreichs aus dem Verfassungswerke nicht hinwegzukommen vermochten, obwohl es unmöglich war, zu verkennen, daß eine starke Reichsgewalt zusammen mit Österreich schlechterdings ausgeschlossen war.

Im Zeichen dieser Gedankenrichtung — bei der für Frankfurter Politiker immerhin auch noch die Erwägung Platz greifen mochte, daß bei dem Einschlusse Österreichs Frankfurt die sicherste Gewähr hatte, seine politische Zentralstellung zu behaupten, — vollzog sich die Feier, die das Montagskränzchen am 22. Januar zur Verherrlichung der Grundrechte veranstaltet hatte, nachdem am 20. bereits der Bürgerverein von Sachsenhausen mit einer solchen Feier vorangegangen war. Die Feier vom 22. war ein neues Bundesfest der Radikalen in Paulskirche und im Hause Limpurg. Die Elite der Linken des Parlamentes war vertreten. Es sprachen von ihnen Roßmäßler, Schoder, Rößler, Simon von Trier, Vogt, Moritz Hartmann und Giskra. Von Frankfurtern sprachen Alexander Friedleben, Löwenthal, Blumenthal und Rabbiner Stein. Einen besonderen rednerischen Erfolg hatte Giskra: „Ein mächtiges Gefühl der Wehmut“, so berichtet das Volksblatt, „und zugleich des tiefsten Unwillens ergriff die ganze Versammlung bei seiner Rede, denn ist der Treffliche nicht gerade einer der vordersten Söhne des deutschen Bruderstammes, um den uns unsere staatsmännischen Stubengelehrten betrügen wollen?“ Rauschender Beifall lohnte bei dieser Stimmung daher auch der Lektüre einer Szene aus Moritz Hartmanns Reimchronik des Pfaffen Mauritius, in der nach dem Vorbild der Hexenszene in Macbeth die Schöpfung des preußischen Kaisertums als zauberhaft-nächtliches Spukwerk der Professorenhexen Dahlmann, Beseler und Waitz verspottet wird.

Freilich, das preußische Erbkaisertum schien ja auch wirklich nur Spukwerk bleiben zu sollen! Das zeigte sich bei den Abstimmungen, die am Tage nach diesem Feste, am 23. Januar, in der Paulskirche stattfanden. Denn hierbei wurde unter lebhaften Beifallskundgebungen im Hause und auf den Galerien die Erblichkeit mit ungefähr der gleichen Mehrheit abgelehnt, mit der die Übertragung an einen der regierenden Fürsten vorher angenommen worden war, und da zugleich auch die nacheinander eingebrachten Vorschläge, einen Wahlkaiser auf Lebenszeit, auf 12, auf 6, auf 3 Jahre zu wählen, abgelehnt wurden, so stand man, wie Sybel sagt,[1] „vor dem beschämendsten Ergebnis, welches für eine große Nation sich denken läßt: in dieser Grund- und Kardinalfrage war nach wochenlanger Diskussion überhaupt kein Mehrheitsbeschluß zustande gekommen! Noch einmal erschien in der grellsten Färbung und Beleuchtung das trostlose Bild des alten gespaltenen und dadurch impotenten Deutschland."

Der Radikalismus aber war frohen Mutes. Wenn er alle seine Kraft zusammennahm, so schien ein endlicher Sieg nicht fehlen zu können. Es war in diesem Sinne, daß das Volksblatt seinen Bericht über jenes Fest mit der poetischen Mahnung schloß:

Strahlend hell ist deine Wehre,
Deutschland, deine Kraft ist gut;
Zahllos deiner Feinde Heere,
Deutschland, — jetzt beweise Mut!

IV.

Die Gegner des preußischen Erbkaisertums hatten nur allzuviel Anlaß, guten Mutes zu sein, denn sie wurden von keiner Seite kräftiger unterstützt als von Preußen, insbesondere von seinem Könige selber. Lange Zeit hatte es an irgendeinem Zeichen, daß Preußen dem Gagernschen Plane geneigt sei, überhaupt gefehlt. Dagegen wurden allerlei Äußerungen des Königs herumgetragen, die geeignet waren, jede Hoffnung zu lähmen. Hatte doch der König schon im Dezember in einem eigenhändigen Briefe an den König von Hannover geschrieben, die Frankfurter Narrenkrone wolle er nicht.

[1]) Begründung des Deutschen Reiches I, 283.

Durch den Einfluß von Camphausen und Bunsen war es dann am 23. Januar zu der Zirkularnote gekommen, die nun doch endlich eine Grundlage zu schaffen schien: die Note hatte die Regierungen aufgefordert, in bezug auf die Verfassung der Paulskirche, wie sie aus der ersten Lesung hervorgegangen war, Wünsche und Vorschläge geltend zu machen.

Smidt empfand diese Note wenigstens als einen „kleinen Lichtstrahl". Er begrüßte es besonders, daß sie, wie er sie auffaßte, „gegen die Octroyirungsgelüste der Professorenpartei" gerichtet sei, er hoffte auch, daß sie gegen die anarchische Bewegung, die sich erneut wieder geltend machte, wirksam werden werde, — das alles aber doch nur, wenn Preußen den in der Zirkularnote eingeschlagenen Weg mit Entschlossenheit verfolgt hätte. Das war indessen nicht der Fall: der König hatte kaum gehört, daß ihm Österreich wegen dieser Note zürne, so ließ er die Sache fallen[1]) und räumte damit den Gegnern des preußischen Erbkaisertums wieder das Feld.

Und diese zögerten nicht. Österreich erließ am 4. Februar eine neue Note, in der unter Ablehnung des geplanten Bundesstaates die berühmte Wendung vorkam: „Ihm schwebe ein festes und mächtiges, starkes und freies, gegliedertes und einiges Deutschland vor, auf dessen Grundlage alle deutschen Staaten und alle ihre nichtdeutschen Landesteile Platz fänden", — der erste Hinweis auf das von Schwarzenberg geplante Siebzig-Millionen-Reich, der gerade durch seine Unbestimmtheit und Nebelhaftigkeit ganz dazu angetan war, auch ehrliche deutsche Patrioten in Begeisterung zu versetzen.[2])

Allerdings die im Bürgerverein herrschende Richtung ließ sich nicht kirren. Sie erließ am 16. Februar eine kräftige Kundgebung, in der sie den von der Reichsversammlung eingeschlagenen Weg als den allein gangbaren bezeichnete und gegen den Versuch Österreichs, die Dynastien und Völker der Einzelstaaten aufzuwiegeln, kräftig protestierte.[3])

---

[1]) Briefe Smidts vom 28., 29. Januar und 8. Februar 1849.

[2]) Sybel, a. a. O. I, 291.

[3]) Journal 1849, Nr. 42, 2.

Kräftiger aber regte sich doch die andere, dem preußischen Erbkaisertum feindliche Richtung. So hatte gerade ein paar Tage vorher das Montagskränzchen eine Gelegenheit, die sich darbot, benutzt, um in besonders wirkungsvoller Weise gegen den preußischen Geist zu demonstrieren, indem es eine Feier zu Ehren Temmes veranstaltete. Temme war einer der Steuerverweigerer und zugleich eines der ersten Opfer der preußischen Reaktion, indem er, der Vizepräsident des Oberlandesgerichts in Münster, auf Antrag seines eigenen Kriminalsenats suspendiert und verhaftet worden war. Durch seine am 8. Januar 1849 im Kreise Neuß erfolgte Wahl zum deutschen Parlamente war er seiner Haft ledig geworden und erschien nun hier in Frankfurt, um seinen Sitz in der Paulskirche einzunehmen.

Bei der Feier, zu der sich etwa hundert Parlamentsmitglieder eingefunden hatten, hielt Reinganum die Festrede. Außer ihm sprachen von Frankfurtern Dr. Thomas, Dr. Löwenthal, Rabbiner Stein, Alexander Friedleben. Ihre Reden und die der andern bewegten sich, nach dem Bericht, „zwischen Ausdrücken der Begeisterung für Freiheit und Vaterland und der Verachtung gegen die Gesinnungslosen, welche in einer so großen Zeit feige bedenken, ob sie der Freiheit oder der Sklaverei huldigen sollen."

„Ein tiefes Gefühl der Wehmut", so lautet der Bericht weiter, „flocht sich in die freundliche Stimmung des Abends, als Dr. Löwenthal das Andenken des edlen Börne feierte und die Versammlung daran erinnerte, daß der Tag dieses frohen Festes zugleich der Todestag des edlen, geistigen Freiheitshelden sei, und von da an war der Gedanke an den großen Toten unzertrennlich von allen höheren Beziehungen, die sich an den Abend knüpften . . . Rabbiner Stein setzte dem edlen Toten aus dessen Schriften ein schönes Denkmal." „Als Giskra von der Möglichkeit eines Ausscheidens der österreichischen Brüder aus dem Gesamtvaterlande sprach, tönte ihm ein tausendstimmiges ‚Nie und Nimmermehr' entgegen, und aus der aufgeregten Entschiedenheit, mit der dieser Protest ertönte, konnten er und alle Österreicher entnehmen, daß der Deutsche kein Deutschland ohne Österreich kenne."

Und eine solche Stimmung, sie war wirklich nur zu begreiflich. Was waren das zum Teil für prächtige Menschen, durch die Österreich in Frankfurt vertreten war! Welch' eine Herzlichkeit, welches Temperament! Und dann: was von der österreichischen Regierung kam, vorher wie nachher, es machte sich doch stets ein entschlossener, starker Wille darin geltend, in geschickter, auf die herrschende Denkweise berechneter Aufmachung; dahingegen war alles, was von Preußen kam, zögernd, unbestimmt, kühl, nichts, das geeignet gewesen wäre, mit fortzureißen.

So konnte sich denn auch die Meinung bilden, daß Preußen durch festes Auftreten der Gegner schließlich zu beeinflussen sein werde, und daß es jedenfalls völlig verkehrt sei, die Wünsche besonders ernst zu nehmen, die es in bezug auf die Verfassung ausgesprochen hatte, und die dann auf Grund der preußischen Note vom 23. Januar auch die andern Regierungen geäußert hatten. Es waren Beratungen der Bevollmächtigten in Gang gekommen, in denen eine Art Gegenentwurf der Regierungen fertiggestellt wurde, der dann bei der zweiten Lesung berücksichtigt werden sollte, allein es ist bezeichnend für die Hoffnungslosigkeit dieses ganzen Beginnens, und zugleich allerdings auch für die Zunahme des von der öffentlichen Meinung ausgehenden Druckes, daß unter den Regierungen, die sich an diesen Beratungen nicht aktiv beteiligten, außer Österreich und den Königreichen auch Frankfurt war. Allerdings ließ der Senat Souchay zwar bei den Beratungen zugegen sein, allein er erklärte dem preußischen Residenten zugleich schriftlich und mündlich durch den Bürgermeister Müller (6. Februar), daß er von bestimmten Erklärungen absehen müsse, um nicht, wenn er sich z. B. für ein erbliches Oberhaupt in der Person des Königs von Preußen ausspreche, seitens der hiesigen konstituierenden Versammlung ähnliche Demonstrationen hervorzurufen, wie sie in der sächsischen Kammer stattgefunden hätten. Übrigens werde Balan schon wissen, wie der Kern der Bevölkerung darüber denke.[1]) Der preußische Resident konnte nicht umhin, diese Haltung mit Rücksicht auf die in hohem Grade gesteigerte Aufregung begreiflich zu finden. Es sei nicht zu verkennen, schrieb er (9. Februar) in dringendem Tone nach Berlin, daß die radikalen Ansichten auch unter den gebildeteren und wohlhabenderen Klassen Boden gewännen, je länger die Ungewißheit und Spannung dauere, die überall mit ihren materiellen und moralischen Nachteilen empfunden werde, nirgends aber mehr als hier, „in der Werkstätte der deutschen Zukunft".

Es war wirklich so: die allgemeine Zerfahrenheit und Führerlosigkeit bereitete den Umsturzgedanken wieder den Weg. Es kam dazu, daß der herannahende März mit seinen Erinnerungen die rebellischen Triebe neu belebte. Unter den Sturmvögeln, die aufflogen, ist besonders bezeichnend ein vom 1. März datiertes Rundschreiben des Märzvereins, das zur Sicherung der radikalen Forderungen für die zweite Lesung der Reichsverfassung einen Adressensturm bestellte und mit den Worten schloß: „Die Zeit drängt, darum beeilt diesen Adressensturm! Glaubt nicht, daß er unfruchtbar sein werde. Die Tage nahen, wo man der Arme des Volkes bedürfen wird".[2])

Die Reichsregierung wurde bedenklich und erließ verschiedentliche Warnungen. Besonders auffällig war, daß sich auch in Frankfurt die Unruhestiftung wieder hervorwagte. Schon Mitte Februar meldete Smidt, daß die Arbeitervereine und demokratischen Vereine aufs neue mobil machten; ferner sei am 14. an allen Ecken ein Plakat angeschlagen gewesen und auf den Straßen verkauft worden, welches die Soldaten auffordere, bei einem Kampfe gegen das Volk den Gehorsam zu verweigern, wie denn überhaupt der Plakatenunfug, der seit dem 18. September fast ganz verschwunden sei, jetzt wieder aufs neue beginne.

---

[1]) Die am 23. Februar dem Reichsministerium übergebene Gesamterklärung war denn auch von Frankfurt nicht unterzeichnet. Vgl. Brief Souchays vom 6. Februar in Nr. 53 des Journals vom 2. März 1849.

[2]) Berlin. Minist. d. Inn. II. Abt. Vereine. Generalia, Nr. 12.

Unzweifelhaft hätte die Polizei hier schleunigst eingreifen müssen, namentlich gegenüber Erzeugnissen, wie etwa dem gereimten Flugblatt: „Der Pfiffikus von Preußen", in dem in Schimpfereien gegen Preußen und seinen König das Äußerste geleistet wurde, — es geschah aber nicht, oder wenigstens nicht rechtzeitig. Es bedurfte erst eines sehr dringenden Schreibens des Stadtkommandanten an das Polizeiamt, in dem festgestellt wurde, daß unter den preußischen Truppen wegen dieses Gedichtes eine sehr große Aufregung bestehe, die leicht unangenehme Folgen haben könne, und solche Folgen waren auch wirklich schon eingetreten, als das Polizeiamt dieses Schreiben erhielt: ein paar preußische Soldaten, die an der Katharinenkirche vorbeikamen, hatten hier das Mädchen des Buchdruckers Stritt stehen sehen, das Exemplare des „Pfiffikus" feil hielt; sie waren darüber in Wut geraten, hatten sie am Arm gepackt und ihr gedroht, sie auf die Wache zu führen, wenn sie sich nicht augenblicklich entferne; sie waren dann, oder einige ihrer Kameraden, in der Wohnung des Stritt erschienen, waren hier wahrscheinlich nicht sehr sanft aufgetreten und hatten zwei Exemplare des Schmähgedichtes, das sie hier vorfanden, einfach weggenommen.

Dieser Zwischenfall fand seine Erledigung in dem jetzt erscheinenden polizeilichen Verbot der weiteren Verbreitung des Gedichtes und in der augenblicklich erfolgenden Bestrafung der beteiligten Soldaten,[1]) er hatte aber ein sehr erhebliches politisches Nachspiel.

Stritt wandte sich klageführend an „Frankfurts konstituierende Versammlung", setzte die Vorgänge, natürlich übertreibend, auseinander und fragte pathetisch im Namen der Grundrechte, ob das die verheißene Sicherheit des Eigentums und der Person sei, wenn nicht einmal der ehrliche Betrieb eines bürgerlichen Gewerbes vor den Roheiten eines ungeschliffenen Bengels, der zweierlei Tuch auf dem Leibe trüge, sicher sei, ob das die Unverletzlichkeit der Wohnung sei. Er beklagte sich, daß, während anderwärts längst alle Preßvergehen durch

[1]) Deutsche Zeitung vom 11. März 1849.

Schwurgerichte abgeurteilt würden, er hier vor das Polizeigericht zitiert werde: „Wird die konstituierende Versammlung des Freistaats Frankfurt", so schloß er, „ruhig zusehen bei solchen Rechtsverletzungen gegen ihre Bürger?"

Die Klage Stritts lief in einem Augenblicke ein, in dem die stadt-politische Atmosphäre, gerade wie die allgemeinpolitische, mit Konfliktstoff bereits in bedrohlicher Weise geladen war.

Es drehte sich dabei im wesentlichen um das Verhältnis Frankfurts zu den Reichsgewalten, und es stellte sich hier zunächst die pikante Tatsache heraus, daß die Frankfurter Demokraten diese, wenn sie ihnen unbequem waren und jede kräftige Äußerung eines staatlichen Willens war ihnen unbequem sich geradeso vom Halse zu halten suchten wie etwa — der König von Preußen, wobei nur der Unterschied obwaltete, daß die Reichsgewalten, was Preußen anlangte, es bei bloßen gelegentlichen Versuchen bewenden ließen, während sie sich einem Staate wie Frankfurt gegenüber recht energisch zur Geltung brachten.

Dies zeigte sich namentlich in der militärischen Besetzung, die jetzt immer mehr ein Gegenstand von Klagen wurde.

Daß Frankfurt die Herbeiziehung der Truppen durch sein Verhalten veranlaßt hatte, daß die Truppen bleiben mußten, bis die Geschicke Deutschlands sich entschieden hatten, daß diese Last nur die Kehrseite der Ehre war, das alles wurde nicht weiter berücksichtigt. Genug, die Last war da, sie drückte, und man klagte. Die Reichsbehörden hatten ja nun Abhilfe geschaffen, soweit es ging. Es waren die Truppen in der Stadt jetzt alle in Kasernen untergebracht, aber auf den Dörfern war das natürlich nicht der Fall, und die Entschädigung für die bisherige Einquartierung in der Stadt war nur sehr teilweise gezahlt. Es waren also in der Konstituante Beschwerden und Bitten ergangen: die Truppen sollten auch auf den Ortschaften kaserniert werden, die geschuldeten Entschädigungsgelder gezahlt, die Soldaten überhaupt möglichst bald weggezogen werden.

Die Antwort des Reichs-Kriegs-Ministeriums, die der Senat

vorlegte, lautete wenig tröstlich: die erste Bitte wurde kurzerhand für nicht zulässig erklärt. Was die gänzliche Entfernung der Truppen anlange, so könne, lautete der Bescheid, diese erst dann in Aussicht gestellt werden, wenn der Zweck, zu dessen Erreichung ein mobiles Truppenkorps hier zusammengezogen sei, es gestatte. Von Entschädigung war in dem Schreiben nicht die Rede: der Senatsvertreter bemerkte aber, das Reichsministerium antworte auf derartige Forderungen immer nur, es sei kein Geld in der Kasse.

Diese Auskünfte riefen nun die heftigsten Gegenäußerungen hervor. Dr. Schwarzschild sprach so erregt, daß der Berichterstatter der Deutschen Zeitung spöttelte, er habe ernstlich besorgt, die Sitzung werde mit einer förmlichen Kriegserklärung Frankfurts gegen das Reich schließen. Besonders stürmisch wurde es, als Dr. Behaghel den Antrag stellte, Jucho, als Vertreter Frankfurts, solle in der Reichsversammlung das Ministerium interpellieren. Jucho geriet über diese Zumutung sehr in Harnisch. Er verbat sich ganz entschieden diesen Versuch der Herren hier, ihn zum Briefträger ihrer Wünsche zu machen, und er war so unvorsichtig, zu erklären, er betrachte sich nicht als Vertreter der Frankfurter Lokalinteressen, sondern sei Vertreter „der in Frankfurt wohnenden Deutschen“, eine Äußerung, über die das gekränkte Frankfurter Nationalgefühl mit lautem Murren quittierte und die sich die journalistischen und parlamentarischen Gegenspieler Juchos natürlich nicht entgehen ließen.

Nun kam der Fall Stritt zur Erörterung. Es geschah dies im Anschluß an eine frühere Angelegenheit desselben Stritt, die Funck der Konstituante vorgelegt hatte. Stritt hatte nämlich schon vor mehreren Wochen durch den Druck einer andern, gegen Preußen gerichteten Schmähschrift[1]) Anstoß erregt. Die Polizei war damals eingeschritten und hatte ihn zu 14 Tagen Gefängnis verurteilt. Die Kommission stellte jetzt den Antrag, den vorliegenden Fall unerörtert zu lassen; da-

[1]) „Trau, schau, wem? Friedrich Wilhelm IV., Kaiser von Deutschland?“

mit aber solche Urteile nicht wieder vorkämen, empfahl sie der Versammlung zu beschließen, daß die Aburteilung aller Preßvergehen, welche von Amts wegen verfolgt würden, den zu errichtenden Schwurgerichten vorbehalten bleiben sollten.

Es war das ein äußerst bedenklicher Antrag. Es war doch noch völlig unsicher, wann die Schwurgerichte wirklich zur Einführung kommen würden. Was aber sollte in der Zwischenzeit geschehen? Schon in gewöhnlichen Zeiten hätte das seine Bedenken gehabt, nun aber gar jetzt! Mußte es nicht so aussehen, als ob Preßvergehen von nun an straffrei gestellt werden sollten, als ob die Konstituante es ihrem souveränen Belieben vorbehalten wolle, ob und wann es in Frankfurt wieder einen Schutz gegen gedruckte Beleidigungen geben solle?

Natürlich wurden diese Einwände erhoben, allein ohne alle Wirkung. Eine glänzende, von Witz und Satire funkelnde Rede Reinganums, in der die preußischen Füsiliere und ihr Verhältnis zu den Grundrechten eine Hauptrolle spielten,[1]) riß alles fort, so daß bei der Abstimmung — die als namentliche beantragt war, „damit das Volk seine Freunde kennen lerne" —, gegen das Gesetz allein Souchay, Senator Hessenberg, Jucho, Schöff de Neufville und Dr. Schäffner stimmten, während 98 dafür waren (3. März).

Der Beschluß gewann noch eine besondere, gegen den Senat gerichtete Bedeutung dadurch, daß die in dem beantragten Wortlaut ursprünglich stehende Bemerkung: „zur Rückäußerung des Senates" auf Antrag von Dr. J. Friedleben gestrichen war, so daß der Senat als Instanz damit ganz ausgeschaltet erschien.

Dies wollte sich der Senat nun aber doch nicht bieten lassen; er wagte es freilich nicht, sich dabei ganz auf sich selber zu stellen, er zog vielmehr das Reichsministerium zur Unterstützung herbei, denn es geschah sicherlich auf seine, wenn auch vielleicht nur indirekte Veranlassung, daß das

---

[1]) Deutsche Zeitung 1849, Nr. 62, Beil. — Journal Nr. 54, 2.

Reichs-Justizministerium unter dem 7. ein Schreiben erließ, in dem es gegen den Beschluß der Konstituante Einspruch erhob, „da er einen faktischen Stillstand der Justiz bedeute"; es wies dabei auf ein beiliegendes Schreiben des Kriegsministeriums hin, in dem von der unter den Reichstruppen herrschenden Erregung gesprochen wurde und nicht sehr geschickt — bemerkt war, daß die Vorgesetzten, wenn solche Beschlüsse gefaßt würden, Äußerungen dieser Erregung schwerlich würden verhindern können.

Der Senat antwortete schleunigst, daß er die Bedenken des Reichsministeriums teile; er habe sich deshalb auch bereits schlüssig gemacht, dem Gesetz seine Genehmigung zu versagen und er erklärte dies nunmehr auch der Konstituante, indem er sich dabei formell auf eine Bestimmung des Einführungsgesetzes der Grundrechte stützte, welche die bestehenden Gerichte bis zur Begründung der Schwurgerichte für kompetent erklärte. Diese Erklärung rief nun in der Sitzung, die am 15. März stattfand, eine unbeschreibliche Aufregung hervor und machte sie zu der lärmendsten, die noch je stattgefunden.[1])

Dr. J. Friedleben war es, der zuerst Worte fand, um seine Entrüstung auszusprechen. Er meinte, das Reichsministerium führe jetzt eine Sprache wie zu Zeiten des alten Bundestages. Die großen Staaten könnten tun, was sie wollten, gegen kleine aber trumpfe man auf. Er proklamierte: „Keine Macht der Erde ist befugt, hier einzuschreiten; dagegen verwahren wir uns!" eine immerhin eigentümliche Auffassung in einem Augenblicke, in dem doch alles Streben auf die dauernde Begründung einer Reichsobergewalt gerichtet war, die doch natürlich das Recht hätte haben müssen, „einzuschreiten".

Der folgende Redner, Schwarzschild, der auch sehr scharfe Worte brauchte, aber den vermittelnden Antrag stellte, den Senat zu ersuchen, er möge die Einführung der Schwurgerichte nach Kräften beschleunigen, rief durch eine Anspielung, die

[1]) Berichte im Freistädter, der Reichstags-Zeitung, dem Journal und der Deutschen Zeitung.

den Verdacht enthielt, als ob Jucho, der gegen das Gesetz gestimmt hatte, es gewesen sei, der die Einmischung herbeigeführt habe, eine sehr erregte Erwiderung des Angegriffenen hervor, in der unter anderem die Warnung fiel, man möge es nicht zum Konflikt treiben. Noch erregter wurde die Stimmung durch das Eingreifen Dr. A. Friedlebens, der den Antrag stellte, einfach den früheren Beschluß aufrecht zu erhalten. Als dann noch weiter andere, namentlich auch Reinganum, zum Teil mit äußerst stachlichen Bemerkungen gegen Reichsministerium und Senat loszogen, da riß Binding die Geduld. Er protestierte heftig dagegen, daß man die Würde des Senats antaste, und er sprach, unbekümmert um den lärmenden Widerspruch der Versammlung und um die Ordnungsrufe des Präsidenten, sein schmerzlichstes Bedauern darüber aus, daß man hier in einer Zeit, in der Gefahren von allen Seiten drohten, noch die einzelnen Glieder des Reichs gegeneinander und gegen die Reichsgewalt verhetze.

Er rief mit seinen Worten einen gewaltigen Sturm hervor. Es wurde dann wohl zum Frieden geredet, selbst von J. Friedleben, der schließlich den aufschiebenden Antrag zur Annahme brachte, die verschiedenen Anträge einer Kommission zu überweisen, allein diese Kommission beantragte dann doch im wesentlichen das, was schon Alexander Friedleben vorgeschlagen hatte, nämlich bei dem Beschlossenen zu beharren, und dieser Antrag wurde in der Sitzung vom 28., die mit einem heftigen persönlichen Zusammenstoß zwischen Heinrich Hoffmann und Reinganum wieder äußerst stürmisch anhob,[1]) mit einer Majorität von 89 gegen 4 Stimmen zum Beschluß erhoben.

[1]) Deutsche Zeitung Nr. 88, 2. Beil. spricht in ihrem Bericht mit Bezug auf dieses Vorkommnis „von einer jener widerlich-heftigen Szenen, welche uns bisweilen zweifelhaft machen, ob vielleicht das Beratungslokal der konstituierenden Versammlung seiner früheren Bestimmung, wo es die Trinkstube des Hauses Limpurg gewesen, zurückgegeben sei". Hoffmann ist der bekannte Verfasser des „Struwwelpeter".

Im Hinblick auf den bedeutsamen Vorgang der Kaiserwahl, der an demselben 28. März in der Paulskirche erfolgt war, bemerkte Reinganum in gutmütig-ironischer Weise, der Senat möge nur immerhin den Beschluß der Konstituante verkünden. Er habe nie ein Veto gehabt. Wenn der Kaiser nur ein suspensives Veto habe, so könne sich der Senat auch damit begnügen.

Deutlich erkennen wir aus diesem Schlußworte Reinganums, daß auch jetzt wieder bei dem, was sich in der Vertretung ganz Deutschlands und in der des Frankfurter Freistaates während dieser letzten Wochen zugetragen hatte, ein gewisser Parallelismus besteht. Es handelte sich an beiden Stellen um die Autorität der höchsten Gewalt. Das preußische Erbkaisertum war der Linken an sich unannehmbar. Sie nahm es schließlich an, aber nur, nachdem sie Zugeständnisse ertrotzt hatte, die das Erbkaisertum in seinem Kerne zerstörten. „Für jeden Zoll Erbkaiser ein Stück Volksfreiheit!" hatte Vogt übermütig gerufen, und so hatte denn die Linke das allgemeine, geheime und direkte Wahlrecht und die Beseitigung des absoluten Veto durchgesetzt. Diese beiden Bestimmungen zusammen machten das Volkshaus in Wirklichkeit zum Herren der zukünftigen Geschicke,[1]) und genau das gleiche findet sich auch in dem Frankfurter Verfassungsentwurf, der in derselben Zeit zum Abschluß gekommen war.[2]) Im Mittelpunkte stand hier ein Volksrat von 96 Mitgliedern, der alle Jahre neu in allgemeinen, geheimen, direkten Wahlen bestellt werden sollte. An der Spitze stand ein Regierungsrat von Sieben, zu erwählen von diesem Volksrate und zwar immer nur auf fünf Jahre. Gegen den Volksrat

---

[1]) Detmold schrieb am 1. April 1849 an Stüve: „Mir hat Vogt gestern ganz offen erklärt, die Linke werde nun mit allen Kräften den Kaiser stützen; das sei das sicherste Mittel, die einzelnen Regierungen tot zu machen. Seien die tot, werde die Linke mit dem Erbkaiser schon fertig werden."

[2]) Die ideengeschichtliche Seite dieses Entwurfes ist von Valentin, Frankfurt und die deutsche Revolution S. 375 ff., in erschöpfender Weise zur Darstellung gebracht.

sollte dem Regierungsrat nur ein aufschiebendes Veto zustehen. Die sieben Regierungsräte waren also in Wahrheit nur dazu da, das auszuführen, was das souveräne Volk für gut befunden hatte; Herren des Staates waren die Herren der Wahlen und diese wiederum die Herren der Klubs: wer auch immer nach dieser Verfassung in dem Regierungsrat von Frankfurt gesessen hätte, der wahre Regent von Frankfurt hätte Dr. Reinganum geheißen, geradeso wie nach der jetzt beschlossenen Reichsverfassung der wahre Kaiser von Deutschland Ludwig Simon von Trier oder einer von den seinen gewesen wäre.

Diese Aussichten in Verbindung mit dem Siegesbewußtsein, das die Mehrheit der Linken in der Konstituante in diesen letzten Wochen wieder zur Schau getragen hatte, waren es denn auch eigentlich gewesen, welche den Debatten die Schärfe gaben. Sie bedeuteten allerdings auch eine Mahnung für alle diejenigen, die sich der Diktatur der Großherren dieser Versammlung nicht ohne weiteres unterwerfen wollten, die Mahnung, sich zusammenzuschließen, und diese war nicht ohne Wirkung geblieben. Die Organisation eines Widerstandes war schon im Gange.

Wir stoßen auch hier wieder auf den Namen Souchay.

V.

Souchay war gleich im Anfang an Stelle eines anderen Mitgliedes, das abgelehnt hatte, in den Verfassungs-Ausschuß hineingewählt worden und zwar auch mit den Stimmen der Radikalen, die damit zeigen wollten, daß der besonderen persönlichen Tüchtigkeit gegenüber die Parteirücksichten schwiegen. Er hatte sich redlich an den Arbeiten beteiligt und sich bemüht, sie zu einem erträglichen Ziele hinzuführen, allein alle seine Bemühungen waren vergebens. Die radikale Neuerungswut war unzähmbar, er wurde überstimmt und wieder überstimmt; er hatte sich daher, da er es nicht länger über sich brachte, an diesem „Werke des souveränen Unverstandes“, wie er Balan sagte, noch weiter teilzunehmen, zurückgezogen. Einen offenen Bruch hatte er vermeiden wollen, sich daher begnügt, aus Gesundheitsrücksichten einen Urlaub zu nehmen.

Er war nun völlig frei, da gleichzeitig auch sein Abschiedsgesuch, das er als Senator eingereicht hatte, genehmigt worden war. Diesem Umstande verdankte er einen sehr ehrenvollen Auftrag. „An dem Tage", so erzählt er selber, „als ich zum ersten Mal, anstatt auf einem der 42 Ratssessel mich niederzulassen, über Bergen nach dem Wilhelms-Bad ging, erhielt ich, nachdem ich mich im Wald durch den Gesang der Vögel recht erfreut hatte, eine Einladung in das Reichsministerium und dort den Auftrag, vor Ablauf des Waffenstillstandes in Schleswig an der Stelle der alsdann abtretenden gemischten Regierung eine Reichsstatthalterschaft für Holstein und Schleswig einzusetzen; man bezeichnete mir den Grafen Reventlow-Preetz und Dr. Beseler als die dazu geeigneten Männer und überließ mir die Wahl eines dritten." Souchay reiste sofort an Ort und Stelle und erkannte, daß für ihn wenig mehr zu tun war, als nur eben gerade den formellen Akt der Einsetzung der genannten Männer vorzunehmen; selbständig noch einen dritten ausfindig zu machen, dazu fühlte er sich nicht imstande, es schien ihm auch überflüssig. „Reventlow und Beseler"" schreibt er, „besaßen das allgemeine Vertrauen und verdienten dasselbe; die Wahl eines dritten Mannes hätte Parteien erregt, und da jene beiden vollkommen einig waren, unterließ ich dieselbe. Ich sah das schöne Heer, viele treffliche und patriotische Männer und kehrte nach 16 Tagen in meine Heimat zurück", -- die Heimat, der übrigens auch in der Ferne beständig seine eigentlichen Sorgen gegolten hatten. „O Verwirrung der Welt", schrieb er am 26. März aus Schleswig, „wird es in Frankfurt noch auszuhalten sein, oder müssen wir nach Monzingen[1]) ziehen?"

Als er zurückkehrte, trat gerade ein Unternehmen hervor, dessen Gründung er kurz vor seiner Abreise mit in die Wege geleitet hatte: eine neue Zeitung, die bestimmt war, ein Organ der Minderheit der Konstituante zu sein.

[1]) Ein Ort an der Nahe, wo Souchay ein Weingut besaß.

Da die Mehrheit der Konstituante schon seit einiger Zeit in dem „Volksblatt“ ein Organ besaß, das unter der Leitung von Hadermann das Publikum in sehr geschickter und sehr umfassender Weise in radikalem Sinne bearbeitete, so war es für die Andersgesinnten ein unabweisbares Bedürfnis, über eine Zeitung verfügen zu können, die es mit dem Volksblatt aufnehmen konnte und die es namentlich auch fertig brachte, die sozial führenden Schichten, die im großen und ganzen notorisch gegen die geplante Verfassung waren, aus der „verächtlichen Gleichgültigkeit“, in der sie bisher verharrten, aufzurütteln[1]) und für den schlimmsten Fall, daß es wirklich nicht gelang, in der Konstituante dem Werke eine erträgliche Fassung zu geben, dafür zu sorgen, daß bei der letzten Entscheidung durch Volksabstimmung die Sache der vernünftigen Freiheit die Oberhand behielt. Die Gründung ging aus von den führenden Männern des Bürgervereins, in deren Mitte Dr. G. Varrentrapp stand. Am 8. März war die Sache schon so weit, daß sie in einer Versammlung des Bürgervereins zur Sprache gebracht werden konnte: die Gründung sollte auf Aktien erfolgen. Ein Komitee hatte sich gebildet[2]) und lud zum Beitritt ein.

Der erste Redakteur des Blattes war von Rochau, den wir als einen der studentischen Märtyrer des Frankfurter Putsches kennen und dem es erst nach mehrjähriger Gefangenschaft gelungen war, dem Frankfurter Gefängnisse zu entfliehen; er hatte sich unterdessen zu einem bedeutenden Publizisten entwickelt und hatte das jugendliche Stürmer- und Drängertum gegen eine erheblich positivere und durch Erfahrung geläuterte Staatsauffassung vertauscht. Er hatte auch jetzt noch nicht ausgelernt. Er war noch nicht der reife Kopf, der nur wenige Jahre später die „Politik des Realismus“ schrieb, aber zwischen sich und dem radikalen

[1]) Balan, 22. März 1849.

[2]) J. C. de Bary, Alexander Bernus, Moritz v. Bethmann, Dr. Binding, Dr. Burkard, H. A. Cornill-d'Orville, Dr. Heinrich Hoffmann, Dr. Jucho, Dr. Mappes, J. Friedrich Quilling, Jsaak Reiß, Friedrich Schäffer, Dr. Schlemmer, Souchay, Dr. Spieß, Dr. Georg Varrentrapp.

Weltbürgertum hatte er das Tischtuch bereits zerschnitten. Daß dies dann auch sein Standpunkt in der Frage der Frankfurter Verfassung war, das legte er gleich in einer der ersten Nummern der neuen Zeitung unumwunden dar. Der „Volksbote" erklärte, die alte ehrsame Reichsstadt sei für nebelhafte Experimente zu gut; die neue Verfassung sei ausschließlich ein Werk der äußersten Linken und habe offenbar den Zweck, diese Partei jetzt dauernd in Frankfurt zur Herrschaft zu bringen. Die Zeitung bekannte, daß sie trachten werde, dies zu verhindern. Damit sei noch lange nicht gesagt, daß die Männer, die hinter der Zeitung stünden, Reaktion wollten. Sie hätten früher selbst auf der Linken gestanden, als man noch nicht so leichten Kaufes hätte liberal sein können. Aber das, was die Gegner erstrebten, sei eben nicht Freiheit, sondern Despotismus unter demokratischen Formen, und der solle Frankfurt erspart bleiben.

Die Zeitung war aber durchaus nicht nur als Lokalblatt gedacht. Im Gegenteil. So wie die Kreise, die sie patronisierten, den Partikularismus innerlich schon überwunden hatten und mit Herz und Sinn zu dem großen deutschen Gesamtvaterland standen, so sollte die neue Zeitung auch nach Kräften mithelfen, das, was man jetzt für das ganze Deutschland erreicht zu haben glaubte, die Aussicht auf Einheit und Kraft, zu erhalten und gegen die von rechts und links drohenden Gefahren zu behaupten.

VI.

Die erste Nummer des „Volksboten" erschien am Anfang April, einem Zeitpunkte der höchsten politischen Spannung: der Kaiser war eben gewählt, die Deputation nach Berlin gereist, um dem König die Krone darzubieten. Auch von seiten des Senats der Stadt Frankfurt waren zwei Sondergesandte erschienen — die Schöffen von Günderrode und Harnier —, um dem König die Glückwünsche der Stadt zu übermitteln und die Stadt seinem Wohlwollen zu empfehlen;[1]) sie hatten

[1]) Nach dem Hamburger Senator Banks auch, um Frankfurt als Residenz zu empfehlen. (Banks an Merck 29. März 1849.)

bei dem König einen freundlichen Empfang gefunden, auch eine Einladung zu dem Diner in Charlottenburg erhalten, zu dem die Kaiserdeputation zugezogen war.

Daß der König die Krone annehmen müsse, darüber war eigentlich alles einig, denn es schien einfach unmöglich, daß er sie nicht annehme. Gerade auch denen, die nicht alles guthießen in der Verfassung, schien es ganz undenkbar, daß der König die Krone ablehnen, daß er das Mittel von der Hand weisen würde, der deutschen Welt endlich wieder Ordnung und Ruhe zu geben.

Man glaubte wirklich im Lager der nationalen Idealisten, am Ziele zu sein oder wenigstens das Ziel in greifbarer Nähe zu haben.

Diese Stimmung war noch so recht voll und freudig zum Ausdruck gekommen auf einem Bankett, das am 30. März der Bürgerverein zur Erinnerung an das Vorparlament gab, das vor nun einem Jahre hier in Frankfurt die Arbeit begonnen hatte, die man jetzt im Abschluß begriffen wähnte. Den Vorsitz führte Dr. Varrentrapp. Heinrich v. Gagern, Bassermann und viele andere sprachen. Es wurde getoastet auf die Verfassung und den deutschen Volkskaiser, auf Gagern, auf das preußische Heer, das Schwert Deutschlands, auf die deutsche Flotte, auf alles, was Gegenstand deutschen Stolzes und deutscher Freude war.

Es war wieder einmal ein Zeitpunkt erregten Hoffens, ähnlich wie nach der Kürung des Reichsverwesers; eine Zeit, in der die politischen Stürme einen Augenblick schwiegen, wo wieder einmal der Glaube den Ausschlag gab, der schöne Glaube, daß es ja gar nicht anders kommen könne, als daß der König Friedrich Wilhelm IV. dem Ruf der Nation folge. Heinrich Hoffmann sprach zu ihm:

„Tritt zu dem Volk, es tritt das Volk zu Dir!
Es reicht Dir Banner dar und Krone.
Dein Wahlspruch sei: Allweg gut Deutschland hier!
Die Freiheit steht als Schutz an Deinem Throne.
Dann wird das Reich erstehen, stark und wahr,
Das Reich des heilig einigen Verbandes,
Und jener Tag des freien Wählens war
Der Siegestag des freien Vaterlandes.“

Und nun kam wie ein Donnerschlag die Nachricht, daß der König nicht angenommen habe! In der Privataudienz, in der er die Frankfurter Senatoren empfangen, hatte er ganz offen erklärt, er sei bereit, der deutschen Sache jedes Opfer zu bringen, nur nicht das Opfer seiner Grundsätze.

Wir Heutigen verstehen diese Entscheidung, vermögen sie auch bis zu einem gewissen Grade zu rechtfertigen: die damaligen Menschen vermochten sich nicht hineinzufinden. So hoffnungswarm sie sich erst dem Könige zugewendet hatten, so zornig kehrten sie sich jetzt von ihm ab.

Du, König, hast's verschmäht! Du wagst es nicht, —

so sprach jetzt grollend derselbe Dichter,

Du willst nicht her zum freien Volke!
Wohlan, so zaudre, bis das Wetter bricht
Verderblich aus der finst'ren Wolke!
Wenn Du dann rufst: Heran, mein Volk, zu mir,
Dann wird das Volk sich auch bedenken.
Wir sind getrennt. Du dort, wir stehen hier!
Wir haben keine Krone zu verschenken.

Das war die Stimmung, auch bei den Gutgesinnten, und von der furchtbaren Enttäuschung, die man empfand, von dem Zorn, der aus getäuschtem Vertrauen entspringt, von der nationalen Scham, die man fühlte, war es nicht weit zu der trotzigen Entschließung, festzuhalten an dem Werke der Paulskirche, trotz alledem.

Wie sich das praktisch gestalten sollte und daß dieser Entschluß zu den gefährlichsten Krisen führen konnte, ähnlich wie der Beschluß der Paulskirche vom 5. September 1848, das wurde nicht erörtert. Der Schmerz war da, und alles drängte nach Äußerung, nach Kundgebung. Die Parteigegensätze verblaßten diesem einen Bestreben gegenüber, Zeugnis abzulegen von der heiligen Entschließung, in der alles Denken und Wollen sich zusammenkrampfte.

Die sich im übrigen und gerade auch jetzt in der Konstituante so heftig bekämpften — Bürgerverein und demokratische Vereine —, sie standen hier zusammen; sie vereinigten sich über eine Erklärung, in der die feste Entschließung ausgesprochen wurde, treu zu der Reichsverfassung zu stehen, und sie beriefen gemeinsam für den 12. April eine Volksversammlung in die Katharinenkirche, um für diese Erklärung die Sanktion des Volkes zu beantragen. Aber schon der Verlauf dieser, von gewaltigen Massen besuchten Versammlung zeigte deutlich, wo diese ganze Bewegung, die an sich aus dem heiligsten Patriotismus quoll, notwendig enden mußte.

Hadermann führte den Vorsitz. Es sprachen außer ihm Reinganum, Mappes, Dr. Löwenthal, Simon von Trier und Mittermaier, in sehr verschiedener Tonart, je nach ihrem Standpunkte, allein in allen Reden, selbst in der von Mappes, kam die Möglichkeit einer anderen Einwirkung des Volkes als der durch bloße Beschlüsse zur Sprache, teils als Warnung, teils als Drohung, letzteres namentlich in der Rede Löwenthals, — der die Fürsten gekrönte Rebellen nannte, mit denen man, wie er in geschmackloser Wiederholung des berüchtigten Zitzschen Ausdrucks sagte, „Fraktur" sprechen müsse, — und dann insbesondere auch in den Worten Hadermanns, der in der Einleitung daran erinnerte, daß gerade vor einem Jahr eine Volksversammlung an derselben Stelle stattgefunden habe, damals, um gegen Störungen, die nicht, wie jetzt, von oben her, sondern die von unten her kamen, zu protestieren, und der dann ausrief: „Wollt Ihr, daß Kinder und Kindeskinder mit Fingern auf Eure Grabsteine zeigen und ausrufen: da schlafen die, die auch im Leben nur geschlafen haben?! . . . Setzt dem souveränen Eigenwillen Eurer Fürsten den souveränen Gesamtwillen der Nation entgegen, und Ihr werdet sehen, wie jener sich beugt — oder zerbricht"! Er schloß die Versammlung dann mit den Worten: „Mitbürger, Sie haben diese Erklärung beschlossen, wir werden sie in die Welt senden als die Avantgarde unserer Taten:

„Will das Wort nicht länger frommen, —
Mag es denn zum Schwerte kommen."

Die Eventualität der „Tat" war auch auf der Pfingstweide nicht sehr viel deutlicher in Aussicht gestellt worden.

Es hatte ja nun einen Augenblick den Anschein, als ob das bloße „Wort“ doch schließlich noch zu etwas führen werde. Es lag nicht nur die Äußerung des Königs selber vor, sondern auch eine Äußerung der preußischen Regierung, eine Zirkularnote (vom 3. April), in der mit Rücksicht auf die Worte des Königs die Regierungen ersucht wurden, sich über ihre Stellung zur Reichsverfassung zu erklären.

Auch an den Senat war die Anfrage gerichtet worden, und in der Konstituante war am 13. April ein dringlicher Antrag an den Senat im Sinne dessen, was am Tage vorher in der Katharinenkirche beschlossen war, zur einstimmigen Annahme gekommen. Es hätte indessen dieser Anregung gar nicht bedurft: der Senat hatte schon aus eigenem Antriebe am 12. April durch ein Schreiben Müllers an Balan die Erklärung abgegeben, daß Frankfurt die Reichsverfassung, so wie sie sei, anzunehmen bereit sei; am 14. hatten im ganzen bereits 28 Regierungen dies erklärt; es schien, daß noch andere folgen würden, und hierin lag unzweifelhaft für einen kühn zugreifenden Politiker die Verheißung glänzender Erfolge. Und dazu waren die Zeichen am politischen Himmel so günstig wie nie zuvor: auf der einen Seite glückliche Kämpfe der Reichstruppen in Schleswig: Eckernförde am 4. April, Düppel am 14., und auf der andern Seite schwere innere Konflikte in Österreich, indem gerade in diesen Tagen die Ungarn in ihrem Streite mit der Wiener Regierung den letzten und entscheidenden Schritt taten und sich von dem Hause Habsburg lossagten. Der uralte Stamm des Habsburgerreiches schien wie durch einen Blitzstrahl bis auf den Grund geborsten; wenn überhaupt, dann war der alte Bestand nur um den Preis schwerster und langwierigster Kämpfe wiederherzustellen, und somit war das, was bisher immer als Hauptschwierigkeit bestanden, die Frage nach dem Verhältnis zu Österreich, von selber beseitigt. Nicht der geringste Vorwurf war möglich, wenn Deutschland nunmehr ohne Österreich sich seine staatliche Ordnung gab, und so trat denn zum zweiten Male die Frage an den preußischen König heran, ob er die Krone nicht dennoch wolle, — aber er sagte zum zweiten Male nein.

Für ihn bedeuteten die Heimsuchungen Österreichs keine Erleichterung der Lage, sondern eine Erschwerung. In seinen Augen wäre es eine Unritterlichkeit, ein Unrecht gewesen, die Verlegenheiten des Wiener Hofes zu benutzen. Dazu kam, daß die Regierungen der Mittelstaaten, voran Hannover und Bayern, die Verfassung und das erbliche Kaisertum der Hohenzollern ablehnten. Sie hätten gezwungen werden müssen, und schon der Gedanke an einen solchen Zwang seinen Mitfürsten gegenüber war für Friedrich Wilhelm IV. eine Unmöglichkeit, erschien ihm wie eine Befleckung, vor der er zurückschauderte. Nein, seine Hand sollte rein bleiben von jeder Berührung der Sünde: nur wenn ihm die Fürsten Deutschlands freiwillig die Krone boten, nur dann war er willig, sie zu nehmen.

War aber der Hinweis auf die freie Entschließung der Fürsten nicht gleichbedeutend mit lebenslänglicher Verurteilung des deutschen Volkes zu staatlicher Ohnmacht? Wann war es zu erwarten, daß der Tag kommen werde, an dem die Fürsten Deutschlands einmütig den kostbarsten Stein aus ihren Kronen brechen werden, um ihn auf dem Altare der Nation zu opfern?! Mußte dem, der die Geschichte kannte, dieser Hinweis nicht als ein Hohn erscheinen? Und der Wille des Volkes, sollte der für nichts sein? Sollte wirklich ein einziger, und mochte er auch die Krone Preußens tragen, es vermögen, der Nation, die die Hülle sprengen und als Einheitsstaat hervortreten wollte, ein Halt zuzurufen?

So drängte sich denn doch mit Macht der Gedanke wieder hervor, daß das Volk seinen Willen in anderer Weise kund tun müsse. Die Konstitutionellen waren für diesen Gedanken unzugänglich; sie hielten fest an dem Grundsatz der strengen Gesetzlichkeit. Sie gingen schon fast bis zu dem für sie Äußersten, als sie in der Paulskirche den Antrag annahmen (25. April), die Regierungen aufzufordern, nichts zu tun, was das Volk jetzt in dem verfassungsmäßigen Ausdruck seiner Meinung hindern könne, womit sie hofften, die Regierungen durch die Landtage doch noch zur Annahme der Reichsverfassung drängen zu können. Als dann aber als Antwort darauf in

Preußen, Hannover und Sachsen die Auflösung der Landtage erfolgte, da rasten aufs neue die Furien der Empörung durch die deutschen Lande. Das Wort erfüllte sich, das am 20. April Welcker von der Tribüne der Paulskirche gesprochen hatte: „Wir hofften, am Ende unseres großen Werkes zu stehen, wir hofften, es würde gelingen die Revolution zu schließen, und es scheint, eine Revolution, größer, furchtbarer, schwerer als die des Jahres 1848, will sich uns eröffnen.“

Achtes Kapitel.

Die Mai-Krise.

I.

Es war ein Kampf ums Recht, der jetzt anhob, ein Kampf um die von der Mehrheit der berufenen deutschen Volksvertretung unter unendlichen Wehen geborene Reichsverfassung, in deren Formen allein ein Teil des deutschen Volkes, aber freilich eben auch nur ein Teil, die Verwirklichung seiner politischen Ideale als möglich erkannte.

Die Frankfurter Konstituante, gerade in diesen kritischen Tagen die Beratung der neuen Verfassung beginnend, welche durchaus als ein Teilstück dessen gedacht war, was man jetzt für das Ganze beschlossen hatte, nahm leidenschaftlichen Anteil an diesem Kampfe.

Kampfstimmung war es schon, was zum Ausdruck kam, als der § 1 des Entwurfes zur Besprechung gelangte (23. April): „Frankfurt ist ein demokratischer Freistaat".

Die Gemäßigten trugen auf Beseitigung des Beiwortes an. Sie bemerkten mit Recht, ob Frankfurt demokratisch sei oder nicht, das hänge nicht von diesem Ausdruck, sondern von den wirklichen Einrichtungen ab; das Beiwort sei also überflüssig und könne zu Mißdeutungen Anlaß geben; die Väter des Entwurfs wollten es aber durchaus nicht missen: sie wollten das, was die Gegner als Mißdeutungen bezeichneten; die Welt sollte es wissen, daß Frankfurt demokratisch sei, die Fürsten insbesondere sollten es wissen!

Es war unter anderem eingewendet worden, der Ausdruck könne nicht einmal völlig einwandfrei definiert werden. Dem gegenüber stellte Reinganum fest, daß Demokratie einfach die staatliche Form sei, wo alles andere dem Wohl des Volkes hintangesetzt werde. Man sage, unser Freistaat werde zugrunde gehen, wenn die Demokratie zum Durchbruch komme: dann solle Frankfurt zugrunde gehen als selbständiger Freistaat, wenn nur ein demokratisches Deutschland werde! „Im Jahre 1848 riefen Könige in den Straßen ihrer Städte: wir wollen die Demokratie auf der breitesten Basis. Die Fürsten haben es nicht gehalten; wir Bürger wollen aussprechen, daß wir einen demokratischen Freistaat bilden wollen, bilden werden!"

Und in rechter Erkenntnis, daß das wirksame und dauernde Vollbringen dieses Wortes schließlich davon abhängig sein werde, ob das große Werk der Paulskirche gegen alle Angriffe gefeit bleibe, zeigte sich die Konstituante dann auch entschlossen, die moralische und materielle Macht Frankfurts, so groß oder so klein sie sein mochte, mit in die Wagschale zu werfen.

Es waren die Tage, da sich die Stellung der verschiedenen größeren Regierungen entschied.

Mit besonderer Spannung verfolgte man die Entwicklung in Württemberg. Hier standen die Dinge auf des Messers Schneide, denn der König weigerte sich, die Verfassung anzuerkennen, und das Volk zeigte den ernsten Willen, die Anerkennung zu erzwingen. Hierbei mußte ihm helfen, wer helfen konnte: das Montagskränzchen beschloß daher, einen Aufruf zu erlassen zur Bildung von Freiwilligenscharen, Sammlungen zu veranstalten und eine Deputation von dreien seiner Mitglieder nach Stuttgart zu senden, um den Kampfesmut zu beleben. Als dann aber die Nachricht kam, der König habe nachgegeben, so beschloß am 26. April die Konstituante auf den Antrag von A. Friedleben, Rücker, Reinganum, Mappes und Hadermann, der württembergischen Kammer, deren Festigkeit es vor allem zu danken gewesen sei, daß wenigstens einer „der arg verblendeten Könige" seinen Widerspruch fallen gelassen hatte, eine Dankadresse zu übersenden.

Sie beschloß weiter, da nach der endgültigen Ablehnung der Verfassung durch Preußen (28. April) beständig Gerüchte herumgingen von einem reaktionären Attentate gegen die Reichsversammlung, das Volk von Frankfurt und die Reichsversammlung unlöslich miteinander zu verbinden und den Senat zu ersuchen, er möge die gesamte bewaffnete Macht des Freistaats, das Bürger- und Linienmilitär, und ebenso auch die Beamten auf die Reichsverfassung vereidigen lassen, — ein Beschluß, der erfolgte, ehe noch die Linke in der Paulskirche dazu geschritten war, diese Forderung zu erheben.

Hierbei mußte man sich nun freilich schmerzlich der Tatsache erinnern, daß die Bürgerwehr nur noch dem Namen nach bestand. Sie war seit dem 18. September zu eigentlichen Dienstleistungen, aus gutem Grunde, wie wir wissen, kaum mehr berufen worden. Es waren allerdings seit langem Beratungen im Gange über eine Neuordnung, sie hatten aber bisher noch kein Ergebnis gezeitigt, und daß man am 10. März 1849 die Bestimmung gab, die neu eintretenden Stadtwehrmänner sollten vorläufig n i c h t gehalten sein, sich Uniform und Waffen zu stellen, das schien der Anfang der faktischen Auflösung zu sein, der Wehrlosmachung des Volkes. Die Partei der Bewegung wollte aber gerade das Gegenteil: „In der der Reichsverfassung und den Reichsbehörden drohenden Gefahr sollte kein waffenfähiger Arm ungeübt und unbenutzt bleiben“, so lautete die heroische Parole, und so erfolgte denn in der nächsten Sitzung (3. Mai) der dringliche Antrag des Wehrausschusses, den Senat zu ersuchen, daß die gesamte bürgerwehrpflichtige Mannschaft in Stadt und Land, q u a r t i e r w e i s e bewaffnet, formiert und eingeübt werde, ein Antrag, der von Reinganum und Lindheimer durch den weiteren noch überstürzt wurde: der Senat möge n i c h t b l o ß die bürgerwehrpflichtige, sondern die w a f f e n f ä h i g e Mannschaft ü b e r h a u p t aufbieten und mit Schießbedarf versehen.

Dieser Antrag, der so ziemlich auf eine levée en masse herauskam, ging natürlich, wenn sich auch eine Mehrheit dafür fand, vielen zu weit; darin aber, daß das Bürgertum sich rühren und die ernste Entschlossenheit zeigen solle, für die heiligsten Güter einzutreten, herrschte ziemliche Einstimmigkeit. Immer noch klammerte man sich an den Gedanken, daß die Bekundungen so energischen Wollens, wenn sie allgemein wurden, doch nicht ohne Eindruck bleiben könnten. „Die ganze Debatte", so schreibt ein Berichterstatter, „atmete eine würdige Besonnenheit und eine echt deutsche Gesinnung, und aller Herzen schlugen höher, als Herr Schöff Souchay in entschiedenen Worten seine Überzeugung aussprach, daß trotz des Widerstrebens der Regierungen durch die innere Kraft und Tüchtigkeit des preußischen und bayrischen Volkes die Verfassung von Deutschland werde gegründet werden." [1])

Wenn selbst bei so ruhigen Beurteilern wie Souchay der Gedanke an die „Kraft des Volkes", wenn auch nur die innere, sich erhielt, so wird man begreifen, daß leichter Erregbare, unter dem Einfluß der immer tiefer fressenden Verbitterung über getäuschte Hoffnungen, immer mehr ihre Rechnung auf eine andere Art der Kraft des Volkes stellten, daß Liberalismus und Radikalismus, die sich im Laufe des Jahres 1848 so entschieden getrennt hatten, wieder zusammenflossen und daß auch edle Naturen im Gefühl des guten Rechtes — war dies doch, rein formal betrachtet, unzweifelhaft auf seiten der Nationalversammlung — und in der patriotischen Verzweiflung dieser Tage zur Waffe griffen.

In diesem Sinne sind zunächst die Vorgänge zu beurteilen, die sich in den ersten Tagen des Mai zutrugen: die Erhebung der Pfalz, die Unruhen in Dresden, die Tumulte in Leipzig und an vielen anderen Orten: alles zunächst nur Demonstrationen gegen die renitenten Regierungen, alles Kundgebungen für das in Frankfurt fertiggestellte Werk des deutschen Volkes, für das, was die ähnlichen Kundgebungen im März des vorigen Jahres erstrebt hatten; allein einerseits gab es dabei wie damals so auch jetzt eine starke republikanische und anarchische Unterströmung, die jeden Augenblick zur Oberströmung werden konnte, andererseits waren die Regierungen, soweit sie überhaupt Kraft entwickeln k o n n t e n, jetzt e n t s c h l o s s e n,

[1]) Deutsche Zeitung 1849, Nr. 123, 2.

diese Kraft, d. h. vor allem ihre Heere, zu benutzen, um sich der Bewegung, die den Namen der deutschen Nation und der nationalen Vertretung für sich in Anspruch nahm, faktisch aber nur auf Umsturz hinauslaufen konnte, zu widersetzen.

In Frankfurt, wo diese nationale Vertretung ihren Sitz hatte, wo die zum Widerstand entschlossenen Regierungen aber auch ihrerseits vertreten waren durch Tausende ihrer Soldaten — ursprünglich berufen, die Nationalversammlung zu schützen, jetzt umgekehrt eine Bedrohung für sie —, entwickelte sich aus diesem Zustande eine Spannung, die um so heftiger wurde, als das Volk von Frankfurt und seine Führer in der Konstituante die Anwesenheit dieser Soldaten schon längst wieder als eine fast unerträgliche Beeinträchtigung ihrer Freiheit und als eine Hemmung ihrer Bestrebungen empfanden und unter dem Einfluß der täglich steigenden Erregung immer stärker an dieser Kette zerrten, immer deutlicher den Wunsch bekundeten, die Freiheit der Entschließung zurückzugewinnen und damit der Linken der Paulskirche den Rückhalt zu gewähren, den diese für ihre letzten Pläne brauchte.

Daß diese letzten Pläne auf Revolutionierung und Republikanisierung Deutschlands hinausliefen, ist zweifellos und durch den weiteren Verlauf erwiesen. In Voraussicht dessen, was kommen mußte, war denn auch schon Ende April von der Frankfurter Zentralleitung eine Einladung an sämtliche Märzvereine zu einer Generalversammlung ergangen, die am 6. Mai in Frankfurt stattfinden sollte, und diese Versammlung trug schon insofern zu einer weiteren Verschärfung der Lage bei, als sie aufs neue Hunderte von großenteils höchst exaltierten Elementen nach der Stadt brachte. Der Kongreß einigte sich denn auch am 6. über eine Ansprache an das Heer, die in einer offenen Aufforderung an die Soldaten gipfelte, sich mit dem Volke zu vereinigen gegen die Fürsten, die jetzt Rebellen geworden seien.

Die Frage der politischen Parteinahme war damit im größten Umfange in das Heer geworfen, und sie kam jetzt auch zum Ausdruck in den Anträgen, die am 7. Mai in der Paulskirche zur Behandlung vorlagen: die Truppen auf die Reichsverfassung vereidigen zu lassen und ein Heer, das von verfassungstreuen Regierungen gestellt sei, in Frankfurt zusammenzuziehen.

Es war eine entscheidungsvolle Woche, die mit der Beratung dieser Anträge am Montag, den 7. Mai, in der Paulskirche begann.

Die Versammlung stand unter dem Eindruck der Nachricht, daß soeben preußische Bataillone in Dresden eingerückt seien. Auf der Galerie hatten massenhaft die Delegierten der Märzvereine Platz genommen, die mehrere Male mit so stürmischen Kundgebungen dazwischenfuhren, daß die Sitzung für eine Weile unterbrochen werden mußte. Noch wurde allerdings das Äußerste abgewendet. Die Reichsminister hatten sich geeinigt, die Frage der Vereidigung zu einer Kabinettsfrage zu machen, und es war ihnen gelungen, die Anträge zu Falle zu bringen, allein bange mußte man sich fragen, wie lange noch dem Drucke, der von unten her kam, zu widerstehen sein werde.

In der Stadt hatte sich in diesen Tagen unter dem Einflusse der aufregenden Nachrichten, die von allen Seiten einliefen und deren jede Stunde neue brachte, zweifellos auch unter dem Einfluß der hitzigen Debatten und der entschlossenen Haltung der Konstituante, eine Atmosphäre herausgebildet, die mit der vom 16. bis 18. September starke Ähnlichkeit hatte, und es gab Heißsporne, die es nicht abwarten konnten, bis die Bewaffnung des Volkes beschlossene Sache war, die die Waffen hervorsuchten und sich auf der Straße damit zeigten oder die, wie Friedrich Funck, Gleichgesinnte um sich scharten und Exerzierübungen begannen.

Aber die Militärgewalt war jetzt im festen Besitz der Macht und zeigte sich entschlossen, sie gutwillig nicht aus der Hand zu geben.

Sie hatte rechtzeitig die nötigen Maßregeln getroffen: in das Haus Gagerns z. B. in der Nacht österreichische Schutzwachen gelegt, auf verschiedenen Plätzen militärische Kommandos aufgestellt; sie ließ ferner durch die Hauptstraßen

Patrouillen gehen, sorgte auch dafür, daß in der Nähe der Mainbrücke Kanonen und die nötige Anzahl Kartätschen bereit waren für den Fall, daß die Sachsenhäuser wieder wild wurden.[1]) Sie schritt endlich, da die Polizei sich nun einmal dieser Aufgabe nicht gewachsen erwies, energisch gegen die heillosen Plakate ein, und ließ die Lärmmacher auf den Straßen kurzerhand festnehmen.

Ob sie hierbei ihre Befugnisse nicht etwas überschritt, ist nicht festzustellen; bei den Klagen aber, die von bürgerlich-radikaler Seite jetzt natürlich in der Konstituante erhoben wurden, war Licht und Schatten doch gar zu ungleich verteilt; es wurde auch geflissentlich dabei übersehen, daß sich die Dinge hier in Frankfurt faktisch zu einer Art latenten Kriegszustandes zugespitzt hatten, namentlich seitdem am 10. unter Beifallsstürmen der Galerie die Paulskirche beschlossen hatte: daß „dem schweren Bruch des Reichsfriedens", den Preußen durch den Einmarsch in Sachsen begangen habe, mit allen zu Gebote stehenden Mitteln entgegenzutreten sei.

Dieser Beschluß war faktisch der Anfang vom Ende.

Preußen war damit von der Versammlung der Paulskirche in die Reichsacht getan, allein da das Reichsministerium, das diesen Beschluß auszuführen berufen war, zurücktrat, so stand alles in Frage, und zu der Ministerkrise mußte noch eine Reichsverweserkrise kommen, wenn, wie es schien, der Reichsverweser für seine Politik, die schon mindestens seit dem 7. Mai nicht mehr die der Mehrheit war, kein anderes Ministerium zu finden vermochte.

Es war ein Moment völliger Verwirrung. Die ausschweifendsten Hoffnungen wie die wildesten Befürchtungen schienen gleich berechtigt. Die Rebellion in Dresden war zwar niedergeworfen, im Westen und Südwesten sah es aber den einen immer verheißungsvoller, den andern immer bedrohlicher aus. Selbst Preußen schien jetzt durch die Bewegung in den Rheinlanden, durch die zahlreichen Fälle von Widersetzlichkeit unter seiner Landwehr gelähmt, wenigstens gelangte an die Reichs-

[1]) Smidt, 10. Mai 1849..

regierung die Nachricht, daß es nicht in der Lage sei, noch weitere Truppen an das bei Frankfurt stehende Korps abzugeben; auch waren für den Fall, daß es in Frankfurt etwa zu einem Ausbruche komme oder daß der Reichsverweser sich nicht weiter in Frankfurt halten könne oder wolle, bereits Befehle an die preußischen Truppen ausgefertigt, sich auf Mainz zurückzuziehen und alles dorthin zu retten, was den deutschen Bundesstaaten an Eigentum in Frankfurt gehöre.

Als ein Ausdruck des Ernstes der Lage kann wohl auch der Tagesbefehl gelten, den das Generalkommando an dem kritischen 10. Mai erließ und der besagte, daß alle Art Waffen, mit denen Nichtmilitärs außerhalb ihrer Wohnungen betroffen würden, wegzunehmen seien, daß das Tragen von roten Abzeichen nicht geduldet werden solle. Sachlich war dieser Befehl gewiß berechtigt, bedenklich nur der Umstand, daß er bloß in den Kasernen angeschlagen und nicht auch sonst gehörig publiziert wurde. Hierdurch war er ganz dazu angetan, Konflikte hervorzurufen, und wenn wir in einem Briefe, den der Platzkommandant Deetz am 10. Mai an den preußischen Kriegsminister richtete,[1]) lesen, er habe den Erzherzog „fast kniefällig" gebeten, den Belagerungszustand zu verhängen, so ist die Vermutung nicht abzuweisen, daß hier ein Zusammenhang besteht und daß man jetzt bereits so weit war, Konflikte und damit Vorwände zu der schärfsten Maßregel geradezu zu *wollen*.

Dieser Wille kam nun aber, *wenn* er bestand, jedenfalls nicht ans Ziel, denn die Bevölkerung ließ sich zu Tathandlungen nicht hinreißen, obwohl die Durchführung des Befehls natürlich eine Menge von aufgeregten Szenen zur Folge hatte. Allein wenn die Massen sich auch still verhielten, so sprachen um so lauter die gesetzlich dazu Berufenen.

In der Paulskirche nahm am 12. Mai Simon von Trier Anlaß, unter Hinweis auf diesen Tagesbefehl die Entfernung der Truppen derjenigen Regierungen zu fordern, die der National-

[1]) Geh. Archiv des Kriegsministeriums V, 1. 3. Nr. 77. — Hier auch das Nähere über den eventuellen Rückzug der Garnison nach Mainz.

versammlung den offenen Krieg erklärt hätten; sein Antrag wurde zwar nicht als dringlich zugelassen, dafür faßte die Versammlung der Paulskirche jetzt aber doch den Beschluß, daß die gesamte bewaffnete Macht Deutschlands, einschließlich der Land- und der Bürgerwehr, zur Aufrechterhaltung der Verfassung eidlich verpflichtet werden solle, und es geschah gewissermaßen in Fortsetzung dieser Verhandlung, daß am Nachmittage desselben Tages auch das Haus Limpurg in der Richtung der Bildung eines Parlamentsheeres, auf das alle diese Maßregeln zielten, einen bedeutsamen Schritt weiter tat.

Das erste war, daß Hadermann im Namen des Wehrausschusses seine Unzufriedenheit über die Art aussprach, wie der Senat den Beschluß vom 3. ausgeführt oder vielmehr nicht ausgeführt habe. Der Senat hatte nämlich wohl eine Verfügung erlassen, diese betraf aber nur die Bürgerwehrpflichtigen, soweit sie noch nicht in den Listen standen, und ordnete für diese auch nur an, daß sie sich melden sollten. Ob nicht diese sehr zahme Maßregel dem wirklichen Kampfbedürfnis der Frankfurter Bürgerschaft im Grunde vollkommen entsprach, mag hier unerörtert bleiben. Jedenfalls lag in dem Vorgehen des Senats nach der Auffassung der radikalen Häupter der Konstituante eine strafwürdige Eigenmächtigkeit; hatte er sich doch auch in der Frage der Vereidigung noch nicht gerührt! Das mußte anders werden!

Hadermann beantragte also zunächst ein faktisches Mißtrauensvotum gegen den Senat, indem er für die Bildung einer besonderen, den neuen Zuständen angemessenen, volkstümlichen Behörde, einer Wehrkommission eintrat; er beantragte weiterhin, daß durch diese Behörde der Beschluß vom 3. nun wirklich und genau zur Ausführung gelangen möge. Die Annahme erfolgte beinahe einstimmig, obwohl doch auch Bedenken geäußert wurden, aber es scheint immer noch, auch bei den Gemäßigten, das Bedürfnis vorherrschend gewesen zu sein, die Bereitwilligkeit des Volkes zum Einstehen für die Sache der Nationalvertretung deutlich zu bekunden und die bestehende Bereitschaft auch zum Kampfe gesetzlich zu regeln; es war zugleich auch die Überzeugung wohl allgemein, daß es so wie jetzt in der Stadt nicht weitergehen dürfe, bezeichnete doch Reinganum, unzweifelhaft unter Zustimmung der überwältigenden Mehrheit, den bestehenden Zustand als eine „wahre Janitscharen-Herrschaft". Den Bedenken gegenüber, daß die beantragte Truppe ja doch unter das Oberkommando der Reichstruppen gestellt werden müßten, mit der ganzen Maßregel also nichts geholfen sein würde, betonte er: es könne niemand wissen, wie lange dieses Oberkommando und diese Garnison noch hier seien, diese könne jeden Augenblick ausmarschieren, und wenn dann, führte er weiter aus, etwa die Truppen rebellischer, hochverräterischer Regierungen heranzögen, so könne eintreten, daß die Nationalversammlung ungeschützt sei. „In diesem Falle", rief er, „müssen wir alle bereit sein, sie mit dem Walle unsrer Herzen zu umgeben."

Reinganum rechnete also, wie es scheint, sehr stark mit der Möglichkeit, daß Frankfurt im Zusammenhange mit dem weiteren Fortgange der Revolution der verhaßten Garnison ledig würde, und wenn man auf die Ereignisse blickt, die sich um Frankfurt herum zutrugen, auf den Charakter, den die Erhebung in der Pfalz annahm, auf die beginnende Militärrevolte in Baden, die hier schon in den nächsten Tagen den völligen Zusammenbruch herbeiführte, so wird man gestehen müssen, daß diese Möglichkeit durchaus bestand: wenn jetzt von Baden her ein kräftiger Vorstoß gekommen wäre und wenn, was nicht zu den Unmöglichkeiten gehörte, die Bewegung auch das hessen-darmstädtische Militär ergriffen hätte, so wären die in Frankfurt vorhandenen Kräfte wirklich kaum ausreichend gewesen; es hätte sich dann ereignen können, daß die Bewegung im Schoße des Parlaments und die des Südwestens zusammenflossen, Frankfurt von der Insurrektion überflutet worden wäre.[1])

[1]) Smidt, der nicht zu den Ängstlichen gehörte, spricht mehrfach in seinen Briefen davon, daß es so kommen könne; dieselbe Sorge wird von Detmold in seinen Briefen ausgesprochen, und auch in Berlin rechnete man mit der Eventualität einer solchen Entwicklung.

Hier hatte sich unterdessen, sicher wohl auch unter dem Einfluß der Reden und Beschlüsse des 12., die gefahrdrohende Spannung noch verschärft, und es ist nur zu begreiflich, daß bei solcher Stimmung, wo Volk und Soldaten wie zwei feindliche Lager einander gegenüber standen, der Friede nicht auf der ganzen Linie gewahrt bleiben konnte. Der folgende Tag, der 13., war ein Sonntag, am Abende Wirtshäuser und Vergnügungslokale natürlich überfüllt; ein kleiner Zwist konnte da gleich einen ernsten Charakter annehmen. Das geschah denn auch in dem Gräberschen Lokale: eine rote Kravatte gab angeblich den Anlaß zu einer gewaltigen Schlägerei zwischen Soldaten und Zivilbevölkerung, die sich auch auf die Straße hinaus fortsetzte, bei der aber, wie es scheint, die österreichischen und preußischen Soldaten durchaus der schuldige Teil waren; jedenfalls waren sie es, die zuerst die Waffen zogen; sie schlugen blind drauf los: eine ganze Anzahl von Zivilisten wurden schwer verwundet, einer der Verwundeten starb noch in der Nacht.

Dieser Vorgang, so bedauerlich er an sich war und als solcher auch empfunden wurde, schien nun aber doch wenigstens das Gute zu haben, daß er vielleicht dazu dienen konnte, die Frage eines weiteren Verbleibens der vorhandenen Garnison in Frankfurt jetzt zu Ende zu führen, und er wurde auch sofort in diesem Sinne benutzt.

Die Aktion wurde mit großem Geräusch ins Werk gesetzt. Eine D e p u t a t i o n der Konstituante begab sich zum älteren Bürgermeister, um ihn zu ersuchen, er möge beim Reichskriegsministerium die Entfernung derjenigen Truppen fordern, die sich an den gestrigen Exzessen beteiligt hätten; die Versammlung wandte sich ferner auch direkt an die Paulskirche mit einer A d r e s s e, in der gleichfalls die Bitte um Entfernung der Truppen, weiter aber auch die B e r e i t s c h a f t der B ü r g e r ausgesprochen wurde, den S c h u t z der Nationalversammlung z u ü b e r n e h m e n. Und zu gleicher Zeit wurde auch in der Paulskirche selbst der blutige Vorgang des verflossenen Abends zur Sprache gebracht; die Erklärungen, die vom Regierungstische kamen, genügten nicht, es wurde daher der Beschluß gefaßt, den Kriegsminister v. Peucker, der noch interimistisch die Geschäfte führte, ersuchen zu lassen, sich persönlich einzufinden, um Rede zu stehen.

Allein mit allen diesen hitzigen Beschlüssen kam es doch zu keinem Ergebnis. Der konstitutionelle Apparat klapperte wohl noch, lieferte aber keine Arbeit mehr. Die städtische Deputation erfuhr bei dem älteren Bürgermeister, daß eine strenge Untersuchung über die begangenen Exzesse angeordnet worden sei und daß das Reichs-Kriegsministerium die Zusammenziehung der Truppen in den Kasernen anbefohlen habe, — das war alles, und mehr war es auch nicht, was Peucker am Nachmittag in der Paulskirche mitteilte, obwohl die Linke immer heftiger gegen ihn mit Forderungen anstürmte. Peucker blieb kühl bis ans Herz hinan; er setzte diesen Forderungen ganz einfach die Verwahrung entgegen, das Parlament möge sich hüten, in die Exekutive einzugreifen; er verhüllte mit dieser rein formalen Erklärung kaum noch die Entschließung der Maßgebenden, es auf einen Bruch mit der Paulskirche ankommen zu lassen, und so wie hier, stellte sich in der Militärfrage auch im Hause Limpurg eine Art Konfliktszustand heraus, als — nach Erledigung der Angelegenheit der gestrigen Exzesse — der Bescheid des Senates über die Wehrvorlage zur Mitteilung kam.

Allerdings war der Senat auf den Gedanken der Bildung einer Wehrkommission eingegangen hiergegen Widerstand zu erheben, war wohl nicht opportun erschienen aber die geplante Bewaffnung erklärte er in dem von der Versammlung gewünschten Umfange nicht gutheißen zu können. Er wollte die ganz junge Mannschaft, sowie namentlich „Handwerksburschen und das gebrödete, keinen eigenen Haushalt besitzende Gesinde“ von der Bewaffnung ausgeschlossen wissen, auch bemerkte er, daß er, der Senat, Waffen nicht habe, die Bewaffnung also einem jeden selbst überlassen bleiben müsse.

Das klang sehr nüchtern, ganz und gar nicht der flammenden reichspatriotischen Begeisterung angemessen, die sich wenigstens aus den Worten der Führer der Versammlung beständig aufs neue kundgab. Die Enttäuschung über diese Haltung des Senats kam denn auch in starker Weise zum Ausdruck. Seine Bedenken wurden als ganz unstichhaltig bezeichnet: ein Landsturm müsse aufgeboten werden, rief Reinganum, wie 1813, zu einem großen, einem heiligen Zwecke, und auf seinen Antrag wurde beschlossen, daß die Versammlung auf ihrem Beschlusse vom 12. Mai beharre.

Der Höhepunkt dieser oratorischen Mobilmachung wurde am 18. Mai erklommen, als eine Petition der Septembergefangenen um Aufhebung des Untersuchungsarrestes (gegen Kautionseid) vorgelegt wurde. In der Petition hieß es: die Haft sei doppelt drückend in einer Zeit, wo das Vaterland zucke unter der erbärmlichsten und feigsten Tyrannei seiner Führer, und wiederum Reinganum ließ es sich nicht entgehen, in einem Antrage an den Senat nicht nur die Gewährung dieser Bitte, sondern die völlige Amnestierung der Petenten zu fordern. Er erklärte offen, diese jungen Männer hätten in der Voraussicht dessen gehandelt, was wir nun erlebt hätten, sie hätten „klarer gesehen, als wir alle", sie seien nur in der Form etwas zu weit gegangen; er beklagte sie als „Schlachtopfer einer teuflischen Politik", feierte sie als „vorzeitige" Insurgenten, verherrlichte also nachträglich alles, was am 18. September geschehen war, und sprach damit doch auch die Überzeugung aus, daß das, was damals begonnen hatte, jetzt vollendet werden müsse.

Frankfurt war nach diesen Erklärungen, soweit es sich um die Gesinnungsgenossen Reinganums handelte, jedenfalls bereit, die Revolution, wenn sie kam, mit offenen Armen aufzunehmen, und etwa eine Woche war man in größter Unsicherheit, was werden würde. Noch am 18. Mai schrieb Banks an Merck: „Es handelt sich jetzt nur um 8—10 Tage; halten wir uns so lange, so haben wir Truppen genug, um die Bewegung von Frankfurt abzuhalten und damit von ihrer Ausbreitung über Hessen, Sachsen und den Rhein." Die Spannung stieg, als am 20. Heinrich v. Gagern und mit ihm etwa 80 Gleichgesinnte ihren Austritt aus der Paulskirche beschlossen und zum großen Teil schon am nächsten Tage abreisten. An diesem Tage stellte Nauwerck in der Nationalversammlung den dringlichen Antrag, das Angebot der Konstituante anzunehmen und die Versammlung unter den Schutz der Stadt zu stellen, und viele Frankfurter Familien, die Unruhen besorgten, verließen jetzt eilig die Stadt.[1]) Allein die Sorge erwies sich als übertrieben: die Revolution kam nicht.

Der Vorstoß von Baden her erfolgte wohl, aber doch nicht so rasch, als man besorgt hatte, weil fast sämtliche Offiziere die abtrünnigen Truppen verlassen hatten, für diese also erst Ersatz geschaffen werden mußte; als dies aber dann geschehen war und der Vorstoß unternommen wurde, da hielten die hessischen Truppen bei Heppenheim Stand und wiesen den Gegner blutig zurück.

II.

Frankfurt war auf diese Weise um die Gefahr, ähnliches wie in Baden bei sich entstehen zu sehen, glücklich herumgekommen, es hatte dies aber nicht nur den militärischen Ereignissen zu verdanken. Es muß gesagt werden, daß zu diesem Ergebnis auch der Entschluß des Erzherzog-Reichsverwesers beigetragen hatte, nicht zurückzutreten, als das Ministerium seine Entlassung nahm, sondern auf seinem Posten zu verbleiben.

Es kamen bei diesem Entschluß verschiedene Beweggründe ins Spiel. Zunächst natürlich seine Persönlichkeit: daß er ein alter Soldat war und ein Mann der Ordnung; es mochte ihm ein unerträglicher Gedanke sein, der Partei der Unordnung das Feld einfach zu räumen. Entscheidend war aber wohl sein Österreichertum.

Dies kam in Frage, seitdem durch den Verlauf der deutschen Dinge die Rivalität zwischen Österreich und Preußen wachgerufen, seitdem durch den preußischen Unionsplan, der in dem Augenblick hervortrat, in dem Preußen endgültig die Frankfurter Krone abgelehnt hatte, der Kampf um die Vorherrschaft eigentlich eingeleitet worden war.

[1]) Deutsche Zeitg., Nr. 141. Vgl. auch Blos, Deutsche Revol. S. 572.

Denn Österreich war durchaus nicht gewillt, auf seine überkommene Stellung in Deutschland zu verzichten. Es war durch die gewaltigen Katastrophen, von denen es heimgesucht worden war, zu erhöhtem Lebensgefühl erwacht und reagierte gegen die ihm drohenden Gefahren mit äußerster Entschiedenheit.

Freilich, wenn es Umschau hielt über die Mittel, die ihm zurzeit für ein energisches Auftreten zur Verfügung standen, so zeigte sich zunächst so gut wie nichts. Der ungarische Kampf hielt seine Kräfte völlig im Schach; es mußte sich also damit begnügen, indirekt zu wirken, in Deutschland alles dasjenige zu sammeln, was an sich der Entwicklung einer preußischen Hegemonie widerstrebte: als Sammelpunkt dieser Kräfte konnte nun die Reichsverweserschaft des Erzherzogs gute Dienste leisten. So wesenlos sie war, sie war moralisch immer noch eine wertvolle Stütze des österreichischen Anspruches, in Deutschland die überkommene Stellung zu behaupten, und so war sie denn an sich ein Gut, das man in diesen schweren Zeiten wahrnehmen mußte, sie war aber vor allem auch ein Mittel, der Gegnerschaft gegen die neuen preußischen Pläne einen legalen Vorwand zu geben. Dieser Vorwand war der These oder der Fiktion von der fortdauernden Gültigkeit der Wiener Verträge zu entnehmen und ferner der Tatsache, daß der Bundestag am 12. Juni 1848 seine Vollmachten auf den Reichsverweser übertragen hatte; dieser war darnach der Bewahrer des Rechtszustandes, das eigentlich konservative Prinzip, dem gegenüber der Unionsplan fast als Revolution gekennzeichnet werden konnte.

Aber auch in den Augen Preußens hatte die Reichsverweserschaft plötzlich eine erhöhte Bedeutung gewonnen, indem es erkannt hatte, welchen Wert es für die weitere Entwicklung haben mußte, gerade in diesem Augenblicke die provisorische Zentralgewalt zu handhaben. Es hatte daher am 8. Mai, gleichzeitig mit dem Plan der Union, der österreichischen Regierung mitgeteilt, daß es die Absicht habe, bis zum Abschlusse der Bundesstaats-Verfassung diese Gewalt zu übernehmen, und hatte die zuversichtliche Erwartung ausgesprochen, daß das österreichische Kabinett einverstanden sein werde. Da die Sache Eile hatte und da der Erzherzog doch mehrfach bereits seine Absicht, seine Würde auf Friedrich Wilhelm IV. zu übertragen, ausgesprochen hatte, so ordnete Graf Brandenburg am 14. Mai den Oberstleutnant Fischer in besonderer Mission nach Frankfurt ab. Seine Aufgabe ging dahin, dem Erzherzog mitzuteilen, daß der Moment zu dieser Übertragung jetzt gekommen sei; der Erzherzog möge daher die Nationalversammlung auflösen, durch Peucker den Belagerungszustand erklären lassen und sich dann zurückziehen.

Diese in etwas brüsker Form ausgesprochene Zumutung hatte nun aber den vollsten Mißerfolg. Sie scheint auch auf einer mangelhaften Berichterstattung über den tatsächlich herrschenden Zustand und über die Disposition des Erzherzogs begründet gewesen zu sein, denn am 10. bereits hatte der Erzherzog den Bevollmächtigen gegenüber sich sehr entschieden in dem Sinne ausgesprochen, daß er zu bleiben entschlossen sei und daß er sich dadurch, daß er vielleicht kein neues Ministerium bekomme, nicht stören lassen werde. Bei dieser Richtung seiner Gedanken erschienen ihm die Forderungen, die Fischer brachte, beinahe als eine persönliche Verletzung: er sollte nur gerade noch gut genug sein, das Odium der gewaltsamen Auflösung der Reichsversammlung auf sich zu nehmen? Er sollte, wie er sich ausdrückte, für Preußen die Kastanien aus dem Feuer holen? Nimmermehr! Es kam dazu, daß Preußen zugleich erklärte, es habe den Abschluß des Krieges mit Dänemark nunmehr in seine eigene Hand genommen. Dies war ein besonders heikler Punkt. Es gab nichts, was die nationale Empfindung mehr aufregte als die Frage der beiden Herzogtümer, und es scheint, daß der Erzherzog hier einfach durchaus deutsch gefühlt hat. Wir hören wenigstens, daß er gerade hierüber aufs äußerste betroffen war, daß er den Eindruck gewann, man habe ihn überrumpeln wollen. Das preußische Dazwischenfahren hatte also nur zur Folge, daß der Erzherzog die Bildung eines neuen Ministeriums mit verstärktem Eifer betrieb und daß er jetzt auch Männer fand, die bereit waren, an seine Seite zu treten. Sein Gedanke war von Anfang an der gewesen, seine Berater nicht mehr aus dem Parlament zu berufen, mit dem er innerlich fertig war, sondern aus dem Kreise der Bevollmächtigten, also den Vertretern der Regierungen. Er hatte eine ganze Reihe von ihnen beschickt, aber lange ohne Erfolg: keiner hatte Neigung bezeigt, das sinkende Schiff zu besteigen. Unter den von ihm Befragten hatte sich auch Souchay befunden, auf den man ihn hingewiesen, da er im Reichsdienst ja doch schon tätig gewesen war und von dem es im übrigen hieß, daß er demnächst nach England gehen wolle, der sich also, so meinte man, aus einer Kompromittierung seines politischen Rufes nichts zu machen brauchte. Souchay hatte aber abgelehnt, ebenso wie Harnier, den der Erzherzog gleichfalls aufgefordert hatte. Da gab dann der Erzherzog den Gedanken eines Bevollmächtigten-Ministeriums auf; unter dem Eindruck der Unterredung mit Fischer stellte er jetzt nur den einen Gesichtspunkt auf: Erhaltung der Reichsverweserschaft gegen jede Gefahr, sie komme, woher sie wolle, und jetzt endlich hatte er Erfolg. Es entstand das merkwürdige Ministerium, in dem der bisher auf der äußersten Rechten der Paulskirche sitzende preußische Geh. Justizrat Gräwell den Vorsitz, der Hannoveraner Detmold die Justiz, der Hamburger Merck die Finanzen, der früher in türkischen Diensten befindliche General Jochmus das Auswärtige und der hessische Generalleutnant Fürst Wittgenstein den Krieg übernahmen. Dieser letztere war ein Intimus des preußenfeindlichen Prinzen Emil von Hessen, und von Detmold wissen wir, daß er hauptsächlich von dem Erzherzog durch die Erwägung zur Annahme bestimmt worden sei, daß man dem Reichsverweser das Bleiben ermöglichen müsse, damit seine Macht nicht in preußische Hände komme; das neue Ministerium der Erhaltung war also antipreußisch, antiunionistisch — insofern der Unionsgedanke damals der herrschende Gedanke der preußischen Politik war — und damit zugleich starr-partikularistisch, denn eben der Partikularismus, die Selbständigkeit der Teile, war bedroht, wenn die Union und damit die preußische Hegemonie zur Ausführung kam. Das neue Ministerium trat im Augenblick hervor, als eine österreichische Denkschrift erging (16. Mai), in der gegen die Union alle möglichen Bedenken erhoben, der Übergang der provisorischen Zentralgewalt an Preußen abgelehnt wurde;[1]) es war das alles noch kein Bruch, aber die Wege begannen, sich zu scheiden. —

Das persönlich markanteste Mitglied des neuen Rates des Reichsverwesers und zugleich der schärfste Vertreter des in ihm zum Ausdruck kommenden Geistes war Detmold, der bekannte Schöpfer des „Piepmeyer"-Typus, bisher mehr als Spaßvogel bekannt, in Wirklichkeit aber besser als der Mephistopheles der deutschen Einheitsbewegung zu bezeichnen.[2]) Ihm fehlte jede Spur eines Verständnisses der idealen Momente der Bewegung, er hatte von Anfang an nur Hohn und Spott dafür gehabt, sah bei den Andersdenkenden entweder nur Borniertheit oder Schufterei, besaß aber freilich auch für die Fehler der Gegner, gerade wie sein Freund Stüve, einen ungewöhnlich scharfen Blick und besorgte nun die Liquidationsgeschäfte des ganzen Einheitsunternehmens offenbar mit einer Art diabolischen Vergnügens.

Für Frankfurt hatte seine Erhebung zum Minister noch die besondere Bedeutung, daß Detmold in sehr nahen Beziehungen mit Guaita stand — er wurde in diesem Jahre sogar sein Schwiegersohn —, demselben Guaita, den wir als einen besonders zähen Gegner der preußischen Politik von früher her kennen. Der alte Bund zwischen dem hannoveranischen und dem Frankfurter Sondertum, der früher in den Fragen des Zollvereins Preußen sich entgegengestellt hatte, knüpfte sich in diesen persönlichen Beziehungen also aufs neue, und zwar

[1]) Vgl. die überaus scharfe, endgültige Abweisung dieser Forderung durch den Erzherzog in dem Schreiben, das der neue Präsident des Reichsministeriums am 24. Mai an den preußischen Bevollmächtigten richtete. Deutsche Chronik von 1849.

[2]) Eine Korresp. der Deutschen Zeitung, Nr. 150, 2, nennt ihn mit Bezug auf seine Kleinheit den „Reichsgnom".

um so fester, je deutlicher Preußens natürlicher Beruf, an die Spitze Deutschlands zu kommen, jetzt hervorgetreten war.

Das Parlament hatte die Mitteilung von der Bildung dieses Ministeriums mit Hohngelächter entgegengenommen und am nächsten Tage beschlossen, daß diese Ernennung als eine Beleidigung der Nationalrepräsentation anzusehen sei. Allein an der eisernen Stirn der neuen Reichsminister prallte selbst dieses Mißtrauensvotum ab, und da es selber nicht weichen wollte, da auch die Hoffnungen der äußersten Linken auf ein Übergreifen der süddeutschen Bewegung auf die Maingegenden sich nicht erfüllten, so blieb nichts übrig, — als daß das Parlament wich.

Es war schon fast zu spät. Seine Lage war schon fast eine unwürdige geworden. Welch' ein Zustand, daß das Montagskränzchen, wie Plakate an allen Straßenecken verkündeten, bereits eine Sammlung von milden Gaben eröffnete, die für diejenigen Abgeordneten bestimmt waren, denen die Regierungen ihre Diäten vorenthielten! Welch' ein Wandel der Dinge: für die Nationalsouveräne milde Gaben![1])

Die Ehre ließ jetzt nur noch die Wahl zwischen Vertagung und Verlegung nach Stuttgart. Der erstere Ausweg war der mildere. Er war unausweichlich, wenn die Versammlung ihre Sache von der der Anarchie trennen wollte, — er wurde aber abgelehnt.

Hiermit war deutlich ausgesprochen, was die jetzige Mehrheit der zum Rumpfparlament gewordenen Nationalversammlung eigentlich wollte. Sie wollte unzweifelhaft selbst die Gewalt in die Hand nehmen, um sich an die Spitze der Bewegung im südwestlichen Deutschland zu stellen: „Ich sage es offen und frei heraus", erklärte Vogt, „weil wir die Mittel dazu hier nicht haben und weil wir hoffen, sie in Stuttgart in die Hände zu bekommen, deshalb wollen wir dahin gehen." Das war der Konvent; das Bekenntnis zu dem, was am Abend des 17. September 1848 noch abgelehnt worden war.

Es fehlte nicht an beweglichen Warnungen. Gerade um

[1]) Vgl. Verhandl. der Nationalversammlung, Bd. 9, S. 6773.

der Versammlung ihren Charakter als einer deutschen zu bewahren, müsse sie, erklärte Gfrörer, in Frankfurt bleiben, der alten Kaiserstadt, die so tief in die Farben der National-erinnerungen getaucht sei und die mit diesen Erinnerungen so stark bei den Verfassungsarbeiten mitgewirkt habe, und Ludwig Uhland erklärte, daß die Versammlung unlöslich geknüpft sei an diese Stadt, die durch ihre zentrale Lage an der Linie, wo Süd und Nord des Vaterlandes sich berühren, und durch ihre neutrale Stellung vor allen Städten für den Ausdruck des gemeinsam Deutschen, eben der National-versammlung, besonders geeignet gewesen sei; „wenn wir diesen Ort verlassen“, rief er, „so machen wir einen neuen Riß in die große deutsche Gemeinschaft“, — seine Mahnungen blieben unbeachtet, der Beschluß wurde gefaßt, die Versammlung ging, freilich nur, um drei Wochen später als ein revolutionärer Klub ein unrühmliches und schmachvolles Ende zu finden, am 18. Juni, nur elf Monate nach ihrem ersten Zusammentreten, — ein tragisches Ereignis in der Geschichte unseres Volkes, ein Ereignis, dessen Gesamtverlauf nachzusinnen und nachzutrauern die, die es miterlebt hatten, nicht müde wurden.

Wilhelm Jordan, der durch die Paulskirche zum Frankfurter gewordene, schrieb drei Jahre später, im Rückblick auf das Erlebte, das ihm den Antrieb zu ganz andersartigem Schaffen gegeben, in seinem Demiurgos:

„In jenem Zuge bin ich mitgegangen,
Der aus dem Römer nach Sankt Pauli zog.
O, welche Zeiten schienen anzufangen,
Und welches Ziel des Ruhmes schien zu hoch,
Als laut vom Dom dieselben Glocken klangen,
Auf deren Ton vordem die Kunde flog
In alle Welt: das Reich ist neu geboren,
Der Christen Herr, der Kaiser ist erkoren!

Wir sah'n uns schon zur alt-ureignen Sitte,
Zur alten Form, vom neuen Geist verklärt,
Zum alten Ruhm als Herrschervolk der Mitte
Nach langem Zwischenreich zurückgekehrt,

Der halben Welt zum Trotz mit ew'gem Kitte
Geeinigt durch ein mächtig Kaiserschwert
Und meergewaltig wie die edlen Ahnen
Im Hansabund auf allen Ozeanen.

Durch Bomben, die in unsre Städte krachten,
Sind aus dem Traum wir jäh emporgeschreckt.
Der Meuchelmord, das Standrecht und die Schlachten,
Die deutschen Grund mit deutschem Blut befleckt,
Entsprangen unserm brünst'gen Einheitstrachten
Und haben ihm ein schnelles Ziel gesteckt.
Wir zogen ein, umjauchzt und froh ergriffen —
Wir zogen aus — verfolgt und ausgepfiffen."

Neuntes Kapitel.

Stadtverfassung und Union.

1.

Vom 1. Juni an war die Paulskirche geschlossen. Am Tage vorher hatte das Bureau der Nationalversammlung die Schlüssel dem evangelisch-lutherischen Gemeinde- und Kirchenvorstand zurückgesandt. Die Räume, in denen so lang die Geschicke Deutschlands zur Beratung gestanden hatten, waren jetzt leer und stumm.

Allein das äußere Fortgehen der Versammlung von Frankfurt hatte noch keine vollkommene, auch innere Loslösung zur Folge. So wie die in Stuttgart Befindlichen sich beständig zurücksehnten „nach Frankfurt mit seinem gelben Maine, seiner frischeren Luft, seiner entschiedeneren Gesinnung, seinen Sachsenhäusern und seinem Montagskränzchen“[1]), so weilte auch dieses Letztere im Geiste und mit seinen Sympathien weiter beständig bei den Stuttgartern. Man hegte in seinen Kreisen, wie es scheint, die chimärische Hoffnung — am 8. Juni sprach das Julius Friedleben in der Konstituante ganz offen aus — daß es im Laufe der Entwicklung vielleicht zur Bildung eines süddeutschen Vereins republikanischer Staaten kommen dürfte, der sich etwa an die Schweiz angliedern könnte, ja, man blieb auch mit den Genossen in Stuttgart in ganz direkter Verbindung: am 10. Juni wurde Reinganum durch Schreiben der neuen Reichsregentschaft unter Hinweis auf den Beschluß vom 6., der die Wirksamkeit der provisorischen Zentralgewalt aufhob, bevollmächtigt, das Eigentum

[1]) Volksblatt 1849 Nr. 91. Korresp. aus Stuttgart vom 5. Juni.

des Reiches, soweit es noch in den Händen dieser Gewalt sei, zu reklamieren und der Reichsregentschaft auszuliefern,[1]) und wenn damit also der Führer der Linken in der Konstituante von dem, was von der Nationalversammlung noch am Leben war, ganz offiziell zum Testamentsvollstrecker ernannt worden war,[2]) so lag in diesem Vorgange zugleich auch ein gewisser Symbolismus: es sprach sich das innere Verhältnis zwischen der Linken und der Konstituante darin noch einmal mit besonderer Deutlichkeit aus, und so wie der Geist der entschiedenen Linken bisher schon im Hause Limpurg Hege und Pflege gefunden, so wurde die Konstituante jetzt, nachdem das Rumpfparlament von Frankfurt weggezogen war, gewissermaßen sein Erbe.

In welchem Grade dies der Fall war, lehrt ein Blick auf die Verfassungsberatungen dieser Wochen. Es ist besonders bezeichnend, daß sich in den allgemeinen Bestimmungen des Entwurfes Sätze wiederfinden, die ursprünglich in den Grundrechten gestanden, in dem Parlament aber keine Mehrheit gefunden hatten. In der Konstituante begegneten sie jetzt besserem Verständnis, so z. B. die Erklärung des Artikels 9: „Der Adel ist aufgehoben." Vergebens war der Widerspruch der Gemäßigten; Schwarzschild dekretierte: „Der Adel muß ausgerottet werden; dieser Stand ist ein Auswuchs der Menschheit von jeher", — und so geschah es; als Jucho bei der Abstimmung seine Stimme dagegen abgab, da erhob die Gallerie ein Gejohle des Mißfallens, — ganz nach den berühmten Mustern der Paulskirche.

Der Eindruck dieser und ähnlicher Abstimmungen hatte Binding den Vorsitz in der Versammlung gründlich verleidet; er hatte am 14. Mai eine Wiederwahl abgelehnt, und nun war Hadermann Präsident der Konstituante geworden, — zum deutlichen Kennzeichen, wohin die Weiterfahrt gehen sollte.

[1]) Deutsche Chronik 1849.

[2]) Die Maßregel blieb, wie die Dinge lagen, praktisch natürlich ohne weitere Folgen; wir hören nur, daß Reinganum durch Schreiben vom 15. Juni den Fürsten Wittgenstein von dem ihm gewordenen Auftrage in Kenntnis setzte.

Die Versammlung war jetzt mit dem 3. Abschnitt des Entwurfs: „Von den Staatsgewalten“ in die Beratung der wichtigsten Bestimmungen eingetreten, von deren Gestaltung es abhing, ob Frankfurt im wesentlichen Frankfurt bleiben oder ob es ein demokratischer Versuchsstaat werden sollte, und es kam nun auch hier zu besonders heißen Debatten. Es handelte sich u. a. um Zusammensetzung und Wahl des Volksrats. Daß die Wahlen unmittelbar und geheim sein sollten, war schon durchgesetzt, nun kam noch die Frage der Wahlbezirke. Der Entwurf sah für die Stadt einen einzigen Wahlbezirk vor, so daß also jeder städtische Wähler 80 Deputierte auf seinen Stimmzettel zu bringen haben sollte. Was bei derartiger Einrichtung herauskam, das hatte man bei den Wahlen zur Konstituante bereits gesehen; das sollte sich nach Ansicht der Gemäßigten nicht wiederholen. Mappes machte also den sehr vernünftigen Vorschlag, die Stadt zum Zwecke der Wahlen in acht Bezirke zu teilen, es wurde ferner gegenüber der Bestimmung des Entwurfs, daß der Volksrat jährlich völlig erneuert werden solle, der Vorschlag gemacht, daß jährlich nur ein Drittel ausscheiden möge, und es hätte sich gegenüber diesen Vermittlungsanträgen zeigen können, ob die Führer der Mehrheit wirkliche Politiker waren; denn wenn man den Gegnern entgegengekommen wäre und sie sich dadurch verbunden hätte, so wäre es ganz gewiß möglich gewesen, wichtige Kernstücke demokratischer Staatsauffassung für Frankfurt dauernd zu sichern, allein man dachte gar nicht daran. Im Gefühl der Überlegenheit, die die ganz sichere Mehrheit gab, wurde alles zurückgewiesen, was nicht der von Genf bezogenen Schablone entsprach: die Abstimmungsmaschine köpfte rücksichtslos, was nach Maß und Vernunft aussah und die Antragsteller wurden hintennach noch in dem „Volksblatt“ dem Hohn oder gar dem Gelächter preisgegeben.

Unter diesen Umständen vollzog sich immer deutlicher eine Scheidung der Geister.

Es hätte eine Warnung sein können, daß die Austritte sich mehrten, daß am 23. Mai z. B. eine so stark in Vordergrunde stehende Persönlickeit wie Heinrich Hoffmann mit der ganz offenen Erklärung ausschied, es sei eine weitere Beteiligung an den Beratungen zwecklos, da die Minderheit nicht die geringste Aussicht habe, jemals mit ihren Wünschen Berücksichtigung zu finden; die Warnung verfing nicht, und so brachte es denn gerade der Ungestüm der Radikalen dahin, daß alle bisher noch vorhandenen Unterschiede verschwanden und daß alle diejenigen, die Frankfurt nicht dem Fanatismus der unduldsamen Freiheitsapostel ausgeliefert sehen wollten, zu einer einzigen Partei zusammengeschmolzen, die sich hauptsächlich durch das geeint fühlte, was sie verhindern wollte, und deren Führung ganz von selber Souchay zufiel, der in der Bekämpfung der Extravaganzen der Radikalen durch Sachkenntnis, persönliches Gewicht und Beredtsamkeit allen voranleuchtete.

Am 8. Juni gab es noch eine letzte Hauptdebatte, in der die Gestaltung des Staatsoberhauptes, also die Krönung des Ganzen, zur Beratung stand. Von den verschiedensten Seiten her wurden Bedenken erhoben gegen die geplanten 7 Regierungsräte, die immer nur 5 Jahre amtieren sollten, und wurden Abänderungsvorschläge gemacht, um in die eigentliche Staats-Regierung wenigstens etwas mehr Stabilität zu bringen. Souchay erinnerte an die Lehren der Geschichte: alle Republiken, die die Stetigkeit aus ihrem Organismus verbannt hätten, seien dem unvermeidlichen Untergange anheimgefallen; er erinnerte die Gegner, die immerfort nach den fremden Mustern schielten, daran, daß Staatseinrichtungen so wenig wie Bäume sich nach Willkür verpflanzen, ausreißen und wieder einsetzen ließen, — was er aber auch sagen mochte, was auch andere, wie z. B. Hessenberg, Cöster, an klugen und vernünftigen Einwendungen vorbrachten: es war alles in den Wind geredet.

Am 11. Juni sollte abgestimmt werden. Niemand war zwar darüber zweifelhaft, wie die Abstimmung ausfallen werde, Souchay ergriff aber doch noch einmal das Wort. Er sprach, so schreibt ein Berichterstatter,[1]) mit einer Resignation, die

[1]) Deutsche Zeitung 161, Beilage.

an Bitterkeit streifte, wenn er hervorhob, wie der stattliche und doch immerhin wohnliche Bau, dem er selbst Jahre lang die besten Kräfte eines reichen Wissens und redlichen Wollens gewidmet, in törichtem Eifer niedergerissen werde, um dafür aus den Händen politischer Charlatane ein leichtes und luftiges Gebäude einzutauschen, das der erste Hauch einer veränderten Zeitströmung über den Haufen werfen werde. Es war das Wort eines wirklich ehrlichen Frankfurter Patrioten, der durch seine ganze sonstige Haltung gegen den Verdacht gesichert war, daß er nur so spreche, weil er über die philisterhafte Gewöhnung an alte Verhältnisse nicht hinauskönne; es war ein Herzenston reinster Heimatsliebe, der sich hier vernehmen ließ, aber auch er verhallte. Der Antrag der Mehrheit wurde angenommen.

Den Führern war Frankfurt als solches eben Hekuba. Sie wollten in Frankfurt einen demokratisch-radikalen Kernstaat schaffen, von dem aus das Ganze beständig in demokratisch-radikaler Bestrahlung gehalten werden konnte. Ihr Ziel ging aufs Ganze. Wie hieß es am Schlusse des Berichtes der Mehrheit?: „Die Verfassung, entsprossen aus den Gedanken einer großen Zeit, solle beitragen zu der Erfüllung der großen, für alle gemeinschaftlichen Aufgaben, zu der Vervollkommnung des Menschengeschlechts."

II.

Indem König Friedrich Wilhelm IV. die Krone und die Verfassung der Paulskirche endgültig ablehnte, hatte er gleichzeitig erklärt, er wolle sich der Aufgabe der nationalen Neugestaltung trotzdem nicht entziehen, und hatte aufgefordert, Bevollmächtigte nach Berlin zu senden, um das Nähere zu beraten.[1])

Das Ergebnis dieser Beratungen, die unter dem Vorsitz von Radowitz am 17. Mai ihren Anfang genommen hatten, war ein Bündnis Preußens mit Sachsen und Hannover vom

---

[1]) Vgl. hierüber jetzt vor allem Fr. Meinecke, Radowitz und die Deutsche Revolution S. 279 ff.

26. Mai, der „Entwurf einer Verfassung des Deutschen Reiches“ vom 28. Mai und ein Rundschreiben der drei verbündeten Regierungen an die übrigen Mitglieder des deutschen Bundes mit der Einladung zum Beitritt. Das Bündnis beruhte nach diesem Rundschreiben auf Artikel 11 der deutschen Bundesakte. Es sollte bewirken „den gegenseitigen Schutz seiner Glieder gegen den inneren und äußeren Feind“ und übertrug die Leitung der hierzu erforderlichen Maßregeln an Preußen. Er schloß zugleich in sich die Mitwirkung zum Abschluß „eines Verfassungswerkes, das für das gesamte Deutschland eine unabweisliche Notwendigkeit geworden“, das bisher nur nicht möglich gewesen sei, da die verbündeten Regierungen die von der Nationalversammlung entworfene Verfassung nicht hätten anerkennen können. Die drei verbündeten Regierungen legten also ihren Entwurf hierzu als gemeinsamen Antrag vor und sprachen die Hoffnung aus, daß er Anklang finden werde. Sie bemerkten dabei, daß der rechtsgültige Abschluß auf der freien Zustimmung der Nationalvertretung beruhe. Sie würden also in Gemeinschaft mit den Regierungen, welche sich dem Entwurfe anschlössen, einen Reichstag nach den Bestimmungen berufen, die der Entwurf vorläufig bezeichne. Diesem Reichstag werde der Entwurf zur Beratung und Zustimmung übergeben werden.

Mit dem Hervortreten dieser preußischen Aktion ging ein Aufatmen der Erleichterung durch die Reihen aller derer, die nicht die Politik nur um des Parteiprogrammes willen betrieben. Smidt begrüßte den preußisch-hannoverisch-sächsischen Vorschlag „als das Gebirge Ararat, auf dem der deutschen Arche der erste Ankerplatz geboten werde, um sich aus dem Sturm der Revolution zu retten“, und dieser Eindruck mußte noch verstärkt werden durch die Energie und die Schnelligkeit, mit der Preußen gerade jetzt, angeregt durch die Hilfsgesuche, die von Baden und Bayern gekommen waren, seine militärischen Kräfte entfaltete.

Es war offenbar, daß ihm die Hilfsgesuche gerade in dem gegenwärtigen Augenblicke willkommen gewesen waren, daß es die Gelegenheit gern ergriffen hatte, sich im Südwesten

Deutschlands als der feste Hort gegen die Umsturzgelüste zu bewähren. Und die preußische Regierung gab dem ganzen Unternehmen noch eine erhöhte Bedeutung, indem sie den Oberbefehl über die zwei preußischen Armeekorps, die in Bewegung gesetzt wurden und die mit dem von Peucker befehligten gemischten Korps gemeinsam operieren sollten, dem Prinzen von Preußen übertrug. Das unerwartete Verhalten des Inhabers der provisorischen Zentralgewalt war bei diesen Entschlüssen wohl mit von Bedeutung: durch das Schwergewicht der Macht sollten die Dinge in ihre naturgemäße Bahn gedrängt werden; indem aber der Prinz der südwestlichen Staatenwelt wieder Gesetz und Ordnung brachte, sollte er zugleich den persönlichen Mittelpunkt abgeben, um den diese Welt sich gruppieren konnte, sollte er den Gedanken der Union lebendig vertreten.

Dieser Gedanke erschien unter solchen Umständen der Nationalpartei so aussichtsvoll, daß sie es für politisch richtig hielt, ihn ihrerseits durch einen Akt des Vertrauens zu begrüßen und damit zugleich die deutsch-nationale Richtung in der Umgebung des Königs, wo, wie man wußte, auch eine andere, rein borussische Richtung entgegenwirkte, zu stärken. Dahlmann also und einige andere leitende Persönlichkeiten von der Erbkaiserpartei forderten die Gleichgesinnten öffentlich auf, am 26. Juni in Gotha in einer Art Nachparlament zusammenzukommen, um zu dem preußischen Plane Stellung zu nehmen.

Für die Demokratie war dieser Weg natürlich nicht gangbar. Für sie gab es nur die am 28. März beschlossene, mit Jubelstürmen begrüßte, mit tausend Eiden bekräftigte Reichsverfassung. Für diese war jetzt ein Teil des deutschen Volkes in den Kampf getreten: daß Preußen sich anschickte, diese Kämpfer als Rebellen zu Paaren zu treiben, das machte ihr das von ihm zu gleicher Zeit angebotene Verfassungswerk vollends unannehmbar. Die Union erschien ihr in diesem Zusammenhang nur als ein schlau ersonnenes Blendwerk, dazu bestimmt, die Gutgläubigen zu kirren, die eigentlichen preußischen Absichten aber zu verbergen. Diese eigentlichen

Absichten schienen allein darauf zu gehen, in Deutschland die Herrschaft des Säbels zu begründen. Die Demokratie stand also dem preußischen Angebot in leidenschaftlich ablehnender Haltung gegenüber; für sie war Preußen schlechthin der Feind.

Es war unter diesen Umständen keine ganz leichte Entscheidung, vor die die Regierung von Frankfurt gestellt wurde, als der preußische Resident Balan ihr die Einladung brachte, zu dem Bündnis vom 26. Mai hinzuzutreten. Für sie war in ihrer damaligen Lage zunächst nur der Wille der Konstituante maßgebend, und wohin der ging, das konnte man, wenn es dessen noch bedurfte, aus den wütenden Angriffen entnehmen, die die Radikalen gegen Jucho schon bloß deshalb gerichtet hatten, weil er beim Wegzug des Parlaments erklärt hatte, in Frankfurt bleiben zu wollen, ohne sein Mandat zugleich niederzulegen.

Als in jener entscheidenden Sitzung der Konstituante vom 11. Juni bei einer etwas langen Rede Varrentrapps, in der der Mehrheitsentwurf namentlich auch unter Hinweis auf das viele Gute bekämpft wurde, das die alte Verfassung Frankfurt gebracht haben sollte, die Gegner durch Lärm ihre Ungeduld bekundeten und Jucho in allerdings nicht sehr geschickter Weise seinen Freunden zurief: „Sie wollen von der Ehre ihrer Vaterstadt nichts hören, — wir gehen!“ und damit also zu einem Massenaustritt der Rechten aufforderte, da scholl ihm aus den Reihen der Linken der zornige Ruf entgegen: „Nach Stuttgart, wo Sie hingehören!“

Bei der Machtstellung, die die Konstituante zunächst noch in Frankfurt einnahm, hätte der Senat also natürlich gar nicht daran denken können, einer Versuchung, wenn sie ihm etwa kam, nachzugeben und der preußischen Einladung zu folgen; es muß aber bemerkt werden, daß ihm eine solche Versuchung gar nicht kommen konnte, denn was seine eigenen Gesinnungen anlangte, so führten sie ihn ungefähr denselben Weg wie die Demokratie. Gewiß gab es unter den Senatoren einige national Gerichtete; sie waren aber ohne Einfluß, seitdem Souchay nicht mehr zu ihnen gehörte, die Führung lag daher durchaus bei denen, deren weltfremde politische Weisheit sich nun einmal nicht über den Satz zu erheben vermochte, daß die Erhaltung des Senates und seiner Autorität im Innern und nach Außen im Grunde das Beste sei, für die also etwas wie die vorgeschlagene Union natürlich gar nichts Verlockendes hatte, denn die Union bedeutete den Bundesstaat, noch dazu unter preußischer Führung, mindestens also halbe Mediatisierung.

Es kam hinzu, daß zwischen einzelnen Senatoren und der Reichsregierung persönliche Beziehungen bestanden, daß sich aber auch überhaupt zwischen Frankfurt im allgemeinen und dem Erzherzog-Reichsverweser eine Art gemütlichen Verhältnisses herausgebildet hatte, das Berücksichtigung erheischte: waren doch die Jubeltöne, mit denen er ehedem in Frankfurt empfangen worden war, in den Herzen der Frankfurter niemals verklungen, die ersten Eindrücke dann weiter durch die gewinnende Art des Erzherzogs, durch sein und seiner Gemahlin schlichtes Auftreten, ihre Bürgerfreundlichkeit dauernd erhalten und verstärkt worden. Es war so ein Zustand freiwilliger Unterordnung eingetreten; man sah ihn an beinahe wie einen Souverän der Stadt, den man darum nicht minder hoch schätzte, daß er keinerlei Ansprüche machte. Es konnte daher auch aus diesem Grunde dem Senat nicht leicht in den Sinn kommen, irgend etwas zu tun, was dieses Verhältnis gestört hätte.

Wenn es demnach auf Sympathien und Antipathien ankam, so stand der Senat in seiner Mehrheit mit den Demokraten in einer Linie: zurückgebliebenster Partikularismus und äußerster Radikalismus reichten sich hier die Hand, und als dritter im Bunde trat noch der Ultramontanismus hinzu, der in Frankfurt bisher ja noch im Hintergrunde stand und nur durch einzelne Persönlichkeiten vertreten wurde, aber immerhin schon in Betracht kam, namentlich, nachdem ihm in Beda Weber, der im Sommer 1849 zum Stadtpfarrer erwählt wurde, ein geistesstarker Führer erwachsen war.

Allein Vorsicht war doch auch geboten. So wenig Liebe man dem Unionsgedanken auch entgegenbrachte: es konnte doch nicht als ausgeschlossen gelten, daß eines Tages eine Vernunftehe mit dem preußischen Werber sich als notwendig herausstellte — trotz der bösen Konstituante. Es galt also, wie man dies schon im Innern mußte, auch im Äußeren klug zu lavieren und einen bestimmten Kurs so lange als möglich zu vermeiden. Man konnte dabei immerhin gelegentlich der Regierung des Reichsverwesers verstohlen die Hand drücken, ja man mußte dies sogar, um ihr in diesen gefährlichen Zeitläuften den Mut zu stärken, im übrigen aber mußte man den Mienen den Ausdruck herbster Jungfräulichkeit geben, sich eine bestimmte Entschließung nach allen Seiten hin wahren, Zeit gewinnen, um damit vielleicht auch schließlich das ganze Spiel zu gewinnen.

Der ältere Bürgermeister Dr. Müller, den wir kennen und der von nun an in den Vordergrund tritt, war ganz der Mann, eine solche Politik zu vertreten.

Die erste Gelegenheit, mit seinen Gaben eines politischen Eiertänzers zu debütieren, bot sich, als der Aufmarsch der preußischen Armee zu dem badischen Feldzuge erfolgte und ein Teil der anrückenden Truppen Frankfurt passierte.

Die preußische Regierung hatte es unterlassen, Frankfurt deswegen diplomatisch zu begrüßen. Hatte sie gemeint, die preußischen Soldaten würden, als Erretter vor den Gefahren der Revolution, hier mit Ungeduld erwartet werden? Wenn dies der Fall war, so sollte sie bald eines Besseren belehrt werden.

Am 10. Juni meldete der Kommandant Deetz dem Quartieramte für den 11. die Ankunft von zwei Bataillonen Infanterie, einem Regiment Kavallerie und einer schweren Fußbatterie; am 12. sollten drei weitere Bataillone folgen. Kurz vorher hatte der preußische Resident geschrieben, er erwarte, der Senat werde diesen Truppen die nötigen „Facilitäten“ gewähren.

Dies letztere geschah nun wohl, da es ja natürlich gar nicht verweigert werden konnte, da übrigens auch der Kommandant Deetz, der hier zunächst in Betracht kam, nicht viel fragte, sondern einfach zusammen mit dem Quartieramt verfügte und die Truppen, da die Kasernen als zu schlecht befunden wurden, den Bürgern in die Quartiere legte.[1]) Der Senat konnte das nicht hindern, er unterließ es aber nicht, seinen Standpunkt zur Geltung zu bringen. Auf das Schreiben Balans erfolgte also umgehend von der Hand Müllers die Antwort, daß er von seiten des Oberkommandos der hier garnisonierenden Reichstruppen noch keine Meldung bekommen habe und daß er die Sache nicht verstehe. Er müsse fragen, auf wessen Anordnung die preußischen Truppen einmarschiert seien, und müsse auf jeden Fall schon jetzt im Namen des Senates jede Verantwortung ablehnen und Verwahrung einlegen.

Das war forsch und deutlich. Symbolisch hatte man damit Preußen die Tür gewiesen. Der Demokratie gegenüber, die über das Erscheinen der bewaffneten Gäste natürlich äußerst beunruhigt war, konnte man, wenn nötig, auf diese Äußerung sich berufen. Allein man mußte Sorge tragen, Preußen nicht zu sehr zu verstimmen. So ließ denn also Müller in der mündlichen Unterhaltung mit dem preußischen Residenten, die diese auffallend schroffe Kundgebung natürlich im Gefolge hatte, eine ganz andere Tonart erklingen. Er spielte hier die Rolle des in peinlicher Verlegenheit Befindlichen; er äußerte sich in der verbindlichsten Weise und suchte auf alle Art zum Ausdruck zu bringen, daß er persönlich an der Kundgebung ganz unbeteiligt sei. Er schob die ganze Schuld auf die ultramontan-österreichische Partei, die nun einmal den Senat beherrsche. Vertraulich erzählte er Balan, er habe die größte Mühe gehabt, der preußenfeindlichen Clique im Senate gegenüber zu erreichen, daß Frankfurt nicht eine formelle Beschwerde beim Reichsministerium eingereicht habe.

Balan hörte diese Entschuldigungen in korrekter Haltung an, verhehlte aber nicht, daß sie seiner Meinung nach nicht ausreichend seien. In einem Augenblicke, in dem Preußen Frankfurt zum Beitritt zu dem Drei-Königs-Bündnisse eingeladen habe, sei die Verwahrung Frankfurts gegen den Ein-

[1]) Volksblatt vom 20. Juni 1849.

marsch preußischer Truppen höchst befremdend. Als Müller auf die Zwangslage verwies, in der sich der Senat der Konstituante gegenüber befinde, unterließ Balan nicht, ihn darauf aufmerksam zu machen, daß das dem Senat von Preußen angebotene Bündnis das beste Mittel sei, aus dieser Lage herauszukommen, denn es werde der Regierung wieder die Kraft zurückgeben, die ihr durch die Zeitumstände und die Konstituante aus der Hand gewunden sei, — eine Ausführung, an die sich dann ganz ungezwungen die Frage schloß, warum eigentlich Frankfurt noch keinen Bevollmächtigten nach Berlin gesandt habe.

Müller beeilte sich, zu versichern, daß in dieser Beziehung alles vorbereitet sei, er erbat sich sogar von dem Residenten eine Meinung darüber, wen er wohl für den Geeignetsten hielte; jedenfalls versprach er, die Sendung aufs äußerste zu beschleunigen.

Was es mit dieser Versicherung auf sich hatte, werden wir sehen. Was aber die Andeutung Balans anlangte, daß die Union eine Rückversicherung gegen die Demokratie und ihre Ausschreitungen sein könne, so lieferten die nächsten Tage Stoff, darüber nachzudenken.

III.

Wir wissen, daß die Mehrheit der Konstituante eine allgemeine Volksbewaffnung, also ein direktes Eintreten Frankfurts in die Kampfstellung, gefordert, daß der Senat dieser Forderung bisher widerstanden hatte. Am 19. Mai hatte er sie erneut abgelehnt, die Konstituante hatte sich aber auch jetzt nicht beruhigt, sondern, gereizt durch die militärischen Vorbereitungen der Gegner, nochmals „Bericht" eingefordert. Am 6. Juni erfolgte der gewünschte Bericht. Alle Einwände des Senats waren darin als unstichhaltig zurückgewiesen. Gegenüber der Ausführung des Senats, daß neben der Begeisterung für die deutsche Sache und neben dem Drange für die Anerkennung der deutschen Verfassung auch andere, mit diesem allen nicht übereinstimmende Ideen Wurzel gefaßt hätten, daß von gewissen Seiten eine Richtung eingeschlagen worden sei, deren Verfolgen wahrlich nicht zum Heile unseres geliebten Vaterlandes führen könne, bemerkte die Kommission, dies Letztere sei wohl richtig, diese Bestrebungen drohten aber von ganz anderer Seite als von der, die der Senat meinte, nicht nämlich vom Volke, sondern von den Fürsten, und sie fragte nun, ob denn nichts, gar nichts geschehen solle, um das, wozu man sich mit dem Munde so freudig bekannt, zur Tat werden zu lassen; Frankfurt habe doch Pflichten zu erfüllen gegen die Reichsverfassung und gegen das Gesamtvaterland, das ihm sein Parlament und sein Werk anvertraut habe! In Anerkennung dieser Pflichten beantragte also die Kommission, die früheren Anträge noch einmal zu wiederholen und nur insofern zu modifizieren, als nur solche unter 19 Jahre alte Waffenfähige und Nicht-Frankfurter, die sich freiwillig stellten, aufgenommen werden sollten, und die Versammlung stimmte dem zu, das Volksblatt aber schrieb in bezug auf die Haltung der Regierung: „Die Gründe, welche der Senat für seine Meinung geltend macht, sind die des ängstlichen Separat-Bürgertums. Man kann oder will nicht verstehen, was ein aufrichtiges, ernstes Festhalten an der von dem Parlamente beschlossenen Reichsverfassung fordert, man stellt sich auf den Standpunkt aller anderen kleineren deutschen Regierungen, welche die Reichsverfassung mit dem Munde anerkannt haben, aber keinen Arm für sie erheben, sondern ruhig zusehen, wie die großen Rebellen gegen den volksgesetzlichen Zustand ihre anarchischen Gelüste mit Waffengewalt durchsetzen, man freut sich vielleicht im stillen hier wie anderwärts darüber. O, die Blinden, die Toren, sie sehen die Scylla nicht, an welcher ihre Erwartungen scheitern, sie hören nicht der Charybde Geheul, die ihre Hoffnungen verschlingt. Ihre falsche Tatlosigkeit wirft sie der Revolution in die Arme, die nach ihrem Siege die morschen Trönlein und Krönlein alle zermalmen wird; oder sie wirft sie als Beute dem Despotismus vor, der sie in seinem Siegesrausche als gute Prise erklären und mediatisieren wird.“

In diesem Tone redete täglich das Volksblatt, das war die Stimmung der Kreise, die die Mehrheit der Konstituante gewählt hatten, aus dieser Stimmung heraus griffen einzelne junge Frankfurter, wie Ernst Schalck, der Freund Friedrich Stoltzes, die Waffen und eilten dem Freikorps in der Pfalz zu, während Stoltze wenigstens mit seinen Liedern die Bewegung begleitete[1]), und nun kam plötzlich erst der Marschbefehl an das Frankfurter Linienbataillon, das dazu bestimmt war, als Bestandteil des Peuckerschen Korps den Feldzug gegen Baden mitzumachen, und dann der Einmarsch der preußischen Soldaten in die Stadt und die Einquartierung!

Wir hören, daß die preußischen Soldaten in ihren Quartieren freundlichen Willkomm und gute Behandlung fanden, und dies ist ein deutliches Anzeichen dafür, daß ein Teil des Frankfurter Bürgertums von der demokratischen Auffassung der Verhältnisse abwich und in den preußischen Soldaten eben doch wirklich die Wiederbringer der Ordnung sah; allein die demokratischen Unentwegten empfingen die Preußen jetzt in derselben inneren Haltung, wie am 18. September, und da sich unglücklicher Weise von seiten preußischer Soldaten einige Ausschreitungen zutrugen,[2]) so war ihre Anwesenheit eine starke Belastungsprobe für den Straßenfrieden. Es kommt dazu, daß, wie es scheint, von der Umsturzpartei in diesen Tagen, in denen alles auf des Messers Schneide stand, in Frankfurt irgend etwas geplant wurde; wenigstens berichtet Smidt (20. Juni), daß sich mit einem Male wieder verdächtige Gestalten gezeigt hätten und daß wieder Plakate erschienen, in denen die kleinen, von den badischen Truppen kürzlich errungenen Vorteile in übertriebener Weise geschildert, auch der Anbruch einer großen Revolution in Frankreich angekündigt wurde, welche dem unterdrückten Deutschland Hilfe schaffen werde. Auch die Nähe des Schauplatzes der

---

[1]) Prölß, Stoltze und Frankfurt, S. 223 ff.

[2]) Über einen besonders schweren Fall in Oberrad am 17. Juni vgl. Volksblatt vom 20. Juni 1849.

Kämpfe, die unterdessen am Neckar begonnen hatten, lieferte allerlei Stoff zur Aufregung. Verwundete wurden eingebracht, aber auch gefangene badische Insurgenten, die nun hier sofort auf Anordnung der Militärbehörde in Gewahrsam genommen wurden. Daß Frankfurter Gefängnisse dazu dienen mußten, diejenigen als Insassen aufzunehmen, die man nur als unglückliche Opfer ihrer Überzeugung ansehen konnte, rief starke Erregung hervor. Die Haltung der unteren Klassen wurde unter diesen Umständen wieder sehr angriffslustig, und da die militärischen Dispositionen so getroffen waren, daß am 18. Juni alle Truppen mit Ausnahme eines österreichischen Bataillons die Stadt verlassen haben mußten, so wurde gerade dieser Tag, wie in Stuttgart, so auch in Frankfurt ein kritischer Tag erster Ordnung. Die Parteinahme der Bevölkerung für die badische Revolution wurde eine so entschiedene, daß treu gebliebene badische Offiziere, von denen sich eine Anzahl nach Frankfurt begeben hatte, auf offener Straße als „Vaterlandsverräter" insultiert, daß die Häuser, in denen sie Aufnahme gefunden, mit Katzenmusiken und Fenstereinwerfen bedroht wurden.

Und nicht viel anders als auf der Straße ging es an diesem 18. Juni auch in der Konstituante her. In heftigen Reden wurde die alte, vom Senat immer noch zurückgestellte Forderung aufs neue erhoben, daß die Stadt endlich wieder wehrhaft gemacht, daß vor allem aber die Stadtwehr wieder unter den Oberbefehl des Senats gestellt werden möge.[1]) Eine noch offenere Sprache führte der Antrag Schwarzschild, der verlangte, daß das Frankfurter Linienbataillon unverzüglich zurückberufen werde, daß Frankfurt damit also auch offiziell seine Sympathie mit dem badischen Aufstande bekunden solle. Jucho hatte den Mut zu widersprechen und zog sich damit

[1]) Es konnte dabei an die allerdings auffällige Tatsache angeknüpft werden, daß an diesem Tage um 12 Uhr sämtliche Tore der Stadt, mit Ausnahme des Gallustores, von den Wachmannschaften verlassen worden waren, ohne daß der Regierung der Stadt Mitteilung gemacht worden wäre. (Volksblatt v. 19. Juni.) Als Grund der Maßregel gab das Militärkommando Überanstrengung der Truppen an.

wahre Stürme der Entrüstung von seiten der Linken und vom Zuhörerraume her zu. Die Stimmung gegen ihn wurde eine so feindselige, daß man wegen seiner persönlichen Sicherheit besorgt wurde; es wurden daher am Abend Kanonen mit brennenden Lunten vor seinem Hause aufgefahren, aber auch die ganze Stadt wurde unter besondere Aufsicht gestellt: Patrouillen zu Fuß und zu Pferd, an die scharfe Patronen verteilt waren, durchzogen die Straßen nach allen Richtungen, und noch während der Nacht wurden von Mainz Verstärkungen herbeigeholt.[1])

Diese Maßregeln genügten, um die äußere Ruhe zu erhalten, aber die innere Erregung blieb bestehen. Als Jucho in diesen Tagen Frankfurt verließ, um nach Gotha zu gehen, legten das Montagskränzchen und der Demokratische Verein öffentlich Verwahrung gegen diese Eigenmächtigkeit ein und kündigten ihm als dem Vertreter Frankfurts das Vertrauen. „Was wollen sie dort in Gotha?“, schrieb das Volksblatt (19. Juni); „sie fabeln immer noch von der Durchführung der Reichsverfassung auf ‚friedlichem und gesetzlichem‘ (!) Wege .... Sie wollen also immer noch vereinbaren zwei Elemente, die schon im offenen Kampfe auf Leben und Tod begriffen sind. Sie wollen vereinbaren den Sinn und den Unsinn, die Moralität und die Unmoralität, die Freiheit und den Absolutismus von Gottesgnaden. O geht, ihr politischen Stümper, wenn ihr nicht wirklich etwas schlimmeres seid, ihr kraftlosen Halbmenschen! O geht und legt euch schlafen, wenn die Geister der durch euch Gefallenen und Gemordeten euch schlafen lassen; und wenn ihr nicht schlafen könnt, nun so betet und bittet Gott, daß er euch eure Sünden ver-

[1]) Smidt 18. und 20. Juni. Volksbote vom 26. Juni (Nr. 50). Volksblatt Nr. 96. Smidt fügt seinen Notizen über diese Dinge die Bemerkung hinzu: „Die unteren Frankfurter Volksklassen gehören zu den schlechtgesinntesten in Deutschland. Die Offiziere der verschiedenen Truppen, welche hier in Garnison liegen, behaupten, daß man sich nirgends so viel Mühe gebe, die Soldaten zu verführen, wie in Frankfurt. Die Österreicher legen deshalb in der letzten Zeit nur stockböhmische Regimenter hierher, die kein Deutsch verstehen.“

gebe! Das Volk will nichts mehr von euch; es ist gewiesen an seine eigene Kraft, und es wird sich helfen."

Das war das Geleitwort der Demokratie an die „Gothaer!"

Im Geiste dieses Wortes wurde nun auch die erste Lesung des Verfassungsentwurfs zu Ende geführt.

Die radikal-demokratische Partei war jetzt in einem Zustande äußerster Gereiztheit. Die Hoffnungen, daß das süddeutsche „Volksheer" widerstehen würde, erfüllten sich nicht, es ging draußen täglich weiter rückwärts mit der Sache, die man verfocht: da sollte wenigstens in Frankfurt festgehalten werden! Mit einer Art von Wut verbiß man sich in jeden Buchstaben des Entwurfs; Erwägungen taktischer Art gab es nicht mehr, obwohl gerade das, was für die letzten Beratungen zurückgestellt war — die Bestimmung des Verhältnisses des Staates zur Kirche und des Verhältnisses der Kirche zur Schule — einem Gebiete angehörte, auf dem rücksichtsloses Attackereiten sich besonders wenig empfiehlt, und obwohl die hierauf bezüglichen Bestimmungen des Verfassungsentwurfes bereits zu Einsprüchen geführt hatten, die, wie z. B. die Eingabe des von Kriegk geleiteten Schulreformvereins, es verdient hätten, besonders ernst genommen zu werden.

Die Bestimmungen des Entwurfes, um den es sich handelte, waren in § 147 und 153 enthalten. Sie lauteten: „Die Verleihung von Dotationen für den Kultus von seiten des Staats findet fernerhin nicht statt. Die auf den Urkunden vom 2. Februar 1830 beruhenden, dem Kultus gewährten Dotationen bleiben in Kraft, können aber nie vermehrt werden", — und weiter: „Die öffentlichen Schulen sind nicht konfessionelle. Das Unterrichtsgesetz kann demnach die konfessionelle Religionslehre unter die Gegenstände des Unterrichts nicht aufnehmen, sondern nur eine reine Sittenlehre. Den Eltern und deren Stellvertretern bleibt es überlassen, für den Religionsunterricht der Kinder außerhalb der Schule zu sorgen." In diesen Bestimmungen kam der Gedanke der Trennung von Staat und Kirche, der Trennung von Schule und Religion in der denkbar schärfsten Weise zum Ausdruck, und man muß die Kühnheit fast bewundern, die es unternahm, aus dem obersten, auch hier feierlich verkündeten Leitsatze der radikalen Demokratie: „Religion ist Privatsache" mit einem Schlage alle Konsequenzen zu ziehen und also eine Stadt, in der Jahrhunderte hindurch äußerste konfessionelle Illiberalität geherrscht hatte, zu einem Hochsitze antikonfessioneller Liberalität zu machen. Wenn wir erwägen, wie es heute mit der praktischen Durchführung dieses Satzes bestellt ist, so wird man begreifen, welche Zumutung darin für die damalige Zeit lag, obwohl damals doch durch die Grundrechte für solche durchgreifende Neuerungen immerhin eine Basis gegeben war. Aber der Verfassungsentwurf ging auch hier über die Grundrechte noch hinaus, und es gab ferner in Frankfurt gewisse rechtliche Bestimmungen, die den geplanten Reformen schlechterdings im Wege standen und über die hinwegschreiten zu wollen schon in die Kategorie des Staatsstreichs gehörte. Diese Bestimmungen lagen vor allem in der Dotationsurkunde: sie verletzte der § 153 in der gröblichsten Weise, wenn er die Volksschulen für nicht-konfessionell erklärte, denn die acht verschiedenen Volksschulen waren in dieser Urkunde als teils protestantische, teils katholische Schulen den betreffenden Gemeindevorständen ausdrücklich zugestanden worden; keine juristische Interpretationskunst konnte daran etwas ändern. Wenn man jetzt plötzlich auf Grund der Erwägung, „daß es das Recht und die Befugnis des Staates sei, den Unterricht anders als bisher zu gestalten", den Gemeinden die Rechte, die ihnen bisher an diesen Schulen zugestanden hatten, nahm, so war das Raub, nichts anderes. Dies letztere war sogar die Meinung von Alexander Friedleben, der im übrigen mit den Radikalen durch Dick und Dünn gegangen war, dem die Konsequenzmacherei hier aber doch bedenklich wurde, der reformieren, nicht aber, wie er sagte, revolutionieren wollte: auch er verlangte wohl, daß die öffentlichen Volksschulen nicht-konfessionell sein sollten, aber er wollte diesen Grundsatz auf die neu zu gründenden beschränkt, die wohlerworbenen Rechte der evangelischen und katholischen Gemeinden dagegen gewahrt wissen. Auch Dr. Burkard, ein enragierter Freireligiöser, schloß sich dieser Forderung an, allein es war auch hier alles umsonst; umsonst die klugen und scharfen Ausführungen Bindings, umsonst die warmen Worte, mit denen Mappes zum Ausgleich riet: die Demokratenchefs behielten die Mehrheit fest in der Hand. Es handelte sich um ein Gebiet, auf dem Reinganum besonders zu glänzen vermochte. Wenn es galt, die Sünden der Vergangenheit, die frühere Unduldsamkeit an den Pranger zu stellen, dann steigerte sich seine Beredsamkeit zu mehr als gewöhnlicher Kraft und Wirkung. Auch Hadermann hatte einen großen Tag. Mit Rücksicht auf die Bemühungen der Gegner behauptete er, das Gewühl gegen den § 153 gehe nur von einigen Fanatikern aus und von der Partei, die überhaupt jede Handhabe ergreife, gegen diese neue Verfassung zu arbeiten. „In der Freiheit der Schule von der Kirche", so schloß er, „liegt Eure Zukunft! Ihr dürft die Schule nicht lassen, Ihr könnt sie nicht lassen!"

Dieser leidenschaftliche Appell blieb nicht ohne Wirkung: der § 153 wurde angenommen. (6. Juli.) Der Sieg war damit entschieden, allein es war ein Pyrrhussieg, denn er barg die spätere Niederlage in sich. Am Tage nach dieser Abstimmung erfolgte die entscheidende Versammlung, in der die Gründung eines Abwehrvereins gegen die neue Verfassung, wie sie jetzt aus der ersten Lesung hervorgegangen war, beschlossen wurde, des sogenannten „Patriotischen Vereins", der von den Gegnern zwar als „die letzte Zuckung des Bundes der Vetterschaft mit dem Geldsack" verhöhnt wurde, der aber als Organisation des Kampfes sich sehr wirksam erweisen sollte.

Die Sache hatte sich in den letzten Wochen schon in der Stille vorbereitet. Gerade die Bestimmungen des Entwurfs über Kirche und Schule hatten die träge Masse des Bürgertums endlich in Bewegung gebracht, hatten den Gedanken in Fluß gebracht, daß man so die Dinge nicht weiter gehen lassen dürfe. Als sich dann erst ein Kreis von Tatentschlossenen zusammengefunden hatte, war man zu Souchay gegangen und hatte ihn gebeten, die Führung zu übernehmen.

Souchay stellte sich in jeder Beziehung als der für diesen Zweck geeignetste dar. Er hatte dem Verfassungsausschuß angehört, er hatte erst hier, dann in der Konstituante selber mit Ernst und Eifer die Sache in eine gute Bahn zu lenken gesucht, denn er wollte ganz ehrlich eine Reform der Verfassung, allein alle seine Bemühungen waren an der theoretischen Verbohrtheit der Gegner gescheitert. So wie vorher in dem Verfassungsausschusse, so hatte Souchay daher auch jetzt in der Konstituante seine weitere Mitarbeit eingestellt, da Zeit und Mühe doch verloren waren. Die Rede vom 11. Juni, in der er gewissermaßen um Schonung für Frankfurt gebeten hatte, war seine letzte größere Rede gewesen: im Sinne dieser Rede erfolgte jetzt die neue Parteibildung, und in ihrem Sinne übernahm Souchay auch die Leitung; er, der jetzt ganz isoliert stand, der, weil er sich selbst getreu hatte bleiben wollen, durch den Gang der Entwicklung aus allen Vertretungskörpern, denen er angehört hatte, herausgedrängt worden war, der jetzt nur Bürger von Frankfurt schlechthin war, wurde gerade durch dieses Alleinstehen der Vertrauensmann eines großen Teils des Bürgertums, und er unternahm es nun, die Vaterstadt vor den Folgen des revolutionären Überschwangs zu bewahren und für ihre Weiterentwicklung die mittlere Linie zu sichern, die seiner Überzeugung nach allein zum Heile führen konnte.

Deshalb war seine erste Bedingung bei Übernahme der ihm angebotenen Stellung, daß es keine Reaktion geben dürfe: das, was die Jahre 1848 und 1849 an Neuerungen bereits gebracht hatten, insbesondere die staatsbürgerliche Gleichstellung, dürfe nicht angetastet werden; man solle sich vorläufig der Mehrheitspartei der Konstituante gegenüber nur einigen in dem Entschlusse, die Verfassung, so wie sie jetzt fertig gestellt sei, entschieden nicht zu wollen, die Tyrannei, wie sie die Konstituante ausübe, zu brechen.

Da als Hauptmittel, dazu zu gelangen, planmäßige Bearbearbeitung der öffentlichen Meinung durch Presse und Flugschriften erschien, so wurde der „Volksbote“ jetzt mehr als bisher in den Dienst dieser neuen Aufgabe gestellt, alle Mitglieder des Vereins, die dazu befähigt waren, wurden aufgefordert, im Dienst vernünftiger Aufklärung freiwillige Mitarbeiter zu werden, um, wo möglich, die bisherige Mehrheit zur Minderheit umzuwandeln und damit auf die einfachste und schmerzloseste Weise den Entwurf, wie er jetzt war, zu beseitigen.

Es stellte sich außerdem aber noch ein weiterer Gedanke ein. Frankfurt war doch aufgefordert, zur Union hinzuzutreten: sollte man nicht versuchen, diesen Hinzutritt zu befördern? Wenn Frankfurt in die preußische Machtsphäre trat, dann gewann doch für den schlimmsten Fall die Regierung Kraft, sich den Machtgeboten der Konstituante zu entziehen: und es schien bei dem Geiste, den die Unionsverfassung eingegeben hatte, doch eine Lösung in liberalem und zugleich in nationalem Sinne gesichert; — wie stand es also mit der Union und mit der Frage des Beitritts Frankfurts zu ihr?

Zehntes Kapitel.

Frankfurter Neutralitäts-Politik.

I.

Die Sache der Union hatte nicht den schnellen Fortgang genommen, der zum guten Gelingen wünschenswert gewesen wäre. Es zeigte sich, daß Preußen nur mit der Neigung zu einem bestimmten Wollen hervorzutreten brauchte, um sofort Widersprüche und Widerstände von allen Seiten zum Emporschnellen zu bringen. Freilich die Gegnerschaft, die von demokratischer Seite herkam und die viele von den 28 kleineren Regierungen, welche die Reichsverfassung anerkannt hatten, im Banne hielt, verringerte sich in dem Maße, in dem die preußischen Waffen sich durchsetzten, allein um so stärker begann in gleichem Verhältnisse bei den größeren Regierungen die dynastische Eifersucht sich zu regen. Bayern insbesondere, obwohl es doch selbst die preußische Hilfe erbeten hatte, erfuhr heftige Beklemmungen: eine rein preußische Unternehmung erschien als ein gar zu gefährliches Augurium für die Zukunft; Bayern wollte also durchaus die Hand im Spiele behalten, da auch die Auflösung in Baden die alten Wünsche auf das pfälzische Erbe wieder rege machte,[1]) und dasselbe war bei Österreich der Fall. Freilich, um diese Gefühle in die Tat umzusetzen, gab es kein anderes Mittel, als selbst fest mit zuzugreifen, hierzu waren aber im Augenblicke weder

[1]) Savigny spricht in einem Berichte vom 29. August 1849 von den Wünschen Bayerns und Württembergs nach Vergrößerung auf Kosten Badens „als Schleinitz wohlbekannt und als notorisch". Vgl. auch Meinecke a. a. O. S. 243.

Österreich noch Bayern in der Lage. Da war es denn im Sinne der Gegner Preußens ein rechter Segen, daß man wenigstens den vorgeschobenen Posten des Reichsverwesers und der Zentralgewalt noch inne hatte. Sie stellte immer noch das sogenannte „Reich" dar, und sie bekam nun geradezu die Mission — zu deren Erfüllung sie jetzt zunächst ganz plötzlich von München und Wien aus durch sehr notwendige Zahlungen rückständiger Beiträge unterstützt wurde —, allem, was sich im Südwesten vorbereitete, den „Reichs"-Charakter zu wahren, dadurch mittelbar Preußens Vorgehen so weit wie möglich unschädlich zu machen und für Österreich und seine natürlichen Verbündeten den Platz so lange zu behaupten, bis diese selbst wieder auftreten konnten.

Der Plan war gut ausgedacht, mißlang aber. Der Prinz von Preußen stellte ihm insofern schon einen sehr entschiedenen Widerstand entgegen, als er die provisorische Zentralgewalt vollkommen als Luft behandelte, er operierte aber zugleich so rasch, daß die bayrische Pfalz von den Aufständischen geräumt, das nördliche Baden erobert und besetzt war, ehe die Gegner seines Vorgehens auch nur einen Schritt getan hatten, daß als vollendete Tatsache also ein großer, rein praktischer Erfolg vorlag und der Zentralgewalt im wahrsten Sinne nur das Nachsehen blieb.

Die Stimmung der Eifersucht wandelte sich unter diesen Umständen und unter dem Eindrucke der offenbaren Genugtuung, die man auf preußischer Seite darüber zur Schau trug, in Bitterkeit und Entrüstung um. Auch der Erzherzog, der gegen Ende Juni Frankfurt verließ, ließ deutlich eine derartige Stimmung durchblicken. Er grollte Preußen noch vom Mai her, und die weitere Entwicklung hatte diesen Groll nur verstärken können. Die Abberufung des preußischen Vertreters bei der Zentralgewalt, die jetzt gerade erfolgte, muß von ihm als ein erneuter Affront empfunden worden sein. So gab er denn beim Scheiden die Versicherung, daß er in 5—6 Wochen wiederkommen werde; drohend fügte er hinzu, gegen diese Zeit werde auch wohl anderes Wetter sein und er ein Wort mehr sprechen können als in der letzten

Zeit.[1]) Smidt gedachte unter dem Eindruck dieser Worte einer Prophezeiung Stockmars vom vorigen Jahre: die ganze Bewegung dieser Zeit werde sich am Ende in einen Krieg zwischen Preußen und Österreich auflösen und die deutsche Verfassung darüber als eine Nebenfrage erscheinen.

Tatsächlich steigerte sich schon in den folgenden Wochen die Spannung zusehends. Der Fortgang des Reichsverwesers von Frankfurt änderte nämlich in der Sache nichts. Der Erzherzog hatte einen Minister wohl mitgenommen, die andern aber in der Stadt gelassen, und diese lieferten nun den Vertretern Österreichs und Bayerns bei der Zentralgewalt, dem Grafen Rechberg und dem Oberst Xylander, die bequeme Handhabe, weiter gegen Preußen zu intriguieren, ihm weitere Steine in den Weg werfen zu lassen.

Eine Hauptaufgabe sah das Reichsministerium zunächst darin, wenigstens nachträglich den Krieg in Baden doch noch als Reichskrieg zu kennzeichnen, indem es versuchte, bei der Besetzung Südbadens nicht-preußische Truppen „cooperieren" zu lassen. Es rechnete hierbei auf das Peuckersche und dann besonders auch auf das in Bregenz stehende österreichische Korps; allein das erstere löste sich in dem Maße auf, in dem die Herren der einzelnen Kontingente allmählich zur Union traten,[2]) und der Einmarsch des österreichischen Korps unterblieb schließlich gegenüber der sehr entschiedenen Haltung, die der Prinz von Preußen einnahm, denn einen wirklichen Zusammenstoß, der bei dieser Haltung unvermeidlich geworden wäre, wollte Fürst Wittgenstein, der Reichskriegsminister, doch vermeiden, wie er denn überhaupt, wenn es drauf und dran ging, immer der ruhigere gewesen zu sein scheint, während Rechberg und Xylander jetzt und später beständig die stärkere Tonart vertraten.

Wollte es nun trotz allen heißen Bemühens nicht gelingen, außerhalb Frankfurts die Autorität des Reichsministeriums noch zur Geltung zu bringen, so erschien es um so wichtiger,

---

[1]) Smidt, 25. Juni 1849.

[2]) Bericht Savignys vom 14. Juli 1849.

sich wenigstens in Frankfurt selber recht fest im Sattel zu halten.

In diesem Sinne war der Reichsregierung schon der Anlaß recht willkommen gewesen, den der 18. Juni geboten hatte. Sie hatte da zu den schon vorhandenen sechs österreichischen Kompagnien noch weitere vier hinzugezogen, und da es dem preußischen Residenten nicht gelungen war, zum Ausgleich des Mißverhältnisses eine entsprechende Zahl preußischer Truppen in Frankfurt zurückzubehalten, so stand seitdem die Stadt im wesentlichen unter österreichischem Schutz, indem nur zwei preußische, eigentlich zu der Mainzer Garnison [1]) gehörige Kompagnien zehn österreichischen gegenüberstanden.

Daß der Kommandant der Stadt, der Major Deetz, ein Preuße war, wurde im Reichsministerium bei diesem Kräfteverhältnis als störend empfunden. Man begann also, mit allerlei Einwirkungen gegen Deetz vorzugehen, um ihm den Aufenthalt zu verleiden und die Kommandantur dann in österreichische Hände zu bringen. Natürlich leistete Deetz allen nur möglichen Widerstand, berichtete auch gleichzeitig dringend nach Berlin an das Kriegsministerium und bat um Verstärkung der preußischen Truppen; als besonders tätig und wachsam aber erwies sich der preußische Resident.

Balan hatte schon, als der Prinz von Preußen in Mainz war, Gelegenheit genommen, diesem über die in preußischem Sinne ganz unerträglichen Frankfurter Garnisonsverhältnisse Vortrag zu halten; er war von da an dauernd mit dem politischen Ratgeber im prinzlichen Hauptquartier, dem Gesandten von Savigny, in Verbindung geblieben und hatte durch diesen den Prinzen von Preußen erneut auf die militärisch-politische Bedeutung Frankfurts und die in dieser Beziehung bestehenden weiteren Pläne der Gegner hinweisen lassen (29. Juni 1849).

[1]) Die Mainzer Garnison war Bundesgarnison und wurde von der Reichsregierung als zu ihrer Disposition stehend betrachtet. Teile dieser Garnison waren daher zur Betonung preußischer Politik Österreich gegenüber nicht so recht geeignet.

Was es damit für eine Bewandnis hatte, erfahren wir aus einem sehr ernsten und bedeutenden Schreiben, das Savigny am 7. Juli, offenbar namentlich auf Grund dieser Balanschen Meldungen, an den Grafen Brandenburg richtete. Er begann mit der Erklärung, daß er dem Grafen Vortrag halten müsse „im Hinblick auf die weitere politische Aufgabe, welche Sr. Kgl. Hoheit dem Prinzen von Preußen in Beziehung auf die Lösung der deutschen Sache im Sinne der für Preußen fest zu gründenden Hegemonie im südwestlichen Deutschland gestellt worden sei", und er schrieb dann: „Wenn nicht alle mir zugekommenen Nachrichten trügen, so liegt es allerdings in den nächsten Projekten des Wiener Kabinets, in Frankfurt, als dem Kern von Mitteldeutschland und dem Orte, wo Österreich seinen letzten Vorposten in dem ihm entfremdeten Reiche gewahrt hat, militärisch festen Fuß zu fassen, um so den politischen Eventualitäten der nächsten Zeit in sicherer Stellung entgegensehen zu können. Diesem Fußfassen österreichischerseits liegt es dermalen in unserer Hand, vollständig vorzubeugen, und zwar, indem wir ihnen rechtzeitig in derselben Gegend mit einer Truppenaufstellung zuvorkommen, ganz wie dies jetzt in dem Badener Oberlande gelungen ist." Dies erfordere allerdings eine Vergrößerung der militärischen Kraftentwicklung Preußens, da die dem Prinzen zur Verfügung stehenden Truppen — wie das der Prinz gleichzeitig dem Könige auseinandersetzen werde — aus ihren Stellungen nicht weggezogen werden dürften, allein eine möglichst große Kraftentwicklung im gegenwärtigen Augenblicke werde mit ihren Früchten in künftigen Zeiten die jetzt zu bringenden Opfer glorreich aufwiegen: „Preußen ist", schrieb Savigny in edlem Eifer, „bei dem gegenwärtigen Zustande von ganz Europa einzig und allein in die entscheidende Frage gedrängt, entweder kühn vorwärts zu gehen und sich mit der Hegemonie in Deutschland den ersten Platz zu sichern oder über seine andere Geschichte hinaus zurückzutreten in das Verhältnis einer Macht zweiten Ranges. Möge die Hoffnung von allen unseren Patrioten nicht getäuscht werden! Sie rechnen auf Preußens tapferes Schwert und seinen edlen König zur selbstständigen Begründung einer kräftigen, einigen, deutschen Macht, wie sie bisher noch nicht bestand."

Gleichzeitig mit dieser dringlichen Beschwörung lief bei dem auswärtigen Ministerium ein Bericht Balans aus Frankfurt ein, der in derselben Richtung vorwärts drängte. Er meldete zunächst den Abschluß der ersten Lesung der Verfassung, dieses „auf der breitesten Grundlage demokratischer Phraseologie beruhenden Machwerkes", fügte dann aber hinzu, daß nunmehr doch endlich gegen das Treiben der Konstituante, „dieses kleinen Konventes und der mit ihm verbundenen demokratischen Vereine", sich Widerspruch in der Bürgerschaft rege und daß sich der „Patriotische Verein" gebildet habe. Ob er die Annahme der Verfassung, wenn es zur Abstimmung der Bürgerschaft komme, werde hindern können, müsse ja freilich bezweifelt werden, allein die Bildung des Vereins sei immerhin ein Beweis, daß die besseren Elemente der Bevölkerung das Bedürfnis fühlten, sich aneinanderzuschließen, um dem bevorstehenden Regiment fanatisierter Juden entgegenzutreten. Im nahen Zusammenhange damit stehe natürlich das Bedürfnis nach äußerem militärischem Schutz. Er sei von einzelnen angesehenen Einwohnern deshalb vertraulich öfter gefragt worden und habe nur darauf hinweisen können, daß die Stadt ja zum Beitritt zu dem Bündnis aufgefordert sei und daß dieses Bündnis jeden militärischen Schutz involviere, er müsse aber das Ministerium im Hinblick auf das rätselhafte Zögern der Stadtregierung erneut daran erinnern, daß die österreichische Besatzung im Augenblick dreimal so stark sei wie die preußische; so lange dies Verhältnis bleibe, werde der Senat es nicht wagen, sich zu erklären. „Ich kann es nicht oft genug wiederholen", schrieb Balan, „daß nach meiner innigsten Überzeugung hier in Frankfurt den Intriguen des Reichsministeriums, der ultramontanen Fraktion des Senats und zugleich der demokratischen Wühlerei mit Erfolg nur entgegengewirkt werden kann, wenn eine s t a r k e, von jedem Einfluß des Reichskriegsministeriums und der durch dasselbe bestellten Kommandanten freie p r e u ß i s c h e G a r n i s o n herkommt."

Am 15. Juli war Balan dann in der Lage, in bezug auf die von Savigny angedeuteten militärischen Absichten der Gegner der preußischen Politik bestimmte Tatsachen zu melden: es sei ein Schreiben des Reichsministeriums an den Fürsten Schwarzenberg in Bregenz abgegangen, welches diesem aufgebe, alles bereit zu halten, um auf den ersten Befehl zur Besetzung von Mainz und Frankfurt aufzubrechen; 3 Bataillone Bayern sollten sich in Aschaffenburg versammeln. „Es ist hiermit klar", hieß es in seiner Depesche, die er in Abschrift auch dem Prinzen von Preußen schickte, „daß ein Hauptschlag, eine Demonstration im Rücken des Prinzen bevorsteht. . . . Soll Preußen sich in dieser Weise düpieren lassen? Ich glaube, es ist die höchste Zeit, die höchste Energie zu zeigen."

Balans Nachrichten waren durchaus zutreffend. Die Pläne bestanden wirklich [1]), und zwar war namentlich auf bayerischer Seite eine große Neigung zur Ausführung vorhanden. Es erschienen ein paar Tage später etwa 12 bayerische Offiziere in Frankfurt, um sich zunächst einmal zu orientieren. „Sie verkehrten in engster Kameradschaft mit den österreichischen Offizieren und sprachen an einem öffentlichen Ort, wo österreichische Musik spielte, ganz offen von der Absicht, Frankfurt zu besetzen. Es zirkulierten sogar Zeichnungen unter ihnen, welche den sogenannten Felsenkeller und den Mühlberg richtig als diejenigen Punkte bezeichneten, deren sich die Artillerie gleich zu bemächtigen haben würde, um die Stadt zu beherrschen.[2])

So dringend das aber auch alles aussah, so war man in Berlin doch nicht sofort entschlossen. Man fragte wohl am 16. bei Balan telegraphisch an, ob Frankfurt eventuell gegen eine stärkere Garnison protestieren werde, man empfand es aber doch peinlich, daß zu einem so kräftigen Auftreten die Handhabe fehlte, da Frankfurt noch nicht zur Union getreten war; man hätte es am liebsten gehabt, wenn Frankfurt durch den

[1]) Schreiben Xylanders an den König von Bayern vom 16. und 23. Juli, Schreiben des Ministeriums an Xylander vom 26. Juli.

[2]) Balan an d. Min. d. a. A. 19. Juli 1849 (vertraulich).

Hinzutritt zu dem Drei-Königs-Bündnis einen legitimen Vorwand zu militärischer Machtentfaltung gegeben hätte. Balan erhielt also gleichzeitig den Auftrag, nunmehr einen diplomatischen Druck auszuüben. Er sollte bemerklich machen, daß ein offener Anschluß Frankfurts an die Union in jeder Beziehung in seinem Interesse liege und daß es sich in ein fast feindliches Verhältnis zu Preußen setze, wenn es sich zum Werkzeuge für die Pläne der jetzigen Zentralgewalt hergebe.

Die äußere wie die innere Entwicklung drängte also auf denselben Punkt hin. Die Gegner der Frankfurter Demokratie waren dazu gelangt, in dem Beitritt Frankfurts zur Union die beste Lösung zu sehen, und nun schien sich auch der Gegensatz, der durch die Machinationen der Unionsgegner und die Intriguen des mit ihnen verbündeten Restes der provisorischen Zentralgewalt geschaffen war, auf diesen Punkt zuzuspitzen; denn allerdings: wenn Frankfurt beitrat, dann war diesen Intriguen der Boden entzogen, indem der Anspruch des Reichsministeriums, als solches zu gelten, einzig an die Fortdauer seines Aufenthaltes in Frankfurt geknüpft war. Mußte es von Frankfurt fort, dann war es aus mit ihm. So fügte es sich denn, daß die Gegensätze der Macht, die damals in Deutschland bestanden, genau wie vorher die Gegensätze der Ideen, gerade in Frankfurt sich kreuzten; sie rieben sich dabei so stark, daß vorübergehend die Gefahr des Heißlaufens bestand.

II.

Balan brachte die Weisung, die ihm zuteil geworden, am 25. Juli in einem längeren Gespräch, das er mit Müller hatte, zur Ausführung. Müller entschuldigte den Senat mit den Schwierigkeiten der Lage. „Er wird mir“, so telegraphierte Balan über den Verlauf der Unterredung, „in einer Verbal-Note namens des Senats die Gründe auseinandersetzen, die es wünschenswert machen, den entschiedenen Beitritt zum Bündnis noch kurze Zeit auszusetzen, bis der Umschwung in der Bürgerschaft noch mehr vorbereitet ist. Ungünstig für diesen Umschwung wirkt der Umstand, daß der Reichstag nicht hier sein soll, während die österreichisch-bayerische Partei verbreitet, der großdeutsche Reichstag solle hier sein. Wenn in dieser Hinsicht unsererseits Frankfurt etwas in Aussicht gestellt werden könnte, so würde das ungeheuer wirken. Wegen des Truppeneinmarsches hat Müller mir auf das bestimmteste zugesagt, daß, wenn ich ihn darüber vorher begrüßte, durchaus kein Protest erfolgen würde. Im Gegenteil hat er erklärt, dafür zu wirken, daß keine Bayern hier einrücken sollen. Letzteres ist die Absicht des Reichsministeriums. Dasselbe hat den bayerischen Major von Spieß gestern nach München geschickt, um die Genehmigung dazu zu holen. Ob die bayerischen Bataillone in Aschaffenburg oder die in Mannheim dazu bestimmt sind, scheint noch nicht entschieden."

Das Gespräch hatte am Vormittag des 25. stattgefunden: am Abende desselben Tages kamen Quartiermacher des bis dahin in Mannheim befindlichen 3. bayerischen Jägerbataillons an, und am nächsten Tage rückte das Bataillon selbst in der Stadt ein, begrüßt von dem Reichskriegsminister, dem Fürsten Wittgenstein, begrüßt auch von sämtlichen österreichischen Offizieren, die ihm entgegengeritten waren. Mit klingendem Spiele wurde das Bataillon in das Deutschherrenhaus in Sachsenhausen geleitet, das ihm als Kaserne angewiesen war.

Balan war vollkommen überrascht und glaubte natürlich, daß die Geschichte abgekartet gewesen sei und Müller ihn hinters Licht geführt habe, allein als er Müller daraufhin ansprach, versicherte ihm dieser auf das bestimmteste, er sei gerade so sehr überrascht wie Balan; er habe nicht das mindeste davon vorher erfahren.

Sprach er die Wahrheit?

Es ist möglich, daß Müller hier einmal von dem Vorrecht des Diplomaten, lügen zu dürfen, nicht Gebrauch gemacht hat, denn die Herübernahme des bayerischen Bataillons von Mannheim nach Frankfurt erfolgte zunächst nur, weil Preußen und die badische Regierung dieses Bataillon, das mit der preußischen Besatzung in Mannheim schon in mehrfache

Konflikte gekommen war, dort nicht länger dulden wollten und Oberst Xylander sich im Einverständnisse mit dem Fürsten Wittgenstein ganz plötzlich und auf eigene Verantwortung hin entschlossen hatte,[1]) es nach Frankfurt zu dirigieren, unter gleichzeitigem Angebote sogar einer größeren Truppenmacht, wenn Wittgenstein sie wünsche[2]) — eine Maßregel, die dann allerdings nachträglich von König Max sehr gelobt und gut geheißen wurde.

Wie dem aber auch war: der Anfang der Ausführung dessen, was geplant war, war jedenfalls gemacht, und natürlich durfte von preußischer Seite der Gegenschlag nun nicht ausbleiben. Auch die Gerüchte, daß der Erzherzog wirklich nach Frankfurt zurückzukehren beabsichtige, drängten vorwärts. Der Prinz von Preußen erhielt daher jetzt von Berlin aus die nötigen Vollmachten, und auf seine Anordnung rückten nun Ende Juli, Anfang August zwei Bataillone Infanterie, ein Kürassierregiment und eine reitende Batterie in Frankfurt ein, es wurde außerdem am 6. August eine Brigade des Grabowschen Korps, das in Erfurt versammelt worden war, nach Hanau verlegt, und es ist ein Zeichen des Ernstes, mit dem die Lage aufgefaßt wurde, daß auch Kurhessen, welches gerade jetzt den Hinzutritt zur Union aussprach, die Aufstellung von weiteren 3000 Mann bei Hanau in Aussicht nahm, sich auch bereit erklärte, Bayern durch sein Gebiet nicht hindurch lassen zu wollen, eine Erklärung, die gleichfalls von Hessen-Darmstadt abgegeben wurde.

Es sah wirklich so aus, als wenn die Dinge zu einem Zusammenstoße treiben wollten, bei dem Frankfurt der Kampfpreis sein sollte. Und es ist interessant, zu beobachten, wie sehr gerade der Prinz von Preußen damals in einer Stimmung war, in der das gute preußische Schwert als das beste Mittel zur Lösung unerträglicher politischer Schwierigkeiten erschien. Das geht unter anderem auch aus einem Briefe hervor, den er gerade in diesen Tagen, am 31. Juli, an seine Gemahlin

[1]) Bericht vom 9. Januar 1850. (Geh. St.-A. Rep. 75 C. B. 1. Militaria I.)

[2]) Xylander an den König, 31. Juli 1849. Antwort des Königs an Pfordten vom 3. August in den Beilagen.

richtete,[1]) in dem er über die zukünftige Stellung spricht, wie sie sich für ihn aus den bisherigen Erfolgen ergebe, und schon die Absicht äußert, entweder in Koblenz oder in Frankfurt seine Residenz nehmen zu wollen. Mit Bezug auf die „Intriguen, deren er", wie er schreibt, „bisher so manche zu dejouiren gehabt habe", fährt er dann fort: „Daß Bayern für Österreich vorläufig die Kastanien aus dem Feuer holen muß, bis letzteres selbst gekräftigt dasteht, um über uns herzufallen, ist klar. Man hat mich complett umsponnen. In Bregenz-Lindau stehen 20000 Mann Österreicher und Bayern; dazu die Besatzung in Frankfurt durch Österreich und Bayern. — Da habe ich denn einen Stoß hineingetan und zwei Bataillone en passant pour Mayence nach Frankfurt gesandt. Da kommt mir nun mein Glücksstern zu Hilfe — unberufen dreimal —, indem die Stadt erklärt, nichts gegen eine stärkere Besatzung durch preußische Truppen zu haben, flugs sende ich die 8. Kürassiere und acht reitende Geschütze dahin, und somit habe ich festen Fuß gefaßt. Welche Schikanen nun Wittgenstein dagegen machen wird, muß ich abwarten. . . Wegen jener österreichisch-bayerischen Umspinnung wäre es nicht rätlich, unsere Truppen zu sehr zu schwächen. . . . Damit es nicht zum Kampfe kommt, muß man stark sein, denn nur dann wird man es nicht versuchen, uns anzufassen."

Welche Tatfreudigkeit spricht sich in diesen Worten aus! Welch ein Gegensatz zu dem beständig deklamierenden, nie aus der Reflexion herauskommenden Bruder! Ein neues, waffenklirrendes Zeitalter kündigt sich in diesen der Gemahlin anvertrauten Worten an, und wenn sie auch den Ereignissen weit vorauseilten, so war doch, was sich in diesen Tagen nach dem Einmarsch der Preußen in Frankfurt zutrug, wie ein Vorspiel der Zukunft, denn seitdem die feindlichen deutschen Brüder, die Österreicher, die Bayern und die Preußen hier auf so engem Boden vereinigt waren, genügten geringe

[1]) Bailleu u. Schuster, Aus dem Literar. Nachlaß der Kaiserin Augusta, I, 2, 385. Der Schluß des Briefes nach der Abschrift in Geh. St.-A.: Deutschland I A. A. b. 23.

Anlässe, um die Kriegsfurie zu entfesseln; ja es kam am 5. August in Bornheim und dann vor dem Friedberger Tor zwischen Österreichern und Bayern auf der einen, Preußen auf der andern Seite zu Schlägereien, die zu förmlichen Straßenschlachten ausarteten, bei denen Hunderte handgemein wurden, Säbel und Bajonett gebraucht wurden und Blut in Menge floß.

Mit den peinlichsten Empfindungen waren die Bürger der Stadt Zeugen dieser Szenen. In welchen Zeiten lebte man! Der plötzliche Einmarsch bedeutender Truppenmassen, die erneut der Bevölkerung zugemutete Einquartierungslast rief peinliches Staunen und Entrüstung hervor. Mit Recht fürchtete der Senat einen Sturm in der Konstituante. Und was sollte er sagen, wenn man ihn zur Rechenschaft zog? In seiner Not bat Müller Souchay, den früheren Bevollmächtigten, er möge ihm den Gefallen tun, nach Karlsruhe zu gehen, und die Verlegenheit des Senates hier darstellen. Souchay willfahrte auch seinem Wunsche, und seine Vorstellungen blieben nicht ohne Folge: auf Veranlassung Savignys richtete der Prinz von Preußen ein freundliches Schreiben an den Senat,[1]) in dem er mitteilte, daß er sich genötigt gesehen habe, in der Nähe des Großherzogtums Baden eine Reservedivision zu formieren; wegen der militärischen Lage des Platzes in Frankfurt habe dies geschehen m ü s s e n. Frankfurt werde von den uneigennützigen Absichten Preußens überzeugt sein; Preußens Truppen bekämpften nur die Anarchie und Frankfurt selbst habe die wohltätigen Folgen davon bereits erfahren. Er hoffe, daß die Stadt die Lasten willig tragen werde.

Das Schreiben war gut gemeint, es hatte aber für diejenigen natürlich keine Wirkung, die selber eben gerade das darstellten, was dort Anarchie genannt war. Das zeigte sich in den Verhandlungen der Konstituante vom 13. August. Es kam hier zu leidenschaftlichen Klagen und Anklagen über die „vertrags- und rechtswidrige Besetzung des frankfurtischen Gebietes durch die Truppen anderer deutscher Staaten". Julius

[1]) Savigny an Schleinitz 7. August 1849. Acta Sen. M. 36 Nr. VI.

Friedleben fragte erregt, was der Streit der Fürsten die Stadt eigentlich angehe, sein Bruder brandmarkte aufs schärfste die Willkür, mit der den Bürgern Leistungen zugemutet würden, zu denen sie nicht verpflichtet seien; etwas ohne Recht zu nehmen, rief er, ist Diebstahl. Schwarzschild beantragte aufs neue die sofortige Zurückberufung des Frankfurter Linienmilitärs, damit Frankfurts neutrale Stellung auch äußerlich zum Ausdruck komme; es wurde vom Senat verlangt, daß er die Verfügung über die Stadtkommandantur und über die Bürgerwehr wieder an sich nehme, — kurz, es war ein einziger Protest gegen alles, was mit Auftreten und Machtstreben Preußens in diesen Gegenden zusammenhing.

Diese Haltung der Konstituante und die Schwierigkeit, die dem Senat daraus erwuchs, trug vielleicht mit dazu bei, daß der Prinz von Preußen sich jetzt entschloß, sich persönlich nach Frankfurt zu begeben. Wir wissen, daß er schon vorher daran gedacht hatte. Savigny hatte dann am 6. August in einem Gutachten dringend geraten, daß dieser Gedanke zur Ausführung kommen möge: der Prinz werde am wirksamsten durch sein bloßes Erscheinen in Frankfurt, in Wiesbaden und Darmstadt alles Preußen noch Ungünstige verscheuchen; er meinte insbesondere, daß das Erscheinen des Prinzen wesentlich dazu beitragen werde, dem Erzherzog Johann die Rückkehr nach Frankfurt zu verleiden, einer Residenz, die ja doch nur einer Reichs-Oase gleiche, seitdem alle Nachbarländer, mit Ausschluß von Bayern, bereits preußische Bundesstaaten geworden seien.

Die Sache war so einleuchtend, daß sie sofort zur Ausführung kam. Am 14. August traf der Prinz in Frankfurt ein.

Für die Gefühle derer in der Stadt, die mit ihrem Herzen bisher in leidenschaftlicher Anteilnahme bei den von den Preußen nunmehr endgültig niedergeworfenen badischen Insurgenten gewesen waren, war dieser Besuch eine erneute starke Zumutung, eine noch stärkere, als die preußische Einquartierung schon bedeutete. Noch war die blutige Arbeit der Kriegsgerichte in vollem Gange; der Prinz konnte den demokratisch Gesinnten nur als der Vorbote eines harten und soldatischen Despotismus erscheinen. Der Empfang, den er in Frankfurt fand, war denn auch kein ganz unbestrittener. „Es war," so schreibt wenigstens das Volksblatt, „ein königlich-preußisch-militärischer; das Publikum war sehr unruhig, und das Pfeifen und Zischen, einzelne Pereats und der dräuende Ruf: ‚Trützschler, Trützschler!'[1]) konnten nur durch Trommelwirbel und Musik niedergehalten werden, trotzdem daß Soldaten und Gensdarmen im Publikum verteilt waren. Von den sämtlich eingeladenen Stadtwehroffizieren hatten sich, so viel wir bemerkten, nur 10—12 eingefunden, und mit Recht wurde diese Einladung von fast allen Offfzieren zurückgewiesen."

In den preußischen Berichten und den offiziellen Zeitungen findet sich natürlich von diesen Dingen nichts; nach diesen war der Empfang ein sehr glänzender, und es war von dem üblichen Gepränge auch nichts verabsäumt worden: der Senat hatte den Prinzen am Bahnhofe durch den Schöffen von Günderrode, im Hotel de Russie durch die beiden Bürgermeister bewillkommnen lassen, am Abend war Festvorstellung im Theater, Zapfenstreich, am nächsten Morgen Parade; die Spannung der Lage zeigte sich aber doch darin, daß so, wie vom Reichsministerium niemand erschienen war, auch der Prinz das Ministerium als solches ignorierte; den Fürsten Wittgenstein empfing der Prinz zwar später, aber nur in seiner Eigenschaft eines hessischen Generalleutnants, die Minister Detmold und Merck empfing er gar nicht.

Balan berichtete über das Ereignis des Besuches sehr befriedigt. Er frohlockte, daß „durch das Erscheinen Sr. Kgl. Hoheit ein compaktes preußisches Element in die öffentliche Meinung gedrungen sei". Er meinte, die Intrigue der Unionsgegner sei gescheitert; sie sei ihnen selbst zum Nachteil ausgeschlagen. Frankfurt sei jetzt von Preußen okkupiert; es sei zu hoffen, daß dieses kräftige Auftreten weitere gute Früchte zeitigen werde. — Allein es zeigte sich bald, daß

[1]) Trützschler war am 14. August, morgens 4 Uhr in Mannheim standrechtlich erschossen worden.

Balan zu früh frohlockt hatte. Denn erstens war der Hauptgegner der Union nicht dort, wo er ihn suchte, es war vielmehr der König selber, der nur noch mit halbem Willen hinter dem stand, was in seinem Namen geschah, und der schon damals nach einem Ausweg suchte, der um die Konflikte herumführte und es ermöglichte, in das alte, vertraute, seinem Herzen allein genügende Verhältnis zu Österreich wieder zurückzugelangen, und zweitens war es auch durchaus nicht so, daß diejenigen Gegner, die er im Sinne hatte, nun wirklich endgültig aus dem Felde geschlagen gewesen wären; im Gegenteil, sie waren weiter wachsam und tätig, und als der Prinz Ende August seinen Besuch in Frankfurt wiederholte, erschien auch der Erzherzog wieder und gab nun aufs neue allem, was Preußen widerstrebte, einen Mittelpunkt und damit eine gewaltige Verstärkung.

III.

Erst um die Mitte August hatte sich Erzherzog Johann endgültig entschlossen, nach Frankfurt zurückzukehren. Österreich stand jetzt wieder stark da. In Ungarn, in Italien hatte es gesiegt. „Das andere Wetter“, von dem Johann gesprochen, war nun eingetreten, und er hatte daher nicht länger zögern wollen. Seine Kräfte waren durch Gastein wieder hergestellt, und der „moralische Schneid“, wie er schrieb, war auch wieder da.

Er kam in entschieden aktionslustiger Stimmung nach Frankfurt. Er war durch das Auftreten des Prinzen von Preußen gereizt. Er sah darin so etwas wie einen feindseligen Akt, einen Abfall von den bewährten Traditionen schiedlich-friedlichen Verhältnisses zwischen Preußen und Österreich, in denen er groß geworden war. In diesem Sinne äußerte er sich in der ersten Unterredung mit dem Prinzen, dem er mit der Miene des gekränkten und bekümmerten älteren Freundes entgegentrat. „Ja, mein allergnädigster Herr!“ rief er aus, „was sind das für Verhältnisse! Was würde Ihr seliger Vater sagen, wenn der jetzund aufstünde!“ „Schauens, ich bin halt zweierlei Person, österreichischer Erzherzog und deutscher Reichsverweser. Den Erzherzog habe ich daheim gelassen und bin hier nur der Reichsverweser; die Stellung ist nicht angenehm; ich bin aber als guter Soldat auf meinen Posten zurückgekehrt und werd' mich nicht verdrängen lassen".[1])

Natürlich legte der Prinz von Preußen gegen diese Unterstellung Einspruch ein und bemühte sich, den Dingen eine harmlose Deutung zu geben, ließ es auch während der folgenden Tage des Zusammenseins an liebenswürdiger Rücksichtnahme nicht fehlen, allein wenn sich dadurch auch äußerlich ein ganz freundliches Verhältnis herausstellte, so wurde in der Sache und schließlich auch in der Stimmung des Erzherzogs nichts geändert; am 6. September schrieb er: „Mir steht noch manches bevor; die zwei Tage, als ich hier bin, gaben mir genug Anlaß zu Ärger, und obgleich keine Nationalversammlung mehr da ist, so geben mir Preußens Anmaßungen und die Ränke seiner Geschäftsleute genug zu tun. Ich habe für mich nur e i n e Waffe, und diese ist die rein moralische, nämlich die M e i n u n g; meine Gegner haben die physische, nämlich Streitkräfte."[2])

Wirklich kam ihm die „Meinung" gerade in Frankfurt besonders entgegen, und er verstand es auch vortrefflich, die Sympathien, die ihm an sich gehörten, weiter zu steigern. Wie wirksam mußte es sein, wenn er gelegentlich einmal diesem oder jenem gegenüber vertraulich wurde und seinen gewiß ganz ehrlichen österreichischen Schmerz über die schlimmen Pläne derer freien Lauf ließ, die Österreich aus Deutschland heraushaben wollten, wenn er sich also in der Rolle des bekümmerten deutschen Patrioten darstellte, — und auf der andern Seite war es, gerade in jenem bürgerlichen Zeitalter, ganz unwiderstehlich, wenn er, der Fürst, sich so ganz ungezwungen und bürgerlich gab, wenn er etwa, was die Frank-

---

[1]) Detmold an Stüve 7. September 1849. Der Bericht Savignys über die Unterredung in den B e i l a g e n. Vgl. auch Bailleu u. Schuster a. a. O. 395.

[2]) Deutsche Revue, Aprilheft 1910: Schlossar, Ungedruckte Briefe Erzherzog Johanns aus Frankfurt a. M., 1844—1849, S. 93.

furter besonders rühren mußte, in Ermangelung der heimatlichen Schneeberge den Feldberg bestieg oder wenn die Gattin des Reichsverwesers, die Frau von Brandhoff, persönlich ihre Einkäufe auf dem Markte besorgte. Es wollte demgegenüber nicht allzuviel bedeuten, wenn auch der Prinz von Preußen offensichtlich seinen Aufenthalt, den er diesmal bis zum 13. September ausdehnte, dazu benutzte, um auch für Preußen zu werben, indem er z. B. das Frankfurter Bataillon, das in dieser Zeit heimkehrte, persönlich in die Stadt führte: in den kleinen Mitteln war ihm der Erzherzog doch wohl über.

Aber auch in politischer Beziehung war die Tätigkeit des Erzherzogs durchaus nicht ganz ohne Bedeutung. Konnten er und seine Räte in der Durchkreuzung der preußischen Pläne nicht im Großen wirken, so taten sie es um so emsiger im Kleinen, und es erwies sich hierbei im Grunde auch nicht als richtig, was er dem Prinzen von Preußen gegenüber gesagt hatte, daß er den Erzherzog zu Hause gelassen habe, im Gegenteil: er war bei seinem letzten Aufenthalte in Frankfurt ganz und gar österreichischer Erzherzog, und er betrieb österreichische Interessenpolitik mit einem Eifer, den man früher an ihm nicht bemerkt hatte.

Es zeigte sich dies namentlich auch in der Art, wie er in der Frage des Hinzutritts oder Nichthinzutritts Frankfurts zur Union Stellung nahm.

Die Sache war noch immer nicht von der Stelle gerückt. Wir erinnern uns, daß Müller in der Unterredung vom 26. Juli um Zeit gebeten und gleichzeitig den Wunsch ausgesprochen hatte, daß man Frankfurts berechtigten Wünschen etwas entgegenkommen möge. In der Note vom 1. August hatte er diese Wünsche dann dahin bestimmt, daß Frankfurt als Zentralsitz der Reichsbehörden erklärt würde, es war ihm aber darauf bedeutet worden, daß das Aufstellen einer „Bedingung" des Beitritts nicht angängig sei, ehe Frankfurt nicht einen Bevollmächtigten nach Berlin gesandt habe. Dort sei der Sitz des Verwaltungsrates, bei diesem sei der Wunsch Frankfurts anzubringen, bei ihm liege auch die Entscheidung (4. August). Trotz der erneuten hierin liegenden Aufforderung, nun endlich etwas zu tun, war dennoch nichts geschehen, trotz auch des unterdessen erfolgten Eintreffens des Prinzen von Preußen, trotz des beständigen Drängens Balans. In Berlin wurde man daher nachgerade ungeduldig — hatten doch Bremen und Hamburg ihre Beitrittserklärungen bereits abgegeben —, und Schleinitz erteilte Balan jetzt die Weisung (23. August), der Regierung der Stadt Frankfurt mitzuteilen, daß ihre Erklärung spätestens bis zur Mitte des September erwartet werde.

Diese Terminsetzung zeigte, daß es mit dem bloßen Verschleppen nicht länger gehen werde, daß ein Entschluß gefaßt werden müsse. Müller erstattete also dem Senate Bericht. Er hob dabei nicht ohne Selbstgefühl hervor, daß der Senat allen Grund habe, mit der bisherigen Führung der Sache zufrieden zu sein: das Ergebnis dieser Führung sei, daß die Lage von Frankfurt den politischen Verwicklungen des Vaterlandes gegenüber noch eine freie sei; sie könne also eine günstige genannt werden (29. August). Das war richtig; der Senat beeilte sich daher aber auch gar nicht, sich aus dieser günstigen Lage herauszubegeben. Er setzte zunächst eine Kommission ein (Müller, Cöster, Harnier, Neuburg, Hessenberg) und gab ihr den Auftrag, „die zur Fassung weiterer Beschlüsse erforderlichen Vorberatungen zu pflegen, Ermittlungen eintreten zu lassen und Einleitungen zu treffen", und es war, entsprechend diesem umfangreichen Programm, natürlich noch nichts entschieden, als der Erzherzog eintraf.

Es war jetzt der kritische Moment. Hessen-Darmstadt entschloß sich gerade jetzt, allerdings nicht ohne den leisen Druck, den eine persönliche Erkundigung des Prinzen von Preußen bei dem Großherzoge ausübte,[1]) den Beitritt zu ratifizieren, dazu drängte die unionsfreundliche Presse Frankfurts auf endliche Stellungnahme, und es scheint, daß im Senate jetzt doch einige Stimmung war, diesem Drängen nachzugeben. Da griff der Erzherzog ein. Er war zwar entschlossen, von Frankfurt auf keinen Fall wieder wegzugehen,[2]) selbst wenn

[1]) Balan an Schleinitz, 4. September (Telegramm).

[2]) Detmold an Stüve, 7. September 1849.

sich Frankfurt zugunsten der Union erklärte, er wollte aber, wenn es irgend zu erreichen war, den Hinzutritt Frankfurts doch verhindern, denn es war klar, daß, wenn Frankfurt Unionsstadt würde, es der gegen die Union gerichteten Bewegung dann an einem Mittelpunkt fehlen würde; der Hinzutritt der Stadt mußte ferner auch der Unionssache einen nationalen Kredit geben,[1]) der für die Sache Österreichs bedenklich werden konnte.

Aus diesen Erwägungen heraus mag es gewesen sein, daß der Erzherzog es für nötig hielt, ganz besonders schweres Geschütz aufzufahren, um den Senat in seinem Sinne zu beeinflussen. Er berief zu diesem Zwecke — als die beiden einflußreichsten in der Regierung — erst Müller, dann Harnier. Sicherlich fand er bei ihnen keinen Widerspruch, wenn er mit seiner unionsfeindlichen Meinung hervortrat, war doch weder der eine, noch der andere ein Anhänger der Union; wenn er trotzdem ihnen gegenüber starke Worte gebrauchte, so geschah dies wohl, um sie in den Stand zu setzen, sich im Senate auf ihn, den Erzherzog, berufen und den etwaigen Anhängern des Bündnisses imponieren zu können, und wenn er z. B. Müller sagte: in seiner Hand liege es, Deutschland und damit auch Europa den Frieden zu sichern oder einen allgemeinen Krieg über die Welt zu schleudern, denn letzterer sei die unausbleibliche Folge des Anschlusses Frankfurts an die preußischen Propositionen, so werden wir uns vorstellen können, mit welcher Wirkung Müller bei seinen Vorträgen im Senate einen solchen Trumpf zur Geltung gebracht haben wird.

Weniger als bei diesen beiden glückte es dem Erzherzog bei Souchay, den er am 8. September berief, da er, wie Savigny in seinem Berichte schreibt (10. September), „wohl wußte, daß dieser ausgezeichnete Mann ohne alle Frage die einflußreichste Persönlichkeit in Frankfurt geblieben sei, obwohl er

---

[1]) Der hessen-darmstädtische Minister Jaup sagte zu Balan, um ihn zu veranlassen, den Beitritt Frankfurts im Interesse des Gelingens des Ganzen zu beeilen: „Der Name Frankfurts gewinnt uns Millionen." Balan, 18. September 1849.

sowohl aus dem Senate wie aus der Konstituante bereits ausgeschieden war".

„Der Erzherzog begann damit", so berichtet Savigny auf Grund von Mitteilungen Souchays selber, „Herrn Souchay schmeichelhaftes über seinen Einfluß zu äußern, worauf letzterer erwiderte, daß er ohne alle und jede Stellung im öffentlichen Leben sich befinde. Nunmehr kam wieder die Drohung mit der Verantwortlichkeit alles zu vergießenden Blutes, welches über die Häupter des Frankfurter Senats käme, falls man die Politik des Erzherzogs nicht unterstütze. Herr Souchay entgegnete: ‚Kais. Hoheit geruhen zu scherzen.' Der Erzherzog sagte: ‚Nun wohlan, Sie hängen also nicht an der deutschen Einigkeit?' Souchay: ‚Im Gegenteil, um das Zustandekommen eines Bundesstaates zu fördern, schließen wir uns den anderen Staaten an.' Der Erzherzog: ‚Dann verliert Frankfurt damit alle Aussichten, die sich ihm eröffnen würden durch die nächsten Pläne Österreichs. In wenigen Wochen, das kann ich Ihnen im Vertrauen eröffnen, fallen die Zollschranken zwischen Österreich, Bayern und Württemberg; das habe ich abgeschlossen, und Frankfurt erhielte in unserem System den Handel mit der Levante.' Souchay: ‚Wie durch diese Trennung des Zollverbandes die Einheit Deutschlands erzielt werde, kann ich nicht begreifen, es wird vielmehr ein Strich durch Deutschland gezogen, und dann gehört Frankfurt nach Norden und nicht nach Süden. Unsere Kaufleute werden dies Ew. K. H. leicht zu beweisen imstande sein.' Der Erzherzog veränderte hierauf seinen Ton und sagte: ‚Falls Frankfurt mir und dem Kaiser sich so wenig willfährig zeigen sollte, so bleibt uns immer noch Macht genug, um Frankfurts Selbständigkeit zu vernichten.' Souchay: ‚Diese Eröffnung würde mich vor zwei Jahren noch wahrhaft betrübt haben, jetzt aber gestehe ich offen, hängen wir in Frankfurt weniger an der Selbständigkeit als an Ruhe, Zucht und Ordnung von oben, damit wir unsere materiellen Interessen unter einem mächtigen Schutze weiterem Gedeihen entgegenzuführen imstande bleiben.' Der Erzherzog entließ Souchay mit dem Bedauern, einen so eingefleischten Preußen in ihm gefunden zu haben".

Souchay blieb also unbekehrt, es war auch vorauszusehen, daß er weiter in seinem Sinne wirken werde. Beim Senate aber, und das war für jetzt die Hauptsache, hatte der Erzherzog einen vollen Erfolg.

Das Votum der Kommission ging dahin, daß allerdings ein Bevollmächtigter nach Berlin gehen solle, er solle aber vor allem hier darlegen, warum Frankfurt bisher nicht beigetreten sei und welche Schwierigkeiten auch fernerhin für seinen Beitritt bestünden. Er solle darauf hinweisen, daß der Anspruch Frankfurts darauf, Sitz der Zentralgewalt des deutschen Bundes zu sein, wie er im Artikel 9 der Bundesakte enthalten sei, durch den Anschluß Frankfurts an den Bundesstaat gefährdet werde, daß die Verkehrsverhältnisse Frankfurts — wie im Gegensatz zu Souchay hier behauptet wurde — nach dem Süden wiesen, daß seine Interessen leiden würden, wenn die Hauptstaaten Süddeutschlands dem Bündnisse fern blieben, daß Frankfurt, an die Grenzen eines Reiches versetzt, alle Bedeutung verlieren würde. Sollte sich Frankfurt trotzdem dazu entschließen müssen, beizutreten, so müsse es seine Bedingungen machen: es müsse den verfassungsmäßigen Behörden die Ratifikation vorbehalten bleiben, es dürfe das Verhältnis zur provisorischen Zentralgewalt, der gegenüber man „Pflichten der Pietät und des heiligen Gastrechts habe", nicht gewissermaßen gewaltsam gelöst werden; es müsse Frankfurt als Sitz der Reichsregierung zugestanden werden, es müsse der Reichstag hier zusammentreten und es müßten alle Zugeständnisse, welche anderen, bereits beigetretenen oder später beitretenden Staaten gemacht seien, auch Frankfurt zuteil werden.

Das ganze war ein kunstvoll ersonnenes System diplomatischer Hintertürchen, das den Zweck trefflich erfüllte, ohne ja zu sagen, auch nicht nein sagen zu müssen. Es war Frankfurter Diplomatie alten Stils und kennzeichnet sich auch schon durch den Hinweis auf die Verträge von 1815 als das Werk Harniers. Wir wissen, daß Harniers politische Auffassung vornehmlich durch diese Verträge bestimmt war, daß er stets ein Vertreter der dadurch begründeten europäischen Stellung Frankfurts war. Hierin lag auch am letzten Ende sein antagonistisches Verhältnis zu Souchay begründet. Während dieser stets zu den nationalen Hoffnungen sich hielt und um dieser nationalen Hoffnungen willen jetzt auch einem Anschluß der Mittel- und Kleinstaaten an Preußen das Wort redete, blieb Harnier geschworner Gegner jeder politischen Veränderung, die die Verträge von 1815 antasteten, jeder Neugestaltung Deutschlands, die einen Schritt über diese hinaus führte. Es gab Senatoren, die ähnlich gesinnt waren wie Souchay, und so lange die Entscheidung noch nicht gefallen war, war auch von Souchay als eventuellem Abgeordneten nach Berlin die Rede gewesen: sobald die Ansicht Harniers unter dem Einflusse der Einwirkung des Erzherzogs in der Kommission gesiegt hatte, war damit von selbst gegeben gewesen, daß er und nicht Souchay nach Berlin gehen müsse. Der Wandel der Zeiten tat sich auch in diesen Personenverhältnissen kund. Einst, im Frühjahr 1848, als die nationale Flut begann, hatte Harnier durch Souchay im Bundestage ersetzt werden müssen, jetzt, mit der Ebbe, bekam wieder Harnier die Führung und Vertretung in der auswärtigen Politik; der alte Bundestag begann immer stärker zu spuken, Harnier aber verkündete mit bedeutungsvoller Miene, als er vom Erzherzog zurückkam, dem er die Instruktion, die er für sich geschrieben, zur Begutachtung vorgelegt hatte:[1]) Frankfurts Stellung müsse nunmehr die sein, durch kluges Abwarten den Weltfrieden zu vermitteln.

Daß man freilich bei dem allen so etwas wie ein böses Gewissen hatte, das zeigt der Umstand, daß Harnier in größter Heimlichkeit wegreiste, ohne noch einmal bei dem Prinzen von Preußen oder bei dem preußischen Residenten sich zu melden. Der letztere erfuhr erst von der Abreise Harniers, als dieser schon unterwegs war. Es war allerdings auch hohe Zeit gewesen. Es war gerade jetzt (8. September) von Berlin die telegraphische

---

[1]) Balan, 30. September 1849. Bericht 96.

Mitteilung eingelaufen, daß, wenn bis zum 20. d. M. keine Erklärung Frankfurts erfolgt sei, dies als Ablehnung angesehen werden würde.

Die gewünschte Erklärung war also nun unterwegs, der preußische Resident machte sich aber über die Bedeutung der Sendung Harniers nicht die geringsten Illusionen. Er sprach es offen aus, daß die preußischen Absichten durchkreuzt worden seien und daß durch die Rückkehr des Erzherzogs mindestens ebensoviel Terrain für Preußen verloren worden sei, als durch das Erscheinen des Prinzen von Preußen gewonnen worden war. Ärgerlich meldete er nach Berlin, das Reichsministerium verhehle nicht seinen Triumph. Jochmus sprach sogar unverhohlen aus, Preußen werde wohl bald in einem demütigeren Tone reden müssen;[1]) schmeichelte man sich doch, wie es scheint, im Reichsministerium mit der Hoffnung, sich auch militärisch ganz auf eigene Kräfte zu stellen und die preußische Besatzung aus Frankfurt wieder herauszubringen.

An Handhaben hierzu fehlte es nicht.

IV.

Es ist nicht zu verkennen, daß die rechtliche Basis für das Vorhandensein der erheblichen preußischen Besatzung, die so plötzlich nach Frankfurt verlegt war, eine mangelhafte war. „Strategische Rücksichten“ konnten eigentlich nicht mehr maßgebend sein, seitdem der Krieg zu Ende war, anderen Falles hätte man ja schließlich dahin kommen können, Frankfurt aus strategischen Rücksichten zu annektieren. Die Klagen und Proteste der Demokratie in der Konstituante waren insofern also recht wohl begründet, und der Senat hatte es denn auch pflichtgemäß nicht unterlassen können, einen Schritt in dieser Sache zu tun, freilich nicht ohne sich vorher des nötigen Rückhalts bei Österreich versichert zu haben. Am 1. September hatte Müller eine lange Konferenz mit dem österreichischen Vertreter, dem Grafen Rechberg, gehabt, und

[1]) Balan, 14. September 1849, Bericht 91.

dann hatte er eine „Note“ an den preußischen Residenten erlassen,[1]) in der er dem preußischen Vertreter das peinliche Befremden des Senats darüber aussprach, daß die Regierung wegen des längeren Aufenthalts ihrer Truppen in der Stadt nicht eine Verständigung mit dem Senat gesucht habe, in der weiter der bestimmte Wunsch ausgedrückt wurde, daß in Zukunft nicht mehr Truppen in der Stadt verbleiben möchten, als einkaserniert werden könnten, da die Einquartierung für die Bürger mit allzu großen Unbequemlichkeiten verbunden sei, auch die Entschädigung bei weitem nicht die wirklichen Aufwendungen erreiche. Müller hatte zugleich mitgeteilt, daß er sich wegen Verminderung der Besatzung auch an das Reichsministerium gewandt habe.

Natürlich hatte dieser Schritt Müllers praktisch zunächst gar keine Folgen. Die preußische Regierung lehnte es ab, über die Frage überhaupt in eine Erörterung einzutreten. Schon am 4. September erhielt Balan die Meldung, daß die Regulierung der Besatzungsverhältnisse von Frankfurt mit der Verständigung über eine neue provisorische Zentralgewalt genau zusammenhänge und nur zugleich mit dieser ihre Erledigung finden könne. Es lag in diesem Bescheid der offizielle Hinweis auf Verhandlungen, die schon seit mehreren Wochen zwischen den Kabinetten geführt wurden und deren Zweck es war, an Stelle des Reichsverwesers und seines Reichsministeriums, das nun einmal von Preußen nicht anerkannt war, zur Wahrung des Rechtszusammenhangs und zur Verwaltung des Bundeseigentums eine andere Behörde zu setzen, die ihre Herkunft nur von den Regierungen hatte. Natürlich war es fast nicht möglich, diese Verhandlungen zu führen, ohne dabei fortwährend die Unionsbestrebungen Preußens zu berühren; und das Eingehen Preußens auf diese Verhandlungen war ja auch eigentlich schon ein Schritt rückwärts, insofern diese neue Behörde gar nicht nötig geworden wäre, wenn Preußen entschlossen gewesen wäre, mit aller Kraft

[1]) Die Note war vom 30. August datiert, kam aber erst am 3. September in Balans Hände; sie war also wohl vordatiert, um die Spur, die in das österreichische Lager führte, zu verwischen.

auf dem Gedanken des engeren Bundes zu bestehen. Allein, wenn es diplomatisch auch bereits etwas abrüstete, so war es militärisch dazu doch durchaus nicht geneigt: von der Besatzung, die es um der politisch-militärischen Bedeutung Frankfurts willen in dieser Stadt stehen hatte, sollte auch nicht ein Soldat weggenommen werden. Man war wohl geneigt, sich zu vertragen, man war aber sehr darauf bedacht, auch nicht den Anschein zu erwecken, als ob man es auf das Äußerste nicht mehr ankommen lassen wollte.

Das war nun aber natürlich auch der Standpunkt Österreichs und vor allem auch der Standpunkt Bayerns. Letzteres wollte durchaus mit dabei sein, und es konnte sich hier besonders auf den Reichsverweser verlassen, der das bayrische 3. Jägerbataillon gewissermaßen als seine persönliche Leibwache ansah, von der er sich nicht trennen wollte, und daher den Antrag auf Wegverlegung dieses Bataillons rundweg abschlug.

Der Zustand blieb also, bei dieser Haltung der Beteiligten, den Noten der Stadt Frankfurt zum Trotz, ganz genau derselbe, der er gewesen war, er wurde nur dadurch Anlaß zu immer erneuten Störungen, daß die preußischen Truppen, im Gegensatz zu den anderen, nicht kaserniert waren, die Klagen wegen der Einquartierung sich also nur gegen sie wandten, ja einzelne besonders Heftige, wie z. B. Hadermann, der Präsident der Konstituante, sich sogar geradezu weigerten, Einquartierung aufzunehmen und es dahin brachten, daß Gewalt angewendet werden mußte.[1])

Was das Verhältnis der Truppen untereinander anlangt, so war es eine längere Zeit ruhig geblieben, gegen Ende September aber fingen die Schlägereien, bei denen regelmäßig die Österreicher und Bayern zusammen gegen die Preußen standen, wieder von neuem an. Auf preußischer Seite war man überzeugt, daß die Bayern die Hauptschuld trugen und man

[1]) Am 5. September 1849 erschienen ein preußischer Unteroffizier und zwei Mann in der Wohnung von Hadermann. Da ihnen nicht geöffnet wurde, erzwangen sie sich — einer Weisung des Quartieramts folgend — den Eingang, indem sie die Gartentüre zertrümmerten.

suchte diesen Umstand zu benutzen, um die Bayern endlich los zu werden. Der Prinz von Preußen, der in diesen Tagen wieder in Frankfurt anwesend war, bemühte sich in diesem Sinne persönlich bei dem Erzherzog; er machte die notorisch schlechte Disziplin dieses 3. Jägerbataillons und die Zugänglichkeit dieser Truppen für die Wühlereien der Demokraten geltend, — allein auch diese Einwirkungen blieben ohne allen Erfolg. Der Erzherzog nahm die Bayern in Schutz und lehnte jedes Einschreiten entschieden ab. Als sich dann am 28. und 29. September die Schlägereien wiederholten und zwar in noch größerem Umfange, da gab es wieder einige Tage äußerster Erregung. Auch die Bürger wurden jetzt, was man ihnen gewiß nicht verdenken kann, nervös. Bei ihnen kam noch dazu, daß gleichzeitig ein Armeebefehl des Prinzen von Preußen vom 25. September bekannt wurde, in dem es hieß, er, der Prinz, sei durch des Königs Majestät zum Oberbefehlshaber der Okkupationstruppen in Baden, Hohenzollern und Frankfurt a. M. ernannt worden. Der Ausdruck: „Okkupationstruppen“ war ganz dazu angetan, dem schon vorhandenen Mißtrauen gegen Preußen neue Nahrung zu geben, und es wurde sofort in der Konstituante die drohende Anfrage an den Senat gerichtet, „welche Schritte er gegen diesen Armeebefehl und zur Beseitigung der sogenannten Okkupation getan habe.“

Der Senat geriet durch diese Anfrage in eine entsprechende sehr starke Bewegung: ein Schreiben Müllers lief bei Balan ein, das erneut und jetzt ziemlich kategorisch die Entfernung der preußischen Truppen forderte, deren Anwesenheit mit der Selbständigkeit der Stadt unvereinbar sei; gleichzeitig fuhren aber auch die beiden Bürgermeister der Stadt feierlich bei dem Reichsverweser vor und erbaten die Entfernung der bayerischen Truppen,[1]) — keiner dieser Schritte hatte aber den geringsten Erfolg: es blieb bei Worten und Gesten, es blieb bei Klagen und Anklagen, Protesten und

[1]) Erzherzog Johann an den Fürsten Schwarzenberg, 3. Oktober 1849 (A. München). Siehe die Beilagen.

Verwahrungen; nur eine militärische Vorbeugungsmaßregel wurde getroffen: es wurde nämlich, um zu verhindern, daß die deutschen Montecchi und Capuletti sich immer neue Scharmützel lieferten, den Preußen das Betreten von Sachsenhausen, den Bayern das Betreten von Frankfurt streng untersagt, und es wurde die Brücke militärisch gesperrt, es wurde also in der Stadt selbst — ein wahrer Hohn auf die „Unions"-Bestrebungen —, eine Mainlinie gezogen.

Natürlich war durch die Brückensperre nur eine Ursache der Schwierigkeiten beseitigt; die andere, die Unzufriedenheit der Bevölkerung über die Einquartierung, blieb, und da von einer Wegziehung der preußischen Truppen keine Rede sein konnte, so war es bei der Hetzerei der Demokraten nicht ausgeschlossen, daß es schließlich zwischen den Preußen und den Bürgern doch noch zu ernsten Schwierigkeiten kam. Nur Einkasernierung der preußischen Truppen konnte da Abhilfe schaffen, da die Bayern endgültig nicht fortzubringen zu sein schienen,[1]) und diese Abhilfe ist dann auch wirklich geschaffen worden, aber freilich nur unter den größten Schwierigkeiten, da der Senat unter Führung Müllers durchaus dabei blieb, keinen Schritt entgegen zu tun, um nur ja nicht der Demokratie Stoff zu Angriffen zu geben.

Noch einmal kam es darüber zu einer so gespannten Lage, daß man wieder den Ausbruch von Unruhen fürchtete. Am 27. Oktober sollte ein preußisches Bataillon die Stadt verlassen und dafür ein anderes an die Stelle treten, und es gab Anzeichen dafür, daß es bei dieser Gelegenheit losgehen werde. Der Prinz von Preußen nahm die Sache so ernst, daß er seine Person dafür einsetzte, die preußische Ehre zu wahren. Er sorgte dafür, daß an dem betreffenden kritischen Tage eine größere Truppenmenge um Frankfurt herum verfügbar war,[2]) er erschien dann sogar selbst in der Stadt und

---

[1]) Am 4. November 1849 telegraphierte von der Pfordten an die bayerische Gesandtschaft in Berlin, Lerchenfeld solle Österreich dafür gewinnen, daß bei der definitiven Abmachung über die Garnison in Frankfurt auch die Bayern dort blieben.

[2]) Prinz von Preußen an General Koch, 25. Oktober 1849.

führte persönlich das eine Bataillon heraus und das andere dafür herein.[1])

Militärisch also hatten sich die Preußen von der „Werkstätte der deutschen Zukunft“, wie Balan einmal Frankfurt nennt, nicht verdrängen lassen, allein daß sich mit und neben ihnen auch die Österreicher und sogar auch die Bayern behaupteten, das zeigt deutlich die Folgen davon, daß Preußen im Mai des Jahres das Schicksal nicht bei der Stirnlocke gefaßt und die Konstituierung Deutschlands durch rasches Vorschreiten durchgeführt hatte. Warum es dies unterließ, wissen wir: dem König war es im Grunde mit der Union nicht ernst genug, um einen entscheidenden Wurf zu wagen, und so hatte denn der Widerstand an Kraft gewinnen können. — Der Prinz von Preußen hatte mit Besorgnis gesehen, daß die Verhandlungen in Berlin über eine neue provisorische Zentralgewalt nicht in dem stolzen Preußengeiste geführt wurden, der ihn selbst beseelte. Noch Ende September hatte er durch ein ausführliches Gutachten Savignys[2]) in Berlin daran erinnern lassen, wie wichtig es sei, daß die während des badischen Feldzuges erreichte Einheitlichkeit des preußischen Kommandos über die südwestdeutschen Kontingente zu einer dauernden Einrichtung gemacht würde und daß er im Zusammenhange mit einer solchen neuen Bedeutung Preußens seine Residenz in Frankfurt a. M. nehme; in Berlin aber wollte man von derlei Kühnheiten nichts wissen, und man schloß am 30. September in Wien den Vertrag über das neue Interimistikum, die Einsetzung einer Zentral-Bundeskommission, ab, bei deren Zusammensetzung zwar die Parität zwischen Österreich und Preußen gewahrt wurde, deren Dasein an sich aber ein Zurücktreten von der Unionsidee bedeutete.

[1]) Am 30. Oktober reiste der Prinz nach Karlsruhe weiter. Der lang gesuchte Ausweg war unterdessen in der Weise gefunden worden, daß die Westendhalle, welche bisher als preußisches Lazarett gedient hatte, durch Entgegenkommen der Senatoren von Günderrode und Reuß geräumt und für die Preußen nunmehr als Kaserne eingerichtet worden war.

[2]) Karlsruhe, 29. September 1849.

Es konnte bei dieser lauen und taten-unlustigen Haltung Preußens im Gegensatz zu dem frisch-fröhlichen Reitergeist, der die Politik des Fürsten Schwarzenberg beseelte, nicht ausbleiben, daß die Fugen auch des schon Fertigen sich wieder lockerten: Sachsen und Hannover traten Ende Oktober mit Erklärungen hervor, die faktisch eine Lossagung von dem Bündnis des 26. Mai bedeuteten, und schwenkten in das österreichische Lager hinüber; es stand jetzt Österreich mit den vier Königreichen zusammen, während zu Preußen nur noch die Kleinen und die nicht einmal alle hielten, — konnte da für einen Staat wie Frankfurt, der ohnehin nur einem starken Drucke weichend seinen Abgesandten nach Berlin geschickt hatte, der mit seinem Herzen durchaus dem „Spreebunde", wie Detmold die Union nannte, widerstrebte, noch der geringste Antrieb bestehen, jetzt noch den Anschluß zu vollziehen?

Die preußische Regierung trug auch noch selbst dazu bei, diese Frage rasch zur Entscheidung zu bringen, indem sie die Verhandlungen des Verwaltungsrats ohne allen Eifer betrieb. Balan und Savigny hatten zwar dringendst geraten, Harnier gleich nach seiner Ankunft festzulegen und eine kategorische Erklärung von ihm zu verlangen, ihr Rat blieb aber unberücksichtigt. Man ließ ihn ganz unbehelligt. Er reichte ein paar Noten ein, in denen er die uns bekannten Bedingungen aufs neue aufstellte, es erfolgten Gegennoten, in denen die frühere Entscheidung, daß man sich auf Bedingungen nicht einlassen könne, gleichfalls wiederholt wurden, darüber vergingen einige Wochen, und dann — ein charakteristisches Wetterzeichen — verschwand plötzlich Harnier ebenso spurlos aus Berlin,[1]) wie vorher aus Frankfurt, ohne irgendeine Enderklärung abgegeben zu haben; dafür aber notifizierte der Senat schon am 5. November seinen Beitritt zum Interim[2]), und damit war für den Senat das

[1]) Schleinitz an Balan, 3. November 1849. (Telegr.)

[2]) Balan an Schleinitz, Bericht Nr. 118 vom 6. November 1849. — Der Erzherzog hatte bereits am 6. Oktober seine Zustimmung zu der Abmachung unter der Voraussetzung ausgesprochen, daß die sämtlichen Regierungen einverstanden seien.

Unions-Versteckspiel zu Ende. Der Weg der Rückkehr zum alten Bunde, und damit vielleicht auch zum Bundestage, schien mit dem Interim endgültig betreten; im Schutze der Liga, die die Verwirklichung dieses Zieles ins Auge gefaßt hatte, konnte sich der Senat von Frankfurt ganz sicher fühlen, und er konnte sich vorläufig der Tatsache freuen, daß die neu begründete Bundeskommission ihren Sitz in Frankfurt nehmen sollte.

Und auch weiterhin erwies sich des Senates Schifflein, das bisher so gut durch die Klippen hindurchgekommen war, als ein glückhaftes Schifflein, denn auch in den inneren Fragen wuchs ihm in diesen Tagen der Erfolg ganz von selber zu; er brauchte schließlich nur zuzugreifen, um die reife Frucht zu brechen.

Elftes Kapitel.

Der Konstituante Glück und Ende.

Nachdem in der Verfassungsfrage eine Zeitlang äußere Ruhe bestanden hatte, waren Anfang Oktober die Beratungen wieder begonnen worden, die Entwicklung der Dinge hatte aber unterdessen nicht stille gestanden. Erstens hatte der Verfassungsausschuß für die zweite Lesung einige Änderungen vorgenommen. Die wichtigste war die, daß der so viel angefeindete § 153 (Moralunterricht statt Religionsunterricht in den Volksschulen) beseitigt war, es war aber freilich dem Berichte die Bemerkung hinzugefügt, daß der Paragraph eigentlich gar nicht nötig sei, da die Schulen nach den Grundrechten ja doch nicht-konfessionell werden müßten. Der Verfassungsausschuß hatte ferner als notwendige Ergänzung seines Werkes eine Gemeindeordnung ausgearbeitet, durch welche nun erst das, was die Mehrheit wollte, in seinen Folgerungen völlig klar wurde, denn das bisher Festgestellte schuf ja nur die Formen, in denen der Staat Frankfurt leben sollte: Regierungsrat, Volksrat waren die Organe des Ganzen; daneben aber sollten die Gemeinden, also auch die Stadt Frankfurt, ihre eigenen Organe bekommen, Frankfurt z. B. einen Gemeinderat von 18 und einen Bürgerausschuß von 40 Mitgliedern zur Verwaltung der eigentlich kommunalen Angelegenheiten, obwohl es doch auch als Staat im wesentlichen Stadt war, die „kommunalen" und die „Staats"-Angelegenheiten also in der überwiegenden Mehrzahl aller Geschäfte zusammenfallen, entweder daher die Staatsbehörden oder die Kommunalbehörden rein überflüssig sein mußten.

Es war das eine ganz notwendige Folge des Systems. Der ganze Entwurf war aus den Begriffen „Volk“ und „Souveränität des Volkes“ herausgewachsen. Daraus war im Gegensatz zu dem bisherigen Begriffe von der Bürgerschaft die Vorstellung eines Volkes von Frankfurt entstanden, das nun nicht mehr bloß die Bürgerschaft, sondern alle Einwohner des Staates umfaßte. Hieraus hatte sich der Gedanke einer gesonderten Regierung des Staates entwickelt, auszuüben, wie wir wissen, durch einen in geheimer, allgemeiner, direkter Wahl erwählten Volksrat, der alle höchste Gewalt in sich vereinte, der Träger der Souveränität war. Diese Neuschöpfung hatte unleugbar den Vorteil, daß sie die bisher bestehende Schwierigkeit, welche aus dem Gegensatz von Stadt und Land erwachsen war, beseitigte und daß Meinungsverschiedenheiten der höchsten Behörden, deren Möglichkeit 1815 solches Kopfzerbrechen gemacht hatte, weil man keinen Reichshofrat mehr hatte, nun ausgeschlossen waren. Was die Vertreter des souveränen Volkes bestimmten, das mußte Gesetz werden, und durch die Wahlen, die alle Jahre den Volksrat neu zusammensetzten, behielt das Volk beständig die Entscheidung in seiner Hand.

Das alte Problem war also hier gelöst, es war aber radikal gelöst, d. h. unter gewaltsamer Zerreißung und Verletzung bestehender Verhältnisse, wodurch das höchste Recht zum höchsten Unrecht wurde. Denn damit es keine Konflikte zwischen den Inhabern der übertragenen Gewalten gebe, hatte man eine eigentliche Gewalt überhaupt nicht mehr übertragen, den Regierungsrat zu abhängigen Kreaturen des Volksrats gemacht; um ferner die Landbewohner nicht mehr von den Stadtbewohnern regieren zu lassen, sollte es nun beinahe dahin kommen, daß sich die Stadtbewohner von den Landbewohnern die Gesetze vorschreiben lassen mußten, sollte wenigstens die Stadt Frankfurt zu dem werden, was die sieben Dorfschaften auch nur waren, zu einer Gemeinde.

Die ganze Ungeheuerlichkeit dieser Konstruktion mußte sich am klarsten herausstellen, wenn sich die Frage erhob, wie es denn nun mit den Finanzen gehalten werden sollte, denn von

100 fl., die in dem Staate aufgebracht wurden, stammten doch gewiß 99 von der größten Gemeinde des Staates, nämlich von Frankfurt her: sollte nun die Gemeinde, die faktisch für alles aufkam, sich künstlich zu einem Gebilde zweiten Ranges herunterdrücken und sich ihr Futter von Regierungsbehörden vorschneiden lassen, die ohne Frankfurt so gut wie in der Luft standen? Allerdings, das war die Meinung: Frankfurt als Stadt sollte um der Theorie von der Volkssouveränität willen mediatisiert werden, ungefähr geradeso, wie auch Preußen nach dem Wunsche der Einheits-Enthusiasten der Paulskirche sein selbständiges Dasein hatte aufgeben, also mediatisiert oder besser imperialisiert hatte werden sollen. So verschieden die Gebiete waren, die Denkprozesse waren ganz dieselben, sie erzeugten aber auch ganz dieselben Widerstände von seiten der historisch gewordenen Gebilde her, die sich durchaus nicht zur Masse werfen lassen wollten.

Dieser Widerstand war ja schon laut genug zu Worte gekommen in der einschneidenden Kritik, die der Volksbote an dem Verfassungswerke erhoben hatte, auch in der Fassung, wie es für die zweite Lesung vorlag, und er hatte sich nun weiter verdichtet zu einem Gegenentwurf, den der Advokat Dr. Goldschmidt ausgearbeitet hatte und für den sich im ganzen 32 Mitglieder der Konstituante, darunter alle uns schon bekannten Gemäßigten, erklärten. Dieser Entwurf fügte alles, was die Jahre 1848/49 an Fortschritten des öffentlichen Rechts gebracht hatten, der alten Verfassung ein, hielt sich aber im übrigen an das Überlieferte, das nur zeitgemäß umgestaltet wurde; er behielt also Senat, Gesetzgebende Versammlung und Ständige Bürgerrepräsentation bei, beschränkte aber die Zahl der Mitglieder des Senats auf 16, die der Gesetzgebenden Versammlung auf 72, die der Bürgerrepräsentation auf 36, trennte die Gerichte als etwas Besonderes von dem Senate ab, ließ die Gesetzgebende Versammlung nur aus den vom Volke Gewählten bestehen und sah dann für den Fall unausgleichbarer Widersprüche, die hier natürlich nicht ausgeschlossen waren, einen Großen Rat vor, der aus den genannten vier Körperschaften — Senat, Gesetzgebende Versammlung, Ständige Bürgerrepräsentation und Gerichte — sich zusammensetzen sollte und dann endgültig zu entscheiden hatte. Es war dieser Ausweg, wenn man das Luftgebäude der Radikalen nicht wollte, faktisch wohl der einzige mögliche. Da aber die Radikalen nun einmal die Entscheidung noch in der Hand hatten, so hatte er nur geringe Aussichten.

Die Entscheidung fiel in den Tagen vom 12. bis 15. Oktober, als die Gestaltung der Regierungsbehörden in zweiter Lesung zur Beratung stand. Die 32 stellten hierbei die entsprechenden Paragraphen ihrer Entwurfs als Gegenantrag auf, und es kam nun hierüber noch einmal über das Ganze der beiden Projekte zu einer großen Debatte.

Die Vertreter der Mehrheit hatten jetzt, da zum ersten Mal ein vollständiger Gegenentwurf vorlag, den taktischen Vorteil, daß sie nicht mehr bloß zu verteidigen hatten, sondern angreifen konnten, und sie benutzten diesen Vorteil mit großem Geschick, indem sie die Schwächen des Gegenentwurfs gehörig ins Licht setzten. Besonders tief drang Reinganum ein. Er zerzauste den „Großen Rat" ganz gewaltig: die Richter würden dadurch, daß sie Mitglieder dieses Rates seien, in die Politik hineingezogen; die Zusammensetzung beeinträchtige die Rechte des Volkes, da die Mehrheit dieses Rates nicht vom Volk Gewählte seien; durch diesen „Großen Rat" werde die Gesetzgebende Versammlung im Vergleich zu dem, was sie früher gewesen, heruntergedrückt, sie erfahre also jetzt dieselbe Rechtsverminderung, die die 51er 1816 erfahren hätten. Sein Schlußurteil war, daß gegen den Entwurf der 32 die alte Verfassung noch das geringere Übel sei, und das Ergebnis war denn auch, daß der Gegenantrag verworfen wurde.

Unter dem Eindruck dieser Niederlage nahm die Stimmung der Gegner der Demokratie einen verbitterten, leidenschaftlichen Charakter an. Man hörte Äußerungen wie: lieber preußisch als unter dieser Verfassung leben, und der Gedanke tauchte auf, da in der Konstituante selber bei dem unerschütterbaren Übergewicht der Demokraten durchaus nichts zu hoffen war, die Rettung von außen her zu versuchen. Der Vorschlag wurde gemacht und fand Anhänger: es müsse der Senat, wie früher regelmäßig im Oktober, so auch jetzt Wahlen für eine neue Gesetzgebende Versammlung ausschreiben. Der Vorschlag stand zwar mit § 14 des Gesetzes vom 21. Oktober 1848 [1]) in heillosem Widerspruche, allein selbst der Patriotische Verein wußte kein anderes Mittel anzugeben, aus den Wirren herauszukommen. Daß im ordentlichen Verlaufe der Dinge noch eine gedeihliche Gestaltung der Zukunft zu erhoffen sei, schien ausgeschlossen; irgend etwas Außerordentliches mußte kommen.

Die weitere Beratung der Verfassung ging bei dieser Stimmung ziemlich rasch zu Ende. Die zweite Lesung wurde bis zum 12. November beendigt, mit Ausnahme der Art. 70 und 71, der Bestimmungen über die Wahlbezirke, durch die sich die Gegensätze besonders zugespitzt hatten und die deshalb vorläufig zurückgestellt wurden. Es kamen erst noch die Übergangsbestimmungen daran, und hierbei gelangte man nun zu der Frage der finanziellen Auseinandersetzung zwischen Staat und Gemeinde, und, wie vorauszusehen gewesen war, wurde diese Frage für die Pläne der Mehrheit zur verhängnisvollen Klippe.

Eine reale Vermögensscheidung zwischen Staat und Gemeinde vorzunehmen, und noch dazu jetzt, in diesem Augenblicke äußerster Spannung, diese Herkuleskraft traute sich selbst die Konstituante nicht zu. Der zu schaffende Frankfurter Nationalstaat durfte aber doch nicht ohne die nötige finanzielle Ausstattung bleiben; der Entwurf des Ausschusses enthielt also die Bestimmung, die auch angenommen wurde: die städtischen Gemeindegüter sollten bis zur Ausscheidung derselben aus dem bis jetzt ungetrennten Stadt- und Staatsvermögen von den Staatsbehörden (unter Vorbehalt der Verrechnung) verwaltet werden. Jucho hatte an Stelle dieser Bestimmung die andere, gerade entgegengesetzte beantragt: daß die städtischen Gemeindegüter in der

[1]) Gesetzessammlung Bd. 8 S. 274.

Zwischenzeit von den städtischen Gemeindebehörden verwaltet werden sollten, sein Antrag war aber, wie üblich, abgelehnt worden, und nun erhob sich Dr. Binding und gab in seinem und im Namen von 25 andern die explosionsartig wirkende Erklärung ab: die Versammlung sei zu der Übertragung des Stadtvermögens nicht kompetent.

Dies Wort war die Ankündigung der kritischen Wendung; denn Binding war auch Mitglied der Ständigen Bürgerrepräsentation, und auf seinen Antrag rückte jetzt diese Behörde plötzlich in die Front vor.

Die Ständige Bürgerrepräsentation stand für gewöhnlich sehr stark im Hintertreffen, und wir haben in dem Bisherigen, seit der Feststellung der Konstitutions-Ergänzungsakte, nur selten Veranlassung gehabt, ihrer zu gedenken; sie genoß aber als alte, noch aus der Reichszeit herstammende Behörde immer noch ein bedeutendes Ansehen und konnte insofern, wenn nötig, ein starkes Gewicht ausüben. Sie war in dem Gesetz vom 21. Oktober 1848 auch ausdrücklich erhalten geblieben, während die Gesetzgebende Versammlung abgeschafft worden war; sie stellte sich jetzt dar als ein Bollwerk des Rechts gegen geplantes revolutionäres Unrecht.

Am 20. November protestierte sie gegen den Beschluß vom 16. November und einigte sich (mit 46 gegen 3 Stimmen) in der Erklärung: sie erwarte, daß der Senat den Verfassungsentwurf, so wie er jetzt vorliege, nicht zur Abstimmung bringen werde; in den Übergangsbestimmungen seien finanzielle Verfügungen, über die die Bürgerrepräsentation mitzureden habe; sie müsse also erst gehört werden.

Dieser plötzliche Einspruch rief eine ungeheure Erregung der Gemüter hervor. Am folgenden Tage, dem 21. November, standen die zurückgestellten Artikel 70 und 71 zur Beratung. Binding benutzte diese Gelegenheit, um sein Vorgehen in der Ständigen Bürgerrepräsentation zu rechtfertigen und mit dem Radikalismus gründlich abzurechnen, und es entwickelte sich darüber ein ganz gewaltiger Tumult. Die Zuhörer mischten sich in so demonstrativer Weise ein, daß Dr. Varrentrapp mit der Vermutung nicht zurückhielt, die Zuhörer seien von den

Leitern der Mehrheit herbestellt worden — was den Tumult natürlich verstärkte — der Präsident verlor darüber die Leitung, Jucho beschwerte sich über Parteilichkeit, und der Lärm wurde schließlich so arg, daß die Sitzung geschlossen werden mußte.

Die leidenschaftliche Entschlossenheit der Radikalen war freilich durch diese Angriffe nur gewachsen, und sie blieben nun fest bis zum letzten, sie blieben also, als über jene Artikel am 23. November endgültig abgestimmt wurde, dabei, daß nur ein Wahlbezirk bestehen solle, obwohl Kugler noch einmal alles ausführte, was gegen diese Bestimmung sprach, obwohl Binding und Hessenberg mit entschiedenem Geschick den Gegenantrag verteidigten, daß die Stadt in acht Bezirke geteilt werden möge: es half alles nichts, die Mehrheit blieb unerschütterlich. Es siegte der eine Massenwahlbezirk, der die Freiheit der Wahl fast illusorisch machte, und diese Bestimmung zusammen mit allen anderen schon durchgesetzten: daß jedem, der 21 Jahre alt und in das Bürgerbuch eingetragen sei, wenn er nicht in gerichtlicher Vormundschaft stehe,[1]) das Wahlrecht zustehen solle, daß durch diese allgemeinen Wahlen bestimmt werde nicht nur der das ganze Jahr hindurch permanente, im ganzen wie im einzelnen unverantwortliche Volksrat, sondern auch die Mitglieder der Regierung, die Geschworenen, die Gemeinderäte, die Offiziere und Unteroffiziere der Bürgerwehr, — dies alles schien die sichere Aussicht in sich zu schließen, daß in Frankfurt nicht eine vernünftige Demokratie, sondern reine Demagogie, Herrschaft einiger weniger mit Hilfe der Massen, bevorstehe, und es ist begreiflich, daß auch ein so entschiedener Liberaler wie Dr. Kugler zur Herbeiführung einer solchen Zukunft die Hand nicht bieten wollte. „Er war so weit als möglich mit vorwärts gegangen," schrieb der Volksbote (S. 522), „aber da er den Abgrund sah und all

[1]) Die anderen Beschränkungen des Reichswahlgesetzes, welche auch die Falliten und alle, die Armenunterstützungen aus öffentlichen oder Gemeindemitteln empfingen, von dem Wahlrecht ausschloß, waren aufgehoben.

sein Warnen nichts half, so erklärte er sich gegen die Partei, die ihn schon ganz zu haben glaubte."

Am 3. Dezember fand die Schlußabstimmung statt. Die Verfassung wurde mit 68 gegen 29 Stimmen[1]) angenommen, und nunmehr erhielt der Präsident den Auftrag, „die Verfassungsurkunde nebst ihrem Anhang, dem Einführungsgesetz und den Übergangsbestimmungen, an den Senat zu befördern mit dem Ersuchen, die in § 3 des Grundgesetzes vom 19. Oktober 1848 gebotene Abstimmung der volljährigen hiesigen Staatsangehörigen zu veranlassen, die nötige Vollzugsverordnung in betreff dieser Abstimmung zu erlassen und das Ergebnis derselben zu verkünden."

Der Moment war damit gekommen, wo der Senat endlich aus der Deckung, in der er sich bisher gehalten hatte, hervortreten mußte. Wie er in seiner Mehrheit gesinnt sei, darüber konnte nicht der mindeste Zweifel herrschen. Es war bisher nur ein Zweifel gewesen, ob er es wagen werde, seiner Gesinnung gemäß zu handeln.

Eine Art Vorentscheidung war es schon, daß der Senat, nachdem er am 6. Dezember eine Kommission zur Begutachtung der Verfassung ernannt hatte, am 10. dazu geschritten war, die beiden Bürgermeisterstellen und die übrigen Ämter für das nächste Jahr unter sich zu verteilen, gerade so, wie er es zuletzt im Jahre 1847 getan hatte, als wenn es also ein Jahr 1848 mit seiner Konstituante gar nicht gegeben hätte. Ein paar Tage später, am 20. Dezember, erfolgte dann durch den Reichsverweser die Übertragung der Zentralgewalt an die neu gebildete Bundes-Zentralkommission, und der Senat unterließ es nicht, noch einmal sein nahes Verhältnis zu dem scheidenden Erzherzog zu bekunden, indem er ihm zu Ehren eine Denkmünze schlagen ließ, die er ihm in feierlicher Audienz überreichen ließ; er beeilte sich aber zugleich, an Stelle Souchays, der bisher immer noch wenigstens formell die Stadt bei der

---

[1]) Es fehlten in der Sitzung 28 Mitglieder; aus der Tagesordnung hatte man nicht ersehen können, daß an diesem Tage die Schlußabstimmung vorgenommen werden würde.

Zentralgewalt vertreten hatte, jetzt Harnier zum Bevollmächtigten der Stadt bei der Zentral-Bundeskommission zu ernennen. Der Kreis rundete sich demnach immer mehr, der alles wieder zum Ausgang zurückführen sollte: war da wohl noch ein Grund, in der Verfassungsfrage zu zögern?

Ein ganzer Berg von Protesten gegen die Arbeit der Konstituante lag schon auf dem Tisch der Kommission: der uns schon bekannte Beschluß der Ständigen Bürger-Repräsentation, der zuletzt den Senat aufforderte, äußerstenfalls die in Artikel 4 des Einführungsgesetzes angeordnete Übergabe der gesamten Geschäfte an den Regierungsrat zu verweigern, Protestationen der Kirchenvorstände, Rechtsverwahrungen der Pflegschaften der verschiedenen Stiftungen, ein Protest des Ausschusses der Handwerker und Gewerbe, eine Erklärung von 32 Mitgliedern der Konstituante, durch die sie der Öffentlichkeit ihren Beschluß mitteilten, aus der Konstituante auszutreten, eine Petition des Patriotischen Vereins mit weit über 2000 Unterschriften, die den Senat bat, die neue Gesetzgebende Versammlung einzuberufen, — durfte der Senat sich allen diesen Beschwörungen entziehen? Äußerlich lag kein Grund zu Besorgnissen vor; eine Ruhestörung von seiten derer, die hinter der Mehrheit der Konstituante standen, war in keiner Weise zu besorgen; die starke Garnison bot eine unvergleichliche Rückendeckung, es waren aber für alle Fälle, das hören wir schon am 10. Dezember, militärische und polizeiliche Vorkehrungen in Aussicht genommen; es scheint daher der Plan eines kleinen Staatsstreiches schon ziemlich früh festgestanden zu haben. Am letzten Tage des Jahres erfolgte er: am 31. Dezember genehmigte der Senat eine von der Kommission vorgeschlagene Kundgebung, in der der Senat die Erklärung abgab, daß er die Verfassung **nicht** zur Abstimmung bringen werde. Er stützte sich dabei zunächst darauf, daß der **Anhang** zu der Verfassung („Einführungsgesetz und Übergangsbestimmungen“) eine offenbare Verletzung des Gesetzes vom 17. Oktober 1848 enthalte. In diesem Gesetz heiße es, „daß der Senat, die Ständige Bürgerrepräsentation und das Rechnungsrevisionskolleg ihre bisherige Wirksamkeit fortsetzen sollten, bis die neue Verfassung eingeführt sei", in dem Anhang zu der Verfassung hingegen werde der Senat für diese Übergangszeit entrechtet und an seine Stelle die Konstituante mit völlig unbeschränkten Vollmachten eingesetzt. Der Senat könne seine Hand nicht dazu bieten, daß eine vom Volke in allgemeiner Abstimmung gut geheißene Anordnung in dieser Weise über den Haufen geworfen werde. Dazu komme, daß der Entwurf eine Reihe von Rechtsverletzungen enthalte, die sofort einen Teil der Staatsgenossen veranlassen würden, im Sinne des Artikels 46 der Wiener Kongreßakte von 1815 die Entscheidung der oberen Bundesbehörde anzurufen. Aber auch ohne eine solche Anrufung würde die Einmischung dieser Behörde erfolgen durch die Umwandlung der staats- und völkerrechtlich anerkannten Freien Stadt Frankfurt in einen Freistaat Frankfurt, der nach ultrademokratischen Grundsätzen geformt sei und der sofort mit einer schweren Beeinträchtigung der Freien Stadt beginnen solle, mit der Überweisung nämlich des gesamten Gemeindebesitzes an die Staatsbehörden. Eine Abstimmung über diesen letzten Punkt vornehmen zu lassen, sei ganz unmöglich, denn es würden ja dabei Staatsangehörige mitzuwirken berufen sein, die bisher an diesem Gemeindebesitz gar keinen Anteil gehabt hätten! Zum Schluß verweist der Senat auf die seiner Überzeugung nach vollkommen begründeten Einsprüche, die von den verschiedensten Seiten erhoben seien und die ihn der Aufgabe überhöben, seine eigenen Bedenken gegen eine Reihe von Bestimmungen der neuen Verfassung zur Sprache zu bringen; er begnügt sich mit dem allgemeinen Bekenntnis, daß er das Wohl der Stadt für äußerst gefährdet erachten würde, wenn versucht werden sollte, eine die seitherigen vaterstädtischen und vaterländischen Zustände gänzlich unbeachtet lassende, auf ganz andere Bedürfnisse und Verhältnisse berechnete Verfassung, wie die beantragte, ins Leben zu führen. Auf diesem Wege sei jedenfalls die Reform der Verfassung nicht zu bewerkstelligen. Da nun das Mandat der Konstituante offenbar abgelaufen sei, der Senat aber ohne Vertretung der Bürgerschaft die Geschäfte nicht weiterführen könne, so berufe er die Gesetzgebende Versammlung auf den 21. Januar 1850 und ordne hiermit für den 10. und 11. Januar die Wahlen an. Hierbei werde das Gesetz vom 20. Februar 1849 zu berücksichtigen sein, wonach alle bis dahin noch bestehenden Ungleichheiten der staatsbürgerlichen Rechte aufgehoben seien.

Es waren in diesen Ausführungen, so geschickt sie im übrigen waren, zwei schwache Punkte: 1. der Hinweis auf das Grundgesetz des deutschen Bundes und auf eine Bundesbehörde, die nach der Ansicht aller, die auf dem Boden der Bewegung des Jahres 1848 standen, endgültig abgetan war, und 2. die Unterstellung, daß das Mandat der Konstituante erloschen sei. Dies war nur dann der Fall, wenn die von der Konstituante ausgearbeitete Verfassung in allgemeiner Abstimmung entweder angenommen oder abgelehnt war. Es war aber weder das eine noch das andere eingetreten, die Maßregel des Senats trug also unzweifelhaft das Kennzeichen eines Gewaltaktes und zwar, da sie erfolgte unter Berufung auf eine Rechtsordnung, die von allem, was nur einigermaßen liberal war, verabscheut wurde, das Kennzeichen eines reaktionären Gewaltaktes.

Dies kam auch äußerlich zum Ausdruck. Am 3. erging im Auftrage des älteren Bürgermeisters ein Schreiben an „Herrn N. Hadermann," er möge, da der Senat über die Lokalitäten im Hause Limpurg anderweit verfügt habe, die Schlüssel dieser Lokalitäten entweder dem Überbringer aushändigen oder im Laufe des Nachmittags an die Stadtkanzlei abliefern lassen. Es erfolgten weder die Schlüssel noch eine Antwort; und nunmehr begab sich noch an demselben Nachmittag der Polizeideputierte des Senats, Senator Keßler, mit einem Schlosser in das Haus Limpurg und ließ an der äußeren Zugangstüre zu den Beratungsräumen ein starkes Eisen und ein mächtiges Schloß anbringen. Als sich während der Arbeit ein Kanzleibeamter der Konstituante einstellte, wurde ihm bedeutet, daß er hier nichts mehr zu suchen habe. Hadermann und die Seinen erschienen am nächsten Tage und konnten lediglich feststellen, was geschehen war; es blieb ihnen nichts übrig, als an anderer Stelle eine Sitzung einzuberufen und hier einen Protest zu Protokoll zu geben. Allein dieser Protest wie so viele andere, laute und stille, zu denen es in der weiteren Entwicklung kommen sollte, blieb völlig wirkungslos; die Rückstoßbewegung war in vollem Gange; im ganzen wie im einzelnen vollzog sich die weitere Entwicklung in Deutschland zunächst im Zeichen des Vorhängeschlosses und des Bandeisens.

Anmerkungen.

I. Zeitenwende.

Archivalien für dieses und die folgenden Kapitel: Für den Zollverein Acta Sen. A 125. 1. Tom. IV und folgende. A 127. 2. 3. 11. A 128. 6. A 128 Nr. 9. 16. A 129 Nr. 1. 6. — Geh. Staatsarchiv Berlin Acta Residentur Z V vol. I. — A. A. II. Rep. VI Nr. 14.

Münzwesen: Geh. St.-A. Rep. 81. Frankfurt M 15 vol. I. Acta Sen. A 104 Nr. 27 Fasz. III. A 105. Nr 1. 2.

Was die Eisenbahnen anbetrifft, so wurden die auf sie bezüglichen Akten 1869 von der Stadt Frankfurt an die preußische Regierung abgeliefert. Ein Teil derselben wurde 1908 dem Stadtarchiv zurückgegeben. Der Rest befindet sich teilweise im Besitz der Kgl. Eisenbahndirektion zu Frankfurt (Registraturabteilung V). Hiervon wurde benutzt: Main-Weser-Bahn Tom. I. Nr. 1 und Tom. II (frühere Bezeichn. Acta Sen. B 109). Offenbacher Bahn Tom. I. Nr. 1 und Tom. II. Nr. 1 (frühere Bezeichn. Acta Sen. B 130). Einzelnes, wie z. B. der Faszikel B 148 Nr. 1 (Vorläufige Verhandlungen über Eisenbahnverbindungen), scheint verloren zu sein. Von den Eisenbahnakten des Stadtarchivs kamen in Betracht: Acta Sen. B 148 Nr. 3a (Eisenbahnwesen Generalia Varia), B. 101 Nr. 8 (Verhältnis der Taunus-Eisenbahn zu der Bundesfestung Mainz), H 12 Nr. 11 (Enteignung).

Zur Ergänzung des nicht ganz lückenlosen Aktenmaterials dienten die Selbstbiographie von Eduard Souchay (diese befindet sich jetzt in Abschrift im Stadtarchiv, das Original ist im Besitze der Freifrau von Dungern) und die diplomatischen Berichte. Die Selbstbiographie ist 1863 geschrieben und enthält einen kurzen Nachtrag aus dem Jahre 1869; die Anlagen, auf welche die Darstellung Bezug nimmt, fehlen. Von den Diplomaten behandelt namentlich der preußische Resident die Eisenbahnverhältnisse eingehend (Geh. St.-A. Residentur E 1 vol. I. Ferner Acta d. Min. d. a. A., A. A. II. Rep. VI Nr. 33).

Für Eisenbahn- und Münz-Verhältnisse auch die Korrespondenz zwischen Thomas und Blittersdorff (Archiv Karlsruhe).

Für die allgemeinen Verhältnisse die Korrespondenz zwischen Thomas und Smidt, die Berichte Smidts, die im Besitze der Familie Souchay befindlichen Briefe Souchays an seine Frau, die Berichte der österreichischen Residentur (Wien, Polit. Berichte, Stadt Frankfurt 66; sie waren leider nur bis zum Jahre 1847 einschließlich zugänglich), die preußischen Berichte (Geh. Staatsarchiv Rep. 81. Frankfurt K 6. Min. d. a. A., Rep. V Nr. 237 vol. V—X).

Literatur. Für das Allgemeine die früher genannten Werke; für die literarischen Verhältnisse ist hinzugekommen: Glossy, Literarische Geheimberichte aus dem Vormärz. Wien 1915. Für Eisenbahnverhältnisse: Stein, Ansichten über die Eisenbahnanlagen in Deutschland. Mainz 1837. Wedekind, Mannheim, Mainz, Frankfurt, Hanau und die Eisenbahnen. Darmstadt 1837. Dröll, Sechzig Jahre hessischer Eisenbahn-Politik. Leipzig 1912. (Hier auch das Nähere über die 18000 fl., von denen im Texte S. 18 die Rede ist.) Schlußverhandlungen des Ausschusses der Eisenbahn-Gesellschaft zu Darmstadt. Darmstadt 1842. von Reden, Die Eisenbahnen Deutschlands. 1843—47. Scheyer, Geschichte der Main-Neckarbahn 1896; dazu die Zeitungen, z. B. Journal 8. Januar 1836 (Vom Main 3. Januar), Ober-Post-Amts-Zeitung vom 6. März 1837 (Über die Mainz-Frankfurter Eisenbahn), die Frankfurter Jahrbücher (namentlich Band 9), die Hanauer Zeitung, Allgemeine Zeitung, Freistädter, Didaskalia (z. B. 1840 Nr. 23).

S. 4. Messe. Frankfurter Jahrbücher 7, 36. Allgemeine Zeitung 1836, Außerord. Beilage 220. Journal 1836 vom 12. April, Beilage.

S. 4. Handwerker. Acta Sen. A 125 Nr. 1. Tom. V und K 1 Nr. 21 und 26, Jahrb. Bd. 7 Nr. 32.

S 7. Münzwesen. Rückblickende Artikel darüber im Frankfurter Volksboten, 6., 13 und 20. August 1851, wahrscheinlich von Souchay geschrieben. — Der Bericht der Kommission der Gesetzgebenden Versammlung vom 29. November 1838, wie es scheint, von Coester. Für die weitere Entwicklung wertvoll der Vortrag, den Souchay November 1855 hielt (G. V. 1836/37 Nr. 23) Ferner der Bericht Sydows an das Ministerium d. a. A. vom 15. Februar 1845 (Geh. St.-A. Rep. 81. Frankfurt M 15 vol. I). Sydow bemerkt hier, die Doppelgulden vermehrten nur das bestehende Münzgewirr, die Frankfurter Bankiers seien aber immer noch gegen eine Tarifierung des preußischen Talers. Frankfurt sei die Börse für einen großen Teil von Süddeutschland und habe große Barsendungen nach Baden, Württemberg, der Schweiz, oft auch nach Bayern nötig. Es müsse deshalb vor allem dafür Sorge tragen, daß es Geldsorten besitze oder jederzeit haben könne, die dort willkommen seien. Das sei bis jetzt mit dem preußischen Taler nicht der Fall, den man nicht immer in hinreichender Menge habe und den der süddeutsche Münzverein keineswegs gern sehe. — Der in den Kurslisten angegebene Preis des Talers sei gegenwärtig 104 7/8 kr., tatsächlich aber müsse man dem Bankier für preußisches Geld, welches man begehre, stets den vollen Betrag von 105 kr. pro Taler geben, und wenn man preußisches Geld gegen Wechselzahlung umsetzen wolle, könne man nur auf 104 7/8 bis 104 15/16 rechnen. Die kleine Differenz komme größtenteils den von den Bankiers begünstigten jüdischen Wechslern zugute, welche vornehmlich davon lebten, daß nicht alle hier kursierenden Geldsorten als Wechselzahlung gelten.

Sydow hatte auch hervorgehoben, daß allgemein über das rasche Verschwinden der neuen groben Vereinsmünze und über den Mangel an gutem Kleingeld geklagt werde. Dazu berichtete der preußische Haupt-Bankdirektor, das komme daher, daß zuviel schlechtes altes Geld vorhanden sei, das gegen das neue 2—5% verloren habe. Deshalb werde das neue mit Vorliebe von den Silberarbeitern eingeschmolzen oder von den Bankiers zu Rimessen nach dem Ausland benutzt. Der in Berlin befindliche Agent des Rothschildschen Hauses versende die belangreichsten Summen groben Kourants nach Frankfurt a. M., ohne daß man eine Vermutung über deren Verbleib zu hegen vermöge.

Am 20. Januar 1847 findet sich in Nr. 20 der Ober-Postamts-Zeitung erneut die bedauernde Feststellung, daß der preußische Taler als Wechselvaluta keine Gültigkeit habe.

S. 11. Gesuch des Bankiers Jäger: Staatsarchiv Wiesbaden (Landesregierung. Weg- und Ufer-Bau. Anlegung einer Eisenbahn Wiesbaden-Castel-Frankfurt). Es wurde am 11. Mai 1835 abgelehnt. Am 20. Januar 1836 erteilte dagegen nach diesen Akten das nassauische Staatsministerium 4 Wiesbadener Herren die Erlaubnis zur Bildung einer Gesellschaft zum Zweck der Anlage einer Eisenbahn von Wiesbaden nach Kastel. In der betreffenden Eingabe war auf einen Vortrag des Staatsrats Knapp in Darmstadt Bezug genommen (den das Frankfurter Journal vom 16. Januar 1836 mitgeteilt hatte), und auf die Gefahr, welche in dem linksmainischen Projekte liege. Vgl. dazu das Protokoll einer am 31. Januar 1836 abgehaltenen Komiteesitzung (das einer Erklärung der Regierung vom 5. März beiliegt), den hier gehaltenen Vortrag des Geheimrats Magdeburg und dessen Hinweis auf die Möglichkeit, in Biebrich einen Freihafen zu errichten. — Am

16. Februar 1837 bewilligte das nassauische Staatsministerium das Gesuch des Eisenbahnkomitees in Wiesbaden um Erteilung der Konzession zur Anlegung einer Eisenbahn zwischen Wiesbaden und Frankfurt nach Maßgabe der mit dem Frankfurter Komitee am 29. Juni 1836 und 7. Februar 1837 abgeschlossenen Übereinkünfte. (Der Inhalt derselben liegt bei.)

S. 13. Bedenken gegen den Eisenbahnbau. Hierüber schrieb Sydow am 15. März 1837 (Geh. St.-A. Rep. 81. Frankfurt E 1 vol. 1): „Je mehr aber bei vielen die Ausführung des Projektes an Wahrscheinlichkeit zunimmt, um so mehr fangen auch andere schon an, wegen der Folgen besorgt zu werden, welche eine Deutschland durchschneidende Eisenbahnlinie für Frankfurts Zwischenhandel haben würde. Diese Besorgnis ist selbst für den Fall, daß Frankfurt längere Zeit hindurch der Endpunkt einer zum Rhein führenden Schienenbahn bleiben sollte, nicht ohne Grund; denn je leichter die Verbindung mit den ferneren Handelsorten, namentlich mit Holland und dem preußischen Niederrhein, wird, um so weniger Veranlassung ist für den kleineren Kaufmann vorhanden, noch ferner seine Waren durch Vermittlung des Frankfurter Zwischenhändlers zu beziehen, ein gewöhnlicher Spediteur genügt ihm zur Weiterbeförderung des hier ankommenden Gutes. Noch bestimmter tritt dies aber natürlich hervor, wenn die Bahn auch über Frankfurt hinaus in der Richtung auf Leipzig sich erstrecken sollte, da bei Eisenbahnen eigentlich nur die Endpunkte in Frage kommen, den Zwischenpunkten aber alle die Vorteile entgehen, welche bei gewöhnlichem Gütertransporte auf Landstraßen sich auf die ganze Straßenlänge verteilen und namentlich solchen Hauptpunkten wie Frankfurt zuteil werden.

S. 20. Entfernung der Besatzung: Geh. St.-A. M. d. a. A. Bundestags-Angelegenheiten Rep. V Nr. 237 vol. V, VI. Am 22. August 1835 bewilligte die Gesetzgebende Versammlung eine Erhöhung des Standes des Linienmilitärs auf 808 Mann. Die Polizeiverhältnisse wurden durch Gesetz vom 15. Dezember 1835 neu geordnet. Die bis 1822 bestehende Unterscheidung von Polizeigericht und Polizeiamt wurde wieder eingeführt und die Zahl der Polizisten, jetzt Gendarmen, in Stadt und Land auf 6 Unteroffiziere und 48 Mann (wovon 8 zu Pferde) gebracht. Vgl. Frankfurter Jahrbücher 7, 30. Hier auch ein großes Lob über den neuen Polizeiamts-Deputierten Dr. Müller.

S. 23. Abstimmungen der Gesetzgebenden Versammlung. Am 8. März beschloß die Versammlung die Veröffentlichung ihrer Geheimprotokolle vom 30. Januar, 28. Mai, 16. November und 3. Dezember vorigen Jahres. — Schöler darüber an Ancillon am

5. April 1837. Vgl. darüber Aschaffenb. Zeitung vom 13. März, Hanauer vom 17. März 1837.

S. 24. Anklagen Reinganums. Sie sind nur aus dem unter dem Texte zitierten Berichte bekannt. In dem Protokoll der Gesetzgebenden Versammlung ist über die Sitzung vom 8. April ein Separatprotokoll vorhanden; der Inhalt des Gesprochenen ist darin aber nicht mitgeteilt. Es findet sich hier nur ein von Dr. Stiebel, Mappes, Kloß, Reinganum und J. F. Mack unterzeichnetes Protestvotum.

S. 27. Erörterungen im Senate. Acta Sen. O 8 Nr. 9. (Geheimprotokolle.) —

S. 31. Bewegung unter den Liberalen; Sängerfest. Berichte vom 23. Januar, 10. April, 11. Juni, 1. August 1838. (Geh. St.-A Min. d. Inn. R 77 D. IX.)

Unter dem 15. Juni 1838 werden bei Glossy a. a. O. S. 147 einige Epigramme angeführt, die Sauerwein aus Frankreich geschickt hatte und die unter den Liberalen zirkulierten, z. B.:

Frankfurt.
O sagt mir, was ist Frankfurt?
Ich wünsch' ihm alles Glück —
Ist's eine Stadt von Knechten?
Ist's eine Republik?

Über Jucho siehe den Artikel von Jung in der Allg. Deutschen Biogr. 50, 707. — Dr. Karl Bunsen starb schon am 3. April 1839. Er war zuerst durch die Fakultät in Göttingen zu vier Jahren Zuchthaus verurteilt worden. Auch seine Gefangenschaft war ein einziges Martyrium.

S. 34. Kaisersaal. Österreichische Residenturberichte vom 21. und 29. Dezember 1838.

II. Stillstand und Fortschritt.

S. 48. Souchays Teilnahme an den Zollvereinsverhandlungen. Er schrieb am 23. Juli 1839 aus Berlin an den Bürgermeister: „. . . Die Diskussionen über den Tarif haben angefangen, aber wie! Ich habe Auftrag, eine Ermäßigung des Zolls auf einfaches, gebleichtes, baumwollenes Garn zu beantragen. Einen ganzen Morgen mußte gestritten werden, daß nicht das Umgekehrte mit dem ungebleichten baumwollenen Garn beliebt wurde, worum Württemberg, Bayern und die beiden Hessen wahrhaft jammerten, im Interesse der Spinner. Preußen war aber ganz dagegen, wogegen der bayerische Abgeordnete endlich vermittelnd statt einer Erhöhung von 2 Talern per Zentner

10 Silbergroschen vorschlug. Sachsen und Thüringen waren überhaupt dagegen, weil sie, nach dem Ausdruck eines der Herren Abgeordneten, mehr durch die Brille der Weber als der Spinner sahen. Trotz allen Protestationen scheint es sich wirklich in den kleineren konstitutionellen Staaten so zu gestalten, daß die Regierungen nur noch auf Zollerhöhungen denken, um die Stimmen der Fabrikanten zu gewinnen, welche laut schreien (in den Kammern), während für die Konsumenten — die armen Leute — niemand spricht . . . So sehen hier die Sachen aus; wie Sie mit mir sagen werden, schlecht. Es ist ein wahrhaft unheimliches Gefühl, allein mit den Interessen einer bisher der Fabrikation völlig fremden und nur dem Handel ergebenen Stadt unter einer solchen Gesellschaft zu sitzen."

Am 2. September 1839 schrieb er an seine Frau: „Ich bin hier jetzo recht verdrießlich. Es geht mir wie in München. Kaum drehe ich den Rücken, so macht man in Frankfurt Dummheiten und schickt sie mir her, um sie vorzutragen. Ich kann nicht immer dahin reisen und wieder zurück, um das Krumme wieder grad zu machen, und schreiben hilft wenig. Du weißt doch, daß ich gerade nicht anmaßend bin, aber es ist so, wie ich sage."

S. 44. Papiergeld. In den Rechneischeinen, die seit der Absetzung der Quart- und Halben Kronentaler permanent geblieben waren, hatte man übrigens schon eine Art Papiergeld. (Gemeinnützige Chronik 1844, Nr. 22.) Vgl. auch Acta Sen. K 22 Nr. 20.

Ansführlicheres über die Finanzgebahrung in diesen Jahren bringt Stricker S. 214 f.

Wie gut der Kredit der Stadt war, zeigte sich, als es galt, für den Eisenbahn-Bau die außerordentlichen Mittel aufzubringen. Es handelte sich erst (1843) um zwei Millionen und dann (1846) um fünf Millionen. Für die ersteren wurden 3 %, für die letzteren 3½% angeboten, und obwohl das zweite Anlehen in eine Zeit starker Geldspannung fiel, so wurden die fünf Millionen schon am ersten Zeichnungstage innerhalb von zwei Stunden untergebracht.

S. 44. Verdächtigungen gegen Souchay. Es waren Indiskretionen vorgekommen, sie waren aber von anderer Stelle ausgegangen. Vgl. das Schreiben Eichmanns an den preußischen Gesandten in München vom 20. Januar 1843 und den beigefügten englisch geschriebenen Brief eines Frankfurter Kaufmanns an einen Adressaten in England vom 16. Juni 1842 (Resid.-Akten Rep. 81, Frankfurt Z vol. V).

S. 48. Über Ergebnisse des Zollvereins: Allgemeine Zeitung, Beilage Nr. 55 (24. Februar 1847).

S. 49. Eröffnung der Taunusbahn. Didaskalia 1839, Nr. 247. 1840, Nr. 29.

S. 50. Bau der Eisenbahnen durch den Staat. Am 11. März 1838 hatte Blittersdorff an Thomas geschrieben: „Dann, wenn einmal ein großes Eisenbahnnetz besteht, werden die Regierungen, welche die Bahnen an Private überlassen haben, sehen, was und wieviel sie aus den Händen gegeben." (Vgl. Treitschke 5, 498.)

S. 51. Verschüttung des Biebricher Hafens. Sie erfolgte am 1. März 1841. Hoffmann v. Fallersleben spottete darüber in dem Gedichte Rheinlied und Rheinleid:

> Ganz Deutschland singt uns unterdessen
> „Der liebe, freie, deutsche Rhein!" —
> Da schmeißen unsre blinden Hessen
> Ihm Quaderstein' ins Bett hinein.

S. 55. Vertragsentwurf von 1842. Es kam dabei wohl auch zum Ausdruck, daß Kurhessen unterdessen mit Preußen, Weimar und Koburg-Gotha über eine Linie einig geworden war, die von Halle über Kassel zum Anschluß an die Köln-Mindener Bahn geführt werden sollte.

S. 59. Bahn nach Offenbach. Diese Bahn hatte dauernd unter der Ungunst der leitenden Kreise in Frankfurt zu leiden. Vgl. darüber Dröll a. a. O., S. 40.

S. 60. Böhmer. Die Schrift liegt, mit Randnoten von Souchay versehen, in Acta Sen. B 148 Nr. 3a. Die Autorschaft Böhmers ergibt sich aus einem Schreiben Sydows an das auswärtige Ministerium vom 2. Juli 1844. Öffentlich antwortete Souchay nicht. Aus der Schrift sei hier nur der für die politische Stellung Böhmers bezeichnende Satz hervorgehoben: „Die Ursache dieser für Frankfurt eingetretenen großen Benachteiligung liegt wohl hauptsächlich in den Fehlern seiner im Jahre 1816 so übereilt umgewandelten Verfassung. Die Reichsstadt Frankfurt hat nie so üble Verträge abgeschlossen!" Böhmer sah eben in dem ganzen freistädtischen Wesen nur einen Abfall. Sein Ideal lag in der reichsstädtischen Verfassung. In diesem Sinne erfolgte auch 1852 sein Eingreifen in die Verfassungswirren. Er war Altreichsstädter sans phrase und sah ein Heil nur in der Rückkehr zu dem Zustande vor 1806.

S. 60 Nordbahn. Die Nordbahnaktien gerieten bald in sehr leidenden Zustand. Vgl. Journal 1848, Nr. 244, 2, auch v. Böhn, Biedermaier S. 200.

S. 61. Frankfurter Börse. Das Jahr 1845 brachte im Gegensatz zu 1844 wieder eine große Geldklemme. Menßhengen berichtete darüber am 11. Oktober 1845 an Metternich: „Seit 1826 bestand hier kein so großer Geldmangel wie jetzt und keine so anhaltende Beängstigung auf der Börse als seit 14 Tagen. Schon beim letzten Ultimo mußte der Diskont, gewöhnlich zwischen 2 ½ und 3 %, bis zu 6 % für die Wechsel auf manche solide Häuser ausgeboten werden. Infolge der auf der Wiener Börse eingetretenen und noch nicht beseitigten Krisis verschlimmerten sich die Konjunkturen in dem Grade, daß gestern von den Mäklern — wie mir Baron Rothschild im Vertrauen sagte — ihm sogar Wechsel für das Bankhaus Gebrüder Bethmann zum Diskonto von 6 % offeriert und Wechsel auf die in der Rangstufe nach demselben folgenden Bankhäuser wie Metzler, Bernus, Grunelius, Mumm, Gebhard & Hauck, Cahn, Brentano usw. nur ungern zu 7½ % eskomptiert, die Wechsel auf Häuser minderen Ranges aber, z. B. Jakob Friedr. Gontard, dermalen von ihm selbst nicht zu einem Diskonto von 10 % übernommen werden. Viele sehr geachtete Firmen müssen daher jetzt zu fabelhaften Preisen die nötigen Barschaften zu requirieren trachten. (Daß auf dem Kursblatt der Diskonto zu 5½ % Papier, das ist als Angebot, notiert ist, war nur Fiktion, um Frankfurt auswärts nicht zu schaden.) Der hiesige Platz ist mit Eisenbahnaktien, neuen Losen, Assekuranzaktien, neu emittierten Staatspapieren aller Art überschwemmt, die Terminzahlungen sollen geschehen; die auf Frankfurt ausgestellten Wechsel schlägt Baron Rothschild annähernd bis zum Betrage von 20 Millionen fl. an. Er zeigte mir sein Wechselportefeuille und versicherte mich, daß es über 11 Millionen enthalte, daß er — um die Geldklemme nicht zu vermehren — nur bei einem unausweichbaren Bedürfnisse sukzessive kleine Partien einkassiere, daß er täglich sogar neuen Diskont nehme, insoweit es ihm möglich sei, und daß er, um dem hiesigen Platz Erleichterung zu verschaffen, gestern seinen Bruder James zu Paris dringend aufgefordert habe, ihm wo möglich 2—3 Millionen fl. in Fünf-Franken-Stücken mit tunlichster Beschleunigung hierher zu senden, obwohl er nur zu gut wisse, daß die Firma Rothschild zu Paris immerfort ein Wechselportefeuille von wenigstens 40 Millionen Francs besitze und die allmählichen Realisierungen desselben eben jetzt durch die Einzahlungen in den Staatsschatz für die Nordbahn vorzugsweise in Anspruch genommen werden. Unter diesen mißlichen Verhältnissen der Frankfurter Börse ist Baron Amschel Rothschild zu seinem Bedauern außerstande, für den Wiener Platz von hier aus etwas zu tun."

Die Geldknappkeit verstärkte sich 1846. Am 20. März 1846 berichtete Dönhoff dem Könige: „Auf die Börsen haben die letzten politischen Konjunkturen jedoch einen sehr herabstimmenden Eindruck gemacht, und während oft eine unverhältnismäßige Höhe der Fonds selbst von den Koryphäen der Börsenwelt nicht erklärt werden kann, so ist dies gegenwärtig auch mit dem niedrigen Stand der öffentlichen Papiere der Fall. Während vor einem Jahr die badische Regierung eine 3½ prozentige Anleihe zu 112 bei dem hiesigen Bankierhause Rothschild machte, so hat dermalen die hannoversche Regierung eine ebensolche Anleihe nicht zu 93 machen können.

Die Nachricht von der Einverleibung Krakaus brachte, wie Balan, der seit 1846 preußischer Resident war, dem König schrieb, am 8. Dezember 1846 erneut ein bedeutendes Sinken der Fonds. (Geh. St.-A. Frankfurt I A. A. M 8). Vgl. Gemeinnützige Chronik 1846 Nr. 2.

S. 63. Main-Neckar-Bahn. Die Baukosten stellten sich 1847 für Hessen auf 4 340 627 fl., für Baden auf 1 940 437, für Frankfurt (einschließlich des Zuschusses an Baden) auf 3 282 658. Dieser Anteil stieg nach Erbauung der Brücke und des definitiven Bahnhofs auf 4 360 725 fl. Die Verzinsung war im Anfang recht mäßig. 1847: 1,71 %; 1848: 1,83; 1849: 2,46; 1850: 3,19; 1851: 3,43; 1852: 3,52. — Die erste Probefahrt der Main-Weser-Bahn von Frankfurt nach Friedberg erfolgte am 23. Dez. 1849. (Deutsche Zeitung 1849 Nr. 355).

S. 63. Souchay und die Eisenbahnen. Im März erstattete Souchay bei Auflösung der Eisenbahn-Kommission den Schlußbericht (Acta Sen. B 148 Nr. 3 a). Er sagte hier u. a.:

„Was der Zollverein gebildet hat, das werden die Eisenbahnen mit eisernen Klammern umschließen" . . .

„Eine weitere Entwicklung der Gleichmäßigkeit in vielen nötigen Dingen (Münze, Maß, Gewicht u. a.) wird durch den Zollverein und die Eisenbahnen ferner hervorgerufen werden" . . .

„Die Handelsbeziehungen, welche der Zollverein hervorruft, haben den Wunsch einer gleichmäßigen Handelsgesetzgebung innerhalb derselben laut werden lassen. Wie viel lauter muß er werden, wenn sich durch die Eisenbahnen jene Beziehungen so viel näher rücken und so wesentlich steigern!"

„Diesem Lichtbilde gegenüber zeigt sich auch ein Schattengemälde. Die Erscheinungen des sog. Pauperismus hängen zusammen mit der Anhäufung großer Reichtümer in einzelnen Händen. Wann sind die Millionen so leicht erworben worden als jetzt, wo so viele Menschen nur schwer ihr tägliches Brot finden? Die Zentralisierung der Vermögen und Kräfte bei wenigen und in großen Hauptstädten, daran krankt unsere Zeit . . . . Eisenbahnen sind ohne Zweifel eines der mächtigsten Mittel, wodurch die Zentralisierung befördert wird, wodurch große Städte noch größer werden und kleine herabsinken . . .

„Die Eisenbahn wird das Speditionsgeschäft, wie es bisher betrieben wurde, schädigen und wird die Konkurrenz für die Gewerbetreibenden noch empfindlicher machen. Um diesen Nachteilen ein Gegengewicht zu schaffen, mußte darauf hingearbeitet werden, daß Frankfurt ein Eisenbahn-Zentralpunkt werde, das heißt, daß Frankfurt die zentrale Stellung, die es bisher im Verkehr gehabt hatte, nicht verliere . . . . Die Behörden der Stadt waren also schuldig, den Nachkommen die Lage der Stadt zu erhalten, wie sie dieselbe überkommen hatten . . ."

III. Vormärz.

S. 68. Bundesgarnison. Mit ihr verließ auch die Zentralbehörde die Stadt. Beide hatten den Bund zusammen 1 525 769 fl. gekostet.

S. 70. Linien-Bataillon. Vgl. darüber auch den eingehenden Bericht, den Radowitz, damals preuß. Militär-Bevollmächtigter am Bundes-Tage, am 29. Januar 1837 an Ancillon schickte. (Geh. St.-A. Berlin M. d. a. A. Rep. V Nr. 237.)

S. 72. Gesellschaft Iris. Prölß (Stoltze S. 185) erwähnt auch noch den Verein „Ganges", in dem sich Prof. Kriegk, Heinr. Hoffmann, F. M. Hessemer, Professor der Architektur an dem Städelschen Institut, Advokat Ludwig Braunfels, Schnyder von Wartensee und Gutzkow zusammenfanden.

Sehr bedeutsam waren auch die Logen. „Die 3 Freimaurerlogen", so heißt es in einem Residenturbericht vom 9. Dezember 1844 (Rep. 81 Frankfurt K 6) üben einen großen, bei Personalfragen entscheidenden Einfluß aus." Im Augenblick sei ein Streit unter ihnen ausgebrochen. Die Mutterloge (zur Einigkeit) habe einer Tochterloge (Carl zum aufgehenden Licht) die Logenrechte entzogen, weil deren Mitglieder, zu welchen u. a. Friedr. v. Meyer und Molitor gehörten, eine unmittelbare Beziehung der Freimaurerei zu dem positiven Christentum geltend machen wollten, während die Gegenansicht einen reinen Deismus für die Freimaurerei in Anspruch nehme.

S. 73. Enthüllung des Goethe-Denkmals. Gutzkow berichtete darüber in der Illustrierten Zeitung, Dingelstedt in der Allgemeinen. Vgl. Glossy II, 182.

Souchay schrieb über das Fest an seine Frau (Frankfurt, 25. November 1844): „Gruber hat erzählt, daß Dich die elenden Artikel über die Goethefeier geärgert haben. Die Wahrheit ist, daß der 22. Oktober bei uns in der Regel nicht so lieblich ist, um ein erquickliches Fest in freier Natur begehen zu können.

Sodann, daß die Mittel des Goethekomitees erschöpft waren und von der Stadt doch nichts gefordert werden wollte, endlich daß diejenigen, welche man so eigentlich das Volk nennen möchte, überall doch wenig Goethisch sind und hier insbesondere dadurch verstimmt waren, daß man sie nicht überall zugelassen hatte, was der Raum nicht gestattete, auch nicht zugezogen hatte (z. B. nicht die Zünfte mit ihren Fahnen, wozu doch keine Veranlassung war); endlich, daß hin und wieder der Frankfurter Patriotismus des Dichters stark bezweifelt wurde und nicht mit Unrecht. So waren denn manche und viele Philister verstimmt, und andere Philister, welche für das tägliche Brot der politischen Kannengießer sorgen, haben diese Verstimmung zu erbaulichen Zeitungsartikeln benutzt. Goethe und die ihn verstehen lachen über die einen und die andern, und die Haupsache ist, daß sein Denkmal seiner würdig ist. Ja! die Basreliefs sind wahrhaft entzückend. Denn man findet in ihnen die Schönheit und Einfachheit, die Natur und den Geist aus Goethes schönerer Zeit wieder" . . .

S. 74. Evangelische Gemeinde. Über die Versuche, 1846 zur Hebung des Gemeindelebens eine Revision der Gemeindeverfassung durchzusetzen, vgl. Siegmund Müllers Aufzeichnungen (im Besitze seiner Tochter) S. 47, auch Gemeinnützige Chronik 1846, Nr. 1.

S. 75. Jesuiten. Geh. St.-A. Rep. 81. Frankfurt K 7. Berichte vom 20. November, 29. Dezember 1839, 3. Februar 1840.

S. 76. Deutsches Ordens-Haus. Berichte Sydows in: Geh. St.-A. Rep. 81. Frankfurt D 12 und A. A. I. Rep. I. Nr. 28. Der Vertrag kam erst 1846 zum völligen Abschluß. Am 6. Juni berichtete die Residentur dem Könige darüber.

S. 76. Katholiken. Am 7. Oktober 1842 berichtete Sydow (Resid. K 3 vol. III) über die durch den Senat verfügte Ausweisung eines anderen ultramontanen Eiferers, des Vorstehers der katholischen Knabenschule an der Liebfrauenkirche (Selektenschule) van der Meulen.

S. 77. Veits Entlassung. Dönhoff an Bülow 12. Februar 1843 (A. A. I. Rep. I. Frankfurt Nr. 26). Die von Weizsäcker, Kunst und Künstler S. 33 gegebene Darstellung wird durch die Souchaysche Äußerung im wesentlichen bestätigt. Das Altarbild kam später in die Liebfrauenkirche (a. a. O. S. 36).

S. 79. Kämpfe im Judentum. Sydow berichtete darüber am 7. September 1843 dem Könige (Rep. 81. Frankfurt K 6.): „In den letzten Wochen habe ich Ew. Kgl. Maj. Ministerium wiederholt über den heftigen Zwiespalt unter den hiesigen Juden ausführlichen Bericht erstattet. Die jetzige Sachlage läßt sich in kurzem folgendermaßen bezeichnen: Die ungläubige Partei ist bei weitem die zahlreichere und hat namentlich in dem Gemeindevorstand und dem Gemeindeausschuß ausschließlichen Einfluß, so wie ihr auch die Gunst der Mehrheit des Senats zur Seite steht. Allerdings zerfällt sie in sehr verschiedene Nüancen der Meinung, aber ihre meisten Mitglieder gehen weit über bloßes Abwerfen eines groben Talmudismus hinaus, und nicht wenige bekennen den krassesten Unglauben. Der von mehreren der letzteren beabsichtigte Reformverein entbehrt aller positiven Basis. Dadurch daß die hiesige sanitätspolizeiliche Behörde, indem sie die Gegenwart eines Arztes bei jeder Beschneidung eines jüdischen Knaben vorschrieb, zugleich durch einen nicht ohne Absicht gewählten Ausdruck diesen Akt als fakultativ bezeichnete, ist den Reformlustigen der Anlaß zu einer auch äußerlich hervortretenden Desorganisation des Judentums geboten worden.

Am 6. Februar 1844 berichtete Menßhengen an Metternich über diese Frage, am 21. Februar Sydow. Am 24. April meldete er die Berufung eines neuen Rabbiners Dr. Stein, der nicht völlig altgläubig sei, am 6. September 1845 sandte er Bericht über eine Rabbinerversammlung. Vgl. Gemeinnützige Chronik 1845, Nr. 4 und 16, 1846 Nr. 10, Didaskalia 1846, Nr. 280, Allg. Zeit. 1846, Nr. 297.

S. 79. Montagskränzchen. „Das Montagskränzchen ist eine Versammlung wahrer Reformfreunde aus allen Konfessionen und religiösen Parteien zu gemeinsamer Besprechung, zu gemeinsamem Ideenaustausch. Sein Ziel ist: Förderung des geistigen, insbesondere des religiösen Fortschritts." (Vortrag Hadermanns im Montagskolleg am 26. Oktober 1846.)

S. 81. Streit mit dem Bischof von Limburg. Es handelte sich dabei um das etwas brüske Vorgehen des Senats gegen den Kaplan Roos, der einer Frau im Beichtstuhl die Forderung vorgelegt hatte, ihre Kinder katholisch erziehen zu lassen, und, da sie sich weigerte, sie nicht absolviert hatte. Vgl. Hanauer Zeitung vom 19. Juli 1845. Sydow, 15. September 1845 (Akten der Residentur K 2 vol. III). Balan, 29. September 1846 (ebenda K 4 vol. III). Münch an Dönhoff, Wien, 25. Dezember 1845 (Geh. St.-A. Rep. 75 A. Frankfurt 4 vol. II).

Daß übrigens auch in katholischen Kreisen Reformneigung bestand, dafür ist die von 70—80 angesehenen Katholiken unterzeichnete, an den Erzbischof von Freiburg gerichtete Eingabe ein Beweis, in der um Berufung eines Provinzialkonzils, bei dem auch Laien mitzuwirken hätten, gebeten wird. (Menßhengen an Metternich, 8. Januar 1846.)

S. 81. Ronge in Frankfurt. Sydow, 6. und 15. Oktober 1845. (Geh. St.-A. Resid. K 3 vol. III.) G. Herold feierte ihn durch eine Ode, deren letzte Strophen lauten:

Heil dir, deutscher Mann, einfacher Lehrer dort,
Du trittst zusammen den Rest der Nacht!
Ein Streiter für Licht,
Stehst du bei Luther und Huß.

Sieg, Sieg, begleitet dein Wort! Erschreckt vom Strahl
Deines Lichts, ballen die Fäuste sie dir!
Haß und Bosheit schreit!
Kränze wirft dir dein Volk zu.

S. 83. Verfassungsfest 1845 (nicht 1846, wie im Text auf der Seite oben irrtümlich angegeben ist). Darüber Sydow an den König am 15. Oktober 1845 (Geh. St.-A. Rep. 81. Frankfurt K 6). Menßhengen an Metternich, 18. Oktober 1845.

Im Jahre 1847 wurde das Verfassungsfest, übrigens unter schwacher Beteiligung (Gemeinnützige Chronik 1847, Nr. 22), vorläufig zum letzten Male gefeiert. 1848 lag schon Bundesgarnison in der Stadt. Dann wurde der 18. Oktober 1863 erst wieder als 50-Jahr-Feier der Leipziger Schlacht begangen. (Kriegks Aufzeichnungen.)

S. 86. Germanisten-Versammlung. Didaskalia 1846, Nr. 268. Beilage zur Allg. Zeit. Nr. 295 (22. Oktober 1846). Gemeinnützige Chronik 1846, Nr. 22.

S. 88. Kongreß für Gefängnisreform. Allg. Zeit. Nr. 275 (28. September 1846). Über Varrentrapp als Anreger S. 2389 Anm.

S. 92. Montagskränzchen und Lichtfreunde. Allg. Zeit. 1847, Nr. 72, 77, 105, 107. Balan an den Minister des Auswärtigen, 22., 23. März, 25. April, 1. November 1847.

Über ein dem Pfarrer Uhlig gegebenes Festessen berichtet Balan, 26. September 1847. (Akten der Resid. K 3 vol. I.) Es wurde dabei ein von dem Schauspieler Hallenstein gedichtetes, nach der Melodie: „Was ist des Deutschen Vaterland?“ zu singendes Lied vorgetragen, das mit der Strophe anhob:

Was ist des Christen Heiligtum?
Ist's Symbolum? Ist's Kirchentum?
Ist's, wo der Aberglaube blüht?
Ist's da, wo die Verfolgung glüht?
O nein, o nein,
Sein Heiligtum muß besser sein. —

S. 92. Wahlen 1847. Deutsche Zeitung 1847, S. 805 (Frankfurt, 6. Oktober). Allg. Zeit. Nr. 284. Balan an den König, 19. Oktober 1847. Gemeinnützige Chronik 1847, Nr. 22.

S. 93. Fabriken. Ansätze zu Fabriktätigkeit waren übrigens doch schon vorhanden. Vgl. die „Vorstellung und Bitte von einer Anzahl Mitglieder des hiesigen Handels- und Gewerbestandes Sicherstellung ihrer Gewerberechte gegenüber den Fabrikanten, betr." vom 24. Januar 1845. (Acta Sen. K 1 Nr. 21.) Es heißt hier, die neuerdings konzessionierten Fabriken hätten das Feld der niederen Gewerbsindustrie durchkreuzt und die Gewerbsrechte mehrerer Handwerken schwer verletzt. Ein jüdischer Handelsmann arbeite mit Drehbänken und Drehergesellen; ein Eisengießereibesitzer (Simon Fries) mit Schlosser-, Schreiner-, Spengler-, Schmiede- und anderen Gesellen. . . Wo das scheinbar so glänzende Fabriksystem zur Einführung gekommen sei, sei der Pauperismus, Demoralisation der Arbeiter und Ausbrüche der Verzweiflung das Ergebnis gewesen. Der Senat möge dafür sorgen, daß die Frankfurter jetzt so viele Familien ernährenden Gewerbszweige nicht dem alles verschlingenden Rachen der Spekulation preisgegeben werden möchten. — Der Senat lehnte es ab, auf die Vorstellung einzugehen, da sie nicht durch die zu diesem Zwecke bestellten und beeidigten Geschworenen oder Vorsteher erfolgt sei.

Am 24. Dezember 1845 schreibt Sydow dem Könige (Geh. St.-A. F. I. A. A. h. 8): „Mit weiser Voraussicht hat man hier einen ausgedehnten Fabrikationsbetrieb, welcher viele Menschen beschäftigen würde, bisher stets zu vermeiden gewußt, und Frankfurt krankt daher auch nicht an den Übeln, durch die jetzt alle Fabrikgegenden heimgesucht werden."

S. 94. Reichtum der Stadt. Der hierfür so bezeichnende Ausspruch: „Wenn Frankfurt ausfährt, muß es vierspännig fahren", wird von Stricker S. 219 bei Gelegenheit der 100000-Gulden-Spende für Hamburg berichtet. In den Akten findet sich nichts darüber. Als Urheber des Wortes gilt — durchaus wahrscheinlich — Reinganum. Übrigens berichtet Sydow (11. Mai 1842), schon der jüngere Bürgermeister Dr. Müller habe im Senate statt der 25000 die Vervierfachung der Summe vorgeschlagen.

S. 94. Rothschild. Die Geldmacht dieses Hauses war damals wohl auf ihrem Höhepunkte. Das Haus Bethmann, ehedem das erste, war überflügelt. Um wenigstens in den Titeln mit den Rothschilds, von denen der eine, Anselm Salomon, Generalkonsul für Österreich, der andere, Karl, Generalkonsul für Neapel war, einigermaßen gleichzustehen, hatte 1842 (Acta der pr. Resid. Rep. 81, Frankfurt C 5) Moritz von Bethmann den Titel eines preußischen Konsuls erbeten und erhalten, allein von eigentlicher Rivalität konnte nicht mehr die Rede sein. Rothschild hatte seine Hand überall: er besorgte die Geschäfte des Bundes und der meisten Einzelregierungen, und dazu kam in diesen Jahren noch der Geldbedarf, den der Eisenbahnbau im Gefolge hatte. Erweiterten sich so die Geschäfte des Hauses ins Unendliche, so blieb dabei doch das althergebrachte, vertraute Verhältnis zu dem kurhessischen Hofe, bei dem beide Teile von Anfang an sich so ausgezeichnet gut befunden hatten, pietätvoll bewahrt. Amschel Meyer half dem Kurprinzen zur Besorgung eines „Etablissements" für seine Schaumburger Familie, und wenn der Kurprinz nach Frankfurt kam, nahm er wohl mit den Seinen, der Gräfin Schaumburg und ihren fünf Kindern, ganz familiär bei dem guten Geschäftsfreunde sein Mittagsmahl ein. (Dönhoff an den König, 16. August 1846.)

Der proletarische Zorn über die unverhältnismäßige Anhäufung von Kapital in dieser einen Hand kam zum Ausdruck z. B. in A. Weill, Rothschild und die europäischen Staaten, Stuttgart 1844: „Das Volk aber arbeitet nicht mehr für den Staat und sich selbst, sondern der Rahm alles Fleißes, aller Industrie fließt in die Schatzkammer Rothschilds." (S. 30.) „Rothschild ist der offene Feind des Volkes, von dessen Unmündigkeit er lebt." (S. 40.) Vgl. auch Karl Beck, Lieder vom armen Manne, 1846, S. 27:

> Du bist der Sünder nicht allein,
> Ich weiß es — aber im Felsgestein,
> Das goldgeschwängert, doch kalt und hart
> Hinein in unser Elend starrt,
> Bist du, o Herr, die höchste Spitze,
> Drum treffen dich des Dichters Blitze!
> Du saßest beredt im Lehrerstuhle,
> Es lernten die Reichen in deiner Schule;
> Du mußtest sie führen ins Leben hinein,
> Du konntest ihr Gewissen sein:
> Sie sind verwildert — du hast es geduldet,
> Sie sind verworfen — du hast es verschuldet.

S. 95. Turner und sonstige Vereinigungen. Acta Sen. B 120 Nr. 6. (Polizeiamt. Turngemeinde dahier. 1847, 1848.) B 120. 6a. (Turngemeinde zu Bornheim.) B 120. 8a. Dönhoff an Canitz, 31. März 1847 (A. A. I. Rep. I. Frankfurt Nr. 26). Balan an Canitz, 13. April 1847.

S. 96. Besorgnisse des Senats. Bericht des Bundestagsgesandten v. Meyer vom 31. März 1847 (Acta Sen. B 120 Nr. 8a): „Der 3. April 1833 hat uns schon eine Art von Okkupation fühlen lassen, und seine Wiederholung würde unmittelbar zu der Klage führen: Fuimus Troes."

S. 96. Veröffentlichung des Staatsbudgets. Beschluß der Gesetzgeb. Vers. vom 23. Jan. 1847. Vgl. Gemeinnützige Chronik 1847, Nr. 7. Übrigens wurden nur die Ausgabeposten veröffentlicht. Die Einnahmen von 1845—1847 im Freistädter 1849, Nr. 18. Über die erste öffentliche Sitzung der Gesetzgebenden Versammlung Gemeinnützige Chronik 1847, Nr. 18.

S. 97. Abwehrmaßregeln. Dönhoff an den König, 18. November, 5. und 10. Dezember 1847. (A. A. I Rep. I. Frankfurt Nr. 26.) Menßhengen an Metternich, 27. November, 5. und 11. Dezember 1847. Acta Sen. B 120 Nr. 8.

S. 97. Versammlung in Hattersheim. — Curtius, 12. Febr. 1848. — Das Flugblatt liegt einem Bericht vom 29. Febr. bei.

S. 98. Bundestag. Es sei hier an die Verse erinnert, die Franz Dingelstedt (Lieder eines kosmopolitischen Nachtwächters) dieser Institution widmete:

Schlenderte eines Tages verlassen
Umher in der Eschenheimer Gassen
Und trat in einen Hof, darinnen stand
Ein Österreicher, Musket in der Hand.

Seh mir die Treppen, Höfe, Gänge,
Der bestaubten Fenster Menge
Recht neugierig und teilnehmend an,
Just wie nur ein Fremder gaffen kann.

Kommt aus dem Haus mit leisen, raschen
Schritten ein Mann mit Akten in den Taschen,
Den frag ich mit einem Grusse, frank und frei,
Was das für ein großes Haus hier sei.

Das Männlein blinzelt durch seine Brille
Mich an und hustet nach langer Stille:
Ihnen das zu sagen, bin ich nicht kompetent,
Sprachs, ging, machte sein Kompliment.

Nun hab ich's gewußt, woran ich gewesen,
Der Österreicher aber, ohne viel Federlesen,
Kommt auf mich zu und fragt mich grob,
Was ich hier im Haus zu suchen hob.

Gott sei Dank, hier hab ich nichts zu suchen!
Da fing der Holter an zu fluchen:
Dann gehn's ihrer Wege als guter Christ,
Sehn ja, daß hier nichts zu finden ist!

IV. Märzbewegung und Vorparlament.

Archivalien (für dieses und die folgenden Kapitel): Die Berichte Smidts, die in dem revolutionären Sturmjahre von besonderer Reichhaltigkeit sind, die Berichte von Curtius (Archiv Lübeck und Hamburg), Banks, Kirchenpauer (Hamburg). — Ferner von Balan (Geh. Staatsarchiv Rep. 81 Frankfurt B 8. — Frankfurt I. A. A. h. 8. — Rep. 81 Frankfurt P 25 vol. II. — Rep. 81 Da IV B 2 vol. I und II.), Dönhoff (Rep. 75 A. B 40.), Camphausen (I. A. A b. 15.), Oberstleutnant Fischer (Geh. Archiv des Kriegsministeriums I, 7; 1 5.), die Korrespondenz von Deetz (ebenda II, 2. 1. Nr. 35. — V. 1. 3. 77. vol. 1. Cont. 2. — Z D I. 13. 3. 22). — Dazu Acta Sen. G 8 Nr. 2, 2a und 8. — B 120 Nr. 8. (Bericht vom 11. Dezember 1851). — M 36 Nr. I—IX. — Die Aufzeichnungen Kriegks sind für diese Zeit noch ziemlich dürftig; auch der Nachlaß von Heydens bot nur einiges zum 4. März und zum 18. September.

Literatur. Die Geschichte Frankfurts im Jahre 1848 und 1849 hat in dem Werke von Veit Valentin: „Frankfurt und die deutsche Revolution" bereits eine eingehende Darstellung gefunden, die erschien, als mein erster Band in Druck ging. Ich konnte und durfte natürlich nicht darauf verzichten, auch meinerseits den Verlauf dieser Dinge in ursprünglich gewolltem Umfange zu schildern. Es war auf diese Weise nicht zu vermeiden, daß einzelnes wiederholt wurde, allein im ganzen wird dies doch nicht der Fall sein. Valentin ging von anderen Gesichtspunkten aus als ich; ich war außerdem durch das Entgegenkommen der Historischen Kommission in der Lage, eine Fülle archivalischen Materials mit heranzuziehen, das ihm nicht zur Verfügung stand. Es entstand auf diese Weise schließlich ein anderes Bild, neben dem sich aber das erste auf den meisten Gebieten in seiner Eigenart und Frische dauernd behaupten wird.

Was die übrigen von mir benutzten gedruckten Hilfsmittel anlangt, so beziehe ich mich auf seine Angaben und meine eigenen unter dem Texte. Eine nicht unerhebliche Ausbeute lieferten die Zeitungen: Deutsche Zeitung, Hanauer Zeitung (namentlich hier allerlei über die Stadtwehr), Augsburger Allgemeine Zeitung, Reichstagszeitung, Journal, Freistädter, Didaskalia, Intelligenzblatt.

S. 99. Das Jahr 1848. Kriegk bemerkt dazu in seinen Aufzeichnungen: „Ich komme nun zu dem weltgeschichtlich wichtigen Jahre 1848, welches auch für Frankfurt der Abschluß einer alten und der Anfang einer neuen Zeit geworden ist. Von ihm an erloschen in Frankfurt die letzten Überreste des reichsstädtischen Lebens, und es bildeten sich neue Frankfurter Organe und Arten des politischen und sozialen Lebens, welche bis jetzt (1863) noch von vager Art sind und noch keine positive Gestalt angenommen haben . . .“ „Frankfurt spielt in der revolutionären Seite des Jahres 1848 bekanntlich eine Hauptrolle und wird seit dieser Zeit in Deutschland als der Punkt angesehen, in welchem die nationalen Bewegungen sich zentralisieren müssen, oder mit anderen Worten: es erscheint seitdem als die künftige Hauptstadt eines regenerierten und zur Einheit gebrachten Deutschlands. Merkwürdig ist, daß schon der längst verstorbene Börne dies vorausgesehen hat, indem er im 2. Bande seiner Pariser Briefe sagt: „Frankfurt ist dazu berufen, einst die Hauptstadt des deutschen Reiches und der Sitz der deutschen Nationalversammlung zu werden. Dort, wo jetzt die Tyrannei auf 30 Stühlen thront, wird in wenigen Jahren die Freiheit gekrönt werden.“ (S. 29.)

S. 100. Haber. Balan berichtet am 9. Februar 1848 (Frankfurt I. A. A. h. 8) aus zuverlässiger Quelle, daß der dem Hause Rothschild gemachte Vorwurf, es sei Schuld an diesen Zusammenbrüchen, nicht ungegründet sei. „Fast 14 Tage“, schreibt er, „vor seiner Zahlungseinstellung eröffnete das Haus Haber — dem Hause Rothschild durch nahe Verwandtschaft verbunden — diesem im engsten Vertrauen seine bedenkliche Lage und bat nur für den Fall, daß keine Hilfe zu erwarten sei, um gänzliche Verschwiegenheit. Statt dessen brachten unmittelbar nachher Rothschildsche Kuriere die Nachricht von der Sachlage nach den Hauptplätzen Europas, von welchen dann sofort den bezeichneten hiesigen Häusern der Kredit entzogen und dadurch der Ausbruch ihrer Zahlungsunfähigkeit herbeigeführt wurde. Die öffentliche Erklärung des Hauses Rothschild, welches sich früher, obgleich öfter öffentlich verdächtigt und angegriffen, nie zu einer Widerlegung herbeigelassen hatte, ist nicht von der Art, obiges Sachverhältnis auszuschließen, und hat nur dazu gedient, der allgemeinen Überzeugung nach mehr Verbreitung zu verschaffen, ‚daß der Rothschild kein gutes Gewissen hätte‘. . . . .“ Vgl. auch Allgem. Zeitung 1847, Nr. 365.

S. 101. Panik. Die 5% österr. Metalliques — ein besonders in Frankfurt gehandeltes Papier — die im Anfang des Jahres noch 103¼ gestanden hatten, standen am 26. Februar kaum 94 Geld; die 2½% waren von einem Tage zum andern um 8% gefallen. — Ende April entschloß man sich wieder zur Emission von 2 Millionen fl. neuer Rechneischeine (Lutteroth-Legat 1. Mai 1848).

S. 101. Beginn der Unruhe. Unter dem 29. Februar findet sich in der Allgem. Zeitung Nr. 64 die Notiz: „An den Senat soll eine Bürgerpetition gehen, ähnlich der Mannheimer.“

S. 104. Adresse an den Senat. — Ich habe nicht sehen können, worauf sich die Angabe Valentins S. 132 stützt, daß Hadermann und Reinganum die Adresse verfaßt haben sollen. Nach der pointierten Ausdrucksweise zu schließen, könnte Reinganum allerdings recht gut der Verfasser sein. Daß die Stadtwehrleute mißhandelt wurden, ergibt sich aus der Proklamation des Künstler- und Handwerkervereins vom 4. März (Intelligenz-Blatt Nr. 31); hieraus auch die Notizen über die Anfänge der Schutzwachen. Über diese im übrigen Acta Sen. O 5 Nr. 12.

S. 108. Römersturm. Siehe besonders Freistädter 1848, Nr. 1 und 2, Journal 8. März. — Daß der ältere Bürgermeister persönlich angegriffen wurde, in der Deutschen Zeitung vom 7. März. Vgl. auch Gegenwart (Brockhaus 1850), V, 382. Allgem. Zeitung vom 9. März, hier allerdings später (S. 1139) widerrufen. Aber auch Souchay berichtet, daß die Angreifer bis in die Beratungszimmer und zu den Bürgermeistern durchdrangen. —

Die Unruhe war auch durch Flugblätter verbreitet worden, deren eines Balan mitteilt. Sein Inhalt beweist, daß bei dem Sturm auf den Römer eine Partei die Hand im Spiele hatte, der es auf viel mehr ankam als auf eine Veränderung der Stadtverfassung. Vielleicht bezieht sich auf dieses Flugblatt die Äußerung von Dr. Friedrich Ludwig Geisow (auf S. 394 des Hauptberichts Peinlichen Verhöramts über den Septemberaufstand 1848), „der Hermann Weller (angeschuldigt als einer der Hauptschuldigen, die an der Barrikade in Schnur- und Ziegelgasse tätig waren), früher Fechtlehrer in seinem Institut, habe bereits im März 1848, am Sonntag nach dem Tumult auf dem Römerberg, nach Angabe seines Hausknechts, nebst einem andern Hilfslehrer Namens Hutzel im Essighaus höchst aufrührerische Proklamationen verteilt".

Curtius berichtet, 6. März 1848: „Das Gerücht sagt, die Juden hätten, um ihre vollständige Emanzipation durchzusetzen, Geld unter die Unruhstifter verteilt, welche am Sonnabend den Römer förmlich belagert hielten." Auch andere Berichterstatter weisen darauf hin.

S. 112. Abweisung von Turnerscharen. Im Journal vom 10. März erhebt Josef Pirazzi aus Offenbach Einspruch gegen die Anklagen, die gegen die Turner ausgesprochen waren.

Juchos Mahnung. In Wirklichkeit war das, was Jucho hier für Frankfurt abgewehrt wissen wollte, schon eingetreten. In den radikalen Zeitungen wurde Frankfurt sehr scharf hergenommen.

S. 115. Der große Augenblick. Am 26. Februar hatte Welcker in der badischen Ständekammer am Schlusse seiner Rede gesagt: „Jetzt tut nichts mehr not, als daß alle redlichen Deutschen, auf Thronen wie in Hütten, fest zusammenhalten".

S. 117. Gagerns Gesandtschaft. Vgl. Heinrich v. Gagern, Das Leben des Generals Max v. Gagern, II, 689.

S. 119. Haß gegen Preußen. Vgl. die Heidelberger Adresse an den König von Preußen und den Protest Arndts (Journal, 2. April 1848): „Wehe uns Allen, die den Namen eines großen Volkes der Nachwelt überliefern sollen, wenn wir in einer Zeit, wo das Vaterland dreifacher Treue, Männlichkeit und Eintracht bedarf, solche wüste, mehr als jakobinische Wut nicht für das erklärten, was sie ist: eine blinde, tolle Wut! Diese treten wir mit Abscheu nieder."

S. 123. Schutzmaßregeln. Was die Anregung dazu betrifft, so wird dabei wohl nur an Heinrich v. Gagern zu denken sein, von dem Duckwitz (Denkwürdigkeiten S. 223) erzählt, daß „er dafür gesorgt habe, daß ca. 1000 gutgesinnte stämmige Darmstädter Landleute bewaffnet sich nach Frankfurt begaben, wo sie am dritten Tage morgens um 9 Uhr ihren Einzug hielten". Allerdings stimmte die Tatsache, daß sie „bewaffnet" kamen, nicht gut zu der vorher beobachteten Regel, keine Bewaffneten zuzulassen.

Es sei hierbei bemerkt, daß die Denkwürdigkeiten von Duckwitz, so wertvoll sie sind, mit Vorsicht benutzt werden müssen. Er hat den betreffenden Mitteilungen über das Vorparlament allerdings den Titel: „Aus meinem Tagebuch" gegeben, die Darstellung zeigt aber, daß nicht die unmittelbaren Tagebuchnotizen vorliegen, sondern eine spätere Überarbeitung.

S. 125. Robert Blum. In einem Briefe, datiert „Leipzig, am 31. Tage der Republik" (= 26. März) hatte sich Blum seinem Freunde Jucho für „Mittwoch nacht oder Donnerstag früh" angekündigt. Es hieß in diesem Schreiben u. a.: „Wenn wir in Frankfurt nicht die ganze moralisch in vollster Auflösung begriffene Staatsgewalt in die Hand nehmen, so sind wir verlorne Menschen und unsrer Zeit nicht wert."

S. 125. Germain Metternich, geb. 11. April 1810. Sein Vater war Professor der Physik in Mainz. Germain war erst Leutnant im 3. hessischen Infanterie-Regiment, wurde aber wegen Beteiligung an dem Hambacher Feste ausgestoßen und mußte 4 Jahre auf der Marxburg sitzen. Nach seiner Freilassung war er in Mainz abwechselnd als Literat, Schriftsteller, Maler, auch als Souffleur am Stadttheater tätig. Auch an der Turnerei beteiligte er sich lebhaft; er war außerdem Mitglied eines Klubs von Mainzer Fortschrittsmännern. 1848 wurde er Adjutant der Bürgerwehr, die von Dr. Zitz kommandiert wurde. Er nahm an dem badischen Aufstande teil, flüchtete nach dem Treffen von Waghäusel nach der Schweiz und von dort nach Amerika, wo er als Oberstleutnant im 46. Regiment der New-Yorker Volunteers am 13. Mai 1862 seinen Tod fand. (Vgl. Germain-Metternich-Post. Seinen Freunden zur Erinnerung der Denkmals-Enthüllung. Brooklyn 1894.)

V. Die Anfänge der Nationalversammlung.

S. 137. Wahlen. Deutsche Zeitung 1848, Nr. 113. 117. 118. Journal Nr. 113. 114. Oberpostamtszeitung Nr. 110 und folgende. Intelligenzblatt, 6. Beilage zu Nr. 50. Journal Nr. 116, 1. 119, 2. 124. Acta Sen. G 8 Nr. 2. Smidt 28. April 1848.

S. 139. Vaterlandsverein. Der Verein ging im wesentlichen aus der Turngemeinde hervor, deren Leiter der Handelsmann Port und der Kommis Adler waren; letzterer flüchtete später nach Amerika (Polizeibericht vom 11. Dezember 1851, Acta Sen. B 120 Nr. 8). Der Verein nannte sich seit Mitte Juli Demokratisch-republikanischer Verein (Staatsarchiv Wiesbaden, XIX Stadt Frankfurt, Gener. XIVe 12 und 13). Im Journal Nr. 162 (vom 13. Juni 1848) findet sich ein Inserat von seiten der Turngemeinde. —

S. 142. Montagskränzchen. Am 1. Mai hatte es über den Verfassungsentwurf der 17 Vertrauensmänner debattiert und ihn abgelehnt. Journal Nr. 123, 3. Vgl. Deutsche Zeitung Nr. 129 (Heidelberg 8. Mai) und 139. Smidt (13 Mai), über die Wühlarbeit des Kränzchens.

S. 143. Lepels Promemoria. Senatsbeschluß vom 18. Mai (Nr. 507 des Protokolls des Großen Rats). Vgl. auch den persönlichen Rechtfertigungsversuch Harniers, Journal 139.

S. 143. Straßenunruhen. Vgl. dazu Intelligenzblatt Nr. 60, 1. und 3 Beilage. Nr. 61, 2. Beilage.

S. 144. Höhenfeuer: Deutsche Zeitung vom 14. Mai 1848 (Nr. 134) und 20. Mai (Nr. 140). Journal Nr. 136, 2. 138, 1.

S. 144. Sorgenstimmung. Duckwitz (15. Mai), Smidt (17. Mai), Deutsche Zeitung Nr. 142. 143. (Frankfurter Korresp.) Nr. 147. Vgl. dazu den Tagesbefehl, datiert Mannheim, 28. April 1848, den ein Verräter (oder einer, der mystifizieren wollte?) an Jucho sandte, und den dieser v. Heyden mitteilte (Nachlaß v. Heyden): „Mannheim, 28. April 1848. Das republikanische Komitee, einsehend, daß die Republik auf friedlichem Wege nicht zu erstreben ist, verfügt wie folgt: 1. Am 17. Mai, als am Vorabend des mutmaßlichen Zusammentretens des Parlaments, treffen die republikanischen Legionen in kleinen Abteilungen oder, wenn nötig, einzeln in der Umgegend von Frankfurt bewaffnet ein. 2. Am

18., früh 7 Uhr, ziehen dieselben, abermals in kleinen Abteilungen oder vereinzelt, in Frankfurt ein. 3. Auf das Abfeuern von drei Schüssen eilen die Legionen auf ihre Sammelplätze, so zwar, daß die Mannschaft aus den Provinzen Hanau und Offenbach sich auf dem Römerberg aufstellt, diejenigen aus Baden, Nassau, Bayern und Württemberg aber auf dem Roßmarkt und der angrenzenden Allee. 4. Der Angriff geht vom Roßmarkt aus, und bleibt es den dort aufgestellten Führern überlassen, den geeignetsten Moment zu wählen. 5. Der Eingang zur Paulskirche wird, wenn nötig, mit den Waffen erzwungen, das Parlament aufgehoben und sofort eine republikanische Regierung provisorisch ernannt. 6. Sämtliche Mannschaft trägt rote Binden als Abzeichen am Arm. 7. Das Feldgeschrei ist: es lebe die Republik, es lebe Hecker!"

S. 145. 18. Mai: Journal Nr. 139, 3. Deutsche Zeitung Nr. 147. 148. Die bekannten Verse:

> Des Vaterlands Größe, des Vaterlands Glück,
> O schafft sie, o bringt sie dem Volke zurück!

haben nach Frankfurter Beobachter Nr. 189 (13. August 1871, Nachruf) N. Hadermann zum Verfasser.

S. 145. Arbeiterbewegung. In Journal Nr. 141, 2 eine Erklärung der Bäckergesellen; Journal Nr. 145, 2 Erwiderung der Meister. — Ferner Freistädter 1848, Nr. 10. — Wiesbaden, Staatsarchiv XIV. Stadt Frankfurt, Gener. XIVe 13 und 14. — Ein Exemplar der Arbeiterzeitung (es scheinen nur fünf Nummern erschienen zu sein) und der „Offene Protest" von Pelz und Essellen gegen ihre Ausweisung fand sich in Criminalia 1848 ad 59 fasc. spec. III. — Die Ausweisungsaffäre in Acta Sen. G 8, 2[a]. — Vgl. auch die Flugschrift: März- und Mai-Errungenschaften der Frankfurter Bäckergesellen. Criminalia 1853 (Stritt). — Über Frankfurter Handwerksverhältnisse Deutsche Zeitung Nr. 147. 148. (Frankfurter Korr.) — Über den Vermittlungsversuch Didaskalia Nr. 166. Freistädter 1848, Nr. 10. — In Nr. I. der Arbeiterzeitung findet sich der programmatische Satz: „In dem vierten Stande ist die Kraft und Größe des ganzen Volkes enthalten. Arbeiter ist jeder, der von seiner eigenen Arbeit und nicht von der Ausbeutung der Arbeit anderer lebt."

S. 153. Textorsche Petition. Sie ist vom 4. Mai datiert. Am 3. war die Versammlung in der Katharinenkirche gewesen. Freistädter 1848, Nr. 7, vgl. auch Volksbote von 1848, S. 200.

S. 154/155. Montagskränzchen als Zentralreformverein. Journal Nr. 128, 1. Aufruf im Journal Nr. 138. Vgl. ferner Journal Nr. 159 (Korrespondenz vom 6. Juni), Freistädter 1848, Nr. 12. (Zustimmende Antworten von den Volksvereinen aus allen Teilen

Deutschlands.) Smidt (9. Juni), Journal Nr. 160, 2. 162, 2. 163, 2. Am 8. Juni erfolgte eine Revision der Statuten, die gegen exzentrische Gelüste gerichtet war und die von jedem Mitgliede zu unterzeichnen war.

Eine Mitgliederliste scheint nicht vorhanden gewesen zu sein. Intelligenzblatt vom 29. Oktober 1849 enthält ein Eingesandt, das den Wunsch ausspricht, daß eine solche Liste recht bald gedruckt werden möge.

S. 156. Demokratisch-sozialistischer Pfingstkongreß. Über den Ausdruck: demokratisch-sozial vgl. Journal Nr. 161,3 unter Frankfurt 10. Juni (Eingesandt). Meldelokal in Frankfurt war das Lokal des vaterländischen Vereins Auf dem Graben Nr. 7 (zugleich Lokal des Arbeitervereins). Vgl. die Erklärungen des Professors K. Th. Bayrhoffer im Journal Nr. 162, 2.

Die Sitzung der Abgeordneten der demokratischen Vereine fand Mittwoch, den 14. Juni, nachm. im Deutschen Hofe statt. Über die Verhandlung siehe Journal Nr. 169, 2. Vgl. Adler, Arbeiterbewegung S. 120.

S. 159. Gagerns „kühner Griff". Tadel darüber in Deutscher Zeitung Nr. 182 und 198 (Frankfurt, 17. Juli 1848.)

S. 159. Erzherzog Johann. Auffällig ist das frühzeitige Auftreten seines Namens als eines Retters. Siehe oben S. 134 die Äußerung Smidts. In der Didaskalia vom 20. April 1848 wird von Creizenach auf ihn hingewiesen. Ferner Duckwitz an Gevekoht (A. Bremen) am 9. April 1848.

S. 161. Hecker. Am 2. Juli schrieb Balan: „Die Wahl Heckers bildet fortwährend den Gegenstand heftigster Aufregung. Er selbst führt in fast naiver Weise aus, daß er einberufen werden müsse. Auch das hiesige Montagskränzchen, welches jedoch keineswegs die Gesinnung der Bürgerschaft vertritt, hat auf eine Amnestie angetragen. Alle diese Manifestationen finden zwar bei dem größeren Teile der Bevölkerung keinen nachhaltigen Anklang, werden aber auch nicht entschieden genug zurückgewiesen". Vgl. Bamberger, Erinnerungen S. 114. Lutteroth-Legat 23. Juni 1848.

S. 162. Stadtwehr, Acta Sen. K Nr. 6 und 7. O 5/13. Die Protokolle des Kriegszeugamts. — Die Verhandlungen in der Gesetzgebenden Versammlung 1822/23. 1831 (Antrag Jay 1831, 22. Nov.). Kommissionsbericht der Gesetzgebenden Versammlung, 26. August 1833 (Gutachten Rotenburgers). Vgl. ferner F. W. von Ellrodt: Über Zweck und Einrichtung des Bürgermilitärs der Stadt Frankfurt. Frankfurt a. M. 1823. Wenner. — Die Stadtwehr und die Quartiervorstände der Freien Stadt Frankfurt. Frankfurt a. M. Brönner 1855. — Historische Ausstellung Altfrankfurter Stadtwehr mit erläuterndem Text von Friedrich Stoltze. (Diese drei Broschüren in der Handbibliothek des Stadtarchivs.) Karl Gollmick, Autobiographie III, 38. — Sehr wenig schmeichelhafte Schilderung in Friederich, Aus dem Leben eines Toten 1830—45. (Tübingen 1845) S. 110ff.

S. 162. Aufruhr in Sachsenhausen. Hauptgewährsmann hierfür war bisher Rittweger, Frankfurt im Jahre 1848. Auf ihn bezieht sich auch V. Valentin. Rittweger hat aber die wichtigste Quelle, die Berichte des Peinlichen Verhöramts (Criminalia 1848, Nr. 59, vol. A, B, C nebst 3 Anlage-Bänden und 9 Spezial-Fasz.) nicht eingesehen. Eine kurze gedruckte Darstellung, wie es scheint von Fr. Funck, findet sich in dem 1. Anlage-Band unter Nr. 19. Diese Darstellung nimmt Partei für die Sachsenhäuser, sucht aber das Ereignis historisch-politisch zu begreifen. Sie ist überschrieben: „Die Sachsenhäuser Barrikaden vom 7. Juli 1848". Es wird namentlich gut herausgehoben der soziale Charakter der Erhebung. Ferner an derselben Stelle das teilweise im Text wiedergegebene Sieges- und Spottgedicht: Nachklänge aus Sachsenhausen.

Eine von dem Advokaten W. F. Wetzel verfaßte Verteidigung der Sachsenhäuser im Journal Nr. 210 (Extrabeilage). — Vgl. weiter die Korrespondenz in der Hanauer Zeitung vom 19., 20. und 22. Juli 1848.

VI. Im Reiche der Paulskirche.

S. 174/175. Reichsverweser. — Bei dem Einzuge hielt am Allerheiligentore Dr. Varrentrapp eine Anrede an ihn. — Speltz erwähnt in einem Privatbriefe, bei dem Einzugsläuten sei die Karolusglocke gesprungen. Am 12. Juli nahm auch die Bundesversammlung die feierliche Übertragung der ihr durch die Bundesgesetze zugewiesenen Rechte und Pflichten auf den Reichsverweser vor. Souchay bemerkte darüber in seinem Berichte an den Senat (Acta Sen. M 7 Nr. 2), daß sonach der erste, aber wohl nicht der letzte Akt einer großen Umwälzung in gesetzlichen Formen erfolgt sei. Lutteroth (11. Juli 1848) hebt auch die vorsichtige Abfassung der Adresse der Bundesversammlung an den Erzherzog hervor; er schreibt: „Keine Beziehung auf das Gesetz vom 28. Juni, kein Wort, wodurch die Gültigkeit der Bundesakte in Frage gestellt würde, so daß, wenn die Einrichtung der provisorischen Zentralgewalt in sich zerfiele und man die Bundesversammlung wiederherstellen wollte — was freilich wohl nicht geschehen wird — der Aktus, wodurch wir jetzt unsere Gewalt abtreten, durchaus nicht daran hindern wird." Vgl. ferner Didaskalia Nr. 231.

S. 178. Demokratische Sitten. Selbst der Herzog von Nassau war mit einem Male so bürgerfreundlich geworden, daß er beim Durchfahren durch Soden vor dem an einem offenen Fenster stehenden Prof. Kriegk zuerst den Hut zog. (Kriegks Aufzeichnungen 1848, S. 68.)

S. 178. Frankfurt in der Zeit der Paulskirche. Vgl. auch das Stimmungsbild im Freistädter 1848, Nr. 14.

S. 183. Die Kleinen und das Reich. Stüve schrieb am 5. August 1848 an Detmold: „Wissen Sie, daß die französischen Gesandten sich plötzlich an die kleineren Höfe begeben? Sapienti sat". — Die Verhandlungen in Geh. St.-A., Rep. 81, Darmstadt IV, B. 2, vol. I.

S. 184. Frankfurt als Kongreßstadt. Am 15. Juli begann die Tagung eines Gewerbekongresses in Frankfurt, der unter stark hervortretendem Einflusse von M. May eine sehr entschiedene Haltung gegen schrankenlose Gewerbefreiheit einnahm. In derselben Richtung bewegte sich ein Schneiderkongreß, der gleichzeitig tagte. Im August folgte ein wissenschaftlicher Kongreß zum Zweck der Reform des Hochschulwesens (Jung, Frankfurter Hochschulpläne 1384—1866 im Archiv für Frankfurts Geschichte und Kunst, dritte Folge, Bd. IX, S. 79), im September der Allgemeine Deutsche Arbeiterkongreß. — In der ganzen Zeit außerdem der Zollkongreß; im November Kongreß der Abgeordneten der landwirtschaftlichen Vereine (Journal Nr. 301).

S. 186. Verfassung. Vgl. dazu in der Oberpostamtszeitung Nr. 206 (vom 24. Juli) den von S. gezeichneten Artikel unter Frankfurt 20. Juli 1848. Vielleicht war der Verfasser Souchay. — Weiter Oberpostamtszeitung Nr 221. 222. Journal Nr. 222, 2 (Frankfurt, 11. August) 225. 227. Freistädter Nr. 22. 23. 25. Intelligenzblatt Nr. 100, 1. Journal Nr. 231, 2. Volksbote 1849, S. 201. Über den Deutschen Verein Journal Nr. 213, 2. 217, 2. 223, 1. Oberpostamtszeitung Nr. 233 Extrabeilage.

S. 191. Entlassungsgesuch Souchays. Acta Sen. G 9 Nr. 2.

S. 193. Verhandlungen im Dreißiger-Ausschuß. Dr. Jucho beobachtete ohne Glück einen Standpunkt zwischen beiden Parteien. Insbesondere widersprach er dem Friedlebenschen Begriff der Demokratie. Er behauptete, je beschränkter die Vollmacht der Repräsentanten sei, desto wahrer sei die Demokratie; er kennzeichnete sich damit also eigentlich als Überdemokraten — insofern er die Volksabstimmung als das einzig normale bezeichnete —, er erntete aber damit weder von der einen, noch von der andern Seite Dank, und daß er andererseits erklärte, nach seinen Begriffen verstehe sich das von Souchay verlangte Veto von selbst, trug ihm in einer der folgenden Nächte eine Katzenmusik ein.

S. 195. „Reichsterroristen." Vgl. dazu den Artikel, den der Fürst Leiningen unter dem Titel „Entweder — Oder" in die Oberpostamtszeit. (Nr. 213) setzte und in dem rücksichtslos die Mediatisierung sämtlicher Einzelstaaten verlangt wurde, „damit das Wort zur Tat werde" und eine wirkliche, starke Zentralgewalt entstehe. — An sich brauchte dieser Artikel nicht mehr zu bedeuten als zahllose andere, denn die politischen Allheilmittel wurden damals von allen möglichen Seiten angeboten: der Umstand aber, daß Fürst Leiningen damals ein Hauptkandidat für die Stellung eines Ministers der auswärtigen Angelegenheiten war und kurze Zeit darauf wirklich zum Ministerpräsidenten ernannt wurde, gab diesem Artikel die Bedeutung eines Programms.

S. 200. Flugschriften. Vgl. u. a. das gegen die Mehrheit vom 16. gerichtete Flugblatt mit dem Motto: Wer Ohren hat zu hören, der höre!: . . . „An euch, die Hanswurste, Figuranten und Statisten der großen Nationalbühne, die ihr zum Puppentheater, zur Affenkomödie gemacht, wenden wir uns mit der Frage: Was tut ihr hier? Ihr habt dem deutschen Vaterland jetzt 400 000 fl. schweres Geld in $3^1/_2$ Monaten, daß ihr beisammen seid, gekostet. Was habt ihr dafür getan? Nichts! . . . Ihr habt euch beim Kölner Dombaufest utzen und hänseln lassen als Hofnarren des Berliner Reichscharlatans zur Verherrlichung seiner Hanswurstiaden . . ."

S. 205. Zahl der Teilnehmer an der Pfingstweidversammlung. Die angegebenen Zahlen schwanken gewaltig; Vogt spricht in seiner Broschüre von 15—20 000 Mann (offenbar, um nicht mit dem Wortlaut der Petition, die von „20 000 Bürgern" spricht, zu sehr in Widerspruch zu geraten). Siehe auch Freistädter Nr. 24. — Smidt spricht am 17. September, abends, von ca. 3000, Oberstleutnant Fischer (Bericht vom gleichen Datum) von 4000. Korresp. in der Deutschen Zeitung Nr. 255 von 4—5000.

S. 209. Die Nacht vom 17. zum 18. September. Moritz Hartmann, Frankfurter Septembertage, Ges. Werke X, 28. Er berichtet, daß er in der Nacht vom 17. zum 18. um 2 Uhr auf der Promenade großen Scharen begegnet sei, die Frankfurt enttäuscht verließen, um in ihre Heimat zurückzukehren. — Auf diese Nachricht ist nicht viel zu geben. Daß die Scharen „enttäuscht" waren, konnte Hartmann ihnen nicht ansehen. Auch war es doch nicht sicher, daß sie in die Heimat zogen. Es ist sehr möglich, daß sie in die benachbarten Dörfer gingen, um dort die Nacht zuzubringen, denn die Stadt war überfüllt.

S. 213. Beorderung von zwei Bataillonen aus Mainz. Im Protokoll des Engeren Rats unter dem 18. September 1848 heißt es in dem Bericht des Bürgermeisters, er habe das Reichskriegsministerium ersucht, unverzüglich einstweilen zwei Bataillone von Mainz beordern zu lassen. Dies stimmt nicht zu dem im Texte angeführten Inhalt des Schreibens an das Reichsministerium.

S. 216. Der 18. September. Röder von Diersburg, Geschichte des 1. großh. hess. Infanterie-Regiments Nr. 115. — Der Frankfurter Straßenkampf am 18. September 1848. Allgemeine Militärzeitung 1883 Nr. 75. — Stricker, Geschichte Frankfurts, ist für die Jahre 1848 und 1849 immer noch beachtenswert. — Beseler, Erlebtes und Erstrebtes. — Rümelin, Aus der Paulskirche. — Über den Bericht Peuckers ist im Texte S. 234 das Nötige gesagt. — Vgl. auch Freistädter 1848, Nr. 24. Hanauer Zeitung vom 24. September 1848.

An Archivalien habe ich auch hier den Bericht des Peinlichen Verhöramts (zwei starke geschriebene Folianten) und teilweise die Verhörprotokolle benutzt, die beide, wie mir scheint, von meinen Vorgängern systematisch noch nicht ausgebeutet worden sind. In dem Bericht des Appellationsgerichts (Acta Sen. M 36 III) ist vieles mit Stillschweigen übergangen, was gerade historisch von Interesse ist. — Dazu die Berichte von Oberstleutnant Osterwald an das kurfürstliche Brigadekommando (Geh. Archiv des Kriegsministeriums Rep. 6, Gef. 66, Nr. 23) von Oberst Küntzel (Bundesarchiv. Bundesheerwesen. Unruhen in Frankfurt) und von Kamptz (Geh. St.-A. I A. A. b. 15).

Die Skizze auf S. 227 liegt den Akten des Peinlichen Verhöramts bei (Gen. Fasz. G II. 3).

Aus der Prozeßgeschichte ist zu erwähnen, daß Haussuchungen erst spät angeordnet wurden und daher natürlich resultatlos verliefen. Die Protokolle und Akten des demokratisch-republikanischen und des Arbeiter-Vereins waren unauffindbar.

S. 222. Bürgerwehr. Ein offiziöser Versuch der Rechtfertigung ihrer Haltung in der Oberpostamtszeitung Nr. 261 (Extrabeilage). Die darin anfangs aufgestellte Behauptung, die Bürgerwehr sei am Sonntag morgen „nicht kommandiert gewesen", weil man nicht geglaubt habe, daß das nötig sein werde, ist falsch. Sie ist nicht kommandiert gewesen, weil sie am Abend vorher, am 17., wo sie kommandiert war, nicht erschienen war. (Nach eigenhändigen Notizen von Heydens.)

Gegen die übertriebenen Versuche des Journals, die Bürgerwehr zu rechtfertigen, wandte sich die Oberpostamtszeitung in Nr. 267. (Extrabeilage.)

Eine zur Verteidigung gegen die Behauptungen des Abgeordneten Wichmann (in der Sitzung des Parlamentes vom 22. Dezember 1848) geschriebenes Flugblatt vom 1. Januar 1849 behauptet, der Aufstand sei von Schmerling „gemacht" worden, der einen Juniaufstand gebraucht habe. Natürlich habe die Stadtwehr keine Neigung gehabt, sich für ministerielle Reaktionszwecke totschlagen zu lassen.

S. 242. Das Frankfurter Bataillon lag längere Zeit in Mannheim, hat aber dort nicht den besten Eindruck hinterlassen. Am 9. November 1848 schrieb Bärnklau aus Mannheim an K. Mathy: „Im allgemeinen sagt man, lieber zehnmal wieder Preußen, als nur noch einmal wieder das Frankfurter Bataillon".

VII. Konstituante und Reichsverfassung.

S. 246. Bürgerwehr. Daß die bestehende Einrichtung unhaltbar sei, darüber war alles einig. Wegen ihrer Neueinrichtung wurde zunächst auf das allgemeine deutsche Wehrgesetz gewartet. Daher wurde März 1849 den neu eintretenden Wehrmännern die Anschaffung der Uniformen und Waffen erlassen. Nur wegen der Wahlen der Offiziere und Unteroffiziere wurde eine Neuerung getroffen unter Aufhebung des § 35 (Prot. der konstituierenden Versammlung vom 10. März 1849. Deutsche Zeitung 1849, Nr. 71). In dem am 5. September 1849 in der Konstituante verlesenen Bericht der Kommission über die Organisation der Stadtwehr heißt es: „Man mußte daher zur naturgemäßen Berücksichtigung der Örtlichkeit zurückkehren, welche schon der alten reichsstädtischen Einteilung der Bürgergarde zum Grunde lag, und den Grundsatz der Freiwilligkeit, welchem man bei der Stadtwehreinteilung in der Restaurationsperiode in so reichem Maße huldigte, ganz aufgeben. Vgl. auch Freistädter, 30. Juli 1849.

S. 246. Auswärtige Vertretung. Bundesarchiv V, a, 112. — Die Hansestädte waren nicht so eilig, ihre Vertretung in Paris aufzugeben. Smidt meinte am 5. Oktober, das habe noch Zeit, bis die Reichsverfassung endgültig feststehe.

S. 246. Mediatisierung. Oberpostamtszeitung vom 13. Oktober 1848 (Nr. 274), vom 14. Oktober (Nr. 279), vom 19. Oktober (Nr. 283). — Deutsche Zeitung Nr. 277 (Korresp. aus Frankfurt, 12. Oktober).

In der Deutschen Zeitung (30. Okt., Nr. 290, 2.) erschien ein Artikel: „Die Mediatisierung Frankfurts". Der Artikel lehnt Einverleibung ab, will nur von Umwandlung in Reichsland etwas wissen. Der alte Grund gegen erstere, die nachbarliche Eifersucht, die 1815 bestanden habe, bestehe noch immer. Die Reichsgewalt, als der über den Partikularstaaten erhabene gemeinsame Mittel- und Vereinigungspunkt deutschen Glanzes und deutscher Größe, stehe fern von der Gefahr der Eifersucht; auch die Bevölkerung würde das Aufgehen in das große Vaterland als eine Graduierung begrüßen. — Die Idee der Umwandlung Frankfurts in Reichsgebiet wird dann von verschiedenen Gesichtspunkten betrachtet. Zunächst vom Gesichtspunkte der Zentralgewalt: Diese habe ein großes Interesse daran, daß sie bis zu einem ohnehin ebenso notwendigen als unausbleiblichen weiteren Territorialerwerb wenigstens vorerst an ihrem Sitze auf eigenem Grund und Boden stehe. Das sei auch vom Standpunkt der praktischen Politik aus sehr wesentlich. Der 18. September habe das gezeigt. Der sei doch nur dadurch möglich geworden, daß Frankfurt nicht die Hauptstadt Deutschlands, sondern das Gebiet einer kleinen, den andrängenden Gefahren gegenüber machtlosen Einzelregierung gewesen sei, die erst dann sich entschließen konnte und durfte, ihre Unmacht zu bekennen und vom Schauplatze abzutreten, als es schon offenbar und nachweislich zutage lag, daß ihre Mittel hier wirklich unzureichend waren, d. h. als es zu spät war, als die Gefahr so drohend geworden war, daß sie ohne Blutvergießen nicht mehr abzuwenden war. Es sei eben klar, daß die welthistorischen Schicksale einer großen Nation nimmermehr unter dem bloß gefälligen, gastfreundlichen Patronat eines Miniaturstaates vierten Ranges entschieden werden könnten. Aber auch vom Standpunkte der Interessen der Bevölkerung würde die Veränderung nur vorteilhaft sein. „Frankfurt wird aufhören, ein auf eigenen Füßen stehender Zwerg zu sein, und es wird das hochschlagende Herz eines Riesen werden." —

Auch im Ausschusse für die Reichsverfassung war die allgemeine Meinung, daß es am besten sein werde, wenn die kleinen Staaten ganz allgemein mediatisiert würden. Es gelang hier nur mit großer Mühe, den Freien Städten im Staatenhause, das als Oberhaus gedacht war, eine Stelle zu erhalten, es war aber mehr als zweifelhaft, ob es überhaupt bei diesem geplanten Oberhause bleiben werde, und bei den führenden Männern war es eigentlich feste Überzeugung, daß bei der definitiven Gestaltung am besten mit den vielen kleinen Trümmerstaaten aufgeräumt werde. So bemerkte z. B. Heinrich von Gagern zu Smidt (21. Oktober 1848), „die kleinen Fürsten werde man bei der jetzigen Gelegenheit wohl loswerden". Vgl. aber auch Journal Nr. 272 über eine Aufteilung Preußens. — Journal Nr. 299 (9. November 1848) berichtet über die Zusammenkunft von Landtagsabgeordneten aus beiden Hessen, Nassau und Frankfurt, um die Vereinigung zu einem Staate zu besprechen.

S. 246. Platzkommandantur. Eine der Maßregeln von Deetz war, daß er auf der Höhe des Domturms eine mächtige Laterne anbringen ließ, die nachts erleuchtet werden sollte, wenn Unruhen in der Stadt auszubrechen drohten. In einem Flugblatt (in Criminalia Stritt 1853) hieß es darüber:

Des Pfarrturmes bemoostem Haupt
Hat man eherne Stangen eingeschraubt;
Das sind die Wecker, sind die Mahner,
Bei Überfällen der Republikaner!
Der Pfarrturm ist wie der Senat:
Versteinerter Aristokrat!

S. 249. Wahlen für die Konstituante. Intelligenzblatt Nr. 148, 5. Journal Nr. 284. Hanauer Zeitung Nr. 263. Intelligenzblatt Nr. 135,1. (Dieser letztere Artikel war von Dr. Starck, dem Konsulenten der Ständigen Bürgerrepräsentation.) Souchay schrieb am 6. November 1848 über den Ausfall: „Hier ist es uns gelungen, die gesetzlichen und verfassungsmäßigen Wege für eine notwendige Veränderung der Verfassung festzuhalten. . . . Allein dessenungeachtet stehen die Sachen nicht gut. Die Mehrheit der Versammlung ist radikal in dem Sinne, daß, wenn sich die Zeit dazuschicken wird und wenn sich, wie nicht zu bezweifeln, einige . . . Leiter darbieten, der Umsturz des Umsturzes wegen wird weiter betrieben werden. Die Finanzen sind eigentlich schon jetzo verloren. . . . Man wird wahrscheinlich harte und unpraktische Maßregeln gegen die Vermögenden versuchen und der Regierung die Ausführung übertragen. Jedenfalls wird man die Regierung regieren wollen, kurz, es wird wenig Ehre, große Ärgernisse und noch größere Arbeit bringen, in dieser Regierung zu bleiben." Souchay schreibt, er trete jetzt definitiv aus und habe auch seinen Freunden geraten, das zu tun.

S. 253. Konstituierende Versammlung. Die „Protokolle und Verhandlungen" sind unentbehrlich, aber gänzlich unzureichend. Offizielle stenographische Berichte gibt es nicht. Nicht-offizielle, von Hadermann herausgegebene Berichte erschienen von dem Beginn der Verfassungsberatung an, ihre Zuverlässigkeit wurde aber von der Versammlung selbst bestritten. Ich habe nur wenige Nummern davon auftreiben können (Stadtbibliothek). Vielleicht ist nicht mehr erschienen. Es müssen also die Zeitungsberichte herangezogen werden, an erster Stelle Volksbote, Volksblatt und Deutsche Zeitung, die aber natürlich parteiisch gefärbt sind.

S. 261. Grundrechte. Schöne Würdigung durch Hadermann in dem Volksblatt vom 18. Januar 1849.

S. 263. Bürgerverein. Die erste regelmäßige Generalversammlung war am 16. Juni gewesen (Didaskalia Nr. 174). Journal Nr. 126

über die konstituierende Versammlung, die am 1. Mai im Wolfseck stattgefunden hatte: Ein solcher, alle Stände umfassender Verein sei dringend nötig. Die Gesellschaft sei in Frankfurt, wie vielleicht in keinem andern Orte Deutschlands, in unzählige kleine Vereine gespalten und zersplittert. Diese Sonderung und Abschachtelung sei dann auch die Ursache, daß sich hier das Spießbürgertum in seiner apartesten Glorie bis auf diese Tage erhalten konnte. Vgl. weiter Journal Nr. 238, 1. Beilage (Aufnahme von Juden). — Vgl. auch „Bericht über die Gründung und bisherige Gestaltung des Bürgervereins", vorgetragen in der Generalversammlung vom 11. Januar 1849 von Dr. G. Varrentrapp.

S. 267. Preußens zurückhaltende Politik. Bezeichnend dafür der Brief Peuckers an Friedrich Wilhelm IV. vom 12. Januar 1849, in dem er um vertrauliche Mitteilung an das Reichsministerium bittet, insbesondere um Ableugnung des lähmenden Gerüchtes, der König habe sich verpflichtet, niemals die Kaiserkrone anzunehmen, wenn nicht Österreich in dem engeren deutschen Bunde verbleibe.

S. 271. Warnungen. Am 19. Februar 1849 erließ das Reichsministerium ein Rundschreiben, in dem es mitteilte, daß eine neue Schilderhebung der republikanischen Partei zu erwarten sei; in einem weiteren Warnungsschreiben vom 4. März hieß es: es scheine für den 18. März oder 5. April ein Aufstand der Roten geplant zu sein; als Schauplatz würden besonders Berlin, Leipzig und Frankfurt namhaft gemacht. (Smidt, 4. März 1849). Es gehört hierher, daß am 17. Februar eine schon frühere Verabredung zwischen den Regierungen von Nassau, Hessen-Darmstadt und Frankfurt veröffentlicht wurde, nach welcher die uniformierten Sicherheitsbeamten der betreffenden Länder das Recht haben sollten, wechselseitig in den verschiedenen Gebieten Verhaftungen vorzunehmen.

S. 282. Frankfurt als Residenz. „Des Kaisers Wohnsitz" soll nach E. M. Arndt Frankfurt sein. Gerade seine etwas westliche Lage sei ein Vorteil, denn von Westen drohe immer die Hauptgefahr. Und dann noch ein Grund: „Hier ist heiliger Boden; hier leben, wirken und reizen auch alle ältesten, heiligsten Erinnerungen eines vollen, von unserm Volk durchlebten Jahrtausends; hier ist kein Fußbreit Land, hier ist kein Stein, worauf nicht die besten und größten Kaiser, Helden und Männer getreten wären. Wir sind das Volk des Gedankens und der Treue, das Volk, das festhält, was es durchlebt und gelernt hat: wir wollen keine Tabula rasa aus unserer Geschichte machen lassen, damit wir nicht nach langem, trostlosem Irrlauf in kahler, knabenhafter Rohheit einmal gleichsam wieder von vorn anfangen müssen. Hier warten wir des neuen, lebendigen, deutschen

Lebens, hier stehen wir aber auch mitten in dem lebendigsten deutschen und europäischen Leben. Hier ist ein Knotenpunkt einer europäischen Weltstraße in Deutschland hinein und längs des Rheines auf und ab nach Italien, Frankreich, Holland und England. Heilige Erinnerungen also und die reichste und mannigfaltigste Beweglichkeit und Lebendigkeit, deren wir bedürfen, spielen um Frankfurt." (Deutsche Zeitung, 3. Februar 1849.) Auch nach dem großen Scheitern bewahrte Arndt seine Hoffnungen: Am 5. November 1849 zitierte die Deutsche Zeitung (Nr. 307) von ihm die Verse:

Kaiserschein, du höchster Schein,
Bleibst du denn in Staub begraben?
Schrein umsonst Propheten-Raben
Um den Barbarossa-Stein?
Nein, und Nein, und aber Nein!
Nein! Kyffhäusers Fels wird springen,
Durch die Lande wird es klingen:
Frankfurt holt den Kaiser ein.

S. 284. Ablehnung der Kaiserkrone. Selbst ein Mann wie Detmold, der die Krone als eine Krone von Goldpapier bezeichnete, zweifelte. (1. April 1849.) Daß der König an sich nicht wollen werde, das war ihm gewiß. Er war aber nicht sicher, ob die preußische Nationaleitelkeit nicht so stark sich äußern werde, daß er annehmen müsse. — Am 10. April 1849 schrieb Smidt, der König von Preußen habe an den König von Hannover geschrieben, die Kaiserkrone sei ihm wie ein Hundehalsband vorgekommen, mit dem man ihn an die Revolution zu ketten versuche.

Recht bezeichnend für die Lage ist die Äußerung des Journals vom 15. März: „Immerhin gestehen wir zu, daß auch jetzt noch in den Händen des Königs von Preußen im Augenblicke wenigstens das Schicksal Deutschlands liegt . . . Aber folgendes wäre durchaus notwendig: er entläßt augenblicklich das gegenwärtige Ministerium; . . . er erbietet sich, augenblicklich den Krieg gegen Dänemark und Rußland zu beginnen und, falls er zum Kaiser gewählt werden sollte, ganz Preußen, in Provinzen aufgelöst, dem Reiche einzuverleiben."

S. 285. Volksversammlung am 12. April 1849. Stenographischer Bericht darüber in Criminalia 1853 (Stritt). Vgl. auch Freistädter Nr. 14.

S. 286. Antrag auf Anerkennung der Reichsverfassung. (Von Julius Friedleben und Vogtherr.) Auf Wunsch des Dr. Binding wurde er ohne Diskussion einstimmig angenommen. Nur Souchay erklärte, daß er wohl mit den Anträgen, nicht aber mit der Motivierung einverstanden sei. Die Motivierung lautete: „In Erwägung, daß die Gültigkeit der deutschen Reichsverfassung von der Zustimmung der Regierungen nicht abhängig sei —"; das ging ihm zu weit, und er hatte die Tapferkeit, dies offen zu erklären.

VIII. Die Mai-Krise.

S. 290. Die Aktion des Montagskränzchens. Reichstagszeitung 1849, Nr. 98. Deutsche Zeitung Nr. 114, Beilage.

S. 293. Märzvereine. Deutsche Zeitung 1849, Nr. 127. — Ein Exemplar des Aufrufs vom 6. Mai in der Stadtbibliothek. Reichtagszeitung 1849, S. 450.

S. 294. Bewaffnung des Volkes und Militärisches. Deutsche Zeitung 1849, Nr. 130, Beilage; Nr. 131, Nr. 137, 2 (über die Petition der Septembergefangenen). Acta Sen. M 36, Nr. VI.

IX. Stadtverfassung und Union.

S. 310. Süddeutscher Verein. Ich stütze die im Text vorgetragene Vermutung auf das Referat im Volksboten Nr. 81 vom 13. Juni 1849.

S. 310. Verfassungsberatungen. Vgl. hierzu auch Volksbote vom 8. April 1849, 29. April, 9. Mai. Volksblatt vom 27. Juni 1849 („Die Wähler"). Volksbote vom 12. bis 15. Juli. Volksblatt Nr. 110. Freistädter Nr. 27. — Flugblatt von Dr. Schady (17. August 1849): Ist die konstituierende Versammlung des Freistaats Frankfurt ein auf verfassungsmäßigem Wege ins Leben gerufenes und somit gesetzliches Institut? — Dr. Stiebel, Einige Bedenken bei der neuen Verfassung. — G. Mainrath, Der Entwurf einer Verfassung für den Freistaat Frankfurt. — An die Bevölkerung Frankfurts in Stadt und Land. Zur Rechtfertigung und Annäherung. — Frankfurter Zustände I. Die Verfassungsfrage. —

S. 323. Parteinahme für die Badener Bewegung. Am 13. Juni 1849 brachte das Volksblatt (Nr. 92) folgende Verse von Wilhelm Küchler:

Rumpfparlament wär's, was in Stuttgart tagt?
Wohlan, im Rumpf hört ihr des Volkes Herzen schlagen,
Und Volkes Liebe wird die Treuen ehrend tragen,
Wenn nach euch feig Gefloh'nen niemand fragt!
Mag jetzt die Freiheit fallen, unterliegen;
Ihr Flügelschlag hebt einst ihr blutgetränktes Haupt,
Der Geist, der in dem Rumpfe lebt, wird siegen,
Wenn auch die Gottesgnade würgt und mordet, raubt!

S. 326. Patriotischer Verein. Volksbote Nr. 59. 63. 65 69. Intelligenzblatt Nr. 170, 1. Volksblatt vom 8., 11. Juli. Volksbote vom 3. Januar 1851. Volksblatt Nr. 107. 108. 109.

X. Frankfurter Neutralitätspolitik.

S. 351. Beitritt zur Union. Das Volksblatt vom 15. September 1849 verzeichnet das Gerücht, daß auch Gabriel Rießer, der sich eben in Frankfurt aufhielt, sich Mühe gegeben habe, Frankfurt zum Beitritt zur Union zu bewegen. — Volksbote 1849, Nr. 89. 90. 91 (übrigens waren diese Artikel nach Bericht Balans vom 9. September von diesem selbst inspiriert), Nr. 95. 96. Freistädter 1849, Nr. 34. Deutsche Zeitung Nr. 281. 285, Beilage. Nr. 314. 324 (die betr. Artikel in den zwei letzten Nummern vielleicht von Souchay). Nr. 324. 332.

S. 353. Harniers Sendung. Balan meldete den Frankfurter Gesandten dem Minister v. Schleinitz mit den Worten an: „E. E. werden in ihm einen Mann von geschmeidigen Formen finden. Er wird preußische Sympathien zur Schau tragen und das Temporisationssystem des hiesigen Senats durch die . . . . oft erwähnten Verhältnisse zu rechtfertigen suchen. Unter der Hand wird er sich ohne Zweifel mit Herrn von Prokesch und, wenn er mit ihm in Berlin zusammentreffen sollte, mit H. v. Biegeleben zu verständigen suchen." Über die Berliner Verhandlungen Acta Sen. M 36 Nr. VIII. Tom. III.

S. 355. Wirkung der Einquartierung. Am 2. September hieß es im Volksblatt: „Wir fragen nach den gesetzlichen Befugnissen unserer Behörden, über den Beutel der Bürger in dieser Weise zu verfügen . . . Die ‚höhere Politik' seiner Behörde hat Frankfurt seit dem Septembertage eine Million Gulden gekostet."

S. 361. Zur zweiten Lesung der Verfassung. — Deutsche Zeitung Nr. 286, Beilage. Volksblatt Nr. 163. Acta Sen. Nr. 8. Tom. II.

S. 368. Abschied des Erzherzogs. — Deutsche Zeitung 1849, Nr. 358 und folgende. Am 27. Dezember gab der Erzherzog dem Senate ein Festmahl. Eine von Th. Creizenach verfaßte Adresse der Frankfurter Bürger wurde durch Rat Schlosser und Jucho überreicht. Am 30. wurde dem Scheidenden von bayerischen, frankfurter und österreichischen Truppen ein Fackelzug dargebracht. — Seine Abschiedsworte im Journal vom 31. Dezember 1849, 3. Beilage. —

Beilagen.

Nr. 1. [Zu S. 1.]

Handel berichtet Metternich über die Wirkung des Zollanschlusses. (A. Wien.)

Frankfurt, 13. Februar 1836.

Die großen Handlungshäuser betrachten den Anschluß als ein Übel, die meisten jedoch als notwendig gewordenes Übel, in das man sich ergeben müsse; den Kommissionshandel als den allerwichtigsten Teil der hiesigen Geschäfte halten sie für gelähmt, wo nicht für verloren; sie sinnen indessen auf andere Auswege und haben die Mittel, die Folgen für sich weniger fühlbar zu machen.

Die Detailhändler, Handlanger, Taglöhner, Wirte, Haus- und Gewölbeinhaber etc., der Pöbel im eigentlichen Sinne des Wortes, rechnet auf bessere Messen und hofft, goldene Früchte zu ernten; diese Hoffnung gewährt die Bürgschaft der Ruhe bei dem Übergange in die neue Einrichtung. Der wahre Patriot, der alte Reichsbürger, der Staatsbeamte und der Rentier, sowie alle diejenigen Konsumenten, die keinen Ersatz für ihre durch die erhöhte Steuer notwendig entstehenden größeren Ausgaben erhalten, sind tief betrübt, — jene, weil sie ihre Unabhängigkeit und die Freiheit der Stadt, und diese, weil sie ihr Interesse für gefährdet halten.

Nr. 2. [Zu S. 31.]

Aus dem Tagebuch von Dr. Karl Bunsen. (In Privatbesitz.)

Meine patriotische Überzeugung, (eine politische habe ich nicht; es ist wohl schwerlich Jemand unwissender in der Politik wie ich) ist folgende. Als unser ganzes Vaterland durch Napoleon unterjocht war, und sich im Jahr 1813 endlich die Aussicht auf Befreyung zeigte, riefen alle Regierungen das Volk zu den Waffen, um Deutschland zu befreyen, — wohl sehend, daß nur in der Einheit Deutschlands Heil zu suchen sey, – und versprachen Preßfreyheit, Volksrepräsentation und gleiche Gesetze und Rechte für ganz Deutschland. (Siehe Proclamation von Kalisch, Wiener Congreß-Akten Art. 13. und überhaupt alle Proclamationen der Jahre 1813, 1814 u. 1815.)

Wir sezten unser Leben ein und errangen Freyheit nach außen, aber nun hielten die Regierungen nicht Wort, sondern verdrehten es. (S. Bundestags-Ordonnanzen, z. B. vom July 1832.) —

Die Pflicht eines jeden deutschen Bürgers ist nun, dahin zu ringen, daß erfüllt werde, was versprochen worden ist; dies ist er sich, seinen Mitkämpfern und Nachkommen schuldig. Denn nur durch gleiches Interesse und daß wir uns als e i n Volk erkennen, bleibt Deutschland nach innen und außen ein freyer, starker Staat. —

Nur auf dem Wege der Reformation, nie auf dem der Revolution, wird Heil für Deutschland erwachsen.

Dieses sind meine Grundsätze; sie zu verbreiten, habe ich mir angelegen seyn lassen, und ich glaube recht gethan zu haben. Nie war ich Mitglied, oder Verbreiter politischer Verbindungen, denn solche führen nur zum Uebel. . . . . . Nachdem seit Mitte Februar 1837 die Militair- und Polizey-Wache auf der Constablerwache in Frankfurt so verstärkt worden war, daß eine Schildwache der anderen die Hand reichen konnte, trat in der Nacht vom 27ten auf den 28ten Februar der Polizeyofficiant Dr. Flügel um 1/2 1 Uhr zu mir in meinen Arrest und forderte mich auf, mich anzukleiden, indem ich versezt werden solle in einen anderen Arrest. Ich erhielt Licht und hörte, wie er von Arrest zu Arrest ging. Nach einer halben Stunde kehrte er zu mir zurück in Begleitung des Wachtmeisters Dietz, des Rottmeisters Fischer, mit Fesseln und wohl mit 20 Gendarmen, und forderte mich auf, mir sie anlegen zu lassen. — Nun erkannte ich den beabsichtigten, gesetzverletzenden Akt der brutalen Gewalt, erklärte, mich nur mit Gewalt fesseln zu lassen, und protestierte gegen diese verfassungverletzende Handlung, indem ich Dr. Flügel als Zeugen aufrief, welcher sich indessen schnell durch die Häscher drängend davon machte, um „der Wahrheit gemäß" aussagen zu können, er habe meine Protestation nicht gehört. Hierauf trat der Wachtmeister Dietz zu mir und redete mir fast liebreich zu, mir keine Unannehmlichkeiten zu machen, und mich gutwillig fesseln zu lassen. — Trotz seinem guten Rat erklärte ich, nur der Gewalt weichen zu wollen, und sogleich machte man die Thüre bey, und sechs

Schergen bereiteten sich einen Faustkampf mit mir zu bestehen, — hierauf erklärte ich, „die Mißhandlung für empfangen anzunehmen, indem ich nicht gesonnen sey, diesen Männern des Staats eine Komödie zu geben“, und ließ mir die Ketten anlegen.

Um 2 Uhr wurde ich in den, mit Soldaten und Gendarmen gefüllten Hof gebracht, fand da den Dr. juris Leutwein und erneuerte meine Protestation über diese Verfassungsverletzung bey diesem. Man packte mich ohne wärmere Bekleidung in das hintere Cabriolet eines Eilwagens, zwischen einen Oestreichischen Corporal und einen Gendarmen, — mein Mantel wurde mir versagt, – und so ging es durch die Stadt, wo von Soldaten ein Spalier gebildet war, zum Bockenheimer Thor hinaus durch Mainz auf den Hardenberg.

Hier angekommen wurde ich meiner Fesseln entledigt und in die Officier-Wachtstube geführt, wo ich drey Officiere, den Criminalrath Dr. Schnider und Actuar Herrn Dr. juris Franck von Lichtenstein fand.

Nachdem ich die Offiziere gegrüßt hatte, wendete ich mich an Herrn Dr. Schnider mit der Frage: „Wer hat das Recht gehabt, mich hierher schleppen zu lassen?“ Diese Frage muß ich in meiner, durch die erlittene Mißhandlung und Kränkung meiner bürgerlichen Rechte aufgeregten Stimmung etwas heftig vorgebracht haben, denn der Herr Criminalrath schien etwas mehr als Worte zu fürchten. Er antwortete mir, „es sey auf Befehl des Senats als höchster Staatsbehörde geschehen“. Ich erwiederte, „daß der Senat hierzu kein Recht habe, daß die Bürgerschaft und das Gesetz über ihm stünde,“ — worauf er mir sagte, „dies sey die Ursache meines Unglücks, daß ich diese oberste Staatsgewalt nicht anerkennen wollte.“ Ich antwortete, „daß meine Überzeugung die rechte und seine die verfassungverletzende sey.“

Nun wurde ich in eine große, reinliche Casemattenstube, Nr. 26, als meinem neuen Quartier gebracht, und fand auch hier wie in Frankfurt Kasten vor den Fenstern . . .

Am 2ten März besuchte uns Se. Exc. der Gouverneur von Mainz, der General von Müffling; er ließ uns im Hof einen Kreis bilden, theilte uns mit, was wir zu beobachten und was zu erwarten hätten. Hierauf hörte er die Bitten jedes einzelnen an; wo es von ihm abhing, gewährte er Erleichterung und erwarb sich durch sein gerechtes, humanes Wesen das Vertrauen und die Achtung von uns allen . . .

Er gab uns die Erlaubniß, an die unsrigen zu schreiben, doch dürfe in diesen Schreiben nichts von unserer früheren

Behandlung geredet werden; über ihn und seine Behandlung stünde uns frey, alles Böse zu sagen; mehr könne man nicht verlangen . . .

Schreibzeug wurde jedem sogleich gestattet, wer sich dessen in Frankfurt erfreute; der Gouverneur verschaffte uns den Genuß der Stadtbibliothek und erleichterte uns in jeder Hinsicht die Härte unserer Gefangenschaft, während in Frankfurt, bey der unschuldigsten Bitte, welche das Polizeyamt zugestand, das peinliche Verhöramt sein Veto einlegte, und umgekehrt, jedes wollte seine Wichtigkeit auf Unkosten der Gefangenen zeigen . . .

Nr. 3. [Zu S. 115.]

Balan berichtet dem König über die Lage.

(A. Berlin.)

Frankfurt, 10. März 1848.

Seit meinem letzten alleruntertänigsten Berichte ist die Ruhe und Ordnung hier in Frankfurt nicht gestört worden. Die Sicherheitsmaßregeln dauern fort, und der Kern der Einwohnerschaft ist von dem besten Geiste beseelt. Einige fremde Rädelsführer, die der Behörde schon länger als solche bekannt waren und die auch bei der beabsichtigten Stürmung des Römers am 4. d. M. beteiligt waren, sind ausgewiesen worden. Immerhin aber gibt es auch unter den hiesigen Bürgern unruhige Köpfe, die nicht zufrieden damit sind, daß jener Gewaltstreich nicht gelungen und die Ruhe nicht nachhaltig gestört worden ist. Deren Augenmerk ist nicht etwa auf bestimmte Veränderungen in der Verfassung der kleinen Republik gerichtet; ihre Wünsche und Zwecke sind viel umfassender. Sie sind nur Glieder in der großen Kette von Bestrebungen und Genossenschaften, die in den letzten Jahren den gesellschaftlichen Zustand, namentlich im südwestlichen Deutschland, untergraben und den Umsturz des Bestehenden vorbereitet haben. Ihr vorzüglichster Bundesgenosse war das allgemeine Mißtrauen — und wer möchte es ohne weiteres als ungerechtfertigt verwerfen? — gegen den bisherigen Gang der bundesmäßigen deutschen Entwickelung. Eben deshalb ist aber auch jetzt, wo der Rückschlag der französischen Ereignisse sich gerade wegen jenes Mißtrauens so mächtig und unabweisbar geltend gemacht und im ganzen südwestlichen Deutschland einen Umschwung hervorgebracht hat, dem die Bedeutung einer vollwichtigen und kompakten Tatsache nicht abzusprechen ist, das wiederhergestellte Vertrauen zwischen Regierungen und Regierten die mächtigste, ja die alleinige Waffe gegen das Andringen der Elemente des Umsturzes von innen und von außen. Von diesem Standpunkt aus liegt in dem, was fast im ganzen südwestlichen und südlichen Deutschland geschehen ist, so schmerzlich und bedauerlich es in der Form sein mag, der Keim einer großen und starken nationalen Entwickelung. Die Fürsten stehen ihren Völkern nicht gegenüber, sondern mitten unter ihnen. Das macht beide, so lange sie fest aneinanderhalten, unüberwindlich. Aber an der Spitze dieses großen nationalen Aneinanderschließens suchen aller, aller Blicke — und mit einer Übereinstimmung, die etwas Überwältigendes hat, Ew. Kgl. Majestät!

Was sich an die Erfüllung dieser Hoffnung knüpft und welche trübe Aussichten sich aber auch für den Fall, daß diese Erfüllung nicht in Ew. Kgl. Majestät weisen Plänen liegen sollte, eröffnen, hat Allerhöchstderen Bundestagsgesandter so vollständig und unumwunden ausgesprochen, daß für mich jede wiederholende Ausführung nur ungeziemend sein würde.

Preußens König wird erkennen und vollführen, was Preußen, was Deutschland Not tut.

Nr. 4. [Zu S. 144.]

O. Schultheß an J. C. Bluntschli über seine Eindrücke. (Bluntschli-Archiv.)

Frankfurt, Sonntag, 4. Juni 1848.

Es war also Sonntags, den 21. Mai, abends 8 Uhr, als ich bei herrlichem Wetter in die alte Kaiserstadt Frankfurt einfuhr und zwar gerade von der Seite her, wo sich dieselbe für den Fremden, der sie zum ersten Mal betritt, weitaus am vorteilhaftesten darbietet, über die lange, am Sonntagabend von Spaziergängern besonders belebte Brücke, auf welcher, nach Westen, nach Frankreich, hinschauend, Karls des Großen kolossale Statue steht und unter welcher, in breitem Bett, majestätisch langsam der Main dem Rhein zufließt . Schon beim Affentor waren wir unter einem Triumphbogen durchgefahren, der noch als ein seines Schmuckes größtenteils entkleideter Zeuge und Überrest der dem Vorparlament bewiesenen Empfangsfeierlichkeiten dastand; als wir weiter in die Stadt hineinkamen, fanden wir Gassen und Gäßchen mit hunderten von kleinen und großen, mitunter auch ganz kolossalen vom 6. Stockwerk bis auf die Straße herunterhängenden schwarz-rot-goldenen Fahnen geschmückt. Kein

Balkon, keine Zinne, fast kein Fenster war leer." [Schultheß fühlt sich durch den Anblick an den Fronleichnamstag des vorigen Jahres erinnert, an dem er in dem ähnlich geschmückten Rom die Ovationen miterlebte, die die Römer dem Papste Pio Nono darbrachten; er fährt dann fort:] In Frankfurt – traf ichs stille, sehr stille. Ich merkte gar bald: der schon halb entkleidete Triumphbogen in Sachsenhausen drüben wartete nur, um bald noch vollends umgehauen zu werden, seine patriotischen Inschriften hatten alle aufs Vorparlament Bezug, und alle die Fahnen hatte man wohl nur draußen hängen lassen, weil das Auge sich an den lang verpönten Farben nicht so bald satt gesehen hatte und weil man sich von der Erinnerung an die „schönen Tage" nicht gerne trennen mochte. Aber der Jubel — der war schon längst verklungen und ich zweifle sehr, daß ihn die Herren in der Paulskirche zum zweiten Mal zu entlocken vermögen. Als ich jüngst einen Schiffer am Mainquai auf diese Überbleibsel, auf diese Fahnen etc. zu reden brachte, sagte er mir: „Na, die könnte man jetzt wohl herunternehmen, die Zeit ist vorbei. Ach, Herr, wer unser Frankfurt zur Zeit des Vorparlaments gesehen hat, der kennt es jetzt gar nicht mehr. War das eine Freude und ein Jubel! und jetzt ..? Sehen Sie, auf dem Schiffe da ist der Eisenmann von Nürnberg angekommen. Ganz Frankfurt hat ihn im Triumph mit Fahnen und Musik hier abgeholt; käme er jetzt wieder — es würde sich wohl kein Mensch um ihn bekümmern; wohl am meisten, wenn er wieder ginge!"

Nr. 5. [Zu S. 221.]

Protokoll der gerichtlichen Aussage Schopenhauers über seine Erlebnisse am 18. September 1848.

(Stadtarchiv. Crimin. 1848. Spez.-Akten E S. 192.)

Dr. Arthur Schopenhauer, ehemals Privatdozent an der Berliner Universität, 60 Jahre alt, lutherisch, erklärt auf Vorhalt: „Ich wohne ebener Erde in dem zweiten Hause von der Ecke der Fahrgasse auf die Schöne Aussicht oberhalb der Brücke. Am 18. September d. J. ungefähr um halb ein Uhr sah ich aus meinem Fenster einen großen, mit Mistgabeln, Stangen und einigen Gewehren bewaffneten Pöbelhaufen, dem eine rote Fahne vorangetragen wurde, von Sachsenhausen her über die Brücke ziehen, indem eine Abteilung des hiesigen Linienmilitärs voranmarschierte. Das Militär stellte sich vor meinen Fenstern auf und wurde von allen Seiten, namentlich auf der Seite nach dem Main hin, umgeben. Der Volkshaufe schrie recht durcheinander, doch habe ich keinen einzelnen bestimmten Ruf verstanden, auch niemanden in dem Haufen erkannt. Kurz nach ein Uhr verließ ich meine Wohnung, um zu Tische zu gehen, und kehrte erst etwa um drei Uhr zurück. Zu dieser Zeit stand der Pöbelhaufen noch da, aber nicht mehr das Militär. Das Volk nahm damals nichts Besonderes und Auffallendes vor. Erst etwas später sah ich die Masse Volks, auch aus der Fahrgasse heraus, unter unverständlichem Geschrei auf dem Mainquai nach dem oberen Maintor flüchten. Den Grund, warum das Volk davonlief, weiß ich nicht, und muß irgend eine militärische Demonstration in der Fahrgasse die Veranlassung gewesen sein. Schießen hörte ich damals nicht. Nur ungefähr acht oder zehn mit Gewehren bewaffnete (oder zwölf) blieben zum Teil am Eingang der Brücke, zum Teil auf der Mitte derselben in den Rondelen und hinter einem daselbst umgestürzten Wagen, und schossen dieselben mit größter Ruhe und Überlegung in die Fahrgasse hinein, stets mit größter Aufmerksamkeit zielend. Einer dieser Schützen, der ein graues Kamisol anhatte und einen großen roten Bart trug, war besonders tätig. Ferner ist mir noch einer in der hiesigen Stadtwehruniform aufgefallen, der sehr mitgeschossen hat. Außer diesem erinnere ich mich nur noch eines mit einem großen roten Bart. Die andern weiß ich gar nicht zu beschreiben. Ich bemerkte nicht, daß einer derselben von den Kugeln aus der Fahrgasse getroffen worden wäre. Nachdem das Schießen schon lange gedauert, und kurz vor dem durch den Abgeordneten Rößler verkündigten Waffenstillstand kamen österreichische Soldaten in mein Haus, blieben aber nur sehr kurz, da ich ihnen bemerkte, daß sie sich in dem Nebenhause besser postieren würden, wohin sie sich auch wahrscheinlich begaben, da ich auch den österreichischen Offizier an dem oberen Fenster dieses Hauses nachher sah.

Nr. 6. [Zu S. 316.]

Der preußische Kriegsminister von Trotha an von Peucker. (Peuckers nachgelassene Papiere.)

Berlin, den 27. Mai 1849.

E. E. statte ich in Erwiderung auf Ihr gefl. Schreiben meinen herzlichen Glückwunsch zu dem in diesem Augenblick für das gemeinsame Vaterland so wichtigen Kommando ab, welches Sie übernommen haben; was bei demselben zu leisten ist, wird Ihnen gewiß gelingen.

Ich stimme der von E. E. aufgestellten Ansicht, daß es vorteilhaft wäre, wenn der Erzherzog in Funktion bliebe, bis unsere Kräfte zusammen sind, vollkommen bei; wir werden aber durch den Strudel der Ereignisse ergriffen, und wenn wir nicht zugrunde gewirbelt werden sollen, müssen wir uns durch eine kräftige Anstrengung freimachen. Unter dieser verstehe ich das baldige Herauskommen von dem, was wir in der deutschen Sache eigentlich wollen; dies soll dieser Tage geschehen. Sachsen und Hannover werden hoffentlich mit uns sein, und springen sie ab, so betreten wir diesen Weg allein, denn es ist besser, ehrenvoll unterzugehen, als ein erbärmliches Dasein fortzuschleppen. Daß uns bei diesem Schritt der Reichsverweser genieren muß, ist klar, und ich kann mich nicht von der Idee trennen, daß er nach österreichischen Eingebungen handelt, die uns schon bisher in diese Konfusion gebracht haben. Jenes Hervortreten ist aber umso notwendiger, als es zur Aegide unseres eigenen Wahlgesetzes dienen soll, welches schon zu lange ausgeblieben ist, sodaß wir leider die Kammern zu dem verfassungsmäßigen Termin nicht werden zusammenberufen können. Die Kammern aber, und zwar gute Kammern, sind für uns unerläßlich, denn einmal muß doch das tief erschütterte Vertrauen des Landes wieder hergestellt werden, und wir müssen beweisen können, daß wir es sowohl mit Deutschland, als mit Preußen ehrlich meinen.

Über den dänischen Krieg denke ich ganz wie E. E., er muß aber auf eine für Deutschland ehrenvolle Weise endigen. Wie dies bei der offenbar drohenden Weise, in welcher uns Rußland, England und Frankreich entgegentreten, sowie bei den für die Dänen überaus günstigen geographischen Verhältnissen gelingen soll, ist freilich problematisch. Zwischen Drohen und Handeln liegt aber noch eine nicht unbedeutende Kluft, und wir werden ja sehen, was im schlimmsten Falle zu tun sein wird. Die Ihnen schon bezeichneten Truppenaufstellungen sind nur für den ersten Stoß, den man uns etwa zudenkt; außer dem, was Hirschfeld, Schack und Holleben vereinigt haben werden, bildet sich noch ein Reserve-Corps von 24 Bataillonen nebst verhältnismäßiger Kavallerie und Artillerie bei Erfurt, welches aber erst in einigen Wochen in Wirksamkeit treten kann.

Alles dies reicht nicht aus, wenn die Wetterwolken im Westen drohender werden sollten; dann muß alles marschieren, was Beine hat, und im Lande ein Enthusiasmus geweckt werden, der das Herausziehen der Truppen zuläßt und vornehmlich das, was zum Kriegführen gehört: Geld spendet. Dazu möge Preußens alter Stern noch einmal aufgehen, und diesem Wunsche, den gewiß auch Sie teilen, füge ich die Versicherung der besonderen Hochachtung bei, mit welcher ich verharre usw.

Nr. 7. [Zu S. 337.]

Aus einem Schreiben Balans an den Prinzen v. Preußen über die in Frankfurt drohenden Intriguen. (A. Berlin.)

Frankfurt, den 15. Juli 1849.

Durchlauchtigster Prinz!

E. K. H. habe ich die Ehre anliegend Abschrift einer telegraphischen Depesche ehrerbietigst zu überreichen, die ich vor zwei Stunden an das Ministerium des Auswärtigen und an das Kriegsministerium nach Berlin habe abgehen lassen. Die gemeldeten Fakta sind wahr. . . . E. K. H. werden zu verhüten wissen, daß Trug und Hinterlist über Recht und Tapferkeit triumphieren. — Ich würde es für einen sehr bedenklichen Irrtum halten, wenn man den hiesigen Intriguen nur stillschweigende Verachtung entgegensetzen zu sollen glaubte. Ich halte den jetzt in dem früheren Bundespalais tagenden Klub mit seinen Verzweigungen in Wien, München, Stuttgart und Hannover für einen viel gefährlicheren Feind Preußens als die abtrünnigen Neuenburger. Möchten E. K. H. einen Teil Ihrer tapferen Krieger uns recht schnell senden. Nur dann halte ich es für möglich, Frankfurt auch politisch zu gewinnen. Daß dies aber von der höchsten Wichtigkeit ist, bedarf keiner Ausführung, obwohl es mich manchmal bedünken möchte, daß man sich hierüber in Berlin täuscht. E. K. H. werden in dieser Frage mit Klarheit und Entschiedenheit einzugreifen geruhen . . .

E. K. H. wage ich nicht länger durch diese ehrerbietige direkte Mitteilung über die hiesigen und benachbarten Zustände zu ermüden. Ich werde fortfahren, das Wesentliche darüber durch Herrn von Savigny zu Höchstderer Kenntnis gelangen zu lassen. Davon aber wollen E. K. H. sich allergnädigst überzeugt halten, daß das durch ultramontanen und demokratischen Preußenhaß unterwühlte Terrain von Frankfurt nur durch schnelles und entschiedenes Handeln für die preußische Politik zu erhalten ist.

Nr. 8. [Zu S. 339.]

Major Deetz berichtet dem Kriegsministerium über den Einmarsch der Bayern.
(A. Kriegsministerium Berlin.)

Frankfurt, den 25. Juli 1849. (Telegr.)

Auf Befehl des Fürsten Wittgenstein rückt morgen früh ein Bayerisches Jägerbataillon, 900 Mann stark, ein und bezieht sofort die Kaserne in Sachsenhausen. Die Wichtigkeit dieses Umstandes ergibt sich aus den hiesigen politischen Verhältnissen und Intriguen; was ferner daraus entstehen wird, ist nicht abzusehen; treten die städtischen Behörden, welche umsonst auf preußischen Schutz gehofft haben, um sich offen zu erklären, von ihren Vorsätzen zurück, so ist die provisorische Zentralgewalt von neuem befestigt. Gestern mittag ist der Beschluß vom Fürsten Wittgenstein, Bayerische Truppen hierherzuberufen, gefaßt, und habe ich schon einen Offizier mit der Nachricht davon an Se. K. H. den Prinz von Preußen gesendet. Doch war dem Hierherberufen eines Bataillons von Mannheim in keinem Falle mehr zuvorzukommen, da dasselbe nur 3 Stunden bedurfte, um von dort hierher zu kommen. Der Fürst Schwarzenberg hat den Marsch hierher entschieden abgelehnt; er soll ohne alle Geldmittel sein. Alle Umstände waren günstig; der Zeitpunkt ist vorüber.

Nr. 9. [Zu S. 340.]

Der bayerische Minister v. d. Pfordten an den Oberst Xylander. (A. München.)

München, den 2. August 1849.

Nach den Zeitungen sind ganz unerwartet einige preußische Bataillone in Frankfurt eingerückt und scheinen Lust zu haben, dort zu bleiben. Es kommt aber der königlichen Regierung darauf an, so schnell als möglich zu erfahren, ob etwa Requisition des Senates der Stadt Frankfurt zugrunde liegt. Ist dies nicht der Fall, so erscheint dieses Verfahren um so auffallender, als der Prinz von Preußen gerade in diesem Augenblicke die Räumung Mannheims durch die bayerischen Truppen eben deshalb verlangt, weil die badische Regierung die Besetzung nicht mehr wünsche. Man kann daher Preußen mit seinen eigenen Waffen schlagen, wenn es einen Anspruch auf die Besetzung Frankfurts erhebt.

Jedenfalls aber kann die Zentralgewalt nicht zugeben, daß der Ort, wo sie ihren Sitz hat, eigenmächtig von Truppen eines Staates besetzt werde, der sie nicht mehr anerkennt. Läßt sie sich dies ruhig gefallen, so erleidet ihr Ansehen einen solchen Stoß, daß sie sich davon kaum wird erholen können. Die königliche Regierung kann leider nicht umhin, die Befürchtung auszusprechen, als gebe das Reichsministerium in neuester Zeit den Anmaßungen Preußens nach oder wage wenigstens nicht, etwas dagegen zu unternehmen.

Es gilt jetzt in der Tat, einen mutigen Entschluß zu fassen. Die bayerische Regierung wird, wie dem königlichen Bevollmächtigten schon neulich mitgeteilt worden ist, bereitwillig die ganze für Frankfurt nötige Garnison stellen und die moralische Macht der öffentlichen Meinung wird die Zentralgewalt unterstützen, wenn sie verlangt, daß Preußen Frankfurt räume. Der bayerische Bevollmächtigte wird beauftragt, hierüber entweder allein oder gemeinschaftlich mit dem Grafen Rechberg dem Reichsministerium die dringendsten Vorstellungen zu machen und über den Erfolg ungesäumt zu berichten.

Im Zusammenhange damit steht die Frage, ob etwa Frankfurt bereits mit Preußen verhandelt wegen des Anschlusses an den Dreikönigsbund oder ob Neigung dazu vorhanden ist. Es kommt jetzt um so mehr darauf an, dies zu verhindern, als der Anschluß von Hessen-Darmstadt wieder zweifelhaft geworden ist. Auch hierüber wird der königliche Bevollmächtigte baldmöglichst Bericht erstatten.

Sollte es etwa demselben noch an Verbindung mit höheren Frankfurter Beamten fehlen und eine Berührung mit dem Senator Harnier vorteilhaft erscheinen, so würde der unterzeichnete Minister eine solche einzuleiten im Stande sein.

Nr. 10. [Zu S. 340.]

König Max billigt die von Xylander getroffenen Maßregeln in Frankfurt. (A. München.)

Hohenschwangau, 3. August 1849.

Was Sie in den hieneben zurückfolgenden zwei Berichten über die Zurückziehung der bayerischen Truppen aus Mannheim hier anzeigen, hat Meine volle Genehmigung, sofern mit Bestimmtheit vorauszusehen war, daß ein anderer Ausweg nicht vorhanden —, lebhaft aber bedaure Ich, daß die Umstände ein solches Zurückgehen zur Notwendigkeit gemacht zu haben scheinen. Ich finde das Benehmen der Preußen in dieser Angelegenheit sehr herausfordernd und verletzend für Meine Regierung, und es ist hinreichender Grund vorhanden, solches dem preußischen Kabinet bei vorkommender Gelegenheit merken zu lassen. Ratsam ist es, Preußen gegenüber nicht die geringste Nachgiebigkeit zu zeigen oder doch nur in Fällen äußerster Notwendigkeit und ja nicht zu früh nachzugeben. In hohem Grade billige ich, wenn an die Stelle des sich auflösenden Peuckerschen Corps ein österreichisch-bayerisches nach Baden und zur Mitbesetzung Rastatts abgesendet wird, namentlich, weil Mannheim geräumt.

Ihr wohlgewogener König
Max.

[Eigenhändiger Zusatz: „Wenn es möglich gewesen, schien es mir ratsam, mit der Zurückziehung meiner Truppen aus Mannheim so lange gewartet zu haben, bis die der Preußen aus Baden erfolgt wäre."]

Nr. 11. [Zu S. 346.]

Savigny berichtet Schleinitz vertraulich über die Unterredung zwischen dem Prinzen von Preußen und dem Erzherzog. (A. Berlin.)

Frankfurt, den 4. September 1849.

In dem Gespräche, welches der Prinz gestern abend mit dem Erzherzog Johann nach dessen Ankunft hatte, erwähnte der Prinz dieses Biegelebenschen Berichtes und fügte hinzu, daß, wenn solches die Absichten Österreichs seien, nämlich in Deutschland seine Lage so groß zu machen wie in Europa, so erblicke er als unvermeidlich das Unheil eines Krieges. Der Erzherzog erwiederte nur, sein Bestreben sei, Wasser in die Flammen zu gießen.

Der Prinz frug demnächst den Erzherzog, wie er die gegen Preußen leidenschaftliche Haltung des Fürsten Schwarzenberg zu erklären vermöge, worauf der Erzherzog antwortete: „Ach, der ist es nicht", dann aber von dem Gespräche abbrach.

Eine der letzten Äußerungen des Erzherzogs war, ein Krieg zwischen Österreich und Preußen werde den Untergang aller Monarchien herbeiführen. Im Ganzen ist es dem Prinzen auch hier wieder gelungen, mit Takt dem Erzherzog gegenüber diejenige Stellung einzunehmen, welche es beiden Herren möglich macht, nebeneinander auf das angemessenste sich zurecht zu finden. In Frankfurt ist das Ansehen des Prinzen um so mehr gestiegen, je unbefangener er dem Erzherzog gegenüber in rücksichtsvoller Höflichkeit aufgetreten ist.

Bei dem heute erfolgten Gegenbesuche des Erzherzogs bei dem Prinzen ist von Politik nicht weiter die Rede gewesen. Der Prinz hat nächstdem auch der Frau von Brandhoff die Ehre seines Besuchs zu Teil werden lassen.

Sämtliche Truppenteile, aus denen die gemischte Frankfurter Garnison besteht, sind gegenwärtig in dem besten Einvernehmen. Die Österreicher schwärmen für den Prinzen, und selbst die Bayern, welche dem Prinzen heute die Ehrenwache vor seinen Zimmern geben, haben es als eine besondere Gnade sich erwirkt, daß S. K. H. ihnen heute die Parade abzunehmen geruht haben. Das Frankfurter Bataillon endlich ist dem Prinzen durch dessen huldvolles Benehmen ganz gewonnen.

Nr. 12. [Zu S. 355.]

Der Erzherzog Johann an den Fürsten Schwarzenberg.[1]) (A. München.)

Frankfurt, den 3. Oktober 1849.

In den letzteren Tagen hat es hier Reibungen zwischen Bayern und Preußen gegeben, welche zu ernsten Schlägereien führten; die Neckereien des preußischen 30. Infanterieregiments gegen das bayerische Jägerbataillon, nur eine Wiederholung jener früheren in Mannheim, gaben den Anlaß dazu. Dermalen ist die Ruhe wieder hergestellt, und ich finde es für notwendig, den General Baron Schirnding von Mainz hierher zur Übernahme des Kommandos der Reichstruppen zu berufen, weil ich dieselben nicht in der Hand eines preußischen Majors lassen will; es ist daher notwendig, daß eventl. hierher oder nach Mainz als Ersatz für Schirnding ein tüchtiger General aus dem Inlande beordert werde. Diese Schlägereien und die den Bürger drückende Einquartierung veranlaßten die zwei Bürgermeister, zu mir zu kommen und Vorstellungen zu machen. Eingeschüchtert, wollten sie mich bewegen,

[1]) Das Schreiben wurde (3 November) von Schwarzenberg dem Grafen Thun in München geschickt, um dem bayerischen Hofe zu beweisen, wie sehr Österreich für Bayern eintrete.

einen Teil der Reichstruppen oder eventl. die Bayern von hier zu entfernen, um dadurch für die preußischen Truppen in den Kasernen Platz zu machen. Ich wies sie rundweg ab, ihnen vorstellend, daß ich nicht jene Truppen, welche die Reichsgesetze anerkennen und nie einen Anlaß zu Klage gegeben, zugunsten solcher ausweisen könne, die die Reichsgesetze nicht anerkennen und sich eingeschlichen haben. Letzteres hat folgendes Bewandtnis: Die Preußen verlangten den Durchmarsch ihrer Truppen durch Frankfurt und die Haltung eines Rasttages, welches die Stadt nicht abschlagen wollte; aus dem Rasttage wurde ein Bleiben, welches jetzt schon mehrere Monate dauert und eine reine Okkupation geworden ist, wie der Prinz von Preußen in seinem Generalsbefehle erklärt hat, in welchem er sich Befehlshaber der Okkupationstruppen von Baden, Hohenzollern und Frankfurt nennt. Ich erklärte den Bürgermeistern, daß es ihre Pflicht sei, ihre Freiheit und Unabhängigkeit zu wahren, daß folglich jene Frankfurt zu räumen hätten, welche nicht hergehören, wie sie nicht hierher berufen wurden, und daß ich keinen Mann von den Reichstruppen, die alle kaserniert und hinreichend sind, um in Frankfurt Ruhe und Sicherheit zu erhalten, wie sich dieses durch den Zeitraum eines Jahres bewährt hat, entfernen werde. Wenn einmal die ungerufenen preußischen Truppen Frankfurt verlassen haben würden und es sich dann noch zeigte, daß zu viel Truppen da seien, dann könne dieser Gegenstand wieder zur Erörterung kommen; bis dahin hätten sie von mir nichts zu hoffen. Die Bürgermeister entgegneten, daß Preußen sagte, Frankfurt sei ein strategischer Punkt, welchen sie festhalten müssen. Ich erwiderte: Gegen wen?, da sie ohnedies 30000 Mann vor Frankfurt in den badischen Landen hätten! Übrigens sollten sie das Volk selbst hier fragen, und sie würden bald sehen, was es wünscht; mir sei die Stimmung sehr genau bekannt, worauf sie nichts erwidern konnten. So stehen die Sachen, indeß werden die Zeitungen in Bewegung gesetzt und Lüge und Entstellungen zu Hilfe genommen, um die Furcht der Väter des Vaterlandes zu bemänteln; gut wäre es, wenn man sich gleicher Waffen, jedoch auf Wahrheit begründet, bediente.